AF410749

EXAMEN

DES HISTORIENS

D'ALEXANDRE.

AVIS DU LIBRAIRE.

Cet Ouvrage, qui a remporté le Prix de l'Acadé-mie Royale des Inscriptions & Belles-Lettres, en l'année 1772, peut, par cette raison, servir de suite aux Mémoires de cette savante Compagnie.

EXAMEN CRITIQUE

DES ANCIENS

HISTORIENS

D'ALEXANDRE-LE-GRAND.

par S.te Croix

A PARIS,

Chez DESSAIN *Junior*, Libraire, rue Gît-le-Cœur.

M. DCC. LXXV.

AVEC APPROBATION ET PRIVILÉGE DU ROI.

A MESSIEURS

DE

L'ACADÉMIE-ROYALE

DES

INSCRIPTIONS ET BELLES-LETTRES.

*M*ESSIEURS,

*Eclairé par vos Ecrits, honoré de vos suffrages,
& encouragé par vos conseils, j'ose faire paroître,*

a

ſous vos auſpices, cet Ouvrage, qui vous doit ſa naiſſance. Daignez agréer cette marque publique de ma reconnoiſſance & du reſpect avec lequel je ſuis,

MESSIEURS,

Votre très-humble & très-
obéiſſant ſerviteur,
S*** C***

PRÉFACE.

L'Académie Royale des Inscriptions et Belles-Lettres avoit proposé pour le sujet du Prix qu'elle devoit distribuer à Pâques de l'année 1770, *l'Examen critique des anciens Historiens d'Alexandre-le-Grand.* Les Mémoires qui furent envoyés au concours n'ayant point rempli les vues de cette savante Compagnie, elle remit, à l'année 1772, la distribution du même Prix, qui fut alors remporté par l'ouvrage que je publie aujourd'hui. Depuis cette époque, je me suis occupé à en retoucher certaines parties & à y faire les additions & les corrections qui m'ont paru nécessaires, pour le rendre plus digne de l'attention des Gens de Lettres.

Les Notes placées à la fin de cet Examen *, sont des éclaircissemens que j'ai cru indispensables. J'aurois pu sans doute les multiplier, mais il falloit mettre un terme à mes discus-

____

* Consultez, pour l'usage de ces Notes, la Table qui est à la fin de l'ouvrage.

PREFACE.

fions & à mes recherches. La Differtation, qui termine mon ouvrage, eft relative au fujet que je traite, & n'en fauroit être féparée; elle a pour objet l'année de la naiffance d'Alexandre & les dernières époques de la Chronique de Paros.

On apperçoit de toutes parts, dans les ouvrages qui nous reftent fur les exploits d'Alexandre, des menfonges fpécieux & des vérités en quelque forte mutilées. Pourquoi les Modernes, qui ont écrit l'hiftoire de ce Conquérant, ont-ils tout adopté fans difcernement? Ce fait eft rapporté par Plutarque, Quinte-Curce, &c. il faut le croire. Ceux-ci, fous prétexte qu'ils ne veulent pas ennuyer, fe contentent de differter avec efprit, ceux-là de faire quelques réflexions fages, mais fouvent communes; d'autres enfin nous donnent leurs rêveries pour des vérités, & décorent leurs ouvrages d'un titre impofant; vrais Hiftrions de la Littérature, ils fe meuvent en tous fens pour attirer fur eux les regards de la multitude. L'Hiftoire devient, entre les mains de ces Ecrivains, un tiffu de fables, fruit déréglé de leur imagination.

Ceux qui, depuis la renaiffance des Lettres, fe font confacrés à l'étude des Anciens ont plus de droit à notre reconnoiffance : des recherches utiles, des rapprochemens heureux ont été le fruit de leurs veilles. L'hiftoire d'A-

lexandre paroît cependant avoir été négligée. Quelle utilité
a-t-elle retirée jufqu'à préfent du travail d'une foule de
Commentateurs? Leurs obfervations ne peuvent nous
éclairer, parce qu'ils ont abandonné les régles de la
critique, pour fe livrer entièrement aux difcuffions gramm-
maticales; & que l'étude des mots a prefque toujours ab-
forbé, chez eux, le temps qu'ils auroient dû employer à
celles des chofes.

Ces Savans ne peuvent être regardés que comme des
Interprètes; en féparant, de la connoiffance des langues,
la critique fans laquelle la fcience des faits eft toujours
Incertaine, ils n'ont que trop fouvent donné lieu aux
déclamations de ces hommes ignorans ou de mauvaife foi,
qui cherchent à confoler leur amour-propre par le mépris
qu'ils s'efforcent envain de répandre fur l'érudition. Ceux
qui ont affez de difcernement pour fentir l'injuftice des
goûts exclufifs, n'ignorent pas que le favoir le plus profond n'eft point incompatible avec l'efprit philofophique,
dont, en matière de faits, la critique eft un des principaux
caractères.

La critique pénètre, agite cette maffe de faits con-
denfée en quelque forte par le laps des temps, *mens
agitat molem*, & la diffout, fi j'ofe m'exprimer ainfi,
pour en féparer les parties hétérogènes, & ne laiffer
fubfifter que celles qui peuvent s'allier avec la vérité;

elle eft enfin aux matériaux de l'Hiftoire ce qu'eft la Chymie aux principes des corps.

Si l'expérience & l'obfervation peuvent feules accélérer les progrès de la fcience de la nature, ce n'eft de même qu'en faifant marcher devant foi le flambeau de la critique, qu'on peut diffiper les nuages épais qui environnent fouvent les vérités hiftoriques. Ici le doute eft d'autant plus utile & plus raifonnable, que les phénomènes de la nature offrent des faits mieux conftatés, & plus nombreux que ceux dont la critique peut, à l'aide des monumens hiftoriques, fe propofer l'examen. Plus elle veut pénétrer dans le fanctuaire de l'Antiquité, plus le nombre & l'autorité des témoignages diminue, & plus les incertitudes fe multiplient. Difons tout : celui qui s'applique à l'étude de la nature touche, pour ainfi dire, par tous fes fens, les faits qu'il découvre ; il peut les lier, les comparer entr'eux, les éclaircir les uns par les autres, en tirer des réfultats : avantages que les révolutions des fiécles, l'éloignement des temps & le défaut de monumens, enlèvent néceffairement au critique.

L'amour des fyftêmes a cependant enfanté prefque autant de romans dans la Phyfique, que le penchant des hommes pour le merveilleux, a produit de fables dans les Annales du monde. Celles des anciens peuples, où l'on trouve peut-être le plus d'exemples, de mœurs, de

caractères de toute espèce, en un mot, le plus d'inf-
tructions, font souvent naître cet enthousiasme séduc-
teur qui rend inutiles les efforts de cette raison froide
& tranquille, sans laquelle le Lecteur impartial ne
sauroit tenir la balance & peser les autorités.

Pour assigner à ces autorités leur véritable valeur, il faut se livrer à des recherches pénibles. Des
témoignages épars étant souvent les seuls monumens
qui nous restent, l'Art de conjecturer est alors
l'unique moyen de parvenir à la découverte du vrai,
ou du moins de trouver de fortes probabilités que
l'on peut appeler des vérités historiques du second
ordre : il en existe sans doute de plusieurs espèces, qui se
multiplient suivant le degré de certitude des différens
récits, le nombre des années écoulées entre les événemens & le temps auquel ont vécu ceux qui fournissent
ces témoignages.

Si les difficultés, que nous venons d'exposer, empêchent le Critique de trouver toujours des vérités, du moins
peut-il quelquefois se flatter d'en laisser le germe dans ses
écrits. Cette douce espérance le soutient, & l'anime au milieu de ses travaux ; mais elle ne sauroit lui faire illusion &
l'engager à donner de simples inductions pour des preuves,
& ses conjectures pour des faits certains. Heureux l'Ecrivain
qui n'a jamais perdu de vue ces paroles remarquables de

Cicéron: *Judicium fuum nullum interponere, ea probare quæ fimillima veri videantur, conferre caufas, & quid in quamque fententiam dici poffit, expromere; nullâ adhibitâ fuâ auctoritate, judicium audientium relinquere integrum ac liberum, tenebimus hanc confuetudinem à Socrate traditam;* de Diviñat. Lib. II, n.° 72.

INTRODUCTION.

INTRODUCTION.

L'État des Lettres dépend de la conftitution politique :
toujours la liberté vivifie & nourrit les talens ; toujours
ils furent étouffés par le defpotifme. Sparte oubliant les
principes de fon Légiflateur, & Athènes enivrée de fes
fuccès, négligèrent leur fûreté commune, pour fe livrer
aux feuls mouvemens de leur jaloufie. La guerre du Péloponnèfe ayant épuifé leurs forces, & la gloire éphémère de
Thèbes ayant expiré avec Epaminondas, Philippe profita
des diffentions des Grecs pour détruire leur gouvernement
fédératif, & affervir ce peuple qui avoit réfifté fi long-tems
aux armes de l'Afie. Envain Démofthène employa fon
éloquence à retirer fes Concitoyens de leur honteufe lé-
thargie : les mœurs étoient corrompues, le luxe avoit éner-
vé leur ame, & les exploits de tant de Héros qui s'étoient
fignalés aux champs de Marathon & de Platée, dans les
mers de Salamine, loin de ranimer dans le cœur des
Athéniens leur ancien amour pour la gloire, ne firent qu'y
entretenir un vain fentiment de préfomption & d'orgueil.

Alexandre monte fur le Trône, détruit la Monarchie
des Perfes dont la molleffe lui préparoit depuis long-tems
la conquête. La mort de ce Prince produifit une révolution qui fut également funefte au repos de l'Univers & au
progrès des Lettres. Les Grecs devinrent le jouet de l'ambition & des caprices de fes fucceffeurs : ces fiers Répu-

A

blicains ne furent bientôt qu'un troupeau de vils efclaves, & la Tribune où avoit tonné Démofthène, ne retentit plus que de decrets diétés par l'adulation & la baffeffe. Un refte de liberté s'étoit encore confervé dans une partie du Péloponnèfe; le zèle d'Aratus, la valeur de Philopœmen & la fageffe de Lycortas rendirent florif-fante la ligue Achéenne, & la foutinrent avec éclat dans des circonftances délicates. Mais la corruption avoit déja pénétré jufqu'aux entrailles des corps politiques de la Grèce : Callicrate & fes adhérens ne rougirent pas de ven-dre leur patrie aux Romains, peuple adroit & politique qui toujours prit foin de cacher la fervitude fous l'appa-rence de la paix & de l'amitié, & mit le fceau à l'affer-viffement des Grecs, qui, par la deftruétion des Achéens, virent renverfer le dernier rempart de leur liberté.

Les Lettres & les beaux Arts ne furvécurent point à cette perte : le defpotifme creufa de la même main leur tombeau commun. La Tragédie dont un des principaux objets étoit de faire abhorrer les tyrans, l'ancienne Comédie, dont l'heureufe licence livroit au ridicule, au mépris & à la haine ceux qui abufoient de leur pouvoir, & corrigeoit les vices de l'efprit démocratique, perdirent également leur reffort, & ce qui en eft une fuite néceffaire, leur premiere fplendeur. Les Jeux gymniques fi propres à former des fol-dats pendant la paix, ne furent plus qu'un vain fpeétacle, & ceux qui s'y diftinguoient n'étoient remarquables que par des excès honteux & révoltans. L'art fublime qui avoit animé la ſtatue d'Harmodius & d'Ariſtogiton, devint foible & languiſſant, lorſqu'il voulut repréſenter les vils eſclaves de la tyrannie. Le Philoſophe, devenu l'adulateur des Grands que juſqu'alors il avoit inſtruits & éclairés, n'eut plus que la livrée des anciennes ſectes que tant de noms reſpectables avoient illuſtrées. Quel fut, dans ces tems malheureux, le ſort de l'Hiſtoire? Arrêtons quelques inſtans nos regards ſur cet objet.

Cette douce harmonie du ſtyle, & l'art d'intéreſſer dans les moindres détails, qui caractériſent les ouvrages d'Hérodote; ces graces ſi faciles, ſi nobles de Xénophon qui joignoit la connoiſſance profonde de la politique, aux qualités qui forment un grand Général & un Philoſophe digne de l'amitié de Socrate; cette éloquence mâle & cette vérité auſtere qui nous rappellent Thucydide, ne ſe reproduiſirent plus avec le même éclat chez ceux qui ſuccédèrent à ces Ecrivains dans la carrière de l'hiſtoire. Théopompe, Philiſte, Ephore & Timée jouirent cependant d'une grande célébrité, quoiqu'il s'en falût bien que leurs ouvrages, & pour le fond & pour la forme, fuſſent au-deſſus de toute critique. Ce changement ne peut être attribué qu'aux révolutions civiles, & on en doit remarquer trois époques; la première répond au temps où Philippe ſe trouva maître de la Grèce.

La tyrannie produit néceſſairement des effets divers ſur les différens eſprits, ſuivant leur caractère. Les uns foibles & puſillanimes plient au moindre vent, ſont renverſés par le plus léger effort, & adorent en tremblant la main qui les opprime ; les autres avec plus d'énergie dans l'ame, indignés de l'apparence même du pouvoir arbitraire & foulevés par le fpeſtacle des malheurs qui s'avancent à la fuite de la tyrannie, déclament avec aigreur contre leurs nouveaux maîtres, exagèrent leurs vices & exténuent ce qu'ils peuvent avoir de vertu. Telles furent les premières influences de la domination Macédonienne ; elles fe firent également fentir dans la conduite de ceux qui gouvernoient les différentes Républiques de la Grèce, & dans les écrits des Auteurs du temps.

Le règne d'Alexandre doit être regardé comme la feconde époque de la décadence de l'hiſtoire : les Grecs, accoutumés au joug Macédonien & éblouis par les exploits du Vainqueur de l'Afic, auxquels ils étoient en quelque forte intéreſſés, puifque la gloire en rejailliſſoit fur leur Nation, laiſſèrent bientôt refroidir cette fermentation que les entreprifes de Philippe avoient produite dans ces âmes Républicaines ; l'enthoufiafme fuccéda à la haine. Les témoins oculaires des actions du Moharque Macédonien ne purent fe préferver de la contagion. Ceux des Écrivains poſtérieurs, qui s'exercèrent fur le même fujet, ne les ont que trop fouvent imités. Ils vivoient fous la domination Romaine, & dans ces temps malheureux, où l'Univers étoit en proie aux barbares caprices de ces foux fanguinaires qui occupoient le Trône des Céfars. Ces temps forment la troifième époque des divers changemens que fubit la manière d'écrire l'hiftoire, & fur laquelle j'entrerai dans de plus grands détails au commencement de la première fection de cet ouvrage : il me fuffit ici de l'indiquer.

La fubverfion totale de la démocratie entraîna donc avec elle la décadence des Lettres, & plus particulièrement encore celle du genre hiftorique, qui ne peut être cultivé avec fuccès dans un gouvernement arbitraire. La vérité fut alors enfevelie fous une foule de traditions fabuleufes & contradictoires. Il n'appartient qu'à l'œil pénétrant de la critique de démêler le faux d'avec le vrai, & de concilier les différens récits. Dans la matière que je traite, il m'eft impoffible de m'attacher invariablement à ces principes rigoureux. Qui peut fe flatter de marcher avec certitude dans la nuit des temps, & de pouvoir difcerner des faits altérés par la flattérie, & par l'amour du merveilleux, paffion dominante chez les Grecs, & dont leurs plus grands Ecrivains mêmes n'ont pas fçu fe préferver entiérement? Je ferai donc obligé de chercher non-feulement le vrai, mais encore, felon le confeil d'Ariftote, le vraifemblable, de fubftituer quelquefois des conjectures à des preuves, & enfin de me contenter des probabilités dans les endroits où la vérité fe dérobera à mes regards.

Diodore de Sicile, Plutarque, Arrien, Quinte-Curce, & Juftin font les Hiftoriens principaux qui nous ont confervé avec quelque étendue les événemens du règne d'Alexandre. Si je voulois examiner en particulier le récit de chacun de ces Hiftoriens, il me feroit impoffible d'éviter les

répétitions & même l'obfcurité. J'ai tâché de prendre une marche qui pourra me garantir de ces défauts, en confervant
néanmoins avec attention la fuite des faits, felon l'ordre chronologique : le plan que j'ai cru devoir fuivre, me paroît en
effet plus propre à développer avec clarté les obfervations que
je me propofe de. faire, non-feulement fur les Ecrivains particuliers de la vie d'Alexandre, mais encore fur tout ce que
l'Antiquité nous a tranfmis de remarquable touchant ce
célèbre Conquérant. J'examinerai dans la première feclion
les fources dans lefquelles les Hiftoriens d'Alexandre ont
puifé, & le degré d'autorité qui leur eft dû; dans la
deuxième, le récit qu'ils font des exploits militaires de
ce Prince; dans la troifième, celui des actions particulières qui le caraclérifent. Enfin je difcuterai, dans la
quatrième, les détails géographiques que nous offrent fes
expéditions.

Quoique je me fois fais une loi de ne m'arrêter qu'aux
événemens qui peuvent fournir quelques objets de difcuffion; cependant je les lierai, fur-tout dans la feconde
feclion, avec ceux qui les précèdent ou qui les fuivent, par
des .faits intermédiaires, afin d'éviter les tranfitions trop
fortes, mais fans entrer dans aucun détail; la nature de cet
ouvrage ne fauroit l'admettre.

EXAMEN CRITIQUE

DES

ANCIENS HISTORIENS

D'ALEXANDRE-LE-GRAND.

PREMIÈRE SECTION.

Des sources dans lesquelles les Historiens d'Alexandre
ont puisé leurs récits, & du degré d'autorité qui est dû
à chacun de ces Ecrivains.

Lorsque la Liberté a rendu le dernier soupir, le mot de
Patrie ne présente plus à l'esprit les mêmes idées qu'auparavant ;
il perd toute son énergie & ne peut échauffer des âmes de glace.
Les Ecrivains n'ont plus alors pour objet l'avantage de leurs
Concitoyens, qui, réunis dans une même Cité, & ne s'intéressant

aux affaires publiques qu'autant qu'elles font fubordonnées à leur intérêt particulier, détournent leurs regards de l'avenir, pour jouir du préfent, & font toujours prêts de devenir les efclaves de celui qui les payera davantage : l'égoïfme tarit en eux la fource de toutes les vertus fociales, & comme ils ne font plus foutenus par l'amour de la Patrie, qui les enflammoit, qui ennobliffoit autrefois tous leurs fentimens, & les dirigeoit fans ceffe vers l'utilité générale, ces mêmes Ecrivains fe livrent à des fujets également dénués de chaleur & d'intérêt.

L'Hiftoire d'un Conquérant peut-elle donc faire naître dans l'âme des lecteurs les mêmes fentimens que celle d'un peuple libre, qui nous attache par des traits touchans ou fublimes? Un feul homme agit & triomphe, & une foible portion de fa gloire rejaillit fur fes foldats. Ses fuccès étonnent, mais ils n'intéreffent pas. Dans une République, au contraire, chaque individu joue un rôle plus ou moins confidérable : les fuccès & les malheurs de l'Etat font ceux de fa famille. Les exploits de ces Concitoyens font les titres de fes enfans, & la fplendeur de fa Patrie, leur nobleffe (1). Les faftes des anciennes Républiques retracent à nos yeux des actions auxquelles nous croyons être encore intéreffés, malgré la diftance des temps, & qui produifent en nous une émotion toujours agréable & fouvent très-vive, malgré la diverfité des mœurs & du gouvernement.

Les Grecs, fous le joug Macédonien, & bientôt après fous celui des Romains, ne prirent qu'un foible intérêt à la chofe publique. L'imagination de leurs Hiftoriens vint s'éteindre fous

---

(1) Cet enthoufiafme républicain ne fauroit cependant faire fupporter les vices de la Démocratie. Le peuple eft fouvent le plus terrible & le plus injufte de tous les defpotes, fes caprices font l'unique régle de fes actions : l'homme eft né tyran.

leur

leur plume fervile, & leurs talens s'évanouirent avec les beaux jours de leur Patrie. Denys d'Halicarnaffe, ce judicieux critique, après avoir parlé de cette élocution harmonieufe qui caractérife le ftyle des anciens Ecrivains de la Grèce, continue en ces termes: « Elle fut dans les temps poftérieurs fort négligée:
» perfonne n'a penfé, fans doute, à faire le parallèle (de cette
» nouvelle élocution avec l'ancienne); il ne foutiendroit pas
» jufqu'à la fin la lecture de tous les Ouvrages que nous ont
» laiffés Plutarque, Duris, Polybe, Saon (1), Démétrius Calan-
» tien, Jérôme (peut-être de Cardie) Antiloque, Héraclide,
» Hégéfias de Magnéfie, & une foule d'autres : un jour ne
» fuffiroit pas, fi je voulois en faire la nomenclature. »

Plus le poids de la fervitude s'appefantiffoit, plus la lumière des Lettres s'enfonçoit dans les ténèbres. Cette vile adulation qui flétrit l'âme & étouffe le génie, fit des progrès rapides fous le regne des Empereurs Romains. Le moindre de leurs exploits devint le fujet des déclamations des fophiftes, qui en décrivoient les circonftances avec des couleurs peu naturelles, & une pompe de langage qui n'avoit nulle proportion avec les chofes qu'ils racontoient. Lucien compare cette violente manie, qui faifit alors tous les efprits, à la fièvre épidémique des Abdéritains, qui, frappés de la repréfentation de l'Andromède d'Euripide, cou- roient dans les rues en déclamant les vers de ce Poëte : cette maladie, qui étoit accompagnée de fymptômes finguliers, ne finit qu'avec les chaleurs de l'été (2).

Au premier combat (3), on voyoit éclorre une foule de rélations

(1) *Voyez* la note (I).

(2) Il faut avouer que les Abdéritains avoient déja de grandes difpofitions à la folie : leur extravagance avoit même paffé en proverbe, *Vid.* Ifaac. Voff. in Mel. p. 691 , &c. & leur nom feul étoit un outrage. *Vid.* Timæi Soph. Lexic.

voc. plat. p. 10 & not. celeb. Runhkenii.

(3) ὑπὸ μιᾷ τῇ ὁρμῇ. *Lucian. quom. fcrib. Hift.* n.º 2. Lucien parle ici des guerres des Empereurs Romains, dont le moin- dre exploit étoit célébré d'une manière hyperbolique & peu vraifemblable par les Ecrivains Grecs.

B

qui n'avoient d'autre fondement que celui que leur fuppofoit l'imagination déréglée de leurs Auteurs. Joignant l'ignorance à l'effronterie, ces Hiftoriens commettoient les fautes les plus groffières en matière de Géographie & de Tactique : parloient-ils d'un combat fanglant où la victoire avoit été long-temps incertaine, la perte des ennemis étoit immenfe, & celle des Romains prefque infenfible. Dans une de ces batailles les premiers eurent 7236 hommes de tués, & les feconds, deux hommes feulement & neuf de bleffés (1) : emportés, hors des limites du vrai, par un amour immodéré des defcriptions, ils s'efforçoient de faire briller leur efprit en décrivant des machines de guerre, des armes, des ponts, des foffés, &c. Chauffant le cothurne, ils racontoient les morts les plus naturelles avec des circonftances tragiques; enfin ces Ecrivains ne préfentoient aucun objet à leur lecteur fans le défigurer par leurs exagérations, par l'enflure de leur ftyle, & fouvent ils mettoient, je me fers de la comparaifon de Lucien, la tête du Coloffe de Rhodes fur le corps d'un nain (2).

L'agréable & judicieux Auteur que je viens de citer, après avoir expofé avec cette énergie qui lui eft propre, les défauts, ou les écarts des Hiftoriens de fon fiècle, établit les préceptes les plus folides & les plus lumineux fur la manière d'écrire l'Hiftoire. Voulant encore oppofer une nouvelle barrière à la contagion, & arracher au mauvais goût tout le crédit qu'il pouvoit avoir fur l'efprit de la multitude, Lucien mit fa critique en action & compofa fes deux livres *de la véritable Hiftoire*. Cet ouvrage, qui peut être regardé comme une débauche d'imagination par l'étonnante fécondité d'idées burlefques, & même gigantefques,

---

(1) Lucain. id. n° 20. | (2) Lucain. id. n.° 23.

qui y font répandues avec une prodigalité fans exemple, n'eft autre chofe qu'une fiction ingénieufe dont l'unique objet eft de vouer au mépris, &, fi j'ofe le dire, à l'opprobre, les productions des Hiftoriens du temps; productions monftrueufes, puifqu'elles tenoient également du roman & de l'hiftoire, fans que l'on put les ranger dans l'une de ces deux claffes, qui n'en fauroient admettre d'intermédiaires.

Pour apprécier avec jufteffe les compofitions d'un Ecrivain, il faut connoître l'état du fiècle où il a vécu, afin de favoir les fecours qu'il a eus; ce qu'il doit au goût & à la manière de penfer de fes contemporains, & ce qu'il ne tient que de lui-même. Les obfervations que j'ai faites au commencement de cet ouvrage, fur le fort des Lettres, confidéré comme inhérent aux révolutions civiles, & celles que l'on vient de voir rempliront en partie, ce me femble, le premier de ces objets, à l'égard des Hiftoriens d'Alexandre; le fecond ne peut être que le réfultat d'un examen particulier de leurs ouvrages. Avant que de difcuter le récit de ces mêmes Hiftoriens, je marquerai le degré d'autorité qui eft dûe à chacun d'eux. Pour l'établir avec certitude, il faut connoître les fources où ces Auteurs peuvent avoir puifé. D'ailleurs lorfqu'il s'agit de traditions, foit orales, foit écrites, il eft abfolument néceffaire de remonter aux premiers témoins.

Cet enthoufiafme qui né de la profpérité meurt avec elle, cet enthoufiafme produit par des fuccès étonnans & rapides, avoit allumé l'imagination des compagnons d'armes & des contemporains d'Alexandre. Mais cette chaleur factice & paffagère étoit femblable à celle de ces phofphores qui ne brûlent jamais: elle devoit naturellement faire éclorre des écrits où le merveilleux féduisît les efprits au lieu de les entraîner, & les amusât au lieu de les émouvoir.

B 2

Cet amour du merveilleux s'étoit emparé, selon Strabon (1); de la plume de presque tous les Historiens du Conquérant de l'Asie; aucun d'eux ne fût entièrement exempt de ce défaut épidémique. Les ouvrages de Callisthène, d'Onésicrite, d'Hégésias & de Clitarque, paroissent avoir été la principale source de bien des erreurs; & l'on sait que les erreurs se propagent toujours en raison de leur antiquité, du nombre & de la disposition de ceux qui les transcrivent ou les adoptent. Contentons-nous de rapporter le jugement que les plus judicieux Critiques, parmi les Anciens, ont porté de ces Ecrivains : seul moyen qui nous reste pour les faire connoître.

Callisthène avoit cru relever les actions d'Alexandre, & en augmenter la gloire par un style aussi peu propre à l'histoire qu'à l'éloquence. . . « Il ne s'élève pas, dit Longin, mais se guinde si haut, qu'on le perd de vue (2) ». . . . . Je rapporterai dans la suite la critique judicieuse que Polybe avoit faite de sa relation de la bataille d'Issus. Aussi superstitieux, (caractère incompatible avec la profession de Philosophe), qu'ignorant dans la Tactique. . . . . « Callisthène racontoit, comme nous l'apprend » Strabon, qu'Alexandre excité par l'amour de la gloire, alla consulter l'oracle (d'Ammon), ayant ouï dire que Persée & Hercule y avoient été avant lui. Il se mit en marche de Parætonium ; égaré par une nuée de poussière, le vent du Midi souffloit alors avec violence, il dut son salut à une pluie abondante & à deux corbeaux qui lui servirent de guides. Ce détail,

____

(1) Πάντες μὲν γὰρ οἱ περὶ Ἀλέξανδρον, τὸ θαυμαστὸν ἀντὶ τἀληθοῦς τἀποδέχονται μᾶλλον. L. XV. p. 480.

(2) Boileau rend ainsi ces expressions énergiques de Longin, οὐχ' ὑψηλὰ, ἀλλὰ μετέωρα. C. III, p. 14. ad. Mori, *Callisthenes, Comes Alexandri, scripsit, historiam ; &* hic quidem *Rhetorico pene more*, Cicer. de Oratore. L. II, n.° 14. Ciceron regarde enfin Callisthène comme un Ecrivain fort au-dessous du médiocre : *Callisthenes quidem, vulgare & notum negotium ;* ad Quint. fratr. L. II. Ep. 13. *Voyez* sur ce passage Muret. Var. Lect. L. II, C. V.

» ainſi que ceux qui ſuivent, ont été dictés, ſuivant le judicieux
» Géographe, par la flatterie. Le Prêtre du Temple d'Ammon
» permit au Roi ſeul d'y entrer avec ſes habits ordinaires ; les
» autres Macédoniens furent obligés de changer les leurs, & de
» ſe tenir dehors pour écouter les réponſes de l'Oracle, qui ne
» ſe rendoient point par des paroles, comme à Delphes & aux
» Branchides, mais par des ſignes & une inclination de tête
» ſemblable à-peu-près à celle du Jupiter d'Homere.:

En achevant ces mots, il incline ſa tête,
Il baiſſe ſes ſourcils, plus noirs que la tempête (1).

» Le prêtre imitoit ainſi ce Dieu. Il aſſura enſuite de vive voix
» Alexandre qu'il étoit fils de Jupiter. Chauſſant le cothurne,
» Calliſthène ajoute avec emphaſe (2) qu'Apollon ayant quit-
» té l'oracle des Branchides, depuis le temps où ſon temple
» avoit été brûlé par Xerxès, que la fontaine qui lui étoit con-
» ſacrée avoit tari, mais (qu'à cette époque,) elle jaillit de
» nouveau, & que les envoyés de Milet apportèrent à Memphis
» pluſieurs oracles ſur la naiſſance d'Alexandre, fils de Jupiter,
» ſur la victoire qu'il devoit remporter à Arbele, ſur la mort
» de Darius, & ſur les troubles excités par les Lacédémoniens.
» La Sibylle Athénaïs d'Erythrée s'explique auſſi ſur la noble
» origine de ce Prince, &c. &c. ». (3) . . . Etoit-ce par ce mélange de fables & de ſuperſtitions que Calliſthène ſe flattoit d'im-
mortaliſer les exploits du Conquérant de l'Aſie ? Une narration
auſſi enflée & ſon ſtyle *tragico-hiſtorique* lui permettoient-ils de
donner à ſes inventions la préférence ſur les actions de ce Prince (4) ?

---

(1) Traduction de M. de Rochefort ;
p. 180, Tom. 1.
(2) Προτραγῳδῶν.
(3) Calliſth. ap. Strab. L. xvii, p. 559-
560.

(4) Arr. L. iv, C. x. Je ne fais point
ici mention de l'Hiſtoire apocryphe d'A-
lexandre, attribuée à Calliſthène ; elle
doit être rangée dans la claſſe de ces
romans, nés de l'oiſiveté des Cloîtres,

Ce Philofophe vouloit faire dépendre de fes talens la célébrité d'Alexandre & fe rendre par-là néceffaire : il fe trompa dans le choix des moyens; fa vanité l'égara, & il tomba dans la difgrace de fon maître. On ne fauroit nier que Callifthène ait montré beaucoup de fermeté dans fa conduite, lorfqu'Alexandre exigea des honneurs exceffifs de la part de fes fujets; ce Philofophe parut dans cette occafion le venger des rits de fa religion, & l'unique foutien de la liberté. Mais fi l'on réfléchit fur l'époque de cet événement peu éloignée de celle de la détention de Callifthène, on conviendra qu'il n'avoit plus rien à perdre, quand il oppofa une courageufe réfiftance aux volontés du Monarque Macédonien, dont il s'étoit auparavant attiré l'indignation. Leçon frappante pour les Gens de Lettres qui, oubliant ce qu'ils doivent à leur fiècle & à la poftérité, ce qu'ils fe doivent à euxmêmes, veulent allier la profeffion de philofophe avec les intrigues d'un courtifan.

Onéficrite d'Egine, difciple de Diogène le Cynique (1), avoit écrit, felon Diogène-Laërce, l'hiftoire de l'expédition d'Alexandre, fur le plan de la Cyropédie, confidérée fans doute comme une fiction : la mauvaife foi & les fables d'Onéficrite nous empêchent de comparer fon ouvrage avec celui du fage Xénophon. L'Auteur qui a imaginé cette comparaifon, compilateur fans goût, paroît s'être trompé & avoir confondu les deux Cyrus. Le difciple de Diogène avoit compofé un ouvrage fur l'expédition d'Alexandre, comme l'élève de Socrate en avoit fait un fur celle du jeune Cyrus : mauvais imitateur d'un fi excellent modèle, ce Philofophe cynique eft reconnu par Strabon pour

dignes, à tous égards, d'être enfevelis dans la pouffière de nos bibliothèques; cet ouvrage, dont il y a 14 exemplaires manufcrits à la Bibliothèque du Roi, ne mérite point de fixer notre attention.

(1) Diog. Laert. L. vi, C. iy.

un Auteur fabuleux qui a furpaffé tous les Hiftoriens du Monarque Macédonien par fon impudente démangeaifon de rapporter les chofes les plus étranges & les plus abfurdes (1). Peut-être croyoit-il par-là plaire à celui qui l'avoit emmené avec lui pour écrire fon hiftoire, & qui l'entretenoit à fa Cour. Des mains vénales ne pouvoient que défigurer les expéditions d'Alexandre. La vérité ne fauroit être aux gages de perfonne ; des titres fi avidement recherchés, des récompenfes fi fouvent mandiées ne font, fi j'ofe m'exprimer ainfi, que les livrées de la corruption.

Hégéfias de Magnéfie fut le premier, fuivant Strabon, qui introduifit dans la Grèce l'éloquence Afiatique (2), femblable à une courtifane qui épuife toutes les reffources de l'art pour réveiller les fens engourdis par l'habitude. Il fut Orateur & Hiftorien : mélange de profeffions dangereux dans un fiècle où le bon goût s'altère, & ce qui en eft une fuite néceffaire, où les limites de tous les genres fe confondent. Ses difcours pêchoient autant par les penfées que par la diction (3). Il écrivit l'hiftoire avec un ftyle haché, bondiffant & plein d'ornemens puérils (4). Photius nous a confervé quelques fragmens d'un ouvrage d'Agatharchide, dans lequel ce judicieux Critique cenfuroit vivement les écrits d'Hégéfias ; il y tournoit en ridicule fa manière de décrire le fiège de Thèbes & la prife de cette Ville par Alexandre, & de déplorer les malheurs de fes habitans. « L'adverfité rendit muet, difoit le So-
» phifte hiftorien, un lieu dont la voix retentiffoit fort au

---

(1) Τῶν παραδόξων ἀρχικυβερνήτην . . . . . ὑπερβάλλεσθαι δὲ δοκεῖ τὺς τοιουτυς ἐκεῖνος τῇ τερατολογία. Strab. L. xv, p. 480. *Vid.* Arr. L. vi, C. 11. Plut. vit. Alex. P. 62. Aulu-gell. noct. attic. L. ix, C. iv. &c.

(2) Strab. L. xiv, p. 446.
(3) Cicer. Orat. n.º 67.
(4) Cicer. de Clar. Orat. n.º 83. Orat. n.º 67.

» loin . . . La phalange Macédoniene entrant les armes à la
» main dans les murs (de Thèbes) arracha la vie à cette
» Ville (1); ici étoit son tombeau, là étoit la mort. . . . O
» Alexandre ! en détruisant Thèbes, tu as fait comme si Jupiter
» arrachoit la lune du ciel. &c. &c. » Agatharchide observoit
avec raison que ce Sophiste sembloit se servir de cet événement
plutôt pour s'égayer que pour marquer sa sensibilité sur le sort
des infortunés Thébains (2). Longin nous dit qu'Hégésias semble vouloir parler comme s'il étoit inspiré des Dieux; mais qu'au
lieu d'être rempli de l'esprit divin, il ne fait que jouer comme
les enfans (3). Enfin Denys d'Halicarnasse prétend que, dans
tous ses ouvrages, on ne trouvoit pas une seule phrase bien
construite ; &, pour donner un exemple du style bas & risible
de ce Sophiste, cet habile Rhéteur en rapporte un fragment
sur le siège de Gaza & le supplice de Bétis : il compare cette
manière de raconter les faits, aux traitemens ignominieux
qu'Achille fait essuyer au corps d'Hector dans l'Iliade d'Homère,
que le Sophiste Magnésien a ridiculement imité (4). Quinte-
Curce paroît n'avoir pas. négligé cet ouvrage d'Hégésias, &
principalement l'endroit dont je viens, de parler, avec cette
différence cependant qu'il n'est point entré dans des détails
aussi dégoûtans.

---

(1) Τὴν πόλιν ἀπέκτεινεν.

(2) Ap. Phot. ex Lib. v. *Agath. de Mari rubro*, p. 1336 - 1337. Himérius semble avoir pris Hégésias pour modèle sur la prise de Thèbes. *Vid.* Ap. Phot. bibl. p. 1081. Il est cependant moins outré que lui. De tous les temps, les actions d'Alexandre donnèrent matière aux déclamations des Sophistes. On connoît celles de Senéque le père : *Deliberat Alexander an Oceanum naviget.* Suasor i. *Deliberat Alexander an Babyloniam intret, cum denuntiatum esset illi responso auguris periculum.* Suas. iv. Senéque le fils, quoique Philosophe, n'est pas moins déclamateur, lorsqu'il parle d'Alexandre. On peut porter le même jugement de Lucain.

(3) Long. de sublim. i, C. iii, p. 16 ed. cit.

(4) Dionys. Halic. de struct. Orat. ed. Upton, p. 144-146-148.

Clitarque

Clitarque, fils de Dinon, rendit fon nom célèbre dans l'Antiquité par la publication de fon ouvrage fur l'expédition d'Alexandre. L'enflure du ftyle produit toujours l'exagération des faits. « Je ne vois point d'Ecrivain, dit Longin, auffi enflé » que Clitarque. Cet Auteur n'a que du vent & de l'écorce ; » il reffemble à un homme, qui, pour me fervir des termes » de Sophocle, enfle fes joues avec excès pour fouffler dans » une petite flûte (1). » Le judicieux Auteur du livre attribué à Démétrius de Phalère, confirme, par fon autorité, ce jugement, & fe moque des expreffions bourfouflées & impropres de cet Ecrivain (2). Cicéron reproche à Sifenna d'écrire d'une manière puérile, & ajoute que cet Hiftorien Romain fembloit n'avoir vu de tous les Grecs que Clitarque qu'il avoit imité (3), & dont les défauts n'excluoient point fans doute ce que nous appellons très - improprement efprit, & qui fait avorter de nos jours tant d'heureux talens. La narration de Clitarque devoit être pleine de cet efprit féduifant, fi fatal aux progrès des Lettres, & qui en annonce toujours la décadence : c'eft dans ce fens qu'on doit entendre le paffage où Quintilien nous apprend que l'imagination de cet Hiftorien d'Alexandre trouvoit des approbateurs ; mais que fon témoignage étoit décrié ; & qu'on n'y ajoutoit aucune foi (4) : les Rhéteurs, felon Cicéron, s'étoient arrogés le droit de mentir impunément ;

---

(1) . . . . φλοιώδης . . . . κỳ ρυσῶν, &c. Long. C. iii, p. 14-16, trad. de Boil.

(2) En parlant d'un infecte femblable à un abeille, Clitarque s'exprime ainfi : « Il paît fur les montagnes, & s'élance » dans les creux des chênes. » Démétrius obferve très - bien que cet Hiftorien parle de cet infecte comme d'un bœuf fauvage ou du fanglier d'Erymanthe, & non pas comme d'une abeille, & que cette manière de s'énoncer eft froide & fans grace. καὶ ἄχαριν τόν λόγον ἄμα καὶ ψυχρόν. De elocut. ap. rhet. Select. ed. Gal. p. 177,

(3) Cicer. de Legib. L, i, n. 2.

(4) *Clitarchi probatur ingenium, fides infamatur.* Quintil. Inftit. L. x, C. i.

C

afin de mettre plus d'efprit dans leurs ouvrages. Clitarque au-
torifoit, par fon exemple, cette obfervation (1), comme le prouvent plufieurs traits de cet Ecrivain répandus dans les écrits de
Strabon, de Pline & d'une foule d'autres anciens Auteurs.

Toutes les traditions fabuleufes, les faits exagérés, les récits
hyperboliques & dénués de toute vraifemblance, les defcriptions
imaginaires de batailles, de fiéges, &c. adoptés par les Hiftoriens d'Alexandre, ont été puifés dans les ouvrages de Callifthène, d'Hégéfias, de Clitarque, d'Onéficrite, de Megafthène,
de Daimaque, &c. dont on s'empreffoit d'autant plus de faire
ufage, que le goût étoit alors fort corrompu, & que l'on
trouvoit aifément des approbateurs, dont le grand nombre
étouffe toujours la voix de la critique.

Ce n'eft point fans doute de pareils Ecrivains qui peuvent
nous fournir des mémoires fidèles fur la vie & les exploits
d'Alexandre; ces mémoires forment une claffe diftincte : nous
ferons l'énumération de ceux qui la compofent. Qu'un Pyrrhonifme audacieux ne prétende pas confondre les monumens
authentiques avec ceux que la flatterie & l'amour du merveilleux ont vainement élevés; mêlant enfemble avec malignité le
vrai & le faux, qu'on n'ofe point publier que les exploits du
Vainqueur de l'Afie ne méritent pas plus de foi que les travaux
d'Hercule; enfin que, dans un moment de ce délire paradoxal,
où, agitée par le démon de la renommée, une imagination
déréglée n'enfante que des monftres, un Auteur n'ait point
la témérité d'avancer que le Conquérant Macédonien ne pénétra
jamais dans les Indes : affertions révoltantes, étranges écarts!

____

(1) *Conceffum eft Rhetoribus ementiri* | *tius . . . . fic Clitarchus.* Cicer. in Bruto.
in Hiftoriis, ut aliquid dicere poffint argu- | n.° 42.

Notre raison sera-t-elle donc toujours le jouet de notre amour-propre?

Les Mémoires de Ptolémée & d'Aristobule doivent tenir le premier rang parmi les ouvrages qui méritent nos éloges. Témoins oculaires des faits qu'ils rapportoient, ces deux Généraux de l'armée d'Alexandre avoient attendu, pour les publier, la mort de ce Prince, afin que la flatterie n'eût plus aucun crédit sur leur esprit, & que la vérité pût paroître dans leurs écrits sans aucune entrave. Ces sages motifs attestés par Arrien (1) réfutent le récit de Lucien, qui nous dit qu'Alexandre ayant entendu lire à Aristobule sa rélation du combat livré contre Porus, ce Prince indigné des fables dont elle étoit tissue, la jeta dans l'Hydaspe, en s'écriant : il falloit, Aristobule, se battre pour moi dans ce combat singulier, & percer les éléphans d'un seul trait (2). Je crois que Lucien, dans ce passage, a voulu parler d'Onésicrite, puisqu'il fait mention, quelques pages après, d'une conversation que le Monarque Macédonien eut avec ce Philosophe, dans laquelle il lui parla de l'adulation de ceux qui écrivoient son histoire pendant sa vie, & du desir qu'il avoit de savoir ce que la postérité penseroit de ses actions. Alexandre avoit emmené Onésicrite avec lui pour être son historiographe. Le nom d'Aristobule aura pris la place de celui du Philosophe cynique par une équivoque de la part de l'Auteur ou de ses Copistes. Cette conjecture semble être appuyée sur ce que Lucien nous apprend de l'âge d'Aristobule qui, selon lui, vécut 90 ans, & composa son histoire à 80 (3). Croiroit - on sans peine que ce Général eût suivi, dans un âge aussi avancé;

______

(1) Arr. in Præf.

(2) Ελέφαντας ἐν ἀκοντίῳ ϛαντύοντα. Luc. quom. scrib. hist. C. xii. Quelques Commentateurs n'ont point saisi la plaisanterie, qui se fait aisément sentir dans cette réponse : ils ont cru qu'il s'étoit glissé quelque faute dans ce passage de Lucien, dont Jean - Franç. Réitzius a très - bien développé le sens.

(3) De Macrob. C. xxii.

le Vainqueur de l'Afie, à travers une région immenfe, jufqu'aux bords de l'Hydafpe?

Le Journal des actions d'Alexandre avoit été rédigé par Diodote d'Erythrée, & par Eumène de Cardie qui partagea avec Ephæftion la faveur de fon maître, & fut un des plus habiles & des plus malheureux Capitaines de fon fiècle. Cet ouvrage doit être regardé, à en juger par des fragmens épars dans les écrits de quelques Auteurs de l'Antiquité (1), comme un journal très-exact & très-circonftancié des exploits & de la vie privée du Prince Macédonien.

L'Itinéraire de l'armée d'Alexandre décrit par Diognète & Béton, Arpenteurs que ce Monarque employa à la mefure de fes marches & des Régions qu'il parcouroit, pouvoit répandre un grand jour fur les expéditions du Vainqueur de l'Afie & fur la Géographie de l'Orient. Cet ouvrage précieux, qui n'avoit été négligé ni par Ariftobule ni par Ptolémée, n'a point furvécu aux ravages du temps. On doit y joindre les defcriptions exactes qu'Alexandre avoit fait faire par des gens habiles, des provinces qui compofoient fon Empire. Patrocle affuroit que ces mémoires lui avoient été communiqués par Xenoclès, Garde du Tréfor Royal (2). C'eft fans doute cet ouvrage dont veut parler l'illuftre Dominique Caffini. . . . . « Les defcriptions exactes, » dit ce célèbre Aftronome, qu'Alexandre eut foin de faire faire » de fes Conquêtes, donnèrent une forme beaucoup plus par- » faite à la Géographie (3). »

On peut croire qu'il a exifté long-temps, après la mort

---

(1) Arr. L. vii, C. xxv. Plut. Vit. Alex. p. 98. Id. Sympof. L. 1. Oper. T. 11, p. 623. Athen. L. x, p. 434. Ælian. var. Hift. L. iii, C. xxiii.

(2) Ap. Strab. L. ii , p. 47. Le paffage de ce Géographe offre quelques diffi- cultés que le favant P. Politi a très-bien éclaircies. *Vid.* Animadv. in Euftath. ad Dionyf. Perieg. C. viii, p. 140-141.

(3) De l'orig. & des progrès de l'Aftronom. Acad. des. Sciences, anc. Mém. Tom. viii, p. 13.

d'Alexandre, un recueil de ſes lettres ; du moins ne ſauroit-on révoquer en doute que pluſieurs de ces lettres n'euſſent été rendues publiques, elles ſe trouvent citées dans pluſieurs Auteurs anciens (1) : ſi elles nous étoient parvenues, non - ſeulement elles nous auroient éclairé ſur les actions militaires de ce Prince ; mais encore elles nous auroient dévoilé les motifs ſecrets de ſa conduite, ſes mœurs & ſon caractère.

Patrocle, Eratoſthène & Strabon avoient exercé leur critique ſur les Hiſtoriens d'Alexandre, leurs ouvrages n'ont pas eu un meilleur ſort que tant d'autres dont nous déplorons la perte. Leurs travaux auroient peut-être rendu le mien inutile ; d'ailleurs le ſiècle où ils vivoient étoit bien plus propre que le nôtre à de pareilles diſcuſſions. Les traditions fabuleuſes que les ſiècles entraînent avec eux, obſcurciſſent de plus en plus la lumière de la vérité ; nos efforts, pour découvrir le vrai, deviennent toujours plus impuiſſans, à meſure que nous nous éloignons de l'époque des événemens : l'obſcurité augmente, les difficultés s'accumulent, les ſyſtêmes naiſſent, les doutes ſe multiplient, & le laps du temps nous arrache des ſecours auxquels on ne ſauroit ſuppléer.

Céphalæon, natif de Gergèthé (2) dans la Troade, avoit fait un abrégé d'hiſtoire univerſelle. L'exactitude & la préciſion caractériſoient cet ouvrage. Cet Ecrivain avoit évité avec ſoin les digreſſions, & tout ce qui étoit étranger au récit des faits. Son hiſtoire diviſée comme celle d'Hérodote en neuf Livres, qui portoient chacun le nom d'une des Muſes, & écrite en

---

(1) Plut. Vit. Alex. p. 13 - 26 - 29 - 32 - 40 - 63 - 64 - 78 , id. in Phoc. Vit. id. de Laud. ſui , Arr. L. vii , &c. *Vid.* Fabric. Bibl. Græc. Tom. 1 , p. 419 - 420 - 421.

(2) Strab. L. xiii , p. 405. Suidas a confondu Céphalæon ou Cephalon avec un Rhéteur de ce nom , qui vivoit du temps d'Adrien. *Vid.* Lexic. in hac voc. & Voſſ. de Hiſt. Græc. L. ii , C. xii.

Dialecte Ionique, étoit le fruit d'immenses recherches. Le dernier Livre, intitulé Uranie, contenoit les exploits du Vainqueur de Darius & avoit été extrait de trente Auteurs différens (1). Quel secours ne nous auroit-il pas fourni? La comparaison des divers témoignages est l'ame de la critique historique. La vérité naît souvent du choc des opinions, le mensonge s'accrédite au contraire par l'unanimité des suffrages, ou par le silence des Historiens. Sopater avoit employé, dans son utile compilation, l'abrégé de Céphalæon sur l'histoire d'Alexandre (2). Le temps nous a encore ravi cette ressource.

Charès, Anticlide, Philon le Thébain, Hécatée d'Erétrie; Duris de Samos, Néarque, Timagène, &c. &c. méritent un rang distingué parmi les Historiens véridiques, & leur témoignage ne sauroit être récusé. Si ceux qui ont suivi la même carrière, s'étoient formés sur leur exemple & avoient mis en usage les matériaux dont je viens de parler, la critique n'auroit droit d'examiner leurs ouvrages que pour applaudir à leur discernement; mais plus ils ont négligé les mémoires dignes de foi, moins leur récit doit avoir d'autorité. Voyons celle qu'on ne peut contester aux Historiens qui ont transmis, jusqu'à nous, les exploits d'Alexandre. Il est nécessaire d'entrer dans quelques détails sur chacun de ces Ecrivains; le jugement que nous en porterons, sera justifié par nos observations dans les sections suivantes.

Arrien de Nicomédie (3) vivoit sous Adrien, Antonin-Pie & Marc-Antonin (4). Disciple d'Epictète (5), cet Historien d'Alexandre fut zélé sectateur des maximes de son Maître. On

---

(1) Phot. Bibl. Col. 101, cod. LXVII.
(2) Phot. Bibl. Col. 341.
(3) *Voyez* Tillemont, Hist. des Emp. ed. *in-12*, Tom. IV, p. 453 & suiv, Ger, Voss. de Hist. Græc. L. II, C. XI.

(4) Phot. Bibl. Col. 228, Suidas in voc. Ἀρριανός.
(5) Eusebe, Chron. Dodwel de ætate Per. mar. Eux. Geogr. min. Tom, 1,

reconnoît aifément que la même main a écrit les differtations fur la morale d'Epictète & l'hiftoire du Conquérant Macédonien : le difcours qu'Arrien met dans la bouche de Calanus (1) contient même plufieurs penfées, qui fe lifent dans le recueil de celles du Philofophe ftoïcien (2).

Les Villes les plus célèbres s'emprefsèrent de reconnoître le mérite d'Arrien, en le mettant au nombre de leurs Citoyens : Athènes & Rome lui firent cet honneur (3). Cette dernière lui confia le commandement de fes armées. Il fut Gouverneur de la Cappadoce ; fon courage & fon habilité furent la préferver du fer des Alains, qui avoient fait une incurfion dans l'Afie mineure (4), la dix-feptième année du règne d'Adrien, cent trente-quatre ans après Jéfus-Chrift. Les fervices d'Arrien furent récompenfés par la dignité confulaire (5).

Le Philofophe juge des actions, des mœurs, du génie des hommes, des motifs qui les font agir & des moyens qu'ils emploient. Il appartient encore à lui feul de développer les caufes de l'accroiffement & de la décadence des Empires ; mais la fcience militaire réunie à l'expérience doit diriger la plume de celui qui veut décrire les marches d'une armée & les exploits d'un Conquérant. Perfonne né poffédoit les talens de la guerre à un fi haut degré qu'Arrien : fon ouvrage fur la tactique eft un excellent abrégé de tout ce que les Grecs favoient fur cette matière (6). Les détails dans lefquels il entre fur l'ordonnance & les évolutions de la phalange font d'une clarté & d'une précifion juftement admirées par les Connoiffeurs (7). Le fragment

---

(1) L. VII, C. II.
(2) Pages 96-181-411-414.
(3) Arr. de Venat, C. I. Lucain. Pfeudom. oper. Tom. I, p. 747.
(4) Dion. Caff. L. LXIX, p. 792.
(5) Phot. col. 228. Suidas in voc. cit.

Galeni op. Tom. I, ed. Bas. p. 492.
(6) Pref. de M. Guifchard, fur fa traduction de ce Traité, p. XLIX.
(7) Mém. Milit. de M. Guifchard, T. I. difc. prélim. p. XXXVIII.

qui nous refte de fa marche & de fon ordre de bataille contre les Alains , prouve que fa théorie n'étoit que le réfultat de fa pratique. Ses connoiffances & fes talens fe laiffent aifément appercevoir dans fon hiftoire d'Alexandre.

Auroit-on pu imaginer que la manière lumineufe avec laquelle Arrien développe toutes les manœuvres de l'armée Macédonienne eût fait foupçonner fa fidélité? Un Savant tacticien ofe cependant avancer que cet Ecrivain a voulu donner des Leçons de tactique aux dépens de la vérité dans la defcription qu'il nous a laiffée de la bataille de Gaugamèle . . . . « Cette » bataille fût-elle un vrai thème , ajoute le Critique, pour la » théorie de l'art de la guerre? Tout cela ne préfenteroit pas » mieux fous un feul coup d'œil, l'application de ces grands » principes (1) » . . . parce qu'une armée ayant à combattre des ennemis fans difcipline, a fait dans un terrein égal des évolutions auffi favantes que régulières, peut-on en conclure que la defcription qu'en aura donnée un maître habile dans l'art meurtrier des combats, foit le fruit de fon imagination ou le réfultat de fes fyftêmes? M. Guifchard ajoute enfuite . . . . « qu'il ne fe » feroit jamais avifé de répandre des doutes fur l'authenticité des » circonftances de cette bataille » . . . . fi Polybe ne traitoit pas » de même le récit que donne un certain Callifthène de la bataille » d'Iffus (2). . . . Parce que Polybe démontre l'invraifemblance des détails de Callifthène, donc Arrien, qui écrivoit d'après les mémoires des Généraux de l'armée d'Alexandre, doit être regardé comme un fauffaire, fi j'ofe m'exprimer ainfi en matière de tactique? Cela n'eft pas fort conféquent.

On peut reprocher à Arrien, avec plus de juftice, une vanité

----

(1) Mém. Milit. fur les Grecs & les Romains, tom. 1, p. 281. *Voyez* p. 280.

(2) Mém. Milit. p. 280. tom. 1.

affez

affez fingulière : il nous affure qu'il n'a pas befoin de fe nommer ;
que fa naiffance, fa patrie & fes emplois ne font ignorés de
perfonne; enfin qu'il eft parmi les premiers Ecrivains de la
Grèce, ce qu'Alexandre eft parmi les Conquérans (1). Cet amour-
propre ingénu mérite quelque indulgence; celui d'un Ecrivain
ne croit que trop fouvent en raifon de fa célébrité, vain phan-
tôme d'une âme qui s'égare dans fes defirs! Arrien termine fon
ouvrage, en nous apprenant qu'il ne s'eft point engagé témé-
rairement à écrire l'hiftoire du Vainqueur de l'Afie; mais qu'une
infpiration divine l'a porté à cette entreprife (2). On reconnoît à cet enthoufiafme fuperftitieux le prêtre de Cérès ; Arrien
en avoit exercé les fonctions (3).

Ptolémée, chef de la race des Lagides, & Ariftobule font les
principaux guides qu'Arrien a fuivis dans la compofition de fon
ouvrage : il paroît cependant préférer le témoignage de Ptolémée (4). Cet Ecrivain judicieux ne les a point copiés l'un
& l'autre fans difcernement; il a extrait avec foin de leurs mémoires tout ce qui lui a paru mériter une croyance raifonnable. Arrien a auffi employé le récit de plufieurs autres Hiftoriens ;
lorfqu'ils ont rapporté des chofes dignes d'être confervées, &
qui pouvoient paffer pour croyables, parceque, felon lui,
elles concernoient Alexandre (5) : voilà une logique pitoyable ;

---

(1) Arr. L. 1, C. xii. Cette vanité
n'étoit point fans exemple dans le fiécle
d'Arrien ; Amyntien, qui avoit fait une
Hiftoire d'Alexandre dédiée à Marc-Antonin, permettoit à fes lecteurs d'égaler,
par fon ftyle , les exploits du Conquérant de l'Afie, & d'écrire fa vie d'une
manière hardie & avec chaleur. Il étoit
cependant froid & pufillanime, ψυχρὸς καὶ
δειλός. Ses talens ne répondirent point à
fes promeffes ; & Photius regarde cet
Auteur comme fort inférieur à ceux qui
l'avoient précédé dans cette carrière.
Bibl. col. 312.

(2) Οὐδὲ . . . . ἄνευ θεοῦ. L. vii, C. xxx.

(3) *Vid.* Dodwel, de ætate Per. mar.
eux. Sect. ii.

(4) ᾧ μάλιςα ἐγὼ ἵπομαι. L. vi, C. ii.

(5) In Præfat.

D

mais l'enthoufiafme ne fauroit raifonner, c'eft la fièvre de l'imagination.

Arrien nous apprend que perfonne n'a eu des Hiftoriens en
fi grand nombre, & qui fe foient autant contredits les uns
les autres, qu'Alexandre (1); il finit enfuite fa préface en ces
termes . . . . « Si quelqu'un paroît être furpris de ce que j'ai
» penfé à compofer cet ouvrage, après ceux de tant d'Ecrivains ;
» il n'a qu'à les parcourir, & enfuite lire le mien, & fon éton-
» nement ceffera (2). » En réuniffant ainfi ces deux paffages ,
on concevra aifément quels furent les juftes motifs qui engagèrent Arrien à entreprendre l'hiftoire d'Alexandre.

Cet Ecrivain divifa fon ouvrage en fept livres; le dernier ne
nous eft pas parvenu en entier, il y a une lacune qui n'eft
cèpendant pas fort confidérable; on doit y rapporter la fuite
d'Harpalus, comme il eft facile de s'en convaincre par l'extrait
que Photius nous a donné de ce livre qui, de fon temps, n'avoit
effuyé aucune altération (3).

Ce judicieux-Critique donne les plus grands éloges à la noble
fimplicité & à la clarté du ftyle d'Arrien (4). Il prétend que
cet Ecrivain n'eft inférieur à aucun de ceux qui l'ont précédé
dans la carrière de l'hiftoire, & le regarde comme l'imitateur
de Xénophon. Photius reconnoît encore que la narration d'Arrien
eft toujours agréable à caufe de fa précifion, qu'on n'y trouve
point de digreffions fatigantes (5); celle qui regarde les ponts
militaires des Romains (6) me femble cependant déplacée. Les

---

(1) *Vid*. Catalog. fcript. Alex. M.
ap. Fabric. Bibl. Græc. tom. 11, p. 207-
330.
(2) Præf. fub finem. On y lit οὕτω
θαυμαζίτω; ce qui rend le fens de cette
phrafe fort obfcur, comme l'avouent
les Commentateurs d'Arrien ; peut-être
faut-il mettre οὕτι au lieu d'οὕτω. J'ai admis cette conjecture, en traduifant ce
paffage.
(3) *Voyez* la note (I I).
(4) Bibl. col. 228.
(5) *Id*. col. 225.
(6) Arr. L. v, C. vii.

parenthèfes, continue ce Critique, n'obfcurciffent point fon difcours, qui n'eft pas dénué d'éloquence (1). La harangue qu'il met dans la bouche de Cœnus portant la parole au nom des foldats Macédoniens raffafiés de gloire & de conquêtes, m'a parue très-fenfée & très-pathétique (2). Photius, après avoir placé Arrien au-deffus même de plufieurs anciens Hiftoriens, finit par lui donner la préférence fur tous ceux qui avoient écrit l'hiftoire d'Alexandre.

Ne déguifons point cependant l'inclination que paroît avoir eu cet Hiftorien à exalter les actions du Monarque Macédonien, à préfenter avec des couleurs favorables celles qui méritent une jufte cenfure, & à exagérer fes fuccès. Peu content de le mettre au - deffus de tous les Conquérans, il nous affure que ce Prince ne fut pas moins illuftre que Minos, Eacus & Rhadamanthe, enfans de Jupiter; cette comparaifon avec les juges redoutables de l'enfer, lui paroît encore donner une trop foible idée de fon héros qui ne le cède pas, felon cet Hiftorien, à Théfée, fils de Neptune, & à Ion, fils d'Apollon (3). Malgré cet enthoufiafme paffager, Arrien fait ufage d'une critique auffi fage que judicieufe dans la difcuffion des faits; il n'adopte ordinairement rien fans examen, & condamne même quelquefois avec févérité Alexandre. A l'occafion d'une lettre que ce Prince écrivit à Cléomène, qui commendoit en Egypte, dans laquelle, après avoir défaprouvé la conduite de ce Gouverneur, il l'affuroit du pardon de fes crimes, même de tous ceux qu'il pourroit commettre à l'avenir, pourvu qu'à fon retour il

---

(1) Phot. col. 225. On fait qu'Arrien s'eft fervi du Dialecte Attique. dans fon ouvrage fur les expéditions d'Alexandre, & de l'Ionique dans fes indiques; quoique ces Dialectes ne fuffent plus en ufage du temps de cet Ecrivain. *Cum ætate ejus nec Atticifmus nec Ionifmus, qualem affectabant fcriptores in ufu foret.* Salmas. de Hellenift. p. 83.
(2) Art. L. v. C. xvii.
(3) L. vii, C. xxix.

trouvât, dans cette Région, des Temples & autres Monumens érigés à l'honneur d'Ephæftion; Arrien s'élève avec force contre le danger d'une fi coupable indulgence, & nous affure qu'il ne fauroit louer une pareille promeffe faite à un méchant homme (1). Ce n'eft point la feule fois qu'il cenfure le Conquérant de l'Afie, dans fon ouvrage; il finit en ces termes. . . :

. . « Quoique j'aie blâmé plufieurs actions d'Alexandre, je ne
» rougis cependant point d'être fon admirateur : en détruifant
» le crédit (que fes actions pourroit avoir,) je me fuis
» acquité de ce que je dois à la vérité & au bien général de
» l'humanité (2). »

On rencontre quelques fautes de Géographie dans l'ouvrage d'Arrien; mais fi on les compare avec celles qui ont été commifes par les autres Hiftoriens, elles paroîtront la plupart trèslégères. D'ailleurs cette matière avoit été tellement embrouillée par fes prédéceffeurs, qu'il eft étonnant que ces fautes foient en fi petit nombre. Je puis donc, fans craindre d'être contredit, donner la préférence au récit d'Arrien; Philofophe, Général d'armée, excellent Ecrivain, judicieux Critique, il doit être confidéré; non-feulement comme le premier Hiftorien d'Alexandre, mais encore comme le feul, fur le témoignage de qui on puiffe compter. Les obfervations fuivantes acheveront de prouver qu'on ne peut lui refufer cette prééminence, fans bleffer également les régles d'une faine critique & celles de l'équité.

Je ne difcuterai point ici le temps précis où a vécu Plutarque (3); il me fuffit de remarquer qu'Eusèbe fait mention de ce Philofophe dans la troifième année de la CCXXIV^e Olympiade, cent vingt ans après Jéfus - Chrift. Les détails particu-

---

(1) L. VII, C. XXIII.
(2) L. VII, C, XXX. ad. fin.

(3) *Vid.* Corfini, vit. Plut. ad edit.
Placit. Philof. Florent. 1760.

liers fur fa vie font trop connus pour que j'en faffe mention.

La vie particulière que Plutarque nous a laiffée d'Alexandre, ne peut être confidérée comme une hiftoire fuivie des actions de ce Prince. Perfonne n'ignore que les vies des Hommes illuf-tres font des tableaux peu corrects, où l'expreffion eft fupérieure à l'ordonnance. Cet Hiftorien ne raffemble des faits que pour donner des leçons, & ne raconte que pour avoir l'occafion & le droit de réfléchir. Un pareil plan ne peut être que fort nui-fible à l'exactitude. Quelle confufion auffi ne trouve-t-on pas dans les différens récits de cet Hiftorien ! Il abandonne fouvent celui des événemens principaux qui ne font, pour la plupart, qu'in-diqués, pour fe jeter dans les détails de la vie privée de fon héros. Il eft vrai qu'il en fait connoître affez bien les inclinations & le caractère, malgré la prévention qu'il laiffe appercevoir en fa faveur, & malgré les traits fabuleux qui plufieurs fois lui échappent.

Cet Hiftorien a prévu qu'on l'accuferoit d'être prefque tou-jours minutieux. Il tâche de fe difculper de ce reproche dans quelques obfervations, qui peuvent fervir de préface aux vies d'Alexandre & de Céfar : « Si nous n'entrons point, dit Plutar-
» que, dans des détails circonftanciés fur les événemens les plus
» mémorables, méritons-nous d'être expofés à une injufte cen-
» fure? Ce ne font point des hiftoires, mais des vies particu-
» lières que nous écrivons. Notre objet eft de dévoiler le vice,
» comme de préfenter des exemples de vertu. Une anecdote,
» une parole, un jeu même font fouvent mieux connoître le
» caractère d'un homme, que des batailles fanglantes, des fiéges
» & de grands exploits. Comme les Peintres faififfent les reffem-
» blances par l'air & les traits du vifage qui portent l'empreinte
» de nos inclinations, & négligent en même temps les autres
» parties du corps; qu'il nous foit de même permis de *pénétrer*

» *jufqu'aux fecrets de leur âme* (1); (celles d'Alexandre & de
» Céfar,) & d'offrir la peinture énergique de la vie de chacun
» d'eux, en abandonnant aux autres Ecrivains les combats & les
» faits éclatans. »

Plufieurs Auteurs tels que Callifthène (2), Ariftobule (3) &
Onéficrite (4), paroiffent avoir fourni les matériaux de la vie
d'Alexandre à Plutarque, qui avoit auffi fait le parallèle de ce
Prince avec Céfar, ouvrage que nous avons perdu : on peut,
en quelque forte, y fuppléer par celui qu'Appien nous a laiffé
de ces deux Conquérans, & qui n'en eft vraifemblablement
qu'un extrait (5), cet Ecrivain n'étant qu'un compilateur des
ouvrages hiftoriques de Plutarque.

Nous avons encore deux Difcours attribués à ce Philofophe,
& qui concernent tous deux Alexandre. Dans le premier, ce
Prince eft fuppofé répondre aux objections que pourroit lui faire
la Fortune, à qui il ne veut rien devoir. Le Monarque Macédonien eft enfuite comparé aux plus grands Philofophes; fa pratique y paroît fupérieure à leur théorie, & fes paroles, fes actions font toutes regardées comme très-philofophiques.

Le fecond Difcours n'eft qu'un fade panégyrique, une en-
nuyeufe & infipide differtation, & le fujet en eft à-peu-près le
même que celui du premier. L'Auteur veut prouver qu'Alexandre fut toujours au-deffus de la fortune, fon ennemie impla-
cable. On y trouve quelques traits peu analogues à cet objet ;
tels font ceux qui concernent Denys de Syracufe &·Cléarque ,
tyran d'Héraclée. Le Héros Macédonien eft mis en parallèle
avec Agamemnon; on imagine bien qu'il lui eft préféré : cela

---

(1) Je n'ai pu rendre ces expreffions
énergiques, οἷς τὰ τῆς ψυχῆς σημεῖα μᾶλλον
ἐνδύεσθαι. Plut. vit. Alex. p. 6. On ne fauroit traduire littéralement en notre langue cette hardie métaphore.
(2) Cit. p. 40-45-50.

(3) p. 24-26-31-63-97.
(4) Cit. p. 21-63-81-82-86.
(5) App. de Bell. civ. L. 11, p. 848 &
feq. ed. Var. Ce parallèle fe trouve même
à la fin d'un mf. de Plutarque, n.° 1672,
qui eft à la Bibl. du Roi. *Voy.* la not. (III).

doit être, le parallèle n'étant, chez la plupart des Anciens &
des Modernes, qu'une figure de rhétorique, mise en usage pour
louer plus aisément quelque personne illustre, ou du moins
qu'on veut illustrer aux dépens des autres.

L'Auteur du Discours dont je viens de parler, contredit plusieurs fois le récit de Plutarque ; ce qui me fait croire qu'il n'est
point de ce Philosophe, mais de quelque Sophiste qui a voulu l'imiter & accréditer son ouvrage, en le faisant paroître sous
le nom de Plutarque : foible ressource de l'amour-propre. Mon
opinion semble être confirmée par le catalogue que Lamprias,
fils de Plutarque, a donné des ouvrages de son père, où le
nombre des livres est exactement marqué ; il n'y fait mention
que d'un seul discours sur la fortune d'Alexandre (1) ; ouvrage
qui, vraisemblablement, doit être le premier fruit de la jeunesse
de cet Historien Philosophe. Sa vie d'Alexandre peut lui faire
revendiquer, à plus juste titre, un rang distingué parmi les
Historiens de ce Prince ; nous lui accordons le second. Les traits
qu'il rapporte peuvent être fort utiles pour connoître le caractère
du Conquérant de l'Asie ; mais on ne sauroit être trop en garde
contre ses préjugés, & trop se méfier de son exactitude.

Diodore, natif d'Agyrie en Sicile (2), vivoit du temps de
Jules-César (3) ; toute recherche sur sa personne & sur ses
écrits, seroit ici superflue (4). Pline nous assure que cet
Ecrivain est le premier, parmi les Grecs, qui se soit occupé de
choses sérieuses, & qui ait abandonné les bagatelles (5) : ce jugement est étrange. Les cinq premiers livres de cet Historien

---

(1) Lampr. Epist. ap. Fabric. Bibl. Græc. Tom. III, p. 354 & suiv.

(2) Diod. L. 1, n.º 4, Cluver. Sicilia antiq. p. 182.

(3) Euseb. Chr. ad ann. M. CCCCXVII.

(4) *Vid.* Ger. Voss. de Hist. Græc. L. II, C. II. Fabric. Bibl. Græc. L. III, C. XXXI. Hen. Steph. de Diod. & *de ejus scriptis.*

(5) *Apud Græcos desiit nugari Diodorus.* Præf. Hist. Nat.

font remplis de fables; entêté de l'opinion d'Evhémère, il ne fouille les annales de tous les Peuples, & ne raffemble leurs traditions religieufes, que pour y trouver des preuves qui puiffent autorifer fon fyftême erroné. Ses premiers livres précieux par les faits qu'ils nous ont confervés, ne préfentent fouvent qu'un amas de conjectures & de contradictions. Dans la defcription que Diodore fait des différens pays de la terre, il paroît ordinairement Naturalifte crédule, & Phyficien ignorant. S'il femble quelquefois fe défier de la vérité de ce qu'il raconte, cela ne l'empêche pas d'ajouter foi, bientôt après, aux chofes les moins croyables. On peut être fondé à foupçonner fon exactitude, & croire qu'il a défiguré les Auteurs dont il s'eft fervi, à en juger par la façon dont il altère le récit d'Hérodote au fujet des Mèdes; récit que nous avons fous les yeux, & que nous pouvons comparer avec l'extrait peu fidèle qu'il en a laiffé (1). Les Grecs ne favoient-ils donc ni penfer, ni s'apliquer à la recherche du vrai avant Diodore? Quels peuvent être les motifs de l'opinion fi avantageufe que le Naturalifte Romain paroît avoir conçu de cet Ecrivain? Il a vraifemblablement jugé de fon ouvrage par la Préface, qui nous offre un tableau de la plus grande manière de traiter l'Hiftoire; mais malheureufement l'intérieur de l'édifice ne répond pas toujours à ce fuperbe frontifpice.

Dans les autres livres où Diodore revient enfin à fon fujet, après un fi long préliminaire, la cenfure n'a plus à reprendre des défauts fi confidérables. Mais quel intervalle immenfe ne le fépare-t-il pas encore des anciens Hiftoriens de la Grèce! Attachons-nous principalement à faire connoître fon XVIIe livre, qui contient le récit des actions d'Alexandre.

Le ftyle en eft lâche; les réflexions, quoique rares, n'en font

_____

(1) Acad. des Infcript. tom. xxiii, p. 31 not.

pas

pas moins triviales. Diodore n'y indique jamais les fources où il a puifé, & n'appuie ce qu'il raconte d'aucune autorité; enfin il manque fouvent d'exactitude, & n'eft point heureux dans l'arrangement des faits. La première partie de ce Livre comprend tous les événemens qui précèdent la bataille de Gaugamèle, elle m'a paru travaillée avec plus de foin, & fupérieure à celle qui la fuit : cet Ecrivain femble s'être fort négligé dans cette feconde partie, où il eft difficile de bien faifir l'enchaînement des faits , & l'ordre des marches & des diverfes expéditions de l'armée Macédoniene. La Chronologie y eft entièrement bouleverfée, & la lacune qu'on y trouve eft fort propre à augmenter l'obfcurité qui naît de ce défordre. La guerre des Scythes, la révolte des Sogdiens, la mort de Clitus & celle de Callifthène, le mariage de Roxane, & le commencement de l'expédition des Indes, ne fe lifent plus dans le texte de Diodore, & aucun manufcrit n'a pu, jufqu'à préfent, fuppléer cette lacune.

Le vrai & le faux font ordinairement racontés du même ton par Diodore, qui ne cherche, ni à éblouir, ni à furprendre. Si cet Hiftorien paroît fuivre fouvent de bons guides, d'autres fois il fe laiffe égarer par Clitarque, dont il copie les récits fabuleux (1). Ces défauts n'empêchent point que cette partie de fon Hiftoire ne ferve utilement à éclaircir plufieurs faits de la Vie d'Alexandre, & qu'avec une attention fuivie, on n'en puiffe tirer un avantage très-réel dans la recherche du vrai. Ces confidérations m'engagent à donner le troifième rang à Diodore, parmi les Hiftoriens de ce Conquérant.

Les Romains qui écrivirent l'Hiftoire d'Alexandre, ne vécurent pas dans des fiécles plus heureux que les Grecs qui les avoient précédés dans cette carrière, & dont ils employèrent

____

(1) *Vid.* Veffeling. not. in Diod. T. II, p. 170-216-219-220-230 , &c.

les Mémoires. Cette éloquence verbeuse qui paſſa de l'Aſie à 'Athènes, après avoir, comme un aſtre malfaiſant, répandu la contagion parmi les jeunes gens que leurs talents invitoient à ſe diſtinguer (1), ſaiſit bientôt les citoyens de Rome, gouvernée alors par un ſceptre de fer. L'uſage des déclamations acheva de corrompre le goût. Loin d'imiter ces Artiſtes, qui ne prenoient point pour modèle le corps d'un vil eûnuque, mais celui d'un vigoureux athlète, ou d'un jeune homme exercé, dès l'enfance, aux travaux de Mars (2), les Romains aimèrent mieux contempler l'attitude d'une courtiſane, & adoptèrent bientôt une élocution lâche & efféminée. Le genre de l'Hiſtoire dût reſſentir les premières influences de ce changement; Juvenal adreſſe la parole à ceux qui, de ſon tems, ſe livroient à ce genre, en ces termes : « Vous enflez ſouvent de mille pages, un ſtérile volume » qui vous ruine en papier (3). » C'eſt peut-être la mode de ces amplifications hiſtoriques qui a ſéduit Quinte-Curce.

Les opinions ſont très-partagées ſur le tems où vivoit cet Hiſtorien : on a même été juſqu'à ſoutenir qu'il avoit écrit ſon Ouvrage dans les dernières années du règne de Conſtantin, dit *le Grand* (4) ; ſentiment qui n'aura certainement aucun partiſan. Voſſius rapporte, avec plus de fondement, l'âge de Quinte-Curce au regne de Veſpaſien (5), & le ſavant Tillemont, à celui de Claude (6). Je ne déciderai point cette queſtion; il me ſuffit d'obſerver que ſon ſtyle ne nous permet pas de douter qu'il n'ait.

---

(6) Hiſt. des Emp. ed. cit. p. 370.
(1) . . . . *Veluti peſtilenti quodam ſidere, adflavit.* Petron. Satiric. p. 4, ed. Nodot.
(2) . . . . *Nunquam tamen in hunc inciderunt errorem, ut Bagoam aut Megabyzum aliquem in exemplum operis aſſumerent ſibi, ſed Doryphoron illum, aptum vel militiæ, vel paleſtræ,* &c. Quintil.

L. v, C. xii.
(3) Juven. L. iii, Satir. xii. v. 100, 101. Je me ſers ici de l'excellente traduction de M. Dufaulx.
(4) *Voyez* Della gente Curzia & dell' eta di q. Curzio l'Hiſtorico ragionamento del Conte Bagnolo.
(5) Ger. Voſſ. de Hiſt. Lat. L. i, C. xxviii.

publié son Histoire dans un siécle où le goût commençoit déja à se corrompre.

Le trop fameux P. le Tellier accuse Quinte-Curce d'avoir souvent renversé l'ordre de la Géographie & de l'Histoire, d'ignorer la Tactique, de ne savoir point démêler le faux d'avec le vrai, de chercher plutôt le vraisemblable que le certain, d'aimer trop les pointes & d'affecter une subtilité ridicule dans ses maximes; enfin d'avoir répandu quelquefois des fleurs poëtiques dans ses descriptions, & d'être déclamateur dans ses harangues (1). On ne peut taxer ce jugement de trop de sévérité : c'est un Commentateur qui parle. Ne refusons cependant point à Quinte-Curce une brillante & féconde imagination, de la chaleur & un style pittoresque, des expressions dont la grace & l'énergie sont difficiles à rendre dans les langues modernes. Les discours qu'il met dans la bouche des personnages introduits sur la scène, ne manquent jamais d'intérêt, & sont quelquefois très-pathétiques. Ces qualités mériteroient sans doute notre approbation dans un genre moins austère que celui de l'Histoire.

Quinte-Curce nous avoue ingénument qu'il copie beaucoup plus de faits qu'il n'en croit; qu'il n'assure point les choses dont il doute; mais qu'il n'a pu se résoudre à supprimer ce qu'il a appris (2). Après un pareil aveu, ne doit-on pas s'attendre, de sa part, à un monstrueux mêlange de fables & de vérités? Quelques Savans ont cru que cet Auteur avoit puisé son récit dans Diodore de Sicile (3); il est plus probable, ce me semble, que

---

(1) *Geographiæ nonnunquam & Historiæ rationes turbasse; parum scienter in præliis describendis fuisse versatum; non satis accurato delectu vera discrevisse à falsis; speciosa magis, quam certiora, sectatum esse; sententiarum aculeos affectasse plusculum; descriptionibus quandoque poeticos flores; orationibus declamatorium colorem adsper-* cisse. Præf. in edit. Curt. ad usum Delph.

(2) *Equidem plura transcribo quam credo, nam nec affirmare sustineo de quibus debito nec subducere quæ accepi.* L. IX. C. I.

(3) Freinsheim. in supplement. Curt. init. Cellar. Geogr. Antiq. Tom. II. Afric. p. 106.

Clitarque, Ecrivain fort connu des Romains, comme le prouvent plufieurs paffages de Cicéron & de Pline, aura fourni également à tous deux les principaux matériaux de leur Hiftoire.
Quinte-Curce ne le cite cependant que deux fois, la première,
en le réfutant par l'autorité de Ptolémée (1). Les excellens
Mémoires de l'illuftre fucceffeur d'Alexandre étoient donc parvenus jufqu'à lui ; mais, entraîné par fon penchant pour le merveilleux & les fables, il a vraifemblablement donné la préférence
aux récits de Clitarque, dont le caractère s'accordoit fi bien avec
fon génie.

Néron fit dorer la Statue d'Alexandre, faite par la main habile
de Lyfippe (2), s'imaginant, par-là, lui donner un prix plus
confidérable : Quinte-Curce crut auffi, fans doute, que les fleurs
de fon imagination rehaufferoient le mérite des exploits de ce
Conquérant, & en augmenteroient la célébrité. Le Héros & l'Artifte perdirent également par ces décorations bizarres. L'Hiftorien
Romain s'abandonne à fon goût immodéré pour les defcriptions,
fans confidérer fi elles font liées au fujet qu'il traite ; il rend fouvent fes tableaux infidèles, en voulant les rendre brillans ; confus,
en voulant les rendre riches. Lorfque Lucien exhorte à la fobriété
dans les defcriptions des montagnes, des fleuves, &c. (3), cet
ingénieux Critique femble avoir fous les yeux l'ouvrage de Quinte-
Curce, & principalement les détails épifodiques dans lefquels il
entre fur le cours du fleuve Marfyas (4) & fur celui du Pafitigris (5) & du Zioberis en Hyrcanie (6), qui paroiffent lui faire
oublier les événemens importans, & négliger des circonftances

---

(1) L. IX, C. v, C. VIII. Comme nous
n'avons plus l'ouvrage de Clitarque, je
cite toujours celui de Diodore, lorfque
Quinte-Curce paroît avoir copié le récit
du premier de ces Hiftoriens.

(2) Plin. L. XXXIV, C. XXIX.
(3) Lucian. quom. fcrib. Hift. C. LVII.
(4) L. III, C. I.
(5) L. v, C. III.
(6) L. VI, C. IV.

néceſſaires (1) : à peine parle-t-il de la guerre d'Alexandre contre le neveu de Porus, dont Arrien & Strabon font mention. On peut encore ſoupçonner qu'il a omis pluſieurs faits eſſentiels dans les deux derniers livres de ſon Hiſtoire (2) : il paſſe rapidement ſur des objets qui méritoient une attention particulière.

Cet Hiſtorien ne parle que d'une manière vague & obſcure des ſaiſons dans leſquelles ſont arrivés les différens événemens, & ne fait aucune mention des années (3). Ce déſordre eſt une ſuite de ſon inexactitude. Au reſte, il s'embarraſſe encore moins des détails Géographiques : ſon autorité ſur cette matière eſt juſtement décriée (4); ce que j'avance ici eſt démontré dans la quatrième partie de cet Examen. L'explication que cet Ecrivain donne de la fameuſe éclipſe de lune qui précéda la bataille de Gaugamèle, prouve encore ſon ignorance dans les notions les plus communes de l'Aſtronomie (5).

Ajoutez à tout cela, les récits fabuleux & exagérés qui ſont ſi familiers à Quinte-Curce ; il ſera pour lors difficile de ne pas convenir qu'aucun Auteur de l'Antiquité n'exige autant que cet Ecrivain d'être lu avec précaution, & qu'on ne ſauroit être trop en garde contre les charmes de ſa diction. Son témoignage ne doit donc avoir qu'une autorité très-limitée, & ne peut entrer en comparaiſon avec celui des autres Hiſtoriens d'Alexandre, & principalement avec celui d'Arrien.

Juſtin, abréviateur de Trogue-Pompée, vivoit ſous le regne

---

(1) *Vid.* Frensheim. not. in Lib. ix, C. 1.

(2) Cette opinion eſt même autoriſée par ces expreſſions de Quinte-Curce : *Hinc Poro amneque ſuperato ad interiora Indiæ proceſſit.* L. ix, C. 1. *Vid.* Freinsheim. not.

(3) *Vid.* Cleric. judic. de Curt. ars crit. T. II, p. 504. *Voyez* la note (IV).

(4) *De Curtio non laboramus, ſæpe in Geographicis aberrante.* Cellar. Geogr. antiq T. II, p. 3. *Immania etiam ſunt peccata, quæ in eam admiſit Curtius.* Cleric. judic. p. 433, &c. &c.

(5) Curt. L. ix, C. x. *Voyez* la note (V).

d'Antonin-Pie (1). Cet Auteur se fait lui-même son procès en relevant l'ordre & la méthode de son original. Désordre dans la narration, inexactitude dans les faits, ce sont les défauts ordinaires de Justin, qui consacre les onzième & douzième livres de son ouvrage au récit des exploits d'Alexandre. La précision doit caractériser un abrégé; l'Ecrivain Romain n'est cependant que superficiel, quand il parle de ce Conquérant. On ne peut guère s'en rapporter à son autorité qui ne doit point être mise en parallèle avec celle des Historiens dont je viens de parler; d'ailleurs le texte de cet Auteur est fort altéré, & la plupart des noms de villes & de peuples y sont défigurés.

Le Bas-Empire, temps de ténébres, de superstition & de barbarie, a produit quelques Ecrivains qui ont fait mention d'Alexandre. Si leur témoignage ne sauroit être adopté qu'avec beaucoup de circonspection sur les événemens qui se passoient sous leurs yeux, quel poids peut-il donc avoir dans le récit des faits qui appartiennent à un temps fort éloigné de celui où ils vivoient? Aussi ne nous donnent-ils aucune lumière touchant les événemens qui précèdent la translation de l'Empire (2). Jugeons de ces informes compilations, faites sans goût & sans critique, par quelques traits . . . . *non est mora longa* . . . . . . *injecto ter pulvere.* . . . . . .

George, dit le Syncelle, fait arriver Alexandre aussitôt après le combat d'Issus, au milieu de l'Assyrie (3); il met Arbèle, & la bataille connue sous ce nom, dans la Médie, & nous assure que ce Prince partit des Palus-Méotides, & qu'étant arrivé au Caucase, il dompta toutes les Nations barbares de cette contrée; il ajoute qu'après cette expédition, le Héros Grec sub-

---

(1) Ger. Voss. de Hist. Latin. L. 1, C. xxxi.

(2) *Voyez* la note (VI).
(3) Sync. Chronog. Typ. Reg. p. 261.

jugua les peuples de l'Inde, & parvint jufqu'au Gange (1):
telle eft l'exactitude des Ecrivains du Bás-Empire. Les additions
qui ont été faites, en différens temps, au Lexique de Suidas (2),
y ont introduit plufieurs erreurs groffières; l'article d'Alexandre
n'en eft point exempt, & ne fauroit être d'aucune utilité pour
éclaircir l'hiftoire de ce Prince.

Cédrénus entre dans des détails affez étendus fur les expédi-
ditions d'Alexandre. Ce Conquérant, après la réduction de la
Judée & la prife de Cyrène, alla, felon cet Ecrivain, en Egypte;
delà il parvint, par un bras du Nil, dans l'Affyrie, dirigea fa
marche vers le Paropamife & le pays arrofé par le Thermodon, &
pénétra enfin jufqu'au Phafe (3), jufqu'à Gades, chez les Nations
mêmes de la Bretagne (4). Cet Hiftorien bouleverfe ainfi toute
la Géographie du Monde connu des Anciens, & ne daigne pas
feulement obferver la vraifemblance hiftorique. Il n'oublie point
de faire mention, parmi tous ces événemens, du voyage d'Alexandre à Jérufalem, accompagné des principales circonftances imaginées par les Juifs, & avec des expreffions (5), qu'on ne peut raifon-
nablement attribuer à un homme tel que Dexippe, voué au poly-
théifme, d'une famille facerdotale, & Prêtre lui-même très-zélé (6).
Pourquoi Scaliger (7) prête-t-il ce récit à cet Hiftorien-célèbre (8)?
Ce favant homme n'a point fait attention que Cédrénus ne cite

---

(1) *Id*. p. 264.
(2) *Voyez* les Obfervations fur Suidas, à la fin des notes.
(3) On lit Αραση, dans le Texte de
Cédrénus, p. 321.
(4) Cedren. Hift. Compend. Typ.
Reg. p. 151, 151, 152, 153.
(5) Θύσας τῷ θεῷ.
(6) Οικοθεν ιερεα παναγη. Infcr. infr. cit
(7) ΚΡΟΝΙΚΩΝ, p. 56. En comparant
la Traduction de la Chronique d'Eusèbe,
faite par S. Jerôme, avec le prétendu
Texte Grec que Scaliger a voulu nous
en donner, il eft facile de fe convaincre

que la plupart de fes Supplémens ne fauroient convenir à l'Ouvrage d'Eusèbe,
qu'ils contredifent affez fouvent.

(8) Publius Herennius Dexippe vivoit dans le IIIe fiècle de l'Ere vulgaire,
& avoit exercé les principales Charges
de la République d'Athènes. Il fut Archonte Roi, enfuite Archonte Epony-
me (la 4ᵐᵉ année de la CCLXIIᵉ Olymp.),
& préfida aux grandes Panathénées.
Rhéteur & Hiftorien, Dexippe s'acquit
une grande réputation par fes Ouvrages. Il fit d'immenfes recherches pour
fon Hiftoire Univerfelle, Ταδ ιχ Βιβλιωτ

cet Ecrivain que fur l'éducation d'Alexandre : le refte de l'article qui concerne ce Prince, ne peut être regardé comme un extrait de Dexippe ; il peut encore moins paffer pour un fragment de cet Auteur, dont Photius compare la manière d'écrire à celle de Thucidide (1).

Paul - Orofe ne fauroit être confidéré que comme un copifte de Juftin. Zonare paroît de même avoir tiré fon récit de Diodore de Sicile (2) ; l'abrégé qu'il nous donne des expéditions d'Alexandre, eft affez bien fait & plus exact qu'on ne devroit l'attendre d'un Ecrivain peu éclairé, du douzième fiècle ; & qui abandonna la Cour pour s'enfermer dans un Cloître.

Ne confondons point avec ces Ecrivains, Eusèbe de Céfarée ; fes ouvrages, également utiles à la Religion & aux Lettres, lui mériterent cette diftinction. Nous ne faurions cependant diffimuler que fes lumières n'égaloient pas fon favoir (3). Ce laborieux Ecrivain n'eft point fort exact dans fa Chronique, fur ce qui concerne Alexandre. Selon lui, ce fut après la mort de Darius, que le Héros Grec s'empara de Babylone (4) ; cependant cet événement précéda le meurtre du Roi Perfe. Eusèbe dit encore que le Prince Macédonien ayant foumis les Hyrcaniens & les Médes, revint fur fes pas, & fonda, dans le pays d'Ammon, Parætonium (5). Cette

---

αναλεξας ηυρατο παντοιην ιστοριης ατραπον : celle des temps les plus reculés dut beaucoup à fa fagacité , ος νη απο μυριον ομμα εκτεινας, χρονιης πρηξιας εξεμαθεν. Ses enfants autorifés par un Decret de l'Aréopage & du Confeil des 750, éleverent un monument à fa gloire. Ce monument préfentoit une infcription, qui fe voit encore à Athènes, & qui nous a fourni prefque tout le détail dans lequel nous venons d'entrer. *Vid.* Chandler Infcr. ant. Pars 2. n.° XXXV, p. 56.

(1) *Vid.* Phot. Bibl. col. 200, 201. Ce Critique nous affure encore que, dans fon Hiftoire des événemens qui fuivirent la mort d'Alexandre, & dont il nous donne un court extrait, Dexippe étoit conforme à Arrien.

(2) Annal. L. iv, p. 180 & feq. Typ. Reg.

(3) Ce jugement eft conforme à celui que Photius porte d'Eusèbe. *V.* Bibl. p. 11.

(4) *Obtinuit Babylonem, interfecto Dario* : Chron. L. 1, p. 34.

(5) *Alexander Hircanos & Medos capit : revertenfque in Ammone condidit Parætonium.* p. id. La Ville de Parætonium n'étoit point dans le pays d'Ammon ; Eusèbe a été trompé par le furnom d'Ammonie qu'on donna à cette Ville, par la raifon que nous dirons dans la fuite.

Ville

Ville exiftoit avant Alexandre (1), qui , des extrémités de l'O-
rient, ne retourna point en Lybie.

Athénagore (2), &, après lui, Saint Auguftin (3) & Saint
Cyprien (4), rapportent qu'Alexandre écrivit à fa mere, que
les Prêtres d'Héliopolis, de Memphis & de Thèbes, lui avoient
affuré que leurs Dieux étoient des hommes que l'on avoit ,
dans la fuite , déifiés : fentiment défavoué par le témoignage
de ces mêmes Prêtres (5), & qui ne fauroit fe concilier avec
l'effence de l'Egyptianifme. Saint Clément (6) & S. Cyrille,
Patriarches d'Alexandrie (7), accufent les Payens d'avoir reconnu
Alexandre pour leur treizième Dieu; jamais un pareil rang ne
lui fut affigné. Les Athéniens eurent même affez de courage
pour condamner à une amende de dix talens, l'orateur Démade,
qui avoit ofé leur propofer de mettre le Monarque Macédonien
au nombre de leurs Divinités (8). Il eft cependant vrai que les
fucceffeurs d'Alexandre firent rendre, à ce Prince , les honneurs
divins (9); les Romains mêmes lui élevèrent des temples (10);
mais ce peuple ne fut point obligé de l'adorer comme fon trei-

(1) *Vid.* Scylac. Perip. p. 44. Ap.
Geogr. Min. T. I.

(2) Legat. pro Chrift. ad Calc. S.
Juftin. p. 325. Cet Ecrivain fait accom-
pagner Alexandre en Egypte , par fa mere
Olympias , qui cependant ne fortit ja-
mais, pendant le règne de fon fils, de la
Macédoine.

(3) De Civit. Dei. L. VIII , C. XXVII.
L. XII, C. X.

(4) De Idolorum vanit. p. 205. Oper.
edit Rigalt. *Voyez* , fur cette Lettre , les
favantes & judicieufes obfervations de
Jablonski. Panth. Ægypt. Prolegom.
Sect. XVI.

(5) Herodot. L. II , C. 25.

(6) Cohort. ad gentes, T. I, p. 77.

(7) Contr. Julian. L. VI. Oper. T. VI,
p. 205.

(8) Athen. Lib. VI , pag. 251. Quelqu'un ayant dit au jeune Pithéas , qui
fe difpofoit à s'oppofer au decret en faveur d'Alexandre; tu ofes , à ton âge ,
donner un avis fur des matieres auffi importantes; cet orateur lui répondit : Le
Prince que vous voulez déifier par vos
fuffrages, eft encore plus jeune que moi.
Plutar. *Apophtegm.* p. 187. Une pareille
réponfe pourroit bien avoir rendu inutiles l'éloquence & les intrigues de Démade.

(9) *Voyez* la Differtation de M. l'Abbé
Belley, T. XXXII, p. 685 des Mém. de
l'Acad. des Infcr.

(10) Ce fut dans un de ces Temples
que naquit Alexandre Sévère, fuivant le
témoignage de Lampridius , Ap. Hift.
Auguft. fcript. T. I, p. 889.

F.

zième Dieu, par un decret du Sénat, quoique S. Jean Chryſoſtome faſſe mention d'un pareil decret (1). Le culte des divinités étrangères fut ſouvent prohibé à Rome, & quelquefois ſimplement toléré. La critique fait reſpecter les écrits dans leſquels de ſemblables faits ſont conſignés, ſans outrager la vérité par un coupable ſilence.

La mémoire des exploits du Conquérant Macédonien s'eſt conſervée avec éclat dans les Régions de l'Orient. Les Ecrivains Perſans & Arabes parlent beaucoup de ce Prince ſous le nom d'*Eſcander*, & en font un Héros de leurs romans. L'Eldriſi va même juſqu'à le confondre avec Hercule (2). Abulfarage & Ebnbatrick lui donnent pour père un Roi d'Egypte (3); d'autres aſſurent que l'Empire de l'Iran, ou des Perſes, échut à Alexandre, plutôt par le droit de ſa naiſſance que par le droit des armes (4). Parmi toutes ces fables & une multitude d'autres, on trouve cependant quelques traits qui caractériſent aſſez bien le Vainqueur de Darius & pluſieurs événemens de ſa vie qu'il eſt facile de reconnoître (5), quoique fort altérés.

---

(1) S. Joan. Chryſoſt. Homil. xxvi, in Epiſt. 11 ad Corinth.
(2) Eldriſi Geogr. Nub. p. 148.
(3) Abulfarag. Hiſt. Dynaſt. ex verſ.

Pocok. p. 57.
(4) Mirkhond, Sect. xx.
(5) *Voyez* la note (VII).

Fin de la première Section.

SECONDE SECTION.

EXAMEN DU RÉCIT
DES
HISTORIENS D'ALEXANDRE,
Sur les Expéditions Militaires de ce Prince.

HEUREUX le Peuple qui ne lit point, dans ses Annales, les entreprises d'un Prince ambitieux, & les exploits d'un Conquérant, toujours funestes à ses sujets. L'Histoire de la Macédoine nous offre un exemple frappant de cette vérité, dans le spectacle affligeant des calamités qui suivirent de près les momens de sa gloire. La puissance de Philippe fut le germe d'une foule de guerres & de révolutions. Son successeur profita du fruit de ses travaux, & saisit avec ardeur ces projets de conquêtes, au milieu desquels la mort surprit son père, la première année de la CXI^e. Olympiade, sous l'Archonte Pythodème (1), l'an de la fondation de Rome, 418, & 336 avant l'ère vulgaire.

Le jeune Prince prit les rènes du gouvernement, selon Diodore de Sicile, l'année suivante, Evænète étant Archonte à Athènes (2). Cet Historien se contredit dans la suite, en

____

(1) Arr. de expedit. Alex. L. 1, C. 1. edit. Raphel. | ὅρος διαδεξάμενος τὴν βασιλείαν... Lib. XVII, n.° 2.

(2) Ἐπ' ἄρχοντος .... Εὐαινέτυ ..... Ἀλέξαν-

F 2

rapportant qu'Alexandre regna douze ans & sept mois (1); ce qui fait remonter le temps où ce Conquérant entra en possession du Trône de ses pères, au cinquième mois de la Magistrature de Pythodème. Denys d'Halicarnasse paroît reculer ce temps à l'année précédente, la quatrième de la CXᵉ Olympiade, sous l'Archonte Phrynicus, puisqu'il nous assure que Démosthène prononça sa harangue sur la Couronne, sous Aristoplion, la troisième année de la CXIIᵉ Olympiade, huit ans après la mort de Philippe (2); calcul peu juste : ce fut dans le mois de Dius, qui étoit le premier de l'année solaire des Macédoniens, lequel répondoit à celui de Puanepsion de l'année Attique, que Philippe mourut, pendant l'Archontat de Pythodème. La certitude de cette date est prouvée par les douze ans & huit mois de règne qu'Arrien donne à Alexandre, qui mourut, comme nous le verrons dans la suite, à la fin de Thargélion. L'époque de ce règne est encore démontrée par le calcul d'Eratosthène, qui, depuis la bataille de Leuctres arrivée, suivant la chronique de Paros, sous l'Archonte Phrasiclidès, la seconde année de la CIIᵉ (3) Olympiade, jusqu'à la mort de Philippe, comptoit trente-cinq ans (4), évidemment révolus au temps de la Magistrature de Pythodème.

La défaite des Tryballes, des Thraces, des Gètes, des Autoriates, des Taulentiens & des Agrianiens, & la réduction de ces peuples, qui, à la mort de Philippe, s'étoient soulevés, dans l'espérance de profiter de la jeunesse de son fils, furent les premiers exploits d'Alexandre. Diodore (5) & Plutarque (6) passent

---

(1) N.º 117.
(2) Epist. ad Amm. p. 124, T. II, Oper. edit. Sylb.
(3) Epoc. 73.
(4) Ap. Clement. Alex. Strom. L. 1, T. I, p. 402.
(5) Diod. edit. Wesseling, Tom. II, Lib. XVII, n.º 8.
(6) Plut. Vit. Alex. edit. Bryant, T. IV, p. 17.

rapidement fur ces expéditions, qui développèrent les talens militaires du Conquérant de l'Afie. Arrien eft le feul Ecrivain qui nous en ait confervé des détails fatisfaifans (1), mais qui préfentent cependant quelques difficultés. Le théâtre de la guerre étant dans la Thrace, on a peine à concevoir que les Taulentiens, qui habitoient un très-petit pays au nord de l'Epire, puffent avoir quelque démêlé avec Alexandre, & qu'ils fuffent venus fe joindre à fes ennemis. On doit entendre, ce me femble, par les Taulentiens, les Illyriens fur lefquels Glaucias, Roi du premier de ces peuples, avoit étendu fon Empire, & qui ne formoient plus avec le peuple vainqueur, dont ils portent ici le nom, qu'une feule & même Nation. Cette conjecture, autorifée par le texte d'Arrien (2), a été adoptée par le favant Paulmier de Grentemefnil (3).

Les Celtes, dont le pays étoit voifin du Golfe Ionique (la mer Adriatique), envoyèrent une députation à Alexandre qui, croyant que le bruit de fes exploits avoit pénétré chez ce peuple, leur demanda quel étoit l'objet de leur crainte. Ces Envoyés lui répondirent avec fierté, la chûte du Ciel (4). Ce récit qu'Arrien a tiré des Mémoires de Ptolémée, comme le texte de Strabon le prouve (5), pourroit bien être quelque épifode inventé pour orner l'Hiftoire d'Alexandre. Ces Celtes qui étoient les Boïens & les Senones, & qui habitoient un pays inacceffible par fa fituation & très-éloigné de celui des Nations belligérentes (6), feroient-ils venus, fans aucun motif, proftituer

---

(1) Arr. Liv. 1, Chap. i-ii-iii-iv-vi.

(2) Arr. L. id. C. v-vi.

(3) *Vid.* Palmer. à Grent. Græciæ antiq. defcript. L. 1, C. xviii. Les Taulentiens étoient, felon Thucydide, une nation Illyrienne, Ιλλυρικὸν ἔθνος. L. 1, n.° 24.

Peut-être Arrien a-t-il pris la partie pour le tout.

(4) Arr. Lib. 1, C. iv.

(5) Strab. edit. Cafaub. L. vii, p. 208-209.

(6) *Vid.* Palmer. exercit. in auct. Grec. p. 231. Arr. L. 1, C. iv.

leur hommage à un Prince avec qui ils n'avoient rien à démêler?

Juſtin rapporte (1) qu'Alexandre choiſit parmi les Rois des
Nations nouvellement ſoumiſes, ceux que leur génie & leurs
talens pouvoient rendre redoutables, & les amena avec lui.
Frontin ne fait point cette diſtinction; il prétend que tous les
Princes vaincus ſubirent un pareil ſort, ce que les autres Hiſto-
riens paſſent ſous ſilence.

Alexandre devoit aſſurer ſa domination dans la Grèce par
quelque coup d'éclat, avant que de paſſer en Aſie; la révolte de
Thèbes lui préſenta une occaſion favorable à ſes vues. Il fit le
ſiége de cette Ville, qui fut entiérement détruite; & les ſemences
d'une guerre qui auroit retardé l'exécution des vaſtes projets de
ce Prince, furent étouffées ſous ſes ruines, dont le ſpectacle répandit une conſternation générale dans la Grèce.

Thèbes fut-elle priſe par ſtratagême, comme l'aſſure Polyen (2)?
Ptolémée, qui étoit préſent à ce ſiége, nous apprend que les
aſſiégés s'étant avancés trop loin dans une ſortie, furent
attaqués avec ſuccès par la phalange Macédoniene, qui entra
pêle-mêle avec les fuyards, dans la Ville (3). Diodore confirme
le récit de Ptolémée (4), dont il diffère ſeulement dans quelques
détails.

Les Hiſtoriens font monter le nombre des morts, parmi les
vaincus, à ſix mille hommes, & à trente mille celui des priſonniers (5). Quelques-uns prétendoient que les Thébains avoient
perdu dix mille hommes dans ce ſiége. Agatharchide regardoit,
avec raiſon, ce calcul comme très-exagéré, & dénué de toute

---

(1) Juſtin. edit. varior. Lib. xi.
Cap. v.
(2) Polyæn. edit. Maſcev. p. 333.
(3) Ap. Arr. L. 1, C. viii.

(4) Diod. L. xvii, n.° 11-12. Plut.
id. p. 18.
(5) Diod. n° 14, Plut. p. 18. Ælian. var.
L. xiii, C. vii.

vraifemblance (1). On pourroit croire que la population de Thèbes montoit alors à près de cinquante mille âmes; dénombrement qui ne fauroit fe concilier avec l'état de foibleffe de cette Ville, qui étoit fort déchue de fon ancienne fplendeur : affoiblie par plufieurs victoires, fa puiffance avoit été entiérement détruite par la guerre facrée (2). Clitarque n'évaluoit toutes les richeffes de Thèbes, lorfqu'elle devint la proie du foldat Macédonien, qu'à 440 talens (3); évaluation qui dément le récit de Diodore fur les prétendues richeffes que le Vainqueur trouva dans cette place (4). L'autorité de cet Ecrivain, trop fouvent inexact, ne peut être ici d'un grand poids, puifqu'on lit dans fon ouvrage le même calcul que celui de Clitarque. Ajoutons que les détails qu'Athénée nous a confervés fur la façon de vivre & la profeffion que fuivoit le peuple Thébain (5), démontrent fa pauvreté, qu'il feroit difficile d'allier avec une population nombreufe, fruit ordinaire du commerce & des arts lucratifs.

Confternés de la prife de Thèbes, les Athéniens envoyèrent, à la perfuafion de Démade, une ambaffade à Alexandre, pour le féliciter fur fon heureux retour du pays des Illyriens & de celui des Tryballes, & lui témoigner en même-temps leur joie, fur la punition qu'il venoit de faire de la révolte des Thébains. Ce Prince la reçut très-bien; mais il écrivit au peuple d'Athènes, pour qu'on lui livrât Démofthène, Lycurgue, Hypéride, Polyeucte, Charès, Charidème, Ephialte, Diotime & Moerocle; parce qu'il les croyoit auteurs des troubles qui avoient fuivi la mort de Philippe, & la caufe de la bataille de Chéronée. Les Athéniens envoyèrent une feconde députation pour fléchir

<hr>

(1) Agath. Ap. phot. Bibl. ed. Paul. Steph. col. 1317.
(2) Dinarchi orat. cont. Demoft. ed. Henr. Steph. p. 99. Strab. L. ix, edit. Xil. p. 465. Init. Paufan. Bœot. Cap. vi.
(3) Ap. Athen L. iv. p. 148.
(4) Diod. n.° 14.
(5) Athen. loc. fup. cit.

Alexandre, qui fe contenta de faire exiler Charidème : tel eft le récit d'Arrien (1). Il ne s'accorde ni avec celui des Auteurs contemporains, ni avec celui de Diodore, de Plutarque & de Juftin; Thèbes n'étoit point encore détruite lorfque les Athéniens députèrent vers le jeune Conquérant; il en formoit alors le fiége, ceci paroît démontré par la harangue d'Efchine contre Ctéfiphon, dans laquelle cet Orateur reproche à Démofthène, l'un des Députés, de n'avoir pas ofé remplir fa commiffion, & d'être revenu fur fes pas du Mont-Cithæron (2). Plutarque confirme le récit d'Efchine, & ajoute qu'Alexandre envoya lui-même, dans cette circonftance, des Députés pour demander les Orateurs ou Demagogues (3), au nombre de dix, felon Duris & Idoménée, ou plutôt de huit, fuivant les Ecrivains les plus dignes de foi. Démade ayant pris, à cette occafion, le parti de Démofthène, fut nommé, par le peuple d'Athènes, Ambaffadeur auprès d'Alexandre, de qui il obtint la grace des Orateurs (4). Diodore ne fait point mention de la première députation des Athéniens, quoique d'ailleurs il s'accorde affez avec Plutarque (5). Juftin parle de cette députation avant même le fiège de Thèbes; elle avoit, felon lui, pour objet, d'obtenir la paix du jeune Monarque, qui l'accorda (6). Cet Hiftorien nous dit encore qu'Alexandre pardonna aux Orateurs, mais que les Généraux Athéniens furent obligés d'aller en exil, & qu'ils n'y furent pas d'une médiocre utilité aux affaires des Perfes (7). Cette dernière circonftance ne fe trouve dans aucun Ecrivain de l'Antiquité. Juftin a peut-être voulu parler de Charidème

---

(1) L. 1, C. x.
(2) Efchin. cont. Ctefiph. orat. ed. 8.º Taylori, p. 120.
(3) *Vid.* Mauffac. Differt. Critic. in Harpocrat. Lexic. p. 368, 369, & not. p. 55 - 56.

(4) Plut. Vit. Demofth. p. 429 - 430, T. IV.
(5) *Vid.* Diod. L. xvII, n.º 15.
(6) L. xII, C. III.
(7) L. xI, C. IV.

qui fe diftingua par fes exploits dans la guerre d'Olynthe ; mais il paroît, par les expreffions de Dinarque, que ce Général fe bannit volontairement d'Athènes, afin de fervir fes concitoyens auprès du Roi de Perfe. Ephialte fuivit, peu de tems après, fon exemple, & s'exila lui-même de cette Ville (1). Enfin il n'eft point vraifemblable, comme le rapporte Arrien, que le peuple d'Athènes ait félicité Alexandre fur le cruel traitement que les Thébains éprouvèrent de la part de ce Prince, puifque les Athéniens donnerent des marques publiques de leur douleur fur le fort déplorable de leurs voifins, interrompirent auffitôt la célébration des myftères (2), & reçurent dans leurs murs les infortunés qui avoient échappé au fer du Vainqueur & à l'efclavage (3).

Après avoir affuré la tranquillité de la Grèce, Alexandre fe difpofa à attaquer l'Empire des Perfes. La foibleffe d'une Nation voifine, de fortes probabilités qui annoncent un fuccès prochain & la ruine de fon ennemi, font fouvent les motifs des guerres les plus juftes en apparence. Le Conquérant de l'Afie n'en eut point d'autres. Le judicieux Polybe les a pénétrés avec fa fagacité ordinaire (4), & a fu les diftinguer des prétextes qui intéreffoient trop l'amour-propre des Grecs, pour qu'ils en vouluffent foupçonner alors la caufe.

L'époque du paffage des troupes Macédoniennes en Afie, devint célébre dans les faftes de la Grèce. Duris comptoit depuis le fac de Troye, jufqu'à cette époque, 1000 ans : Ephore, depuis le retour des Héraclides jufqu'au même-tems, 735 ans ; Timée & Clitarque, 820 ; Eratofthène, 773 ; enfin Phanias affuroit

---

(1) Dinarchi Orat. contr. Demoft. p. 94, ed. Henr. Steph.
(2) Arr. L. 1, C. x.
(3) Efchin cont. Ctefiph. ed. cit. p. 116.
(4) Polyb. Hift. edit. Ernefti, Lib. III, p. 259-260-261.

G

qu'il s'étoit écoulé 715 ans dans ce même espace d'années qui se terminoit à l'Archontat d'Evænète, tems où Alexandre passa en Asie (1). Diodore, après avoir assuré que ce Prince monta sur le Trône, pendant la Magistrature de cet Archonte, n'a pu rapporter ce passage que sous celle de Ctésiclès (2), la suite des faits supposant évidemment environ un an d'intervalle entre la mort de Philippe & le commencement de la guerre que son fils entreprit contre les Perses ; sentiment qui ne peut être préféré à celui de S. Clément d'Alexandrie, qui rapporte cet événement sous la Magistrature d'Evænète, son prédécesseur (3). Il est certain que le passage d'Alexandre en Asie arriva la même année que la prise de Thèbes, 335 ans avant J. C. Arrien assure qu'Alexandre partit au commencement du printems, & qu'après vingt jours de marche il arriva à Seste (4) : ce qui prouve, comme l'a judicieusement observé Ussérius (5), que le passage de l'Hellespont doit être fixé environ trois mois avant le tems où Ctésiclès entra en charge (6). La suite des opérations militaires d'Alexandre dans l'Asie mineure, & l'époque de la bataille d'Issus (7), confirment cette opinion, adoptée par le Savant P. Corsini (8). L'illustre Petau, trop fidèle dans son attachement pour Diodore, a rapporté, sous la Magistrature de Ctésiclès, les événemens qui étoient arrivés pendant celle d'Evænète (9), & dont le plus remarquable est le passage du Granique.

L'avis du sage Memnon n'ayant point été suivi, les Perses résolurent de défendre ce passage : leur armée étoit composée,

---

(1) Auctor. cit. ap. Clement. Alex. Strom. L. 1, p. 403.
(2) Diod L. xvii, n.º 17.
(3) Clem. Alex. ed. Pot. Strom. L. 1, p. 403.
(4) Arr. L. 1, C. xi.
(5) Usser. Annal. p. 151.

(6) Le premier jour du mois d'Hecatombœon.
(7) *Vid.* Arr. L. 11, C. xi.
(8) Eduard. Corsini, Fast. Attic. T. IV, p. 41-42.
(9) Petav. Doct. temp. L. xiii, pag. 595.

ſelon Arrien, de vingt mille hommes de cavalerie & d'autant d'infanterie, dont les mercénaires formoient la plus grande partie (1).

Diodore de Sicile fait monter cette armée à cent mille fantaſſins & dix mille chevaux (2); Juſtin, à ſix cens mille combattans (3) : ce dernier calcul choque toute vraiſemblance.

Arrien décrit avec beaucoup d'exactitude ce combat célèbre où la vigoureuſe réſiſtance des Perſes balança long tems la victoire qu'Alexandre détermina en ſa faveur, après avoir enfoncé à la tête de la cavalerie Theſſaliene, l'armée des ennemis, leſquels perdirent, ſelon Arrien, dans cette journée, toute leur infanterie, excepté deux mille mercénaires qui furent faits priſonniers, & mille hommes de cavalerie (4). Diodore réduit toute la perte de l'armée Perſe à dix mille ſoldats (5); évaluation qui paroît aſſez juſte.

En réflechiſſant ſur la réſiſtance que les Perſes oppoſerent aux efforts de l'armée Macédonienne, & ſur les obſtacles que préſentoit le paſſage d'une riviere défendue par des troupes nombreuſes & aux ordres d'un Général habile, on ne ſauroit croire que les vainqueurs n'aient perdu que ſoixante & quinze cavaliers & trente fantaſſins (6). Tels ſont cependant les calculs ordinaires des Hiſtoriens de la vie d'Alexandre, qui ſe plaiſent toujours à exagérer la perte des vaincus, & à diminuer celle du parti victorieux.

La manière dont Arrien raconté le ſiège d'Halicarnaſſe, dé-

---

(1) L. 1, C. XIV.
(2) Diod. n.º 19.
(3) L. XI, C. VI.
(4) Arr. L. 1, C. XIV-XV-XVI.
(5) N° 21.

(6) Arr. L. 1, C. XVI. Ariſtobule réduiſoit encore cette perte à trente-quatre cavaliers & neuf fantaſſins. Ap. Plut. p. 24.

fendu par le brave Memnon (1), ne peut que lui mériter le
suffrage des militaires, comme la raison qu'il donne de l'heureux
passage du Mont Climax sur les bords de la mer de Pamphilie ,
aura sans doute l'approbation des Philosophes. Alexandre, selon
cet Ecrivain, suivi d'une partie de son armée, traversa ce dangereux rivage avec autant de bonheur que de témérité : un
vent du nord très-violent chassant au loin les vagues, empêchoit les eaux de la mer de couvrir cette plage (2) ; & Strabon, qui suprime toutes les circonstances miraculeuses de cet
événement, nous apprend que les soldats Macédoniens n'eurent
de l'eau que jusqu'à la ceinture (3). On lit dans Plutarque (4)
trois vers de Ménandre, dans lesquels ce Poëte tourne en ridicule le merveilleux de cette marche rapportée avec enflure par
plusieurs Ecrivains (5). Alexandre disoit simplement dans une
de ses lettres, qu'après son départ de Phaselis il s'étoit avancé
vers le Mont Climax (6).

Joseph s'est laissé séduire par des rélations fabuleuses; à l'occasion du passage de la mer rouge, il s'explique en ces termes.
. . . . . « Personne ne doit être surpris qu'un peuple aussi ancien
» que simple eût fait cette route, dont son salut dépendoit, ou
» par la volonté expresse de Dieu, ou secondé par le cours
» ordinaire des choses; puisque la mer de Pamphilie se retira
» pendant deux jours, pour laisser libre le seul passage qui restoit
» à l'armée Macédoniene, Dieu voulant renverser l'Empire des
» Perses. Tous ceux qui ont parlé des exploits d'Alexandre ;
» s'accordent dans le récit de cet événement. Que chacun d'ail-
» leurs pense ce qu'il voudra sur ces faits (7) ». . . . . . Cet Histo-

---

(1) Lib. 1 , C. xx - xxi - xxii - xxiii.
Voyez la note (VII).
(2) Arr. C. xxvi.
(3) Strab. L. xiv , p. 458.

(4) Plut. p. 26.
(5) Plut. p. 25 & 26.
(6) Plut. p. 26.
(7) Antiq. Jud. L. ii , C. xvi, Sec. ;

rien les rapprochant ainſi, ſemble répandre des doutes ſur le miracle de la mer rouge, & n'en former aucun ſur celui du paſſage du Mont Climax : il outrage tout-à-la-fois par ce parallèle indécent, la croyance de ſes peres & les loix de la vérité.

Après le combat du Granique, Alexandre parcourut en vainqueur l'Ionie, la Carie, la Lyrie & la Pamphylie, où il abandonna les côtes de la mer Egée, pour pénétrer dans l'intérieur des terres par la Piſidie & la grande Phrygie juſqu'à Gordium, ancienne capitale de cette Province; delà, il dirigea ſa marche du côté de l'orient & arriva à Ancyre. Ce fut dans cette derniere Ville qu'il reçut les Envoyés Paphlagoniens, qui venoient ſe ſoumettre à lui au nom de la Nation, & le prier de ne point faire entrer ſon armée dans leur pays, demande qui leur fut accordée à condition qu'ils obéiroient à Calas, Satrape de Phrygie (1). Le récit de Quinte-Curce qui fait pénétrer l'armée Macédoniene en Paphlagonie, n'eſt donc pas vrai : il eſt encore démenti par le propre témoignage de cet Hiſtorien, qui fait marcher Alexandre de Gordium à Ancyre. Ce Prince laiſſa donc, dans ſa route, la Paphlagonie à ſa.gauche (2).

La Cappadoce ſubit le même ſort que les régions circonvoiſines, & ſe rendit à Alexandre, qui campa avec ſon armée dans le même endroit où le jeune Cyrus avoit ſejourné en marchant à Cunaxa. Quinte-Curce prétend que ce campement étoit le même que celui où Cyrus le Grand s'arrêta dans ſon expédition contre les Lydiens (3). Quoique cet erreur ſoit peu importante, elle mérite cependant d'être relevée, pour prouver que cet Hiſtorien manque d'exactitude dans les moindres détails.

---

(1) Arr. L. 11, C. iv.
(2) Curt. ex Ty. Barbou, L. iii, C. i.   (3) Curt. L. iii, C. iv.

Xénophon, témoin oculaire, rapporte que le jeune Cyrus arriva à Dana (1) grande & floriſſante Ville, & qu'après y avoir demeuré pendant trois jours, il traverſa les montagnes de Cilicie (2). L'Itinéraire de l'armée d'Alexandre s'accorde parfaitement avec celui du jeune Cyrus : Arrien, qui nous le trace toujours avec ſon exactitude accoutumée, dit que le Conquérant Macédonien campa, avant d'entrer dans les gorges de Cilicie, dans le même lieu où le Prince Perſe, avec les dix mille Grecs, avoit établi ſon camp (3).

Les Macédoniens deſcendirent dans les plaines de Cilicie : Arſames, ſelon Quinte-Curce, en évacuant cette Province que Darius lui avoit confiée, brûla la Ville de Tarſe, & dévaſta toute cette contrée (4). Arrien aſſure, au contraire, qu'Alexandre ayant prévenu Arſames, ce Général Perſe abandonna Tarſe (5) & la Cilicie, ſans y faire aucun dommage (6).

Alexandre ayant appris, à Malle, que Darius étoit campé, avec toutes ſes forces, à Sochos, dans la Comagène, ſe mit en marche, paſſa les montagnes de la Cilicie, & campa près de

---

(1) De exped. Cyri, Typ. Foulis, L. 1, p. 29-30. Tous les manuſcrits & les éditions de Xénophon ne varient point ſur la leçon de Dana, que d'autres Ecrivains appellent Ἄδανα. *Vid*. Hutchinſon, Diſſert. de exped. Cyr. p. v-vi, & auct. Cit. M. d'Anville veut que cette Ville ſoit Tyana, & que le texte de l'Hiſtorien de la retraite des dix mille ne ſoit pas ici correct. Meſ. itiner. p. 78.

(2) Xen. exped. loc. cit.

(3) Arr. L. ii, C. iv.

(4) Curt. L. iii, C. iv.

(5) Alexandre arriva de Tarſe, à Anchiale. On voyoit, près de cette derniere Ville, le tombeau de Sardanapale, avec une inſcription rapportée par Arrien, L. ii, Cap. iv, & par pluſieurs autres Ecrivains de l'antiquité. M. de Guignes, ſi célèbre par le rapport qu'il a trouvé entre les anciens caractères Chinois & les hiéroglyphes des Egyptiens, & par une profonde connoiſſance des Langues & de la Littérature de l'Orient, a très-bien prouvé, Acad. des Inſcript. Tom. XXXIV, p. 416 & ſuiv. que cette inſcription préſente un ſens entièrement conforme au ſtyle & aux mœurs des Orientaux, & offre une formule reçue de tout l'Orient, ſouvent employée dans les cérémonies funèbres, & deſtinée à rappeller le ſouvenir de la mort, au milieu même des plaiſirs. Il réſulte de cette ingénieuſe explication, qu'Arrien & les anciens, qui nous ont conſervé cette ſingulière Epitaphe, ne l'ont point altérée, & encore moins imaginée.

(6) Arr. L. ii, C. iv.

Myriandre. Informé que l'armée Perfe avoit abandonné le pofte avantageux qu'elle occupoit, ce Prince fit, pendant la nuit, repaffer les montagnes à fes troupes, par les Pyles de Syrie, en même tems que les Perfes achevoient de défiler aux pyles Amaniques (1) ; deux gorges qui fervoient de communication entre la Cilicie & les régions fituées en-deça de l'Euphrate (2). Quite-Curce, pour n'être entré dans aucun détail fur ces marches importantes, a répandu une grande obfcurité fur les difpofitions refpectives des deux armées. Diodore n'a pas été plus exact (3).

Ayant defcendu les montagnes au point du jour, les Macédoniens virent, avec furprife, les Perfes, qui s'étendoient au loin dans la plaine. Alexandre mit alors fon armée en bataille, appuya fa droite aux montagnes, & fa gauche à la mer (4) : pofition qui auroit dû empêcher Quinte-Curce d'avancer, que la droite de cette armée fut enveloppée par les troupes ennemies (5).

Le combat s'engagea près d'Iffus ; la cavalerie Perfe fit des prodiges de valeur dans cette journée célèbre, où la fortune fuivit encore les étendards Macédoniens. Plufieurs Grands de la Cour de Darius furent tués, en combattant fous les yeux de cet infortuné Monarque (6). Les Grecs, qui étoient à fa folde, renverferent tout ce qui leur étoit oppofé, & la Phalange Macédoniene, manœuvrant fur un terrein inégal, fut obligée de fe rompre, & ne repouffa qu'avec peine, les attaques vives & réitérées des ennemis ; Alexandre même fut bleffé, mais non pas de la main de Darius, comme Charès le rapporte (7). Ce Prince auroit-il

---

(1) Arr. L. 11, C. vii-viii.
(2) *Vid.* Cellar. Geogr. ant. L. 111, C. vi, T. ll, p. 149.
(3) Curt. C. viii-ix-x. Diod. n° 32-33.

(4) Arr. L. 11, C. viii.
(5) Curt. L. 111, C. xi.
(6) Curt. loc. fup. cit.
(7) Plut. p. 29.

fupprimé une circonftance auffi remarquable, dans la lettre qu'il écrivit à Antipater ; il y faifoit feulement mention d'une bleffure qu'il avoit reçue à la cuiffe (1).

Quinte - Curce réduit toute la perte des vainqueurs à 32 hommes de pied & à 250 cavaliers (2) ; Juftin, à 130 foldats d'infanterie ; ce dernier Ecrivain ne diffère pas de Quinte - Curce dans le nombre des cavaliers tués à cette bataille (3), non plus que Diodore, qui, d'ailleurs, s'éloigne beaucoup du premier calcul, & fait monter jufqu'à trois cens hommes, la perte de l'infanterie (4). Arrien parle feulement de la mort de Ptolémée, fils de Séleucus, & de cent vingt Macédoniens du premier ordre, qui périrent au combat de la Phalange (5). Si, dans un feul choc, un nombre auffi confidérable de gens diftingués perdit la vie, quel doit être celui des foldats qui refterent fur le champ de bataille, durant cette action, qui fut auffi longue que meur- trière ?

Quoique les Hiftoriens d'Alexandre s'accordent fur le nombre des morts parmi les vaincus, on ne doit pas, pour cela, ajouter plus de foi à leur récit. Cent mille hommes d'infanterie & dix mille de cavalerie, furent tués, felon eux, dans cette journée, ce qui feroit plus du fixième de l'armée Perfe, qu'ils font mon- ter à fix cens mille combattans. Juftin n'adopte point un calcul beaucoup plus modéré, quoiqu'il ne faffe mention que de foixante-un mille hommes d'infanterie de tués, parce qu'il réduit toutes les forces des Perfes à quatre cens mille hommes d'infan- terie, & à cent mille hommes de cavalerie (6). Peut- être ne lifoit-on autrefois dans le texte de cet Ecrivain, que trois cens mille hommes, au lieu de cinq cens mille, comme l'ouvrage de

---

(1) Plut. *Id.*
(2) L. III, C. XI.
(3) Juft. L. XI, C. IX.

(4) Diod. nº 36.
(5) L. II, C. X.
(6) Juft. L. XI, C. IX.

Paul-Orofe

Paul-Orofe, fon copifte, donne lieu de le conjecturer (1).

Les manœuvres des deux armées, dans cette célèbre journée, font décrites avec beaucoup de clarté & d'exactitude, par Arrien, qui ne paroît pas avoir commis les fautes groffières que Polybe reproche à Callifthène. Je rapporterai en entier le fragment de cet Auteur, qui contient cette critique judicieufe (2).

« Callifthène raconte qu'Alexandre avoit déja paffé les dé-
» troits, & ce que l'on appelle, dans la Cilicie, les Pyles ; que
» Darius ayant pris fa route par les Pyles Amaniques, étoit
» entré, avec fon armée, dans la Cilicie, & que ce Prince,
» averti par les habitans du pays, qu'Alexandre s'avançoit vers
» la Syrie, fe mit à le fuivre ; qu'arrivé près des détroits, il
» campa fur le Pyrame ; que le pofte qu'il occupoit n'avoit pas,
» depuis la mer jufqu'au pied de la montagne, plus de quatorze
» ftades ; que le fleuve venant des montagnes, entre des côtes
» efcarpées, traverfoit obliquement cet efpace, & alloit delà,
» par une plaine *inégale & fcabreufe* (3), fe décharger dans
» la mer.

» Après cette defcription, il dit, qu'Alexandre étant revenu fur
» fes pas, pour aller au-devant des ennemis, Darius & fes Géné-
» raux, avoient rangé leur Phalange en bataille, dans le camp
» même qu'il avoit pris d'abord ; que le Monarque Perfe s'étoit cou-
» vert du Pinare, qui couloit proche du camp ; qu'il avoit rangé la
» cavalerie fur le bord de la mer, auprès d'elle les mercénaires, le

(1) Orof. L. ii, C. xvi.
(2) Je me fervirai de la traduction de Dom Thuillier, qui eft affez exacte, & a été faite fous les yeux du Chevalier Folard, lequel ne fachant pas le grec, redreffoit cependant le laborieux Bénédictin, & le remettoit fouvent fur les voies.

La fagacité du favant Militaire lui faifoit prefque deviner le vrai fens du texte de Polybe.

(3) Je m'éloigne ici de la traduction de Don Thuillier ; elle n'eft pas exacte dans cet endroit, & le texte de Polybe n'eft point correct. *Voyez* la note (VIII).

» long du fleuve, & les peltastes, joignant le pied des mon-
» tagnes.

· » Mais comment ces troupes pouvoient-elles être postées
» devant la phalange, le fleuve passant auprès du camp? Cela
» est difficile à concevoir, sur-tout si l'on fait attention à leur
» nombre. Au rapport même de Callisthène : il y avoit trois
» mille chevaux, & autant de mercénaires ; il est aisé de savoir
» combien ce nombre de troupes devoit occuper d'espace. La
» meilleure méthode de ranger la cavalerie, est celle sur huit de
» hauteur; il faut laisser, sur le front, une distance convenable, pour
» faciliter les différens mouvemens. Ainsi, un stade ne peut conte-
» nir que huit cens chevaux; dix stades, huit mille ; quatre stades,
» trois mille deux cens : de sorte que, dans quatorze stades, il ne
» peut tenir que onze mille deux cens chevaux. De plus, pour
» loger, dans ce terrein, trente mille chevaux, il faudroit en faire
» trois corps, les uns sur les autres, sans intervalle; &, cela posé,
» où étoient donc les mercénaires? Derrière la cavalerie, peut-être?
» Mais Callisthène ne dit point cela, puisque, selon lui, au con-
» traire, les mercénaires eurent affaire, dans le combat, aux
» Macédoniens : d'où l'on doit nécessairement conclure, que la
» moitié du terrein, du côté de la mer, étoit occupé par la cava-
» lerie ; & l'autre moitié, du côté des montagnes, par les mercé-
» naires. On peut encore juger delà, sur quelle hauteur étoit
» rangée la cavalerie, & combien le fleuve étoit éloigné du
» camp.

» Callisthène dit ensuite que les Macédoniens s'étant avancés,
» Darius, qui étoit au centre de son armée, appella à lui les mer-
» cénaires d'une des aîles. Cela ne paroît pas encore trop aisé à
» comprendre : il falloit que la cavalerie & les mercénaires fussent
» joints ensemble au milieu de ce terrein ; or Darius se trouvant
» là, parmi les mercénaires, comment & pourquoi les appelloit-

» il? Il ajoute que la cavalerie de l'aîle droite fondit fur Alexan-
» dre, & que ce Prince en foutint le choc avec vigueur, & atta-
» qua enfuite à fon tour ce même corps, & que le combat devint
» alors très-vif. Cet Hiftorien a fans doute oublié qu'entre Darius
» & Alexandre, il y avoit un fleuve, & fur-tout, tel que celui
» qu'il venoit de décrire.

» Il n'eft pas plus judicieux fur ce qui regarde Alexandre :
» felon lui, ce Prince paffa en Afie avec quarante mille hommes
» de pied & quatre mille cinq cens chevaux, &, pendant qu'il fe
» difpofoit à entrer dans la Cilicie, il lui vint, de Macédoine,
» un renfort de cinq mille hommes d'infanterie, & de huit cens
» de cavalerie. Otons de ce nombre trois mille fantaffins &
» trois cens chevaux, pour différens ufages; c'eft le plus qu'on
» puiffe détacher de l'armée pour cela : il lui reftoit donc qua-
» rante-deux mille hommes de pied, *& cinq mille chevaux* (1).
» Alexandre, avec cette armée, ayant paffé les détroits, apprit
» que Darius étoit dans la Cilicie, & qu'il n'étoit éloigné de lui
» que de cent ftades. Auffi-tôt il revient fur fes pas & repaffe les
» détroits : la phalange faifant l'avant-garde, la cavalerie le corps
» de bataille, & les équipages, l'arrière-garde. Dès qu'il fut dans
» la plaine, il forma la phalange (2), & la mit fur trente-deux
» de profondeur, après avoir marché quelque tems fur feize; &
» quand il fut près des ennemis, fur huit.

» Ce récit eft encore plus abfurde que le précédent : en mar-
» chant fur dix-huit de hauteur avec les intervalles ordinaires, de

______

(1) *Voyez* la note (IX).

(2) Les différentes manœuvres de la phalange, dans les batailles qu'Alexan dre a données, feroient l'objet d'une foule d'obfervations. Je laiffe cette matière à traiter aux gens de l'art, & me contente feulement de remarquer, d'après Ælien, qu'Alexandre fe fervit or- dinairement de l'évolution Lacédémonienne, & qu'il évita d'employer la Macédonienne, inventée par Philippe, fon père, mais qui, ayant l'apparence d'une fuite, ne s'accordoit point avec le génie & la bravoure, quelquefois téméraire, d'Alexandre. Ælian. Tact. C. xxxiii.

» fix pieds entre chaque rang, un ſtade contient ſeize cens hommes;
» par conſéquent, dix ſtades en contiendront ſeize mille, & vingt
» ſtades, trente-deux mille : on voit par-là que, lorſqu'Alexandre
» mit ſon armée ſur ſeize de hauteur', il falloit que le terrein fût
» de vingt ſtades, & cependant il lui reſtoit encore à poſter toute
» ſa cavalerie, & dix mille fantaſſins.

    » Càlliſthène ajoute que, quand Alexandre fut à quarante ſtades
» des ennemis; il mena contr'eux, ſon armée de front. On auroit
» peine à imaginer une plus grande abſurdité. Où trouver, ſur-
» tout dans la Cilicie, une plaine de vingt ſtades de largeur &
» longue de quarante ſtades? Il n'en faut pas moins pour faire-
» marcher de front une phalange armée de ſarriſſes ; & d'ailleurs
» à combien d'embarras cette ſorte d'ordonnance n'eſt - elle pas
» ſujette? Je ne veux, pour le prouver, que le témoignage même
» de Calliſthène, qui dit que les torrens qui ſe précipitent des
» montagnes, creuſent tant d'abîmes dans la plaine, que la plu-
» part des Perſes y périrent en fuyant.

    » Envain diroit-il qu'Alexandre vouloit, par-là, faire face aux
» ennemis, en quelqu'endroit qu'ils paruſſent; rien n'eſt moins
» en état de faire face, qu'une phalange dont le front eſt déſuni
» & rompu : il étoit beaucoup plus aiſé de ſe ranger en ordre
» de marche·, que de préſenter de front, & ſur une ſeule ligne
» droite, une armée éparſe & diviſée, & de la mettre aux mains
» dans un terrein couvert, haut & ſillonné par des ravins, Alexan-
» dre devoit donc plutôt former deux ou quatre phalanges, à la
» queue les unes des autres; on auroit pu leur trouver des paſſa-
» ges, & il n'auroit pas fallu beaucoup de tems pour les ranger
» en bataille : & d'ailleurs, qui empêche qu'on ne ſe faſſe infor-
» mer, par des avant-coureurs, de l'arrivée des ennemis,
» long-tems avant qu'ils ſoient en préſence ? Il commet encore
» ici une autre faute, en menant l'armée de front dans une plaine,

» & ne la faifant pas précéder par la cavalerie, qui marche fur
» une même ligne avec les gens de pied.

» Mais voici la plus grande de toutes les abfurdités. Quand,
» dit-il, Alexandre fut près des ennemis, il fe rangea fur huit de
» hauteur; il falloit donc, de toute néceffité, que la phalange
» eût quarante ftades de longueur. Que l'on ferre, fi l'on veut,
» les rangs de telle forte, qu'ils fe touchaffent les uns les autres,
» il faudra toujours que le terrein qu'elle occupoit fut long de
» vingt ftades, & cependant, il dit qu'il n'en avoit pas qua-
» torze . . . . (1), & qu'entre
» la bataille & les montagnes, on avoit laiffé un efpace raifon-
» nable pour n'être pas fous le corps qui étoit pofté au pied de
» la montagne. Il eft vrai que, pour couvrir l'armée contre ce
» corps, il lui en oppofe un autre en forme de tenaille ; mais
» auffi nous lui laiffons, pour cela dix mille hommes de pied, ce
» qui eft plus qu'il ne demande. Il s'enfuit de tout ce que nous
» venons de dire, que, felon cet Hiftorien, la phalange avoit,
» tout au plus, onze ftades de longueur, &, par une conféquence
» néceffaire, qu'on avoit logé, dans cet efpace, trente-deux mille
» hommes, fur trente de hauteur. Cependant, à l'heure du com-
» bat, la phalange étoit fur huit de hauteur, au rapport de Cal-
» lifthène. Comment excufer des contradictions fi manifeftes?
» On ne peut ajouter foi à ce qu'il rapporte. Après avoir remar-
» qué l'intervalle qu'il y avoit entre chaque homme, déter-
» miné la grandeur du terrein, compté le nombre des trou-
» pes, il ne pouvoit mentir fans fe rendre inexcufable.

» Je ferois trop long de montrer toutes les abfurdités où il eft
» tombé; j'en releverai feulement quelques-unes. Il dit qu'Alexan-

---

(1) On trouve ici une lacune que D. Thuillier a rempli par ces mots ... *Et, outre cela, qu'une partie étoit proche de la mer, l'autre partie fur l'île droite.*

» dre, en mettant son armée en bataille, la disposa de manière
» qu'il pût combattre avec le corps que commandoit Dariüs,
» & de même que Darius vouloit se battre contre Alexandre,
» mais qu'ensuite il changea de sentiment; & il n'apprend ni com-
» ment l'un & l'autre pouvoient connoître en quel quartier de
» leurs armées ils étoient, ni où Darius se retira, après avoir
» changé de résolution. Comment encore la phalange en bataille
» est-elle montée sur le bord d'un fleuve, qui, presque par-tout,
» est escarpé & couvert de buissons? Il n'est pas permis de mettre
» une si grande ignorance sur le compte d'Alexandre, que l'on
» fait avoir appris & exercé, dès son enfance, le métier des
» armes : on ne peut donc en accuser que Callisthène, qui , à
» cause de son impéritie dans l'art de la guerre, n'a su distinguer
» l'impossible d'avec le possible (1) ».

Si des témoins oculaires ont publié des rélations aussi infidèles,
& commis des fautes aussi grossières; les Ecrivains postérieurs, qui
ont marché, avec trop de confiance, sur leur trace, auront, sans
doute, été égarés par ces guides dangereux.

La bataille d'Issus fut donnée la quatrième année de la CXI^e
Olymplade, au mois de Mœmacterion, 333 ans avant Jésus-Christ,
Nicocrate étant Archonte (2) : elle mit au pouvoir d'Alexandre,
toute la Syrie.

Tyr osa cependant lui fermer ses portes. Ce Prince, pour se
venger d'une résistance qui lui avoit été jusqu'alors inconnue,
assiégea cette Ville. Toutes les ressources de l'art furent employées à seconder la valeur de ses habitans, qui s'ensevelirent
sous les ruines de leur patrie. Une exactitude, qui, tout-à-la-fois,
éclaire & instruit le lecteur, dirige toujours là plume d'Arrien

---

(1) Hist. de Polyb. Tom. VI, L. xii, C. vi. J'ai fait quelques légers change-mens en conférant la traduction françoise avec le texte grec. Le style de D. Thuillier est vraiment bathologique.

(2) Arr. L. ii, C. xi.

dans le récit des travaux de ce fameux siége (1). Quinte-Curce
se laisse, au contraire, emporter par son imagination, & paroît
bien plus Poëte qu'Hiftorien (2). La conftruction de la chauffée
qu'Alexandre fit faire, pour joindre Tyr au continent (3), étoit
un événement trop remarquable, pour que cet Ecrivain ne l'em-
bellît point par une fiction. Un monftre marin, d'une groffeur
prodigieufe, s'élance hors des flots, appuie le poids énorme de
son corps fur les ouvrages des Macédoniens, s'élève en agi-
tant la furface de la mer , & fe plonge enfuite dans le fein des
ondes , après avoir été l'objet des regards des combattans.
Tantôt il laiffe appercevoir fa lourde maffe, tantôt il la cache
fous les vagues, enfin il difparoît entièrement, non loin des murs
de la Ville (4). Les affaillans, ajoute Quinte-Curce, crurent que
ce poiffon monftrueux leur avoit indiqué l'endroit par où ils
devoient conduire leurs travaux.

Pendant le fiège de Tyr, Alexandre fit, felon Arrien & Quinte-
Curce, un voyage dans l'Arabie (5). Plutarque dit fimplement
que ce Prince marcha contre les Arabes qui habitoient l'anti-
Liban (6), que Quinte-Curce prend mal-à-propos, pour le Liban.
La premiere de ces montagnes devoit naturellement, par fa proximité, fournir les matériaux dont les Macédoniens avoient
befoin. Quelques Arabes étant venus troubler & voler les ouvriers
de l'armée d'Alexandre, ce Prince, pour venger cette infulte,
marcha contre eux; expédition qui aura, fans doute, donné lieu
à fa prétendue conquête de l'Arabie. Pline avance donc fans
aucun fondement, que ce Conquérant, après s'être rendu maître

---

(1) L. II, C. XVIII-XIX-XX-XXI-XXII-
XXIII-XXIV.
  (2) L. IV, C. I-II-III & IV.
  (3) Elle n'en étoit éloignée, felon
Quinte-Curce, L. IV, Cap. II, que de
quatre ftades, ou de huit, fuivant le

Périple de Scylax, p. 41. Ap. Geogr.
Minor. Tom. I. *Voyez* la note (X.)
  (4) Curt. L. IV, C. IV.
  (5) Arr. L. II, C. XX, Curt. L. IV,
C. III.
  (6) Plut. p. 36.

de cette contrée, envoya un vaiſſeau chargé d'encens à Léo‑
nides, ſon précepteur (1).

Une guerre civile empêcha Carthage de ſecourir Tyr (2). Quinte‑
Curce, en avançant que les Syracuſains, qui dévaſtoient alors
l'Afrique, mirent des obſtacles à l'exécution du deſſein que les Car‑
thaginois avoient, d'envoyer un puiſſant ſecours à leur Métropole,
fait un anachroniſme (3). L'heureuſe diverſion que fit Agatho‑
cle, par ſa deſcente aux Lathomies (4), près de Tanète, l'an
3 1 o avant Jéſus‑Chriſt, eſt la ſeule fois où l'on vit les étendards
de Syracuſe dans les plaines de l'Afrique : & cette époque eſt poſté‑
rieure de 2 2 ans à la priſe de Tyr, arrivée dans le mois d'Héca‑
tombæon, 3 3 2 ans avant Jéſus‑Chriſt, la première année de la
CXII^e Olympiade, au commencement de la Magiſtrature d'Ani‑
cète (5), qui eſt appelé Nicète par Denys d'Halicarnaſſe (6), &
Nicérate par Diodore de Sicile (7); variations peu importantes.

Cette Ville, célèbre par ſes richeſſes, & par ſes nombreuſes
colonies, fut emportée d'aſſaut, après une réſiſtance à laquelle
on ne devoit pas s'attendre de la part d'un peuple marchand,
qui négligeoit depuis long‑tems le métier de la guerre ; mais
l'amour de la liberté fait ſouvent paſſer dans l'ame du plus lâche,
les ſentimens qui animent les Héros. Le nombre des morts,
parmi les aſſiégés, fut de ſept mille hommes, ſelon Diodore (8),
& de ſix mille, ſelon Quinte‑Curce (9). On remarque une diffé‑
rence plus conſidérable dans celui des priſonniers; ce dernier Ecri‑
vain les fait monter à 1 5 000 (1 0), Diodore à 1 3 000 (1 1): Arrien
en compte 3 0000 (1 2); calcul le plus vraiſemblable, & analogue

<table>
<tr><td>(1) Plin. Hiſt. nat. L. xii. C. xiv.</td><td>(7) L. xvii. n.º 40.</td></tr>
<tr><td>(2) Voyez la note (XI).</td><td>(8) N.º 46.</td></tr>
<tr><td>(3) L. iv, C. iii.</td><td>(9) L. iv, C. iv.</td></tr>
<tr><td>(4) Diod. L. xx. p. 410, Tom. II.</td><td>(10) Loc. ſup. cit.</td></tr>
<tr><td>(5) Arr. L. ii, C. viii.</td><td>(11) N.º 46.</td></tr>
<tr><td>(6) Dion. Halic. in Dinar. T. II, p. 116.</td><td>(12) L. ii, C. xxiv.</td></tr>
</table>

à la

à la population d'une Ville aussi florissante que celle de Tyr. Deux mille de ces malheureux furent pendus, selon Quinte-Curce (1), sur le rivage de la mer, par ordre du Vainqueur. Diodore assure que toute la jeunesse Tyriene fut comprise dans cet Arrêt sanguinaire (2), supprimé par Arrien (3), & qui ne sauroit se concilier avec l'humanité, qui caractérisoit alors toutes les actions d'Alexandre ; la prospérité n'avoit point encore endurci le cœur de ce jeune Conquérant.

La précision avec laquelle Justin parle du siège de Tyr, n'a pu lui faire éviter des fautes considérables. Cet Ecrivain prétend que cette Ville fut bientôt mise au pouvoir d'Alexandre, par une trahison (4). Sept mois de résistance prouvent que cette reddition ne fut pas aussi prompte, & le témoignage unanime de tous les Historiens démontre encore que la généreuse défense des Tyriens n'a point été ternie par la lâcheté de quelques traîtres.

Polyen a voulu réduire la plupart des actions militaires en stratagêmes : il n'est donc pas étonnant qu'on lise dans son ouvrage, qu'Alexandre étant parti pour l'Arabie, les Tyriens profitèrent de son absence pour faire une sortie, dans laquelle les Macédoniens eurent du désavantage. Le jeune Roi averti de cet évènement par Parménion, revint sur ses pas ; & pendant qu'une partie de son armée sembloit céder aux assiégés, il entra avec l'autre dans Tyr, dégarni de défenseurs (5). Ces détails sont bien analogues au plan que Polyen s'est proposé de suivre ; mais ils ne s'accordent point avec ce qu'on lit dans les autres Historiens.

Alexandre marcha de Tyr à Gaza, & de cette derniere Ville en Egypte. Tel est l'Itinéraire de l'armée Macédonienne, rap-

---

(1) C. sup. cit.
(2) Diod. n.° 46.
(3) *Vid.* L. ii, C. xviii, & seq.

(4) *Non magno post tempore per proditionem* . . . L. xi, C. x.
(5) Polyan. L. iv, p. 327.

I

porté unanimement, & fans aucune différence, par tous ceux qui ont parlé de fes exploits. Jofeph ofe feul contredire le témoignage des compagnons d'armes du Conquérant de l'Afie : il raconte qu'Alexandre, mécontent des Juifs, s'avança, après la prife de Gaza, vers Jérufalem, avec la réfolution d'en châtier les habitans, qui avoient donné du fecours aux Tyriens (1). Comment un Général auffi habile que ce Prince, auroit-il laiffé fur fes derrieres une Ville dont les mauvaifes intentions lui étoient connues, & qui auroit pu lui couper les vivres? Arrien fait mention des moindres exploits de fon Héros ; auroit-il négligé de rapporter la réduction d'une place auffi importante ? On conviendra, du moins, que, dans le Journal exact & circonftancié qu'il nous a confervé des marches d'Alexandre, il n'auroit point oublié de parler du paffage de ce Prince à Jérufalem, & des difpofitions pacifiques de fes habitans, lorfque le Vainqueur s'approcha de leurs portes, fi ce voyage de Gaza à la capitale de la Judée n'avoit été qu'un fimple anachronifme, Jofeph ayant pu renverfer l'ordre des faits, fans altérer la vérité. Mais Arrien dit fimplement que toute la Paleftine s'étoit foumife, à l'exception de Gaza (2). Conféquemment Alexandre n'avoit pas befoin d'entrer, avec fon armée, dans la Judée, pour la réduire fous fon obéiffance, & de fe détourner, par-là, de fon chemin. Examinons fi les circonftances dont le récit de l'Hiftorien Juif eft accompagné, en prouvent la certitude.

Le Grand-Prêtre Jadduah (3), revêtu de fes ornemens pontificaux, fort de Jérufalem, & vient au-devant du Vainqueur, pour implorer fa clémence. Alexandre, frappé de l'air majeftueux de ce vieillard, s'incline, & adore le nom de Dieu, qui

---

(1) Jof. antiq. Jud. L. xi, C. viii.
(2) L. ii, C. xxv.

(3) Cedrenus, p. 124, edit. Bafil. l'appelle Addon.

étoit gravé sur la lame d'or de la Thiare du Pontife (1). Ce Prince avoit sans doute un interprête, pour connoître le sens de l'inscription sacerdotale. Parménion, continue Joseph, étonné de cette action, témoigna à son maître sa surprise, & lui demanda d'où venoit qu'il se prosternoit ainsi devant le Grand-Prêtre des Juifs, lui que tout le monde adoroit. Le Monarque répondit que ce n'étoit point le Grand-Prêtre qu'il adoroit, mais le Dieu dont il étoit le Ministre. Alexandre raconta ensuite à ce Général, qu'étant encore en Macédoine, un homme, avec la figure de Jadduah, & les mêmes habits, lui avoit apparu en songe, & lui avoit annoncé que Dieu seroit son conducteur dans la guerre qu'il méditoit alors contre les Perses, & mettroit leur Empire en son pouvoir. Ce Prince ajouta qu'il n'avoit pas·plutôt apperçu le Grand-Prêtre, qu'il l'avoit reconnu à son habit, aussi-bien qu'à sa taille & à son visage, pour la même personne qui lui étoit apparue·(2).

Le discours de Parménion prouve la fausseté de tout ce récit. Alexandre n'exigea de ses sujets, des marques de vénération, qu'après la mort de Clytus ; époque fort postérieure à cette scène, si peu analogue au caractère du Héros Grec. D'ailleurs le Grand-Prêtre Jadduah étoit mort, selon la Chronique d'Alexandrie, quelques années avant le tems où Darius monta sur le Trône.

L'immortel Newton, qui a très-bien éclairci la succession des grands Pontifes depuis le retour de la captivité, fait vivre Jadduah, sous le règne d'Artaxerxès-Mnemon ; suivant son calcul Siméon le Juste étoit Grand-Prêtre au tems de l'invasion de l'Empire des Perses par les Grecs, & avoit succédé dans l'exercice de cette charge à Onias, son pere, fils de Jadduah (3).

____

(1) L. XI, Cap. VIII, Sect. 5.   (3) Chronol. corrig. p. 395 - 396-
(2) Jos. loc. cit.   397.

Alexandre étant entré dans la Ville de Jérufalem, monta au Temple où on lui fit voir les endroits de la prophétie de Daniel, qui le concernoient, & il y offrit des facrifices au Dieu des Juifs. Jaloux de cette préférence, les Samaritains prièrent ce Prince de faire le même honneur à leur Temple (1). Jofeph fe contredit ici, & oublie qu'il a rapporté, quelques pages auparavant, la permiffion qu'Alexandre avoit donné, pendant le fiège de Tyr, à ces ennemis du peuple Hébreux, de bâtir cet édifice (2), qui ne peut avoir été achevé en fi peu de tems.

Le même Hiftorien fait accompagner le Héros Grec dans cette expédition : par des Phéniciens & des Chaldéens, comment ces derniers pouvoient-ils être à la fuite de ce Prince, puifqu'ils étoient fes ennemis, & ne le reconnoifloient point encore pour leur maître ?· Le Grand-Prêtre demande au jeune Conquérant, d'accorder aux Juifs qui demeuroient à Babylone & dans la Médie, le libre exercice de leur Religion (3). Cette requête, comme le remarque judicieufement le favant Moyle (4), fuppofe qu'Alexandre s'étoit déja emparé de cette partie de l'Afie, fituée en-delà de l'Euphrate ; ce qui eft évidemment faux : elle ne lui fut foumife que l'année fuivante.

Après avoir confirmé les privilèges de la nation Juive, Alexandre fortit de Jérufalem, & conduifit fon armée dans les Villes voifines. Jofeph finit ainfi fon récit par une erreur. Le Conquérant Macédonien ne retarda point fa marche, en attaquant des Places qui lui avoient déja ouvert leurs portes, ou en recevant des hommages inutiles : il vint· de Gaza à Pélufe, fans fe détourner (5).

---

(1) Jof. id. Sect. 6.
(2) Jof. id. Sect. 4.
(3) Jof. id. Sect. 5.

(4) Lett. au Doct. Prid. Hift. des Juifs, Tom. II, p. 415.
(5) Voyez la note (XII).

Enfin le silence de l'Écriture dépose contre la narration de Joseph, adoptée & amplifiée par plusieurs Ecrivains du moyen-âge (1), & révoquée en doute par quelques critiques modernes (2).

Les circonstances de cet événement ne sauroient être aussi glorieuses à la religion que quelques personnes, plus pieuses qu'éclairées, pourroient d'abord le croire : la main qui prostitua son encens sur les autels d'Apis & de Bélus, pouvoit-elle honorer le culte du vrai Dieu? Les Juifs les auront, sans doute, imaginées après la mort d'Alexandre, afin de mériter la protection de ses successeurs. Ce fut par le même motif, que, dans des siècles fort postérieurs, les Chrétiens de l'Orient inventèrent une histoire à-peu-près semblable. Gengiskhan y joue (3) le même rôle qu'Alexandre, & la vision du Prince Tartare est aussi avantageuse aux Chrétiens, que celle du Roi Macédonien l'avoit été aux Juifs.

Gaza s'opposa aux rapides projets des armes Macédoniennes, autant par sa position avantageuse, que par la généreuse défense de son Commandant (4). Alexandre fut blessé, durant le siège de cette Ville, à l'épaule, par une catapulte (5). Quinte-Curce décrit le combat singulier d'un soldat Arabe avec ce Prince, qui y reçut une seconde blessure (6). Ce fait est supprimé par les autres Historiens, qui ne parlent point du rôle ridicule que le même Ecrivain fait jouer à Alexandre. Après la prise de Gaza, ce Prince fit passer, selon lui, des courroies

---

(1) Euseb. Chron. num. M. DC. LXXXV. Georg. Syncel. Chron Typ. Reg. p. 260. Cedren. ed. Basil. p. 127. Zonnar. Annal. Typ. Reg. L. IV, p. 197-198. &c.

(2) Prideaux, Hist. des Juifs, edit. in-4.° Tom. 1, p. 300 & suiv. Lett. de Moyle, cit. Vandale, diss. sup. Aristeam,

C. X, p. 68 & seq.

(3) *Voyez* Hist. des Huns, par M. de Guignes, qui rapporte ce trait d'après Abulfarage, Tom. III, p. 42.

(4) Arr. L. II, C. XXVII.

(5) Arr. loc. cit. Plut. p. 37.

(6) Curt. L. IV, C. VI.

aux talons de Bètis, & attacher à son char cet infortuné Gouverneur, qu'il traîna devant les murs de Gaza, voulant par cette action imiter Achille (1). Quinte - Curce, pour relever la défense de Bètis tombe dans une contradiction manifeste; il nous assure que ce Gouverneur soutint les efforts des assaillans avec une modique garnison (2), & ne craint point quelques lignes après, de faire monter la perte des assiégés à dix mille Perses ou Arabes : cela ne sauroit se concilier.

Les habitans de Gaza furent réduits en esclavage, & Alexandre, selon Arrien, fit de sa nouvelle conquête une place d'armes, qui fut peuplée par une colonie tirée des lieux circonvoisins (3). Strabon prétend, au contraire, que cette malheureuse Ville fut détruite & demeura déserte (4). Ce judicieux Géographe a confondu l'état où se trouvoit Gaza dans les deux premiers siècles de l'ère des Séleucides (elle y joue un rôle considérable pendant les différentes guerres des successeurs d'Alexandre), avec celui de la même Ville après sa destruction totale (5) par Alexandre-Zebina, l'an 96 avant Jésus-Christ : elle devint alors la proie des flammes, comme le Prophète Amos l'avoit annoncé (6), & ses habitans furent menés en captivité à cause de leur attachement pour les Ptolémés (7). Peut-être que la conformité du nom des deux Princes, qui avoient pris & saccagé Gaza, a induit Strabon en erreur (8).

L'Egypte se soumit sans résistance. Alexandre voulut signaler

---

(1) Curt. loc. cit.
(2). *Modicoque præsidio*, L. IV. C. VI.
(3) Arr. L. II. C. XXVII.
(4) Strab. L. XVI. p. 522.
(5) Jos. Antiq. L. XIII. C. XIII.
(6) Amos, C. I, v. 7.
(7) Jos. loc. sup. cit.
(8) Il y a eu, sans doute, deux Gaza. ὴvia fut vraisemblablement bâtie après la destruction de l'ancienne, par Alexandre-Zebina. C'est celle dont il est fait mention sur les médailles, avec l'ère d'Hadrien; Sosomène en parle, L. v, C. v. Elle eut six Evêques, dont les Actes des Conciles nous ont conservé les noms. *Vid.* Plur. Ap. Reland. Palaest. L. III, p. 787, & seq.

sa nouvelle domination par la fondation d'une Ville, qui devoit un jour réunir le commerce des deux mers, & lier, par un intérêt commun, les nations de l'Occident & de l'Orient; entreprise avouée par l'humanité, & bien plus digne de tenir une place distinguée dans l'histoire, que la construction de ces édifices, d'une architecture colossale & énigmatique, prodiges de travail & monumens éternels de la tyrannie des Princes qui les firent élever, & de l'extrême misère de leurs sujets, qui ne consultèrent alors qu'un désespoir impuissant. Les temples furent fermés, les campagnes devinrent désertes, & des milliers d'hommes expirèrent sur des masses de pierres amoncelées sans goût & sans utilité. Le Conquérant Macédonien, en fondant Alexandrie, ouvrit une nouvelle source de richesses, & l'Egypte vit ses campagnes habitées par des cultivateurs industrieux, & les temples de ses Dieux fréquentés par un peuple nombreux & opulent.

L'époque de la fondation d'Alexandrie est rapportée par Plutarque & par Arrien (1), avant celle du départ d'Alexandre pour Ammon; Quinte-Curce, Diodore & Justin la mettent au retour de ce Prince (2). On peut concilier ces deux opinions : il est vraisemblable que le Conquérant Macédonien, dirigeant la marche de son armée près des bords de la mer, jeta d'abord les fondemens de cette Ville puissante, que de retour de son voyage, il augmenta le nombre des ouvriers, & accéléra, par sa présence, les travaux commencés.

Cette conjecture ne sauroit cependant disculper Diodore d'avoir rapporté la fondation d'Alexandrie sous l'Archonte Aristophane (3), la seconde année de la CXII^e Olympiade, qui étoit réellement la sixième année du règne d'Alexandre, mais

---

(1) Arr. L. III, C. 1. Plut. p. 39.   n.° 52. Just. Lib. XI, Cap. XII.
(2) Curt. L. IV, Cap. VIII, Diod.   (3) Diod. L. XVII, n.° 52.

qui n'en devient plus que la cinquième, fuivant le calcul de cet
Hiftorien, le Conquérant Macédonien n'ayant, felon lui, commencé à régner, que fous l'Archontat d'Evænète, comme nous
l'avons déja obfervé. L'erreur de Diodore peut être la fource de
celle d'Eusèbe (1) & de S. Cyrille (2), qui ont prétendu fixer
cette même fondation à la feptième année du règne d'Alexandre; elle doit être placée dans la cinquième, c'eft-à dire, dans la
première année de la CXII^e Olympiade, Nicète étant Archonte,
comme le démontre la fuite des opérations militaires d'Alexandre. La certitude de cette époque eft encore confirmée par le
Canon des MSS. de Théon, qui ne donne que quatre années de
règne à Darius Codoman, & commence à marquer celui de fon
vainqueur à l'an 417 de l'ère de Nabonaffar; ce qui eft relatif à
la conquête de l'Egypte, & principalement à la fondation d'Alexandrie, qui fe trouve ainfi rapportée quatre années après l'avè-
nement d'Alexandre au Trône de fes pères (3).

La nouvelle Ville eut la figure d'un manteau Macédonien (4),
qu'elle dût néceffairement perdre en s'aggrandiffant. Le plan
d'Alexandrie, tracé avec exactitude par M. d'Anville (5), ne
fauroit avoir aucun rapport avec la forme de cet efpèce d'habillement, que Cuper a fait graver, & qu'il tâche vainement
d'appliquer au terrein (6) occupé par cette Ville, entre le lac
Maréotis & le rivage de la mer d'Egypte. Son circuit étoit, felon
Pline, de quinze milles (7), qui feroient évaluées 120 ftades,

---

(1) Chronic. p. 57.
(2) Cyril. Alex. cont. Julian. L. 1,
p. 13, Tom. VI, Typ. Reg.
(3) Cet objet a été très-bien difcuté
par M. Fréret, Acad. des Infcr. T. XXVII,
p. 149 - 150. Ainfi, nous n'entrons pas
dans de plus grands détails.
(4) χλαμύδι παραπλήσιον. Diod. n° 52,

ou, plus littéralement, qui approchoit
de la figure de ce manteau. Plin. L. v,
C. x.
(5) Mém. fur l'Egypt. anc. & mod.
p. 52 & fuiv.
(6) Apoth. feu confecr. Homeri,
p. 158 & feq.
(7) L. v, C. x.

au lieu de 80 qu'il avoit, suivant le calcul de Quinte-Curce (1),
mais les sentimens de ces deux Ecrivains se trouvent conciliés, en
supposant, avec M. d'Anville, une évaluation du stade, moindre
d'un tiers dans Pline, que celui dont s'est servi Quinte-Curce (2).
Cette mesure est conforme à la longueur de 30 stades, sur 10
de largeur, donnée par Strabon & Joseph, à cette Ville (3).
Diodore rapporte, avec moins de vraisemblance, qu'elle avoit
400 stades de long & un plèthre de large (4). Il fait monter sa
population, au tems qu'il voyageoit en Egypte, à trois cens mille
hommes libres (5). En adoptant le même rapport qu'il y avoit
en nombre, selon Ctésiclès, à Athènes, entre les citoyens de
cette Ville & les esclaves (6), il est certain qu'on ne sauroit
évaluer à moins de quinze cens mille, tant libres qu'esclaves, les
habitans d'Alexandrie : population étonnante, si l'on fait attention aux maladies qui y mettoient obstacle. Malgré les précau-
tions qu'Alexandre avoit prises pour que les rues de cette Ville
fussent disposées de manière à être rafraîchies par les vents Été-
siens (7), cette nouvelle capitale de l'Egypte étoit cependant
très-malsaine ; le peuple n'y pouvoit boire que de l'eau bour-
beuse (8), & sa nourriture ne consistant qu'en légumes de la plus
mauvaise espèce, en pâte, en fromage sec, en poissons, colima-

---

(1) L. IV, C. VIII.
(2) Mém. sur l'Egypt. anc. & mod.
p. 55-57.
(3) Joseph. bell. jud. L. II, C. XVI,
Strab. L. XVII, p. 546.
(4) Diod. n.° 52.
(5) Diod. id.
(6) Il y avoit 21000 citoyens, 10000
étrangers & 400000 esclaves dans l'Attique, lors du recensement qu'en fit Démétrius de Phalère, la CXVII^e Olymp.
ἐπτὰ καὶ δεκάτη, Athen. L. VI, p. 272. C'est
ainsi que je lis, au lieu de δεκάτη, qui
est dans le texte de cet Auteur, & de

ἐκ καὶ δεκάτη, qui est à la marge ; Démétrius fut évidemment Archonte, la IVe
année de cette même Olymp. *Vid* Corsin.
Fast. Attic. Tom. IV, p. 63, 64. Je suppose
dans mon calcul, que les deux tiers des
esclaves étoient occupés, dans l'Attique,
aux travaux de l'agriculture, aux carriè-
res & à l'exploitation des mines, & que
l'autre tiers étoit dans la Ville d'Athènes.
(7) Diod. n.° 52.
(8) *Adeò est limosa atque turbida, ut
multos variosque morbos efficiat :* Hirtius
de bello Alexand. C. V.

K

çons, ferpens, en chair d'âne, de chameau, & généralement en toutes fortes de viandes faléés, il étoit naturel, comme le remarque Galien, que ce peuple fût très-fujet à l'éléphantiafis, efpèce de fcorbut invétéré (1). Le célèbre Docteur Cocchi, qui nous fournit cette obfervation, ajoute, que le terrein d'Alexandrie étant aride & falé, les herbages n'y pouvoient être arrofés qu'avec beaucoup de foins & de dépenfes ; cette maladie caufée par une longue abftinence de végétaux frais, y devoit donc être fort, commune. L'emplacement qu'occupoit cette Ville, étoit uniquement employé autrefois à nourir des bœufs (2) ; c'étoit la retraite de quelques miférables bergers ou pêcheurs, qui habitoient le village de Rhacotis. Nous pouvons donc conclure qu'Alexandre, en choififfant l'emplacement d'Alexandrie confulta moins la falubrité du lieu, que fon heureufe fituation, qui la rendit, en peu de tems, une des plus floriffantes Villes du monde.

Les difficultés que les foldats Macédoniens eurent à furmonter dans leur marche, depuis les frontières de l'Egypte jufqu'au Temple de Jupiter-Ammon, ont été fort exagérées, & décrites par tous les Hiftoriens, & principalement par Quinte-Curce, avec des expreffions hyperboliques, qui doivent répandre quelque foupçon fur la vérité de leur récit.

Diodore fait remonter l'origine du Temple d'Ammon, au tems de Danaüs (3). Ce fut par le confeil de l'oracle de Jupiter Ammon, que Céphée, felon Apollodore, expofa fa fille Andromède (4). Les fables qu'Hérodote débite fur la fondation de cet édifice, ne peuvent qu'être favorables à fon antiquité (5). Les oracles

---

(1) Régim. de Pythag. p. 73, 74, Trad. franç.
(2) Strab. L. xvii, p. 547. Heliodor. Ætiopic. L. i, C. ii, init.

(3) L. id. n.° 50.
(4) Apollod. Bibl. L. ii, C. iv, p. 86, edit. Gal.
(5) L. ii, C. 55.

que rendoit Jupiter-Ammon, furent célèbres dès les premiers siècles de la Grèce. Crœsus consulta ce Dieu sur la guerre qu'il méditoit contre les Perses (1); les Grecs, & principalement les Lacédémoniens & les Eléens, eurent souvent recours à lui. Ce fut, sans doute, par reconnoissance, qu'ils lui consacrèrent plusieu·s Temples (2): Pindare composa même des Hymnes en son honneur, qu'il envoya en Lybie aux Ammoniens. On voyoit encore, du tems de Pausanias, un de ces Hymnes gravés sur une colonne triangulaire, près d'un autel élevé à Jupiter-Ammon, par Ptolémée, fils de Lagus (3).

L'Oracle d'Ammon, ainsi que ceux de Dodone & de Delphes, jouissoit du plus grand crédit chez les Grecs, & avoit toute leur confiance. Ce peuple ne manquoit jamais de consulter un de ces trois principaux Oracles, lorsqu'il vouloit prendre les armes, ou fonder quelque colonie (4). La réputation de l'Oracle que rendoit Jupiter, dans le pays d'Ammon, sous la figure d'un bélier (5), ne commença à décheoir que sous le gouvernement des Romains, qui ajoutèrent plus de foi aux vers Sybillains & aux divinations Etrusques (6). Cependant le Temple de ce Dieu subsistoit encore avec quelque éclat au commencement du cinquième siècle, comme nous le voyons par les ouvrages de Synésius, Evêque de Ptolémaïde (7), qui écrivoit dans ce tems.

---

(1) Herodot. L. 1, C. 46.
(2) Pausan. Lacon. C. xviii.
(3) Pausan. Bœot. C. xvi.
(4) Cicer. de divinat. L. 1, Cap. 1. Les hommages des Lacédémoniens furent cependant toujours les plus agréables à Jupiter-Ammon, comme nous le voyons par la réponse qu'il fit aux Athéniens. *Vid.* Platon. Alcib. 11, p. 458, edit. Ficin.

(5) Le Scholiaste de Pindare nous a conservé ce Vers de Phæstus, Ζεῦ Λιβύης Ἀμμων κερατηφόρε κέκλυθι μάντι. Schol. ad. Pyth. iv. On connoît ce passage de S. Athanase : Λίβυες πρόβατον, ὅ καλύσιν Ἀμμωνα, θεὸν ἔχυσι, &c... Adverf. gentes, p. 20, edit. Comelin.

(6) Strab. L. xvii, p. 559.
(7) De Insomniis, pag. 116. Oper. Typ. Reg.

La réputation de ce Dieu étant auſſi ancienne, & le crédit
de ſon oracle ſi bien établi, on ne ſauroit douter que le pays
où il ſe rendoit ne fut fréquenté par un nombre prodigieux de
perſonnes qui venoient le conſulter. Strabon, pour ſauver la
contradiction qu'il lui paroiſſoit y avoir entre l'antique renommée d'Ammon & la difficulté d'y aborder, adopte l'opinion
d'Eratoſthène, lequel, appuyé ſur de foibles conjectures, aſſuroit
que ce temple étoit autrefois ſitué ſur le bord de la mer, qui ·
s'étoit dans la ſuite retirée (1). S'il avoit fait quelqu'attention
au texte d'Hérodote, & à la route tracée par cet Hiſtorien,
laquelle traverſoit l'intérieur de l'Afrique, & étoit vraiſemblablement pratiquée par les Grecs qui alloient viſiter le temple
d'Ammon, lorſqu'à l'époque du règne de Pſammétique il leur
fut permis de commercer en Egypte & de s'y établir (2); ſi ce
Géographe avoit fait ces obſervations, il auroit pu concevoir que
les avenues de ce temple n'étoient point impraticables (3). Cette
route démontre encore la fauſſeté de la tradition, ſelon laquelle
une partie de l'armée de Cambyſe avoit péri dans cette contrée (4).

Alexandre prit le chemin de Parœtorium qui, quoique moins
fréquenté, n'en étoit pas moins praticable (5) : les Ambaſſadeurs
de Cyrène y vinrent au-devant de lui (6). Ce Prince, ſelon Ariſtobule (7), ramena ſon armée par la même route. Si elle eût
déja été dans un danger éminent d'y périr, peut-on imaginer
qu'un Général auſſi habile eût voulu, ſans aucune néceſſité,

---

(1) Strab. L. 1, p. 34.

(2) Avant ce tems, il eſt probable que
les Cyrénéens, pour aller de leur Ville
à l'Oracle, s'étoient frayé une route
particulière, fréquentée par tous les
peuples de la Grèce. *Voyez* la note
(XIII).

(3) Comme le prouvent encore les
routes de Cyrène & de Parætonium.
Hipparque avoit très-bien réfuté le ſentiment d'Eratoſthène, ap. Strab. L. 1,
p. 39.

(4) Herod. *Voyez* la note (XIV).

(5) *Voyez* la note (XV).

(6) Diod. n.º 49.

(7) Ap. Arr. L. III, C. IV.

l'expofer une feconde fois à être enfevelie avec fes troupes fous des montagnes de fable , ou de mourir de faim & de foif (1).

Dans un éloignement confidérable du rivage de la mer , & dans le fein de la Lybie , Ammon étoit fréquenté , comme nous venons de le voir , par toutes les nations de l'Europe : il fourniffoit d'ailleurs plufieurs objets d'exportation (2), & avoit été peuplé par une colonie d'Ethiopiens & d'Egyptiens ; la langue que parloient les Ammoniens du tems d'Hérodote , & qui étoit un mêlange de celle de ces deux nations (3), le démontre fuffi-famment. Eft-il vraifemblable que des hommes, dont l'objet , dans leurs migrations , eft autant de fe procurer les commodités de la vie que de jouir du néceffaire , fuffent venus s'établir dans une contrée , qui ne pouvoit être que le repaire des lions & des ty-gres , fi , pour y arriver , les difficultés étoient auffi infurmonta-bles qu'on nous les repréfente ? Eft-il encore probable que ces mêmes colons euffent fixé leur domicile dans un pays qui auroit été dépourvu d'eau , comme Ariftobule (4) & , après lui , plufieurs autres Hiftoriens d'Alexandre , ont ofé l'avancer ? Arrien réfute cette opinion abfurde (5).

Synéfius qui étoit né à Cyrène (6), & dont le témoignage , par cette raifon , doit être d'un grand poids , rapporte , comme un fait connu de tout le monde , que le pays d'Ammon étoit remarquable par la nourriture qu'il fourniffoit avec abondance , tant à fes

---

(1) Ptolémée prétendoit qu'Alexan-dre avoit pris une route beaucoup plus courte pour aller à Memphis. Ap. Arr. L. III , C. IV. C'étoit , fans doute , celle dont parle Hérodote.

(2) *Voyez* la note (XVI).

(3) Hérod. L. II , C. 42.

(4) Ap. Arr. L. III , C. III.

(5) Arr. loc. fup. cit. On connoît la fameufe fontaine d'Ammon , décrite par Hérodote , L. IV , C. 181. Quinte-Curce ne l'a point oubliée. *Voyez* L. IV , C. VII.

Elle fut peut-être caufe que les anciens habitans de cette contrée , donnèrent à ce lieu le nom d'*Amân* , qui fignifie *de l'eau* , dans la langue des Kabyles ou du Showiah , & fut changé , dans la fuite , en celui d'Ammon , par les Egyptiens , qui faifirent avec empreffement , le rap-port de ces deux mots , afin d'établir , dans cette région , le culte du Dieu adoré fous ce dernier nom , à Thèbes.

(6) *Vid.* epift. IV.

habitans qu'à leurs troupeaux (1); ce qui ne sauroit s'accorder avec la prétendue aridité de son sol, que Diodore reconnoît pourtant avoir été très-fertile (2). Enfin Strabon compare un pays situé à quatre journées de la grande Syrte. (3), abondant en palmiers, & très-arrosé, au pays d'Ammon (4).

Les sables du pays que traversa l'armée Macédonienne, étoient tellement échauffés, selon Quinte-Curce (5), par les rayons du soleil, qu'ils brûloient la plante des pieds : ils s'ébouloient sous les pas des voyageurs, & menaçoient, à chaque instant, de les engloutir; le ciel & la terre refusoient également de l'eau à cette terre infortunée. Quelques lignes après cette description hyperbolique, l'Historien que je viens de citer, fait mention d'un orage accompagné d'une grosse pluie, qui soulagea beaucoup les soldats Macédoniens, & n'est point propre à justifier les détails dans lesquels il vient d'entrer. Comment Alexandre pût-il pénétrer dans cette vaste solitude? Quinte-Curce lui donne pour guides des corbeaux (6), dont le croassement, suivant Callisthène, servoit de signal de ralliement à ceux qui s'écartoient.

Darius rassembla des troupes innombrables; toutes les parties

---

(1) Τὸν Ἀμμῶνα, κ̀ Ἀμμῶνος γῆν οὐ μᾶλλον ἔιναι μηλοτρόφον ἢ κουροτρόφον ἀγαθὴν. Epist. iv, edit. Paris. p. 43. Tertullien appelle Ammon, *Ovium Dives*, de pallio, C. iii, ce qui ne sauroit se rapporter qu'au pays où ce Dieu rendoit ses Oracles, & non pas à la figure de ce même Dieu, comme l'avance le savant Jablonski. Panth. Ægypt T. I, p. 163. Pindare donne encore l'épithète de fertile au temple d'Ammon, πῖον τέμενος. Pyth. Od. iv. le culte de Jupiter-Ammon devoit être principalement établi dans un pays abondant en troupeaux, & sa figure devoit naturellement avoir rapport à celle de ces animaux, dont il avoit appris aux hommes l'usage. *Qui simulachra faciunt Hammonis, capite*

cornuto instituunt, ut homines memorid teneant, eum primum pecus ostendisse. Hygin. poetic. Astronom. L. ii, C. xx.

(2) Diod. L. xvii, n.º 50.

(3) Ce pays fertile ce sont les jardins des Hespérides, dans le texte de l'édition de Xylandre; Casaubon a supprimé dans la sienne, le nom de ce pays, & dit dans une de ses notes : *Nullus est in toto Strabone locus tam anticipitis lectionis atque hic est*, p. 222. Peut-être Strabon avoit-il fait mention, dans cet endroit, de la fertile région de Cinyps. *Vid.* Herodot, L. iv, C. 198.

(4) L. xvii, p. 577.

(5) Curt. L. iv, C. vii.

(6) Curt. *Ibid.*

de son vaste Empire contribuèrent à former cette armée, destinée à s'opposer aux entreprises de son ennemi qui, après avoir quitté l'Egypte, s'avança vers l'Euphrate, qu'il passa à Tapsague (1). Pline & Dion-Cassius (2) rapportent qu'Alexandre traversa ce fleuve près de Zeugma, sur un pont soutenu par des chaînes de fer. Ces Ecrivains ont sans doute été induits en erreur par l'étymologie du nom de ce lieu ; l'itinéraire de l'armée Macédonienne, depuis Tyr jusqu'à Arbele, suffit pour démontrer la fausseté de leur récit.

Mazée, envoyé par Darius, pour défendre le passage de l'Euphrate, abandonna son poste, & se retira en dévastant le pays, qui auroit pu fournir des vivres aux troupes Macédoniennes. Quatre jours après qu'Alexandre eut passé sans résistance l'Euphrate & le Tygre, ce Prince découvrit un corps de cavalerie; étant à sa pourfuite, il fit plusieurs prisonniers, qui lui apprirent que Darius étoit campé dans une grande plaine, sur la rivière de Boumade, près de Gaugamèle. Quatre jours de repos délassèrent de leurs fatigues les soldats Macédoniens, qui se mirent ensuite en marche, & arrivèrent dans un lieu qui n'étoit éloigné que de 60 stades du camp des Perses. Ces détails que nous fournit Arrien (3), sont très-propres à démontrer l'inexactitude de ceux de Diodore.

Ce dernier Historien rapporte que Mazée fut détaché pour défendre le passage du fleuve (4). Quel étoit ce fleuve ? Sans doute l'Euphrate, que Diodore ne nomme point. L'armée Macédonienne passe ce fleuve anonyme, & Alexandre la conduit le lendemain à l'ennemi, & campe en sa présence (5). La suite de la narration

---

(1) Arr. L. III, C. VII.
(2) Plin. L. V, C. XXIV. Dion-Cassius, L. XI, T. II, p. 128.

(3) Arr. L. III, C. VIII - VII - IX.
(4) Τὴν διάβασιν τῦ ποταμῦ. Diod. n° 55.
(5) Τῇ δ'ὑστεραία, n.° id.

de cet Auteur pourroit faire croire que les deux armées en vinrent aux mains deux jours après le paſſage de l'Euphrate, que Diodore peut avoir pris pour celui du Tigre. Ses fautes deviennent, par cette conjecture, moins groſſières, mais le nombre n'en eſt point diminué.

L'imagination cherche toujours à ſecouer le joug de la vérité; l'exactitude hiſtorique ne lui offre que des entraves, qu'elle s'efforce de briſer, afin de ſuivre avec plus de liberté, ſon eſſort, ſans s'embarraſſer des conſéquences ni des contradictions. Les détails dans leſquels eſt entré Quinte-Curce ſur la bataille de Gaugamèle, nous en fourniſſent la preuve. On n'appercevoit dans la plaine où ces deux armées combattirent, ſelon cet Hiſtorien, ni arbres ni buiſſons, & la vue n'étoit bornée par aucun objet; deſcription qui ne s'accorde point avec l'ordre qu'Alexandre donna d'applanir tout ce qui pourroit mettre quelqu'obſtacle à la marche de ſon armée, dont un détachement occupa, peu de tems avant l'action, une hauteur que les Perſes venoient d'abandonner (1).

La plupart des Hiſtoriens s'accordent à faire monter l'armée de Darius à plus d'un million d'hommes, calcul qui n'eſt point hors de toute vraiſemblance : toutes les nations, depuis le Pont-Euxin juſqu'aux extrémités de l'Orient, ayant envoyé de puiſſans ſecours à Darius. On doit obſerver que pluſieurs peuples de l'Aſie avoient coutume d'emmener avec eux·à la guerre, leurs femmes & leurs enfans; que le luxe des Perſes traînoit à ſa ſuite une foule de gens inutiles : claſſe d'hommes qui devoit beaucoup diminuer le nombre des combattans. Si l'on fait encore attention à cette nuée de barbares, qui envahirent de toutes parts l'Em-

____

(1) Curt. L. iv , C. ix. *Macedones* | *occupayerunt.* L. id. Cap. xii.
verò eum ipſum collem quem deſeruerat, |

pire

pire d'Occident; & aux troupes nombreuses qui, sous la conduite de plusieurs Princes Tartares, s'emparèrent de presque
tous les Royaumés de l'Asie. On conviendra sans peine que cette
partie de notre globe a pu fournir toute cette multitude de
soldats, qui se vouèrent au salut de l'Empire des Perses dans les
plaines de l'Assyrie.

Les Scythes & les Bactriens combattirent avec beaucoup de
valeur dans cette fameuse journée, & poussèrent vivement l'aîle
gauche de l'armée Macédonienne; un détachement des troupes
Perses parvint même jusqu'aux équipages de leurs ennemis, qui
ne perdirent cependant dans l'action que trois cens hommes;
selon Quinte-Curce (1), ou cinq cens, au rapport de Diodore (2). Cent hommes & mille chevaux restèrent sur le champ
de bataille, ou périrent à la poursuite des vaincus, suivant le
récit d'Arrien, (3), qui exagère beaucoup la perte de ces derniers; il la fait monter à trente myriades, c'est-à-dire, à trois cens
mille: Dexippe réduit ce nombre à cent trente mille (4), & Diodore à quatre-vingt dix mille (5). Zozime n'a point craint d'avancer que presque toute l'armée des Perses fut détruite par le fer
du soldat Macédonien (6). Quinte-Curce paroît avoir adopté
le calcul le plus vraisemblable; il ne fait mention que de quarante mille hommes de tués du côté des Perses (7). C'est le seul
trait de sa rélation qui mérite d'être approuvé; énvain y cher-
cheroit-on les qualités qui forment un Historien, c'est toujours
un Poëte qui décrit, & un Rhéteur qui déclame. Voici quelques
phrases du discours qu'il met dans la bouche de Darius, parlant
à son armée, au moment que le combat alloit commencer. . . .

---

(1) L. id. C. xvi.
(2) Nº 61.
(3) L. iii, C. xv.
(4) Ap. Cedrenum, p. 125.

(5) Loc. sup. cit.
(6) Πάντας μὲν χιδòν. L. i, init.
(7) L. iv, C. xvi.

L

« La bravoure que vous avez redoutée, n'eſt qu'une témérité,
» qui n'a pas plutôt jeté ſon premier feu, que ſemblable à ces
» animaux qui, après avoir perdu leur aiguillon, demeurent
» engourdis, &c. . . . . Quoiqu'Alexandre ſoit favoriſé par la
» fortune ; cependant elle ne peut fournir à une continuelle
» témérité. . . . . La majeure partie de moi-même eſt captive;
» arrachez mes entrailles des fers (1)». Il eſt impoſſible de rendre
dans notre langue, toutes les expreſſions pittoreſques dont ſe
ſert Quinte-Curce; elles font l'éloge de ſon eſprit, & non pas
celui de ſon goût. Toute cette harangue eſt fort peu analogue au
caractère de Darius, qui paroît plutôt s'eſcrimer dans l'école d'un
Rhéteur, que parler devant ſes troupes avec la dignité de ſon
rang, & la préciſion qu'exigeoient les circonſtances où il ſe
trouvoit. La narration de cet Hiſtorien eſt encore pleine de
réflexions hors d'œuvre; ſon impéritie dans l'art de la guerre,
aime à ſe cacher dans une obſcurité impénétrable, & dans un
labyrinthe de mots accumulés ſans néceſſité. Cette faſtidieuſe
loquacité rend ſouvent ſes deſcriptions preſque incompréhen-
ſibles. La manière dont Quinte-Curce parle de la conſtruction
& de l'uſage des chars armés de faulx, en eſt une preuve démon-
ſtrative (2). Arrien mérite, à tous égards, de lui être préféré :
ſon ouvrage eſt l'unique ſource où il ſoit permis de puiſer les
détails de la journée de Gaugamèle (3); il peut ſeul nous inſtruire
des manœuvres de l'armée d'Alexandre & de celle des Perſes.

   L'éclipſe de lune arrivée dans le mois de Boedromion, au
commencement de la célébration des myſtères, c'eſt-à-dire, le
15 du même mois, précéda de onze jours, ſelon Plutarque (4),

---

(1) L. id. C. xiv.
(2) *Vid.* Joan. Schœffer. de re vehicul.
L. 11, C. xv. Joan. Cleric. Judic. de Q.
Curtio, Ars Crit. Tom. II, p. 455 & ſeq.

(3) Arr. L. iii, C. xii-xiii-xiv-xv.
(4) Plut. p. 46. Cet Hiſtorien donne
le nom de Gaugamèle, à la bataille qui
porte ordinairement celui d'Arbele,

la bataille de Gaugamèle, dont l'époque se trouve par-là, irrévocablement fixée au 26 de Boedromion, la seconde année de la CXII^e Olympiade, 331 ans avant Jésus-Christ. Le calcul d'Arrien, qui met cette action dans le mois de Puanepsion, n'est donc point juste (1). Aristophane étoit alors Archonte à Athènes (2); Denis d'Halicarnasse & Théophraste rapportent cet évènement sous la magistrature d'Aristophon, son successeur (3). Ces deux Ecrivains, trompés par le tems où cette nouvelle parvint à Athènes, ce qui arriva lorsqu'Aristophane eut quitté sa charge (4), auront, sans doute, cru que la bataille de Gaugamèle s'étoit donnée dans l'année d'Aristophon. Ce fut la sixième année de son règne, qu'Alexandre défit toutes les forces réunies de l'Empire des Perses, & non pas la cinquième, comme le rapporte Justin (5).

Le Vainqueur de l'orient, après s'être emparé de Babylone (6) & de Suze, se mit en marche pour Persépolis. Quinte-Curce raconte que, lorsqu'il approchoit de cette Ville, quatre mille Grecs, qui joignoient aux maux de leur captivité, celui d'avoir été honteusement mutilés, vinrent au-devant de ce Prince. Emu par ce spectacle attendrissant, Alexandre leur offrit de demeurer dans le pays où ils étoient alors, ou de retourner dans leur Patrie. Ces malheureux préférèrent de vivre loin des regards de leurs parents & de leurs Concitoyens (7). Le même Historien ne manque point, selon son usage, de faire prononcer

---

Ville éloignée de 600 stades du lieu où les deux armées en vinrent aux mains. Arrien réfute l'opinion vulgaire, L. III, C. VIII. J'ai suivi le sentiment de ces deux Ecrivains.

  (1) Arr. L. III, C. XV.
  (2) Arr. id.
  (3) Dion. Hal. epist. ad Amm. n.° II. *Vid.* in loc. Meurs. Archont. Athen.

L. IV, C. XIII, & Corsini, Fast. Attic. Tom. IV, p. 45. Teophrast. Caract. C. VIII. Je suis la correction de Casaubon, Comment. p. 198, edit. Lugd.

  (4) Diod. n.° 62.
  (5) L. XI, C. XIV.
  (6) *Voyez* la note (XVII).
  (7) Curt. L. V, C. V.

de belles harangues à ces captifs infortunés, dont le nombre eſt réduit à huit cens par Diodore & Juſtin (1). Arrien n'en fait aucune mention, & ſon ſilence doit faire révoquer en doute cet étrange excès de barbarie.

Les Macédoniens paſſent le portes Caſpiennes , & ſuivent avec une étonnante célérité Darius dans ſa retraite. Ils apprennent bientôt que Beſſus & ſes complices avoient chargé de fers cet infortuné Monarque & , peu de tems après, l'avoient aſſaſſiné. Les Hiſtoriens d'Alexandre, & principalement Quint-Curce, ont fait leurs éfforts pour rendre les circonſtances de la mort de Darius auſſi intéreſſantes que pathétiques. Ils mettent dans la bouche de ce Prince agoniſant un diſcours dans lequel il adreſſe des vœux au ciel pour la proſpérité de ſon Vainqueur ; grandeur d'ame que ſes interprètes pourroient bien lui avoir prétée. Ils finiſſent par louer ſon caractère doux & humain , & ſes bonnes qualités : ne ſeroit-ce point pour préſenter un contraſte frappant entre ſes vertus & ſes malheurs ? La tradition orientale nous dépeint ce dernier Roi de la race des Kaianides , comme un homme violent & cruel qui s'étoit attiré par ſes vices la haine des grands & du peuple (2).

Ce dernier Roi des Perſes mourut , ſelon Arrien, au mois d'Hécatomboeon, Ariſtophon étant Archonte à Athènes (3) ; c'eſt-à-dire, la troiſième année de la CXII^e Olympiade, neuf mois, ſuivant la remarque d'Uſſérius (4), après la bataille de Gaugamèle, & non pas un an & quelques mois, comme l'a avancé, ſans aucun fondement, l'illuſtre Newton (5).

Les mercénaires Grecs n'abandonnèrent jamais Darius. Après la mort de ce Prince, ils ſuivirent au nombre de mille cinq

---

(1) Diod. n.° 69. Juſt. L. xi, C. iv.
(2) *Voyez* Herbelot, Bibl. orientale, art. Darab. p. 285.
(3) L. iii , C. xxii.
(4) Annal. p. 173.
(5) Chron. corrig. p. 386.

cens Artabaze qui, s'étant rendu, les obligea de se livrer à la merci du Vainqueur. Alexandre, selon Diodore & Quinte-Curce, les diſtribua dans les différens corps de ſon armée (1). Arrien aſſure au contraire que ces mercénaires furent réunis ſous les ordres d'Andronique, qui les avoit engagés à chercher leur ſalut dans la clémence de ce Prince (2). Ce petit nombre de ſoldats avoit ſurvécu à l'Empire des Perſes pour lequel ils avoient combattu avec valeur aux journées du Granique, d'Iſſus & de Gaugamèle. La plus grande partie de leurs compagnons d'armes étoit tombé ſous le fer de l'ennemi, & les autres avoient été faits priſonniers. Qui peut donc engager Pauſanias à mettre Léoſthène dans la claſſe des bienfaiteurs de la Grèce pour avoir embarqué, contre le gré d'Alexandre, cinquante mille Grecs qui ſervoient dans les armées de Darius, & les avoir ramenés dans leur Patrie (3)? La Grèce fut-elle jamais en état de mettre ſur pied une Armée auſſi nombreuſe? Ce fait ne ſe trouve d'ailleur rapporté dans aucun ouvrage des Anciens qui ſoit parvenu juſqu'à nous.

Le parti que prit Alexandre étant à la pourſuite de Beſſus, feroit honneur à ſa pénétration, ſi l'on pouvoit ajouter foi au récit de Quinte-Curce. Les Macédoniens ſe prêtant avec répugnance, ſelon cet Ecrivain, aux volontés de leur Roi dont les projets ne leur offroient que des travaux toujours renaiſſans, ce Prince fit brûler ſes équipages & ceux de ſon armée (4). Plutarque rapporte auſſi le même événement, mais il en recule l'époque juſqu'au commencement de l'expédition des Indes (5);

---

(1) Diod. n.° 76, Curt. L. vi, C. v.   (4) Curt. L. vi, C. vi.
(2) Arr. L. iii, C. xxiii-xxiv.   (5) Plut. p. 67-77.
(3) Pauſan. Arcad. C. ii.

Ptolemée & Ariftobule n'en avoient point fait mention, puifqu'Arrien , qui s'eft fervi de leurs Mémoires, fupprime ce trait
remarquable.

Le Monarque Macédonien, portant fes armes au-delà du
Jaxarte, défit les Scythes, qui, avant d'en venir aux mains, envoyèrent des Députés à Alexandre. Quinte-Curce leur fait
adreffer à ce Prince un difcours dont on a attaqué la vraifemblance : il commence en ces termes...... « Si les Dieux t'avoient
» donné un corps proportionné à ton ambition, l'Univers entier
» ne pourroit te contenir ; d'une main tu toucherois l'orient, &
» de l'autre l'occident, & peu fatisfait encore, tu voudrois favoir où
» le foleil, cette divinité fi puiffante, va enfevelir l'éclat de fes
» rayons. Tel que tu es , tu defires ce que tu ne peux poff:éder. De
» l'Europe tu paffes en Afie , & de l'Afie tu repaffes en Europe ;
» & quand tu auras fubjugué tout le genre humain, tu feras la
» guerre à la neige, aux rivieres, aux forêts & aux bêtes fau-
» vages. Ne fais-tu pas que les grands arbres font long-tems
» à croitre, & qu'il ne faut qu'un inftant pour les arracher ?
» C'eft une folie de regarder leur fruit, fans en mefurer la hau-
» teur ; tandis que tu fais des efforts pour parvenir jufqu'au
» fommet , prends garde de tomber avec les branches que
» tu auras faifies. Le lion fert quelquefois de pâture aux plus
» petits oifeaux, & le fer eft confumé par la rouille : rien n'eft
» tellement affuré qu'il ne puiffe être renverfé par les plus foibles
» moyens. Qu'avons-nous à démêler avec toi ? Jamais nous n'a-
» vons mis le pied dans ton pays. N'eft-il pas permis à ceux
» qui vivent dans de vaftes forêts, d'ignorer qui tu es, & d'où
» tu viens ? Nous ne faurions fubir le joug, ni l'impofer ».
Quinte-Curce continue à faire parler les Scythes fur le même
ton, peut-être s'exprime-t-il quelquefois avec un peu trop de

délicatesse & de philosophie (1). . . . . . . « Notre pauvreté, » disent-ils, sera plus agile que ton armée chargée de dépouil- » les ». Ils exhortent ensuite Alexandre à serrer la fortune entre ses mains, parce qu'elle est glissante, & qu'on ne peut la rete- nir malgré elle. . . . . « Impose un frein à ta prospérité, afin » que tu puisses la gouverner plus facilement. Nos Compatriotes » disent que la fortune est sans pieds, & qu'elle n'a que des. » mains & des aîles; lorsqu'elle tend la main, elle ne permet » pas de lui saisir les aîles (2) ». Cette allégorie sur l'instabilité de la fortune, pourroit paroître peut-être trop ingénieuse pour un peuple pasteur, qui n'avoit aucune teinture des Lettres.

Si Quinte - Curce avoit abrégé ce discours, les pensées en auroient eu plus de force, & les images plus d'expression : mais il n'a pû se résoudre à s'oublier l'espace de quelques lignes. Le fond d'ailleurs en est très-analogue au caractère des personnes qui ont prononcé cette harangue, où l'on peut dire, en quel- que sorte, que le costume est conservé : c'est donc injustement qu'on en a attaqué la vraisemblance (3).

Moins les peuples sont civilisés, plus leur langage est figuré; les métaphores sont plus hardies & plus familières dans leur conversation, qu'elles ne le sont dans notre poésie épique. Il n'est donc pas étonnant que leurs harangues soient remplies d'images, d'énergie & de mouvemens. On doit trouver beau- coup de rapport entre le discours des Scythes & ceux des Sau- vages : l'imagination d'un peuple qui n'a pas le malheur d'être enchaîné par nos besoins & subjugué par nos préjugés sera

---

(1) Et certainement il parle quelque- fois en Rhéteur. . . *Scythæ ipsi omnium Litterarum rudes Rhetorico calamistro inusti, in medium prodeunt.* Cleric. judic. Curt. p. 326. Cela est outré; mais le Clerc est toujours extrême dans ses critiques.

(2) Curt. L. vii, C. viii.

(3) Mascardi, tract. dell. art. Hist. C. ii, ep. 3. Jean Rooke, Trad. an- gloise d'Arrien. not.

fans doute mûe par tous les grands objets de la nature; tout ce qui intéreffe la confervation & la liberté de ce même peuple, eft pour elle un puiffant reffort.

Toutes les penfées de la harangue des Scythes font puifées dans la nature, les comparaifons font tirées des objets fenfibles, tels qu'ils fe préfentent journellement aux yeux d'un peuple fauvage. Tantôt c'eft le coucher du foleil, la chûte d'un arbre, la rouille qui dévore le fer; tantôt c'eft la guerre déclarée aux bois, aux rivieres; enfin la crainte de gémir fous un joug étranger & de voir pénétrer dans leurs forêts un ennemi qui troubleroit leur repos, & voudroit peut-être les civilifer. Cette crainte eft l'unique motif qui les anime, & qui donne l'impulfion à leur éloquence pour chaffer, loin de leur paifible retraite, l'orage qui menace leur liberté & leurs mœurs.

Quinte-Curce avoit prévu que l'on pourroit foupçonner fa fidélité, ou du moins ne point applaudir à cette harangue.

.... « Peut-être, dit-il, le goût délicat & les mœurs polies » de notre fiècle ne fauroient l'approuver, mais fi l'éloquence » des Scythes eft méprifée, notre fidélité ne doit pas l'être; » quand nous rapportons ce qui nous a été tranfmis, fans l'al- » térer (1) ». malgré cette proteftation, il feroit difficile de ne point s'appercevoir des changemens que cet Hiftorien a faits à la forme de ce difcours, en lui prêtant des couleurs un peu étrangères, autant pour le rapprocher du goût de ces contemporains, que pour faire briller fon efprit. Il femble prévenir ce dernier reproche en nous affurant que ces Scythes qui envoyèrent une députation à Alexandre, avoient l'efprit beaucoup plus cultivé que les autres Barbares (2): cela ne s'accorde point parfaitement avec ce qu'il vient de dire fur la différence qu'il y,

---

(1) Curt. L. vii, C. viii. | (2) *Voyez* la note (XVIII),

avoit

avoit entre le goût de son siècle & celui des Scythes. D'ailleurs cet Auteur n'avoit point réfléchi sur la nature de l'éloquence des peuples sauvages : l'indigence même de leur langue (1), & la simplicité de leurs mœurs font la source de cette éloquence. Si les Nations se civilisent, leurs idées changent, & leur imagination n'est plus frappée par les mêmes objets. Il est donc impossible que leur manière de voir & de s'exprimer ne reçoive alors une grande altération. Conséquemment leurs discours ne peuvent porter tout à la fois l'empreinte du caractère distinctif d'un peuple sauvage & celle du goût d'une Nation policée : Quinte-Curce ne sauroit échapper à cette contradiction. Il est temps de reprendre la suite des expéditions d'Alexandre.

Si les témoins oculaires des exploits de ce Héros, ne s'accordent pas toujours sur les circonstances des faits qu'ils rapportent ; les Ecrivains postérieurs, qui ont traité le même sujet, doivent mériter quelque indulgence, lorsque leur récit nous offre des différences remarquables. Arrien nous a conservé avec fidélité les sentimens opposés de Ptolémée & d'Aristobule sur la prise de Cyropolis. Le premier prétendoit que cette Ville s'étoit rendue, & que ses habitans avoient été faits prisonniers ; le second assuroit au contraire qu'ayant été prise d'assaut, ses défenseurs & ses Citoyens avoient tous été mis à mort (2). Il est assez singulier de trouver dans ces régions éloignées une Ville qui porte le nom de Cyrus. Les Grecs traduisoient quelquefois en leur langue les noms des Villes étrangères ; mais ils aimoient encore mieux leur en donner de prarticuliers, qui avoient quel-

---

. (1) *Voyez* les excellentes observations de M. l'Abbé Arnaud sur cet objet, répandues dans son Journal étranger, la Gazette litter. & principalement dans son Discours sur les Langues Var. litt. T.I, p. 1.

(2) Arr. L. IV, C. III.

ques rapports avec des traditions qu'ils adoptoient fans beaucoup de difcernèment : peut-être celui de Cyropolis eft-il de ce nombre.

Quinte-Curce a été induit en erreur par le nom d'Hécatompyle que Seleucus-Nicator a donné à une Ville de la Parthie (1). Cet Hiftorien, en faifant mention de cette Ville dans le cours des expéditions d'Alexandre, rapporte qu'elle avoit été fondée par les Grecs (2); peuple qui ne connoiſſoit point la région des Parthes avant la Conquête qu'en fit ce Prince. Des origines fabuleuſes & des anachroniſmes devoient néceſſairement naître de ces changemens de noms.

Après diverſes expéditions, l'armée Macédoniene paſſe une partie de l'hiver à Mautaca; & au commencement du printems elle attaque le rocher ſur lequel Oxyarte s'étoit retiré avec pluſieurs Sogdiens qui ſe rendirent, frappés du courage & des efforts ſurprenans que firent les aſſaillans.

La priſe d'Aorne qui avoit réſifté à Hercule, & la ſoumiſſion de Niſa fondée par Bacchus, furent deux événemens qui fournirent aux foldats d'Alexandre le ſujet d'un parallèle entre ce Prince & ces deux divinités. Bacchus & Hercule furent-ils jamais connus des peuples de l'orient, & particulièrement des Indiens? Le culte de ces Dieux répugne également aux principes religieux & aux mœurs de ces Nations; objet que je me propoſe de difcuter avec quelque étendue dans une autre occaſion : il me ſuffit ici de remarquer que Mégaſthène, quoique partiſan de cette opinion, n'en parle cependant que comme d'une tradition (3), fans doute hellénique. L'arrivée d'Hercule, dans l'Inde, eſt même regardée par cet Écrivain comme très-

---

(1) Appian. Syriac. p. 201.
(2) Curt. L. vi, C. 11. *Vid.* Cellar. Geogr. antiq. Tom. II, p. 501.

(3 En parlant de l'expédition de Bacchus, il dit : Πολλὸς λόγος κατέχει. Ap. Arr. Indic. C. v.

problématique & fondée feulement fur des bruits légers (1) : elle n'a pourtant pas laiſſé d'être adoptée par les Ecrivains poſtérieurs au règne d'Alexandre, & d'être tranfmiſe à la poſtérité par des monumens publics (2). Strabon, après avoir rapporté ce que pluſieurs . Auteurs diſoient des Oxydraques qu'ils ſuppoſoient être les defcendans de Bacchus, & des Sibes qu'ils faiſoient fortir des compagnons d'Hercule, réfute avec raiſon cette fauſſe tradition (3), & finit en ces termes. . . . . « Mégaſthène » avec un petit nombre d'autres Ecrivains, croit ce qu'on débite » de Bacchus & d'Hercule : mais Eratoſthène, avec le plus grand » nombre, traite cela de fable, & ne veut point qu'on ajoute foi » à ce que les Grecs en rapportent (4) ».

Alexandre traverfe le Paropamife, fait alliance avec Taxile & Abifare, & s'avance pour combattre Porus qui ofoit s'oppoſer à la rapidité de fes Conquêtes. Ce Prince Indien étoit avantageufement poſté fur les bords de l'Hydaſpe, pour en défendre le paſſage contre les Macédoniens. Alexandre diviſa fon armée en pluſieurs corps qui firent diverfes manœuvres, afin de tromper l'ennemi fur l'endroit où ils devoient paſſer cette riviere : les premieres tentatives ne réuſſirent pas. Une nuit orageufe & une groſſe pluie fecondèrent mieux les deſſeins du Conquérant : il profita encore des avantages du local, les bords de l'Hydaſpe étant très-hauts & très-efcarpés, & le lit de cette riviere parfemé d'iſles ; une forêt couvroit le rivage oppoſé où les troupes Macédonienes parvinrent heureufement. Je ne m'arrêterai point

---

(1) Οὐ πολλὸς. Ind. id.

(2) On conferve à Rome, au palais Farnèfe, une infcription qui contient les exploits d'Hercule : il y eſt fait mention au v. 108 & ſuiv. de l'arrivée de ce Héros fur les bords de l'Indus, & de la fondation d'une Ville de ce nom chez les Sibes. Le judicieux P. Corfini a très-bien expliqué & commenté cette infcription. *Vid. Herculis expiat. geſta & labores,* p. *XXXVII.*

(3) *Voyez* la note (XIX).

(4) *Voyez* la note (XX).

M 2

aux détails aussi exacts qu'intéressans, qu'Arrien nous fournit sur les dispositions & les manœuvres de ces deux armées; je dirai seulement qu'Aristobule rapportoit que le fils de Porus ayant paru d'abord s'opposer au passage de l'armée ennemie, s'étoit ensuite retiré avec les soixante chars qui l'accompagnoient (1). D'autres Ecrivains, que Justin a pris pour guides (2), assuroient au contraire que ce jeune Prince avoit combattu les Macédoniens avec des forces plus considérables, & blessé de sa propre main Alexandre & son cheval bucephale. Arrien rejette ces deux récits pour s'attacher à celui de Ptolémée qui se signala dans cette fameuse journée. Suivant ce Général, le fils de Porus fut détaché avec cent vingt chars & deux mille chevaux : mais il arriva trop tard; Alexandre venoit de passer le dernier gué. Le Héros Grec se mit aussi-tôt à la poursuite des Indiens ; leur chef demeura sur la place, & une partie de ses troupes & de ses chars furent pris (3).

L'action générale s'engagea. Alexandre voyant le désordre que les éléphans causoient dans les rangs des ennemis, rassembla sa cavalerie, fit serrer la phalange, & attaqua les Indiens qui se précipitèrent en foule sous le fer du Vainqueur. Cratère, qui avoit été laissé avec un corps de troupes en deçà de l'Hydaspe pour tromper la vigilance de Porus, traversa sur ces entrefaites cette riviere & acheva la déroute de Porus. Ce Prince perdit dans cette bataille deux de ses fils, deux mille hommes de pied & trois mille hommes de cavalerie, tous ses chars & tous ses éléphans. Arrien, de qui nous empruntons ces détails, réduit toute la perte des Macédoniens à 230 chevaux & 80 fantassins (4).

---

(1) Ap. Arr. L. v, C. xiv.   (3) Arr. L. v, C. xv.
(2) *Vid.* Arr. loc. sup. cit. Just. L. xii,   (4) Arr. L. v, C. xviii.
C. viii.

Les Indiens laifsèrent, felon Diodore, douze mille hommes fur le champ de bataille, & on fit fur eux neuf mille prifonniers. Cette victoire coûta deux cens quatre-yingt cavaliers & plus de fept cens fantaffins à Alexandre (1); calcul plus vraifemblâble que ceux d'Arrien, qui mérite d'ailleurs les plus grands éloges dans la rélation qu'il a donnée de cette bataille : celle de Diodore eft caractérifée par une négligence extrême, qui va même jufqu'à fupprimer le paffage de l'Hydafpe, circonftance la plus effentielle de cette action.

Le défordre de la narration de Quinte-Curce, les contradictions & les fautes abfurdes de cet Ecrivain, feroient le fujet d'une longue digreffion : il fuffira d'en citer quelques exemples. . . . . . « Quand j'aurai attaqué, dit Alexandre à Cœnus, » avec Ptolémèe, Perdiccas & Ephæftion l'aîle gauche des enne- » mis, & que vous verrez le combat engagé, mettez en » mouvement l'aîle droite & chargez (2) ». . . . . Il eft évident que, pour attaquer l'aîle gauche des Indiens, Alexandre étoit obligé d'être à la tête de fon aîle droite; Cœnus ne pouvoit donc la commander : cependant quelques lignes après, Quinte-Curce nous dit que le Prince Macédonien ayant commencé le combat, fuivant ces difpofitions, Cœnus fe porta avec impétuofité fur l'aîle gauche des ennemis.

La Stature extraordinaire de Porus étoit, felon le même Hiftorien, augmentée par la grandeur de l'éléphant que ce Prince montoit (3); cela choque les régles les plus connues de la pérfpective. Porus reçut dans cette bataille neuf bleffures qui lui firent perdre beaucoup de fang; il en fut fi affoibli, que

_____

(1) Diod. n.° 89.
(2) Curt. L. VIII, C. XIV.
(3) Ou plus littéralement encore, la grandeur de cet éléphant fembloit ajou-

ter à celle de Porus. . . . . *Magnitudini adjicere videbatur bellua, quâ vehebatur.* . . . . Curt. L. VIII, C. XIV.

les dards lui tomboient des mains (1). Quinte-Curce ajoute que le frere de Taxile vint alors le trouver de la part d'Alexandre, pour l'engager à se rendre. Porus à la voix de ce transfuge ranima ses forces, saisit la seule fléche qui restât dans son carquois, & la décocha avec une si grande roideur, qu'elle perça de part en part cet imprudent Négociateur (2). Ce dernier effort auroit dû sans doute l'épuiser entiérement; malgré son extrême foiblesse, il prit encore la fuite avec plus d'ardeur qu'auparavant, & sa course ne fut ralentie que par les blessures de son éléphant (3).

Le récit d'Arrien ne présente point de semblables absurdités, ni des contradictions aussi manifestes : Porus reçut une blessure à l'épaule droite; le seul endroit de son corps qui fut exposé aux traits de l'ennemi : une forte & excellente cuirasse en défendoit le reste (4). Cet accident l'obligea de fuir; Taxile vint alors trouver ce Prince, qui ne pouvant soutenir la vûe de son ancien ennemi, lança contre lui une fléche qu'il n'évita qu'avec peine. Méroë fut plus heureux dans sa négociation, il détermina l'intrépide Monarque à se rendre (5).

L'époque de cette célèbre bataille est fixée par Arrien au mois de Munychion, pendant la magistrature d'Hégémon (6), qui étoit Archonte la seconde année de la CXIII⁰ Olympiade, 327 ans avant Jésus-Christ. Diodore rapporte cette action mémorable (7) sous Chremes, successeur d'Hégémon. Le sentiment d'Arrien, appuyé de l'autorité de Denys d'Halicarnasse,

---

(1) *Multo què sanguine profuso langui-dis manibus magis elapsa, quam excussà tela mittebantur.* Curt. loc. cit.

(2) *Quamquam exhaustæ erant vires, deficiebatque sanguis . . . . & telum . . . . contorsit in eum, quod per medium pectus penetravit ad tergum. . . . Id.*

(3) Curt. id.
(4) Arr. L. v, C. xviii.
(5) Arr. L. v, C. xviii.
(6) Arr. L. v, C. xiv.
(7) Diod. n.° 87.

doit prévaloir fur celui de Diodore : le P. Corfini l'a démontré dans fe Faftes Attiques (1).

Après cette victoire, tout plioit devant Alexandre. Plein d'ardeur & d'efpérance ce Prince paffa l'Hyphafe, réfolu de pénétrer jufqu'au Gange, & de ne mettre d'autres bornes à fes Conquêtes que celles de l'Univers; mais les murmures de fon armée l'arrêtèrent au milieu de fes vaftes projets. Plutarque nous indique les vraies caufes du découragement des foldats victorieux (2). La valeur de Porus & celle de fes troupes leur faifoient prévoir une réfiftance à laquelle ils ne s'étoient point attendus. Des difficultés fans nombre fe préfentèrent alors à leurs yeux. La puiffance des Gangarides & des Prafiens, qui habitoient les bords du Gange, leur annonçoit de nouveaux combats, où peut-être leur bravoure auroit fuccombé fous les efforts d'une multitude d'ennemis.

Les rives de l'Hyphafe furent donc la barrière qu'Alexandre ne put franchir (3). Ceux qui fuivoient ce Conquérant osèrent cependant dans leurs lettres prolonger fa courfe : Cratère écrivit à Ariftopatre fa mère, que le Prince Macédonien étoit parvenu jufqu'au Gange (4). Cette lettre qui fut rendue publique peut avoir accrédité cette erreur (5); elle contenoit encore plufieurs détails auffi fabuleux. Juftin rapporte qu'Alexandre foumit les Areftes, les Prafides, les Gangarides, & qu'il porta fes armes dans le pays des Cuphites. Il fait mention de plufieurs autres peuples dont le nom eft auffiinconnu que celui des Areftes ; ce qui vient peut-être de la corruption de fon texte. Les manufcrits & l'ouvrage de Paul-

---

(1) Tom. IV, p. 47-48.
(2) Plut. p. 83.
(3) Arr. Lib. v, C. xxv - xxvi, &c. Curt. L. ix, C. i, ii, iii, &c. *Voyez* la note
(4) Ap. Strab. L. xv, p. 483.

(5) Ἄχρι τȣ Γάγγȣ διῆλθε. Peripl. Mar. Erytr. id. Georg. Sync. Typ. Reg. p. 264. Zonaræ Annal. L. iv, p. 193. *Ignotos . . . mifcuit amnes . . . . . Indorum fanguine Gangen.* Luc. Pharf. L. x, v. 32-33.

Orofe ne fourniffent aucune leçon fatisfaifante fur ces noms de Villes & de peuples, la plupart défigurés dans l'Hiftoire de Juftin. On ne peut foupçonner aucune altération dans les expreffions de Plutarque : fi elles peuvent faire croire que le Royaume de Porus fut la dernière région où parvint l'armée Macédoniene (1) ; cette obfcurité ne doit être attribuée qu'au défordre de la narration de cet Ecrivain qui intervertit toujours la fuite des faits.

L'Itinéraire de Béton & de Diognete & les lettres même d'Alexandre (2), font mention, ainfi que tous les Hiftoriens de ce Prince, des Autels qui furent élevés, par fon ordre, près de la rive orientale de l'Hyphafe. Ils étoient au nombre de douze, & furpaffoient les plus hautes tours. Ces pierres amon-celées devoient conftater aux fiècles futurs les conquêtes d'A-lexandre, qui crut encore par là faire une action agréable aux Dieux. Des monumens érigés par des mains teintes du fang de prefque tous les peuples de l'Afie, pouvoient-ils donc mériter de leur part un regard favorable? On ne peut en rapporter la conftruction qu'à l'infatiable vanité de ce Héros.

Toutes les Villes que ce Prince fonda dans les différentes régions qu'il parcourut, doivent être encore regardées comme autant de trophées de fes victoires (3). Plutarque en compte jufqu'à foixante-dix, & nous affure que l'Afie fut peuplée par des colonies Grecques, fous le règne d'Alexandre (4). Diodore prétend que ce Conquérant bâtit près du Paropamife plufieurs Villes qui n'étoient éloignées les unes des autres que d'un jour de chemin (5) : Bucéphalie dut fon nom au fameux

---

(1) Plut. p. 83.
(2) Plin. L. VI, C. XVII.
(3) *Voyez* la note (XXI).

(4) De fort. Alex. Plut. Op. T. II, p. 327.
(5) Diod. n.° 83.

cheval

cheval qu'Alexandre montoit, & qui mourut dans ces contrées. Potamon de Lesbos racontoit que ce Prince fit construire une autre Ville qui portoit le nom de Périte, son chien favori (1). Etienne de Byzance parle de dix-huit Alexandries dont une étoit située dans l'Isle de Chypre (2). L'Auteur de la chronique d'Alexandrie en place une autre dans la Pentapole d'Afrique (3), région où le Vainqueur de l'orient ne parvint jamais.

La fondation de cette multitude de Villes doit-elle être attribuée sans examen à Alexandre? La marche ou plutôt la course rapide de ce Prince lui permettoit-elle de songer à leur établissement? Son armée auroit-elle pu lui fournir suffisamment de colons pour les peupler? On n'ignore pas que l'amour de la patrie conserva toujours des droits imprescriptibles sur l'ame des Grecs: ceux qui composoient le fameux corps de troupes qui vint se ranger sous les étendarts du jeune Cyrus, préférèrent de retourner dans leur patrie à travers mille périls, aux avantages qu'ils pouvoient espérer du plus grand Monarque qui fût alors. Xénophon ne put les déterminer à faire une conquête facile en Asie, & à y fonder une colonie qui eût été la plus puissante & bientôt la plus riche du Pont. Des soldats de cette nation auroient-ils voulu renoncer à ce bonheur, si précieux pour des Grecs, d'expirer sur le tombeau de leurs peres, & de revoir leurs foyers où plusieurs d'eux étoient rappellés par les vœux de leurs femmes & de leurs enfans? Auroient ils voulu s'exiler dans le sein de l'Asie, environnés par des peuples ennemis, qui voyoient d'un œil jaloux, des étrangers s'emparer de leur pays, & se préparer à les dominer? Quels progrès peut

(1) Ap. Plut. p. 83.
(2) Steph. in voce Ἀλεξάνδρεια.
(3) Chronic. Alex. *edit. Raderi*, p. 398.

faire une colonie qui eſt toujours en armes pour repouſſer les attaques de ſes voiſins? Les travaux de la guerre ſont peu compatibles avec la culture des champs.

Seroit-ce le commerce, qui eût fait fleurir ces nouveaux établiſſemens? Pour l'exercer il falloit néceſſairement qu'ils euſſent une communication libre & facile avec leur Métropole, afin d'en tirer des matières d'échange. Si les peuples chez qui ces Villes venoient d'être fondées, n'y avoient trouvé que des denrées de leur propre ſol, ils n'auroient, ſans doute, formé aucune liaiſon d'intérêt avec leurs habitans. Quel eſpoir pouvoient avoir des colons exilés ſur les bords du Jaxarte, ou ſous le Paropamiſe, d'entretenir des rélations aſſurées avec leur patrie?

. Le nombre de ces Villes doit, ce me ſemble, être réduit. Celles dont on ne peut révoquer en doute l'exiſtence, étoient comme des trophées qui auront été bientôt renverſés par les peuples circonvoiſins, ou bien elles auront été abandonnées par leurs propres Citoyens (1). La poſition avantageuſe de quelques unes de ces Villes les aura dans la ſuite fait rétablir, & leur ancien nom (2) aura été conſervé dans l'orient par reſpect pour la mémoire du Conquérant de l'Aſie : celles dont parle Abulféda d'après Ibn - Saïd, doivent vraiſemblablement être rangées dans cette claſſe. Peut-être encore ies ſucceſſeurs d'Alexandre, ſoit par reconnoiſſance, ſoit même par amour-propre, donnèrent-ils le nom de ce Prince à des Villes qu'ils fondèrent.

Les hommes communiquenttou jours leurs préjugés à la ſociété

---

(1) Quinte-Curce rapporte que les Grecs abandonnèrent bientôt les colonies qu'Alexandre avoit fondées dans la Bactriane, & qu'ils retournèrent ſous les ordres de Bicon, dans leur patrie. L. ix, C. vii.

(2) Appien nous apprend que Seleucus rétablit pluſieurs Villes, qui portoient le nom d'Alexandrie. . . . . . In Syriac. pag. 101. Appian. edit. var. Tom. I.

dont ils font membres. La noblesse d'extraction est un de ceux qui, de tous les temps, a généralement séduit les Nations & les Cités les plus illustres. Elles se font empressées de fouiller les fastes du monde pour y découvrir une origine qu'elles ignoroient. Plusieurs Villes auront sans doute choisi, par ce motif, Alexandre pour leur fondateur. Smyrne ne pouvant revendiquer un semblable honneur, sans choquer toute vraisemblance, a prétendu que ce Prince avoit été son restaurateur (1); titre peu certain, puisque son authenticité n'est constatée par le témoignage d'aucun Ecrivain contemporain.

Continuons de suivre dans ses expéditions l'armée Macédonienne qui s'embarqua dans des bâtimens construits & rassemblés sur le bord de l'Hyphase, & descendit par cette riviere, jusqu'à l'Indus (2). Diodore & Quinte - Curce se trompent en faisant construire la flotte d'Alexandre sur le rivage de l'Acéfine, & lorsqu'ils disent que ce Prince retourna de l'Hyphase à l'Acefine où il s'embarqua, imaginans ainsi une marche rétrograde (3), aussi inutile que contraire au témoignage des autres Ecrivains. La guerre que firent les Macédoniens dans le pays des Malles, manqua coûter la vie à leur Roi ; le Héros de la Grèce, le Maître de l'orient fut sur le point d'y périr comme un avanturier. Les Oxydraques, les Abastanes, les Ossadiens, &c. furent ensuite soumis.

Arrivé aux bouches de l'Indus, Alexandre dirigea sa marche vers la Gédrosie, sans s'éloigner des bords de la mer : toute cette contrée étoit fort aride & dépourvue d'habitans. Diodore, après avoir parlé de la pauvreté des Gédrosiens & des déserts

---

(1) Paufan. Achaic. C. v. Ariftide met ce rétablissement dans la classe des fables, ἢ μύθας. èd. Jcbb. Tom. I, p. 513.

(2) Juft. L. xii, C. ix.
(3) Diod. n.° 95. Curt. L. ix, C. iii.

que traversèrent les troupes Macédoniens (1), ne craint pas d'avancer qu'Alexandre, ayant divisé son armée en trois corps, ordonna aux Commandans de ces divisions de ravager tout ce pays; ce qui fut exécuté. Ses soldats revinrent chargés de dépouilles teintes du sang de plusieurs milliers d'hommes qu'ils avoient massacrés (2). Les autres Historiens ne font aucune mention de cet exploit sanguinaire.

La marche Bachique de l'armée victorieuse traversant la Carmanie, a été admise, sans examen, par tous les Historiens (3). Le seul Arrien l'a rejettée comme un fait absurde & dénué de vraisemblance. Ptolémée, Aristobule, enfin aucun Auteur contemporain n'en avoit parlé (4). Les troupes Macédoniens épuisées par la faim, la soif & par les fatigues excessives qu'elles avoient essuyées dans la Gédrosie, & considérablement diminuées par les maladies, n'auroient pu se livrer à une joie ou plutôt à une débauche si immodérée; un Général aussi habile qu'Alexandre, auroit-il autorisé, par son exemple, une licence qui renverfoit la discipline militaire, ou l'auroit-il même approuvée par une coupable tolérance ?

Ce Prince ayant ramené son armée dans la Perse, lui fit part du projet qu'il avoit de renvoyer les soldats invalides; ce qui causa dans le camp des Macédoniens, une émeute dont les progrès furent arrêtés par un coup d'autorité. Treize des plus féditieux sont saisis & conduits au supplice; Alexandre se renferme dans sa tente & donne sa confiance aux Perses; touché enfin par les larmes & le repentir de ses troupes, il veut bien

---

(1) Diod. n.° 104 - 105.
(2) Diod. Πολλῆς λείας … πολλῶν μυριάδων. n.° 104.

(3) Curt. L. ix, C. x. n° 106. Plut. p. 88. Plin. L. xvi, C. xxxiv.
(4) Arr. L. vi, C. xxviii.

leur pardonner & se réconcilier avec elles. Dix mille vétérans retournèrent bientôt après cet événement en Macédoine, & chacun d'eux reçut sa solde, les frais du voyage & un talent de gratification (1). Diodore rapporte que les vétérans furent renvoyés, leurs dettes acquittées, & que le reste de l'armée se révolta (2). Le payement des dettes est un fait antérieur; la générosité du Monarque s'étendit non-seulement sur une partie de ses troupes, mais encore sur toute son armée (3): la sédition précéda le départ des vétérans, comme nous l'avons déja observé.

Les derniers exploits d'Alexandre sont la réduction des Cosséens. Plutarque, ordinairement si prévenu en faveur de ce Prince, a adopté le récit le plus faux & le plus injurieux à sa mémoire; il prétend que, pour se consoler de la mort d'Héphæstion, ce Prince alla à la chasse des hommes (4), & détruisit la Nation des Cosséens qu'il massacra sans distinction d'âge ni de sexe. Arrien & Diodore suppriment cette sanglante expédition qui paroît peu vraisemblable.

Des Marches d'Alexandre.

L'écriture nous représente le Vainqueur de Darius venant de l'occident sur la surface de la terre, que sa vélocité ne lui permettoit pas même de toucher (5). En effet rien de plus étonnant que les marches rapides d'Alexandre. . . . . . . « Vous » croyez, dit M. de Montesquieu, voir l'Empire de l'Univers

---

(1) Arr. L. vii, C. viii-ix-x-xi-xii. Plut. p. 92.
(2) Diod. n° 109.

(3) Arr. L. vii, C. v.
(4) Plut. p. 94.
(5) Daniel. L. vii, v. 5.

BIBLIOTHEQUE ROYALE

» plutôt le prix de la courfe comme dans les jeux de la Grèce,
» que le prix de la victoire (1) ».

Les Hiftoriens de la vie d'Alexandre n'ont-ils pas exagéré
la longueur de fes marches, & leur récit n'offre-t-il point de
difficulté ? Je ne puis mieux terminer cette fection qu'en difcu-
tant ce t objet. La juftification de ces Ecrivains naîtra principalement des obfervations qui fuivent fur la valeur des mefures
itinéraires qu'ils ont employées, & de la comparaifon des marches de l'armée Macédoniene avec celle des Dix mille.

Les Anciens fe fervoient de ftades de différentes grandeur.
Plufieurs Savans on fait des recherches utiles pour en fixer la
valeur (2). Guillaume de l'Ifle eft un de ceux qui a prouvé
avec plus de folidité la réduction des mefures employées par
les Ecrivains de la vie d'Alexandre.

La diftance, en longitude, d'Ecbatane & d'Aria, fuivant les
Aftronomes orientaux, eft de onze degrés & vingt minutes,
qui font égaux à 8 degrés 57 minutes d'un grand cercle, la
diminution des degrés de longitude du parallèle de ces deux
Villes calculée : ce qui eft très-différent des mefures qui refül-
tent de 10290 ftades, qui feroient plus de 14 degrés dans la
mefure d'Eratofthène, & plus de 20 par celle de Ptolémée.
Cette feule différence doit nous perfuader que les ftades employées par les Arpenteurs d'Alexandre, étoient beaucoup plus
petits que ceux des Géographes poftérieurs.

Le calcul qui réfulte de la mefure de la terre rapportée par
Ariftote dans fon livre *de Cœlo*, fournit une preuve convain-

---

(1) Efprit des Loix. L. x, C. xiv.
(2) *Voyez* les Mem. de Guill. de l'Ifle.
Acad. des Sciences, 1714. p. 175. Effai
fur les mes. itin. par M. de la Barre,
fecond Mem. Tom. XIX. Acad. des Infcr.
Obferv. fur les Mes. itin. par M. Gibert,
Tom. XIX. – Traité des Mef. itin. par
M. d'Anville.

cante de cette diminution : il réduit la diftance de 10290 entre Ecbatane & Aria, à 9 degrés & 16 minutes d'un grand cercle ; donc elle ne diffère des obfervations aftronomiques que de 19 minutes, ou de 350 ftades qu'on peut déduire pour la courbure des chemins (1).

M. d'Anville nous a donné de nouvelles lumières fur les marches de l'armée d'Alexandre, en fixant le ftade dont fe fervoient les Arpenteurs de ce Prince à 50 toifes (2) : évaluation la plus vraifemblable & qui fait difparoître toutes les difficultés (3).

Cinq cens cavaliers, chacun d'eux ayant un foldat en croupe, parcoururent un efpace de 400 ftades, fuivant Arrien, dans une partie d'un jour & une nuit entière (4). En employant le ftade Pythique de 125 toifes, ce détachement de cavalerie auroit fait 20 lieues, chacune évaluée à 2500 toifes ; ce qui eft impoffible : fi, au contraire, on fe fert du ftade de 50 toifes, cette marche fe trouve réduite à 8 lieues & devient très-vraifemblable.

Les Macédoniens, en fuivant Saltibazanes dans fa retraite, firent en deux jours 600 ftades (5), évalués par le calcul ordinaire à 30 lieues ; ils en auroient donc fait 15 par jour, au lieu de 6 que donne le petit ftade.

Alexandre marchant à Maracanda pour en chaffer Spitamène, parcourut 1500 ftades en trois jours (6). Le ftade

---

(1) Rech. Geogr. fur l'étend. de l'Empire d'Alexandre, par M. Buache, Acad des Sciences, 1731, p. 117-118-120-121.

(2) M d'Anville réduit le ftade employé par les Hiftoriens d'Alexandre, à 50 toiles 2 pieds 5 pouces. Mes. itin.

p. 84. Je retranche les fractions.

(3) *Voyez* la note ' XXII).

(4) Arrian. L. III, C. xxi. Ælian. var. Hift. L. x. C. iv. *Id.*

(4) Arr. L. III, C. xxv.

(5) Arr. L. IV, C. vi.

Pythique fournit une évaluation de 75 lieues, qui se trouvent réduites à 30 par le stade de 50 toises. Les soldats Macédoniens étant très-robustes & accoutumés aux travaux les plus pénibles, peuvent avoir fait, dans une marche forcée, 10 lieues par jour, puisque les légionnaires faisoient pour s'exercer jusqu'à 24 milles, c'est-à-dire, 8 lieues dans un jour, suivant Vegèce (1) qui écrivoit du tems de la décadence de la discipline Romaine.

La comparaison des marches du Jeune Cyrus & des Dix milles, exactement décrites par Xénophon, avec celles de l'armée d'Alexandre, démontrera encore la possibilité de ces dernieres.

Les troupes du Jeune Cyrus marchant à Cunaxa, faisoient ordinairement cinq parasanges par campement, & quelquefois davantage; par exemple, lorsqu'elles traversèrent la Lydie pour arriver au fleuve Mœandre, elles firent trois campemens & vingt deux parasanges (2), c'est-à-dire, sept parasanges & plus d'un tiers par campement. Ces troupes arrivant à Iconium, Ville de Phrygie, firent encore trois campemens & vingt parasanges (3); dirigeant leur route à la gauche de l'Euphrate, cinq campemens & trente-cinq parasanges (4).

Les marches des Dix mille dans leur retraite après la bataille de Cunaxa, ne different pas beaucoup de celles qu'ils exécutèrent étant sous les ordres du Jeune Cyrus. Quelquefois elles sont plus courtes à cause de la difficulté des chemins. On en trouve cependant de très-longues, comme celles du pays des Taochiens

---

(1) De re milit. L. 1, Cap. xi, *Voyez* l'excellent Mem. de M. le Beau, sur les exercices de la Légion. Acad. des Inscr. Tom. XXXV, p. 146.

(2) Exped. Cyri, L. 1, p. 14, ex Typ. Foulis.
(3) *Id.* p. 26.
(4) *Id.* p. 69.

qui

qui eft de cinq campemens & trente parafanges (1); & la marche à travers celui des Chalybes, qui harceloient continuellement les Grecs, eft encore de fept campemens & cinquante parafanges (2).

Xénophon, felon M. d'Anville, emploie des parafanges évaluée chacune à 2268 toifes (3) qui, fraction retranchée, donnent 45 ftades par parafange. Les Dix mille auront donc faits par campement 226, 272, 317, & jufqu'à 370 ftades; & leurs màrches égalent conféquemment les plus longues de l'armée d'Alexandre.

On peut encore croire que les Dix milles faifoient plufieurs campemens dans un jour. Le mot ϛαθμὸς dont fe fert Xénophon, ne fignifie point l'efpace parcouru dans une journée, mais fimplement le repos qu'on donnoit aux troupes, après une certaine route. Diodore rapporte que Démétrius, fils d'Antigone, ayant été informé de l'invafion faite par Ptolémée en Cilicie & dans l'Ifle de Chypre, fit vingt-quatre campemens, dans fix jours (4). Arrien affure que Ptolémée étant à la pourfuite de Beffus, fit, dans quatre jours, dix campemens (5). Si les Dix mille en ont fait plufieurs dans une journée, on peut fuppofer que leurs marches ont fouvent furpaffé celles d'Alexandre, mefurées avec exactitude par Diognète & Béton, Arpenteurs de ce Prince (6); ce dernier les avoit décrites dans un ouvrage particulier (7), dont Strabon, Pline & Arrien ont fait un fréquent ufage.

---

(1) *L.* IV, *p.* 221.
(2) *Id.* p. 228.
(3) Mef. itin. p. 95. *Voyez* la note (XXIII).
(4) L. XIX, p. 381.
(5) Ἐν ἡμέραις τίσσαρσι, ϛαθμοὺς δέκα,
L. III, C. XXIX.
(6) Plin. L. VI, C. XVII.
(7) Athen. L. X, p. 442. Cafaub. Comment. p. 737. Plin. L. VIII, C. XIII. Jof. contr. Apion.

En réfléchiffant fur les marches rapides de Tamerlan & de Gengiskhan, & fur celles des Patanes & des Marattes, tout le merveilleux des courfes mi'itaires d'Alexandre s'évanouit, & il n'eft plus permis d'en attaquer la poffibilité. . . . . « Ce n'eft » pas entendre affez bien le pyrrhonifme, dit judicieufement » M. de Fontenelle, que de douter des faits extraordinaires; il » faut aller jufqu'à douter qu'ils foient auffi extraordinaires qu'ils » le paroiffent (1) ».

---

(1) Cet ingénieux Ecrivain s'exprime ainfi, en finiffant l'extrait du Mem. de M. de Lifle, fur les Mef. Geogr. des Anciens, dans l'hiftoire de l'Acad. des Sciences, 1714, p. 83.

Fin de la feconde Section.

TROISIEME SECTION.

EXAMEN DU RÉCIT
DES
HISTORIENS D'ALEXANDRE,

Sur les Actions particulières de ce Prince.

L'EXPRESSION exacte & fidelle du caractère d'Alexandre, résulte des discussions dans lesquelles nous allons entrer sur les actions de ce Prince, considéré simplement comme Souverain & comme particulier : le degré de louange ou de blâme qu'elles méritent, ne peut être indéterminé, puisqu'il est fixé par les règles invariables du juste, le principe de toutes les vertus, ou qui du moins, selon la pensée d'Aristote, les entraîne toutes (1). Ces loix ne sauroient être abrogées par les caprices de l'opinion, ou obscurcies par les sophismes de notre amour-propre : le Sage en est l'interprète, & c'est à son tribunal que nous appellons des décrets du vulgaire, toujours le jouet de ses passions & de ses préjugés.

Cette vertu intime, dont la privation rend l'ame inhabile au bien, & incapable de commander ou de se conduire (2), n'est autre chose que la vraie justice. C'étoit du moins ainsi qu'en

---

(1) Polit. L. III, C. VIII. p. 330. ed. Heins.

(2) στερομένη τῆς οἰκείας ἀρετῆς, &c. Plat. de Justo, L. 1, ed. Massey, p. 78.

O 2

parloit Platon, lorfqu'il réfutoit, fous le nom de Socrate, les étranges maximes de Thrafymaque (1); maximes qui, malgré les efforts des Philofophes de tous les âges, auront toujours du crédit auprès des Princes vicieux, ou aveuglés par la profpérité. Alexandre doit être mis dans cette derniere claffe. Si nous pouvions nous attacher fcrupuleufement à l'ordre chronologique, & éviter toute digreffion, dans cette partie, on appercevroit, fans peine, les progrès fenfibles de la corruption dans le cœur de ce Prince. Ses victoires y firent éclorre une foule de vices fomentés par la flaterie, & prefque juftifiés par la baffeffe de fes vils efclaves.

La naiffance d'Alexandre arriva dans les premiers jours de l'Archontat d'Elpinés, la première année de la CVI^e Olympiade. La certitude de cette époque paroît démontrée par les fynchronifmes rapportés par Plutarque (2).

Philippe n'oublia rien pour donner à fon fils une éducation digne de fon rang. Léonides, parent d'Olympias, homme d'une auftérité de mœurs généralement reconnue, dirigea l'éducation du jeune Prince. Lyfimaque d'Acarnanie fut fon précepteur, & fut captiver fa bienveillance, & celle de fon pere, par une vile adulation : il donnoit le furnom d'Achille à Alexandre, celui de Pelée à Philippe, & ofoit fe nommer lui-même Phœnix (3). On doit préfumer que cet Acarnanien jeta dans l'ame de fon élève, la femence des vices qui ternirent dans la fuite fes exploits. Quintilien accufe injuftement Léonides, fur la foi de Diogène de Babylone (4), d'avoir corrompu le cœur d'Alexandre ; mais il a confondu avec Lyfimaque, cet homme refpectable

---

(1) Τὸ δίκαιον ἐκ ἄλλό τι ἢ τὸ τῦ κρείτἸονος ξυμφέρον. Id. p. 36.

(2) *Voyez* la differtation fur l'année de la naiffance d'Alexandre, & fur les dernieres époques de la Chronique de Paros, à la fin de cet ouvrage.

(3) Plut. p. 10.

(4) Inftitut. L. 1, C. 1.

qu'il qualifie, fans aucun fondement, de Pédagogue. Léonides avoit toujours refufé, felon Plutarque, ce titre (1), qui peut avoir trompé le judicieux Rhéteur. Quintilien met fur le compte de ce dernier, la conduite de Lyfimaque, dont les leçons nuifirent, fans doute, aux préceptes d'Ariftote.

Ce grand homme fut appelé par Philippe, fous l'Archonte Pythodote, la feconde année de la CIX^e Olympiade, pour inftruire fon fils, qu'il exhorta à écouter les avis d'un fi habile maître; afin, lui dit-il, que tu ne m'imites point dans tant d'actions *dont je me repens* (2): paroles mémorables qui dans ces derniers momens où tout, jufqu'à notre amour - propre, nous abandonne, où la flatterie fans efpoir fe taît & l'orgueil fans mérite s'humilie, ont été quelquefois arrachées par la vérité aux Rois; mais aveu magnanime qui ne fortit peut-être jamais de leur bouche dans toute autre occafion. Alexandre étoit alors dans fa treizième année (3), & non pas dans fa quinzième, comme le rapporte Diogène-Laërce (4). Cet Ecrivain prolongue ainfi par ce calcul, la vie de ce Prince, de plus de deux ans. Le fils de Philippe fut initié dans toutes les fciences, & parcourut avec fon habile maître la fphère des connoiffances humaines. Ariftote, après avoir demeuré à la Cour de Macédoine, pendant dix-huit années (5), réduites à cinq par Juftin, fans aucun fondement (6), fe retira à Athènes ; Evænète étant alors

---

(1) Μὴ ὅτι φιύγων, il ne faut point lire ὰ φιύγων, comme l'ont prétendu Aug. de Bryane & Moyfe du Soul qui ne font point entrés dans la penfée de Plutarque; cet Hiftorien veut faire connoitre la modeftie de Léonides. p. 10.

(2) Plut. Apophtegm. Oper. T. II, p. 178.

(3) Dion. Halic. Op. T. II, edit. Sylb. Epift. ad Amm. p. 121. Apollod. Chron. apud Diod. Laert. L. v, C. 1.

(4) Diog. Laert. loc. fup. cit.

(5) Dion. Halic. & Apollod. Chron. loc. cit.

(6) *Per quinquennium fub Ariftotele*, L. XII, C. XVI.

Archonte (1). Le Philofophe ne revit plus fon difciple (2), & lui furvêcut peu de tems (3).

Entrons dans quelques détails fur l'éducation d'Alexandre & fur les différens goûts qu'il y puifa. Il eft très-vraifemblable, dit Plutarque (4), que non-feulement ce Prince apprit d'Ariftote les principes de la morale & de la politique; mais encore que ce jeune Héros pénétra dans le fanctuaire des connoiffances les plus profondes & les plus cachées aux yeux du Vulgaire, celles qu'on nomme acroatiques & époptiques (5). Cet Hiftorien en rapporte comme une preuve, la lettre qu'Alexandre écrivit à Ariftote pour le blâmer, & fe plaindre à lui de la publication de fes ouvrages acroatiques, c'eft-à-dire, de ceux qui contenoient fa doctrine éfotérique (6), ce Prince vouloit feul la poff* : baffe jaloufie également indigne d'un homme de génie & d'un Souverain. Peut-on croire qu'Ariftote ait daigné le raffurer, en lui annonçant que ces ouvrages ne feroient entendus que par le petit nombre des adeptes (7). Cette réponfe ne fait fans doute point d'honneur à ce Philofophe, tâchons de venger fa mémoire.

En dédiant fa rhétorique à Alexandre, Ariftote fait mention de la priere que ce Prince lui avoit faite de ne communiquer cet ouvrage à perfonne (8); ce Conquérant vouloit en avoir feul

---

(1) Dion. Halic. loc. cit.
(2) Voyez la note (XXIV).
(3) *Voyez* la note (XXV).
(4) Plut. Vit. Alex. p. 12.
(5) Epoptiques, c'eft-à-dire, contem-platives; ce mot étoit emprunté du lan-gage myftérieux de l'initiation. Saumaife l'a très-bien expliqué. *Vid.* not. in Simpl. p. 14.
(6) Depuis la page 226 jufqu'à la page 244 de fon Commentaire fur fim-plicius, Saumaife difcute avec autant de favoir que de prolixité, tout ce qui con-cerne la doctrine éfotérique & la doc-trine exotérique des Anciens. Nous ne conviendrons cependant pas avec lui, p. 231, que la premiere étoit reftrainte aux feuls livres de Dialectique & de Phyfique.
(7) Plut. Vit. Alex. p. 13. A. Gett. not. Attic. L. xx, C. v.
(8) Rhet. ad. Alex. C. 1.

la jouiſſance. Le Philoſophe répond, à ſon illuſtre éléve, que l'amour de ſes découvertes eſt auſſi vif dans un Ecrivain, que celui de ſes propres enfans, & ajoute, que cette eſpèce de Sophiſtes qui, ne produiſant rien, méconnoiſſent, à cauſe de cette pareſſe ſtérile, la tendreſſe que l'on reſſent pour ſes ouvrages, ſe contentent d'exiger de l'argent de leurs diſciples & les renvoient enſuite avec indifférence. Ariſtote finit par exhorter Alexandre à garder ces préceptes dont l'origine n'eſt point ſouillée par la vénalité, & qui, dans tous les temps de ſa vie, l'accompagneront avec décence, & acquerront par-là une grande réputation. Ce Philoſophe inſinue ainſi avec adreſſe, que l'amour vraîment paternel qu'il a pour ſes ouvrages, l'engage à les publier; & que d'ailleurs c'eſt un devoir dont il s'acquitte envers ſes diſciples. Il fait enſuite ſentir à ce Prince qu'il doit chercher plutôt à profiter des préceptes utiles & déſintéreſſés (1), qu'à en envier la connoiſſance au public. Enfin Ariſtote adoucit l'amertume de cette dernière leçon, en aſſurant ce Conquérant que l'uſage qu'il fera de ces mêmes préceptes, concoura à leur célébrité. Non-ſeulement le maître du Lycée n'approuva jamais les ſentimens qu'une baſſe jalouſie & un amour-propre peu éclairé inſpiroient à ſon ancien éléve, mais, au contraire, il l'incita à répandre les lumières de la Philoſophie. Ce grand homme, en adreſſant ſon ouvrage ſur le ſyſtême du monde, à Alexandre, lui parle en ces termes. « Il vous appartient, comme au plus » grand Prince du monde, de connoître ce qu'il y a de plus

---

(1) Iſocrate, dans ſa cinquième lettre adreſſée à Alexandre, exhorte également ce Prince à éloigner de ſa perſonne ceux qui ne pouvoient lui donner que de mauvais principes, & à s'attacher ſeulement à ceux dont la doctrine & le commerce l'inſtruiroient, & lui inſpireroient les vertus néceſſaires pour ſe conduire ſoi-même, & gouverner les autres. Cette lettre paroit avoir été écrite peu de tems avant la bataille de Chéronnée : Iſocrate y fait mention de ſon extrème vieilleſſe.

» grand dans les sciences, d'élever, vos pensées aussi haut que
» la Philosophie, & d'enrichir de ses dons, plus précieux que
» l'or, les Grands qui vous environnent (1) ». Telle est la
manière noble dont la réponse d'Aristote devoit être conçue ;
celle qu'on lui prête outrage sa mémoire & calomnie sa doctrine
aux yeux de la postérité. Mais ni cette lettre, ni celles qu'on
lit à la fin de ses ouvrages, dans laquelle il exhorte Alexandre
à traiter ses sujets avec bonté , & à se distinguer par ses vertus,
ne me paroissent point être d'Aristote.

L'Auteur du traité sur l'élocution, faussement attribué à
Démétrius de Phalère, nous assure que les lettres qu'Aristote
écrivit à Alexandre, étoient d'un style fort élevé, & ressembloient
plutôt à des traités particuliers, qu'à de simples lettres (2). On
avouera que les deux dont nous parlons n'ont point ce caractère &
n'ont rien de commun avec elles, ponr la forme. Artémon avoit
fait un recueil des lettres d'Aristote (3). Le Rhéteur qui cite cet
ouvrage l'avoit sans doute sous les yeux ; on ne sauroit donc
révoquer en doute que si ces prétendues lettres du Philosophe
péripatéticien s'y fussent trouvées, il en auroit porté un jugement bien différent de celui que nous venons de voir. Quelque
Sophiste ayant lu le commencement de la rhétorique adressée
à Alexandre, aura peut-être composé la lettre de ce Prince ,
qui fait l'objet de cette discussion, & la réponse de son ancien
maître. On sait que les Savans de Pergame & d'Alexandrie fabri-
quoient des écrits, qu'ils faisoient passer pour des ouvrages d'Au-

---

(1) De Coelo, C. 1. Je me sers ici
de l'excellente traduction de M. l'Abbé
Batteux.

(2) Sect. ccxliii.

(3) Demetr. de Eloc. Sect. ccxxxi ,
Henri de Valois traduit ces mots, ὁ τὰς
Ἀριστοτέλης ἀναγράψας ἐπιστολὰς, par ces expressions, *indicem Aristotelis Epistolarum
scripserat.* not. ad. exc. Nic. Damasc. Il
est certain que le mot ἀναγράψας signifie
ici publier, mettre au jour, ἀναγραπτὸν,
φανερῶς γεγραμμένον. Hesych. Lexic. &c. :
sens qui n'autorise point l'interprétation
de ce savant.

teurs

teurs anciens (1); c'eſt vraiſemblablement de quelqu'un de ces fauſſaires qu'Andronique de Rhodes , Philoſophe de la ſecte péripatéticienne qui vivoit dans la CLXXX^e Olympiade , c'eſt-à-dire, environ 60 ans avant Jéſus - Chriſt, aura tiré les deux lettres d'Alexandre & d'Ariſtote (2), adoptées enſuites ſans examen par Plutarque & Aulu-Gelle. Celle d'Alexandre étant conforme au récit d'Ariſtote , nous ne pouvons douter que, quoique ſuppoſée , elle ne contienne les vrais ſentimens du Monarque Macédonien. Ceux de ſon maître furent toujours exempts de flatterie, & ſa conduite n'en fut jamais ſouillée : Tertullien a oſé cependant la calomnier (3).

Ce maître éclairé ſut inſpirer à ſon élève un grand amour pour Homère; il lui en développa toutes les beautés , & releva à ſes yeux l'excellence des maximes contenues dans ſes poëſies (4). Alexandre avoit même appris par cœur toute l'Iliade, & une grande partie de l'Odyſsée , & il récitoit ſouvent différens morceaux de ces deux Poëmes (5). Il devient donc alors inutile de ſavoir ſi ce Prince en faiſoit fréquemment la lecture, comme un illuſtre Ecrivain a voulu le deviner (6). Alexandre montroit encore ſon diſcernement, ſi nous pouvons ajouter foi au récit de Dion Chryſoſtome, en préférant, comme Souverain', les poëſies d'Homère à celles d'Héſiode, qu'il croyoit ne pouvoir être utiles qu'aux agriculteurs & aux bergers (7). On trouva

---

(1) *Vid.* Galen. de Hippocrat. de nat. homin. ed. Baſil.

(2) *Exempla utrarumque litterarum , ſumpta ex Andronici Philoſophi libro ſubdidi.* A. Gell. L. xx, C. v.

(3) *Ariſtotoles tam turpiter Alexandro regendo potiùs adulatur ,* &c. Tertull. Apologet. C. xlvi. Cet Ecrivain fait, dans ce Chapitre, le procès aux plus grands hommes de l'antiquité. La reli-gion avoit-elle beſoin de ces victimes ?

(4) Dion. Chryſoſt. Orat. 11 , de regno *paſſim* & *præcip.* p. 36 , edit. Morel.

(5) *Id.* De regno , Orat. iv. p. 65. Lucian. Dial. Mort. xii , & Schol.

(6) Hiſt. de l'Acad. des Inſcr. T. XXXI, p. 84.

(7) De regno , Orat. 11 , p. 19.

fous le chevet d'Alexandre, non-feulement l'Iliade d'Homère, mais encore l'Evénidas de Cratinus, célèbre Poëte comique (1). Le jeune Conquérant ordonna à Harpalus de lui envoyer les ouvrages de Philifte, les tragédies de Sophocle & d'Euripide, & les poëfies dithyrambiques de Téleftis & de Philoxène, les livres étant très-rares dans les provinces feptentrionnales de la Grèce (2).

Alexandre fe plaifoit beaucoup aux repréfentations des pièces tragiques (3). Athénodore & Theffalus, fameux Acteurs dans ce genre, fe difputoient le prix de la fupériorité : ce dernier ayant été vaincu, le jeune Héros dit qu'il eût mieux aimé perdre une partie de fes États, que de voir Theffalus obligé de céder à fon émule (4). Il paroît n'avoir pas eu le même goût pour la Comédie, fi nous pouvons en juger par un trait que rapporte Athénée. « Antiphane, célèbre Poëte comique (5), lifant un jour
» une de fes pièces à Alexandre qui n'y faifoit aucune attention,
» lui dit: cette Comédie vous intérefferoit fans doute, fi vous
» aviez fouvent affifté à ces repas, où chacun paye fa part,
» & qu'auprès d'une maitreffe vous euffiez reçu & donné quel-
» ques coups(6) ». Les diftractions de ce Prince n'empêchèrent cependant point les effets de fa libéralité. Le Comédien Lycon de Scarphée ayant adroitement inféré dans une pièce des vers pour demander une gratification, Alexandre en fouriant lui fit donner dix talens (7). Cette générofité devoit avoir des bornes & ne point s'étendre jufques fur le Poëte Chœrile (8).

---

(1) Ptolem. Hephæft. Ap. Hift. Poet. fcript. p. 326, ἰνιίδας Κρατίνυ *Fort. leg.* nt *Stobœus* ἰνιῖδαι.

(2) Plut. Vit. Alex. p. 13.

(3) Plut. *id.* p. 9.

(4) De Fort. Alex. Orat. ii, in Plut. Oper. T. II, p. 334.

(5) Ce Poëte avoit compofé 365 Comédies, ou, felon d'autres, 260. *Vid.* Fabric. Bibl. T. I, p. 742 & feq.

(6) Athen. L. xiii, init. p. 555.

(7) De Fort. Alex. Orat. ii, p. 334.

(8) Virgile n'avoit point dédaigné, felon Muret, d'imiter quelques Vers de

C'eſt donc avec raiſon qu'elle a eſſuyé la cenſure d'Horace (1), qui paroît cependant avoir exagéré, ou même entiérement dénaturé le trait concernant ce méchant Poëte. Alexandre fit avec lui une ſingulière convention. Pour chacun de ſes vers qu'on auroit jugé bon, Chœrile devoit recevoir une pièce d'or, & pour chacun des mauvais, un coup ſur la joüe. Combien de nos Poëtes ne ſuccomberoient-ils pas à un pareil ſuplice, avant que de toucher une ſeule obole? Le Monarque Macédonien connoiſſoit très-bien le méchant Poëte dont nous parlons; & il diſoit ordinairement qu'il préféreroit d'être le Therſite d'Homère, à devenir l'Achille de Chœrile (2). Mais pourquoi, demandera-t-on ſans doute, ce Prince ſouffroit-il à ſa Cour ce même Chœrile, un Agis d'Argos le plus mauvais des Poëtes après lui, un Cleon de Sicile, & tant d'autres, la lie de différentes Villes de la Grèce (3)? Ce n'étoit point à cauſe de leurs prétendus talens qu'Alexandre protégeoit ces hommes mépriſables; mais parce que, vils flatteurs, ils corrompirent ſon cœur ſans pouvoir néanmoins ſéduire ſon eſprit.

Perſonne n'ignore la manière libre dont notre jeune Conquérant permit à Diogène d'en uſer à ſon égard : ce Prince ne put s'empêcher d'admirer le Philoſophe cynique. Dion Chriſoſtome a fait de la converſation de ces deux perſonnages célèbres, le ſujet d'un de ſes diſcours : le caractère des interlo-

---

ce Poëte. Var. Lect. L. xxi , C. xiv. Mais ces Vers que Muret rapporte, ſans nous apprendre l'endroit d'où il les a tirés, pourroient bien être de l'ancien Chœrile, qui avoit chanté les victoires que les Athéniens remporterent ſur les Perſes.

(1) Epiſt. 1, L. ii, v. 232, 233, 234.

(2) *Choerilus Poeta fuit qui Alexandrum M. ſecutus, bella ejuſdem deſcripſit : cui Alexander dixiſſe fertur, malle ſe Therſitem Homeri eſſe, quam hujus Achillem. Choerilus Alexandri Poeta depactus eſt cum eo, ut ſi verſum bonum faceret, aureo numiſmate donaretur : ſi malum, colaphis feriretur : perſæpè malè dicendo colaphis coeſus eſt.* Acro ad Horatii Art. Poet. v. 357.

(3) *Et cætera urbium ſuarum purgamenta, quæ propinquis etiam maximorumquè exercituum ducibus à Rege præferebantur.* Curt. L. viii, C. v.

P 2

cuteurs y eſt très-bien rendu; mais on voudroit que Diogène n'y plaiſantât pas Alexandre ſur ſon père Ammon (1). C'eſt un anachroniſme : ce Prince ne voulut paſſer pour le fils de ce Dieu, qu'après le voyage de Lybie fort poſtérieur à ce tems. La magnificence vraiment royale avec laquelle Alexandre encouragea les travaux d'Ariſtote, devroit ſeule lui mériter la reconnoiſſance des Gens de lettres. Ce Conquérant envoya une ſomme conſidérable à Xénocrate, pour ſubvenir à ſes beſoins. Plutarque fixe à cinquante talens cette ſomme (2); mais il auroit dû ajoûter, pour l'honneur de Xénocrate, que ce Philoſophe, de qui Alexandre ne dédaignoit point de prendre les conſeils (3), n'en accepta que trente mines (4). Pyrrhon reçut, ſelon Sextus Empyricus, de ce Prince, dix mille pièces d'or, pour un poëme qu'il avoit compoſé en ſon honneur (5). Ce fait apocryphe eſt réfuté par le témoignage d'Ariſtocle & de Diogène - Laerce qui nous aſſurent que ce célèbre Philoſophe ſceptique ne laiſſa point d'ouvrages, & n'en écrivit même aucun (6). Alexandre traita d'une manière très-diſtinguée les Gymnoſophiſtes Danda-mis & Calanus (7) : il fit faire à ce dernier des obſéques magni-fiques. Calliſthène, Onéſicrite & Anaxarque joüirent auprès de ce Prince d'une grande conſidération, & furent honorés de ſa bienveillance. Le premier de ces Philoſophes la perdit, comme

---

(1) De regno, Orat. iv, p. 162. Lucien a évité cette faute en mettant la ſcène dans les enfers, après la mort d'Alexan-dre. Dial. Mort. xiii.

(2) Plut. Vit. Alex. p. 14.

(3) Plut. Oper. Tom. II, adverſ. Co-lot. p. 1126.

(4) Diod. Laert. L. iv, C. ii. Sect. v. Il eſt vrai que Plutarque rapporte dans un autre ouvrage, que Xénocrate ne voulut rien recevoir. Apophtegm. Oper. T. II, p. 181.

(5) Sext. Empyric. adverſ. Grammat. p. 278. ed. Fabric.

(6) Ariſtonic. Ap. Euſeb. præparat. Evang. p. 758. Diog. Laert. L. ix, C. xi, Sect. xii. Cet Auteur met ailleurs Pyr-rhon dans la claſſe de ceux qui n'avoient abſolument rien écrit : οἱ δὶ ὅλως ἠ συνέ-γραψαν. Procem. Sect. xi. Ces expreſſions ne ſauroient ſe concilier avec l'interpré-tation forcée de Mènage & de Fabricius.

(7) Plut. Vit. Alex. p. 14.

nous verrons dans la suite; les deux autres la conservèrent par la bassesse de leur adulation. S'imaginant peut-être s'acquitter ainsi envers leur maître des bienfaits qu'ils en avoient reçus, ils manquèrent aux devoirs que la vérité impose à tous les Ecrivains, qu'elle seule a droit de dispenser de la reconnoissance.

Les Arts florissoient dans la Grèce lorsqu'Alexandre monta sur le Trône: la tranquillité qui régna dans cette contrée pendant le cours de ses expéditions contribua beaucoup aux progrès & à la perfection du goût (1). Le Conquérant Macédonien favorisa les Artistes & les encouragea par des récompenses. On connoît le choix exclusif qu'il fit de Lysippe, de Pyrgotèle & d'Apelle (2). La manière dont ce Prince reçut Dinocrates, habile Architecte Macédonien (3), prouve qu'il accorda avec plaisir sa protection à tous les gens célèbres dans leur art; & en rejetant le projet de cet Architecte, qui vouloit faire du mont Athos une statue colossale (4) représentant ce même Prince, il donna également des preuves de son bon goût & d'élévation d'ame. Un esprit médiocre, comme le remarque, à cette occasion, Lucien, ne sauroit se mettre au-dessus des honneurs excessifs & extraordinaires (5). J'ose ajouter qu'un goût sain & délicat devient alors un préservatif efficace contre les illusions de l'amour-propre. Alexandre ne laissa cependant pas de se servir dans la suite de Dinocrates pour la construction d'Alexandrie. Cet Artiste traça le plan de cette Ville célèbre & en dirigea l'exécution (6). Lucien s'est donc trompé,

---

(1) *Voyez* Winkelmann, Hist. de l'Art, Tom. II, p. 210 & suiv.
(2) Cicer. Epist. famil. L. v, Epist. 12. Horat. Epist. citat. v. 239 & seq. Plin. L. vii, C. xxxvii. Plut. Vit. Alex. p. 8. Arrian, L. 1, C. xvi, &c.
(3) *Architectus pluris modis memora-* *bili ingenio.* Plin. L. v, C. x.
(4) Vitruv de Architect. L. ii. Prooemium, Lucian. pro imagin. Sect. 9. Oper. Tom. II, p. 489, &c.
(5) Lucian. loc. sup. cit.
(6) Plin. L. v, C. x. L. vii, C. xxxvii, Vitruv. loc. sup. cit.

lorfqu'il a avancé que Dinocrates perdit, par le trait de flatterie que nous venons de rapporter, la confiance que fon maître avoit en lui, & qu'il ceffa d'être employé comme auparavant (1). Le récit circonftancié que nous donne Vitruve (2), des moyens qu'employa cet Architecte pour entrer au fervice d'Alexandre, démontre que ce Prince ne connoffoit pas même Dinocrates, avant l'expofition que lui fit cet Artifte de fon fingulier projet. Le féjour que fit le Conquérant Macédonien dans l'orient, corrompit fon goût pour les Arts : la décoration du bucher d'Héphæftion en peut être regardée comme une preuve convaincante. On entaffa fur ce monument funèbre, des Perfes, des Macédoniens, des Quinquerêmes, des tapis de Phénicie, des Trophées; & l'on y vit avec étonnement un mélange bizarre de Centaures, de Lions, de Sirénes, &c (3). L'éloge que fait Horace du jugement exquis d'Alexandre dans les Arts (4), ne fauroit donc être vrai qu'avant le changement que produifit en lui le luxe Afiatique.

La nature n'avoit point refufé à Alexandre cette fenfibilité d'organes dont les Grecs étoient fi heureufement doués. Ariftote connoiffoit trop l'utilité qu'on pouvoit retirer de la mufique dans l'éducation, pour négliger les talens de fon difciple, ou pour ne pas s'efforcer à les développer. Mais les principes de ce Philofophe n'admettoient pas toute forte de mufique inftrumentale ; il rejettoit la flûte (5) : & c'eft vraifemblablement

---

(1) Quom. Hift. confcrib. Sect. 12, Tom. II. Oper. p. 17.
(2) Loc. fupr. cit.
(3) Voyez l'Hift. de l'Acad. des Infcr. Tom. XXXI, p. 76 & fuiv.
(4) *Judicium fubtile videndis artibus.* Epift. 1, L. 11, V. 242.
(5) « Il faut bien fe garder, dit Arif-

» tote, d'employer ni la flûte, ni aucun » inftrument qui demande un certain » art, tel que la cithare, ou quelque » autre de cette efpèce ; mais fimplement » ceux qui peuvent fixer l'attention des » enfans, pour leur faire recevoir avec » fruit les leçons de mufique, ou toute » autre inftruction : d'autant plus que la

pour cette raison qu'il dut empêcher qu'on ne jouât de cet inſtrument devant le jeune Prince confié à ſes ſoins. Cette conjecture ſert à expliquer comment Alexandre a pu être tellement ému des airs que Timothée (1) jouoit un jour avec la flûte ſur le mode Orthien, airs qui lui avoient été juſqu'alors inconnus, qu'il courut auſſi-tôt aux armes (2). Antigénide (3) agita encore plus vivement dans un repas l'ame d'Alexandre, en ſe ſervant du nom Harmatien (4). Plutarque nous aſſure que ce Prince ne ſe livra point à ceux qui enſeignoient la muſique ou d'autres arts d'agrément (5). Cet Hiſtorien a voulu ſans doute parler ici du tems où le fils de Philippe étoit encore ſous la direction de Léonides & d'Ariſtote : quelques pages auparavant il avoit fait mention du goût qu'Alexan-

---

» flûte n'eſt pas un inſtrument moral, » mais plutôt enthouſiaſtique, & tel » qu'il convient pour ce tems où le » ſpectacle ſert plus à purger le cœur » qu'à l'inſtruire. Ajoutons que la flûte » ayant le pouvoir d'empêcher l'uſage » de la raiſon, eſt entièrement contraire » à l'éducation ; & ce n'eſt pas ſans fon- » dement que nos ancêtres défendirent » cet inſtrument aux jeunes gens & aux » hommes libres, &c.... » Notre Philoſophe explique ſa doctrine, quelques lignes après, en ces termes : « Quand nous » déſapprouvons pour l'éducation la » ſcience technique des inſtrumens & de » l'exécution qu'ils demandent, nous en- » tendons, par ſcience *technique*, celle » qui concerne les combats de muſique. » C'eſt dans celle-là que celui qui s'y » exerce ne travaille point pour la per- » fection de ſon ame, mais pour le plai- » ſir de ſes auditeurs ; plaiſir qui a quel- » que choſe de vil & de groſſier : & nous » ne croyons pas, en conſéquence, » qu'elle puiſſe être l'occupation des » hommes libres, mais des mercénai-

» res, &c. » Ariſt. Polit. Lib. VIII. C. VI.

(1) Il ne faut point confondre ce Timothée, qui étoit de Thèbes, avec le célèbre Muſicien & Poëte dithyrambique de ce nom, natif de Milet, qui inventa le dodécacorde, fit un heureux mélange de l'épique & du dithyrambique, & dans ſes nomes de cithare ſe permit une liberté de mètre, juſqu'alors inconnue. Hephæſt. Alex. Enchir. de Metris, p. 66, ed. de Pauw.

(2) Dion Chryſoſt. de regn. init. Euſtath. in Homer. Iliad. L. 11, v. 2. Suid. Lex. in voc. ὀρθιασμάτων. Saint Baſile nous dit que Timothée joua ſur le mode Phrygien : il paroît avoir confondu les deux Muſiciens de ce nom. Admonit. πρὸς τὺς νέυς.

(3) Ce Muſicien ne peut être le célèbre joueur de flûte du même nom, qui donna des leçons à Alcibiade. M. Burette ne les a point cependant diſtingués. Acad. des Inſcript. Tom. XIII, p. 297 & ſuiv.

(4) De Fort. Alex. Orat. II, p. 335.

(5) Vit. Alex. p. 12.

dre avoit pour les rapſodes & les joueurs de flûte & de
cithare (1). Ce Prince leur propoſa même des récompenſes
& donna des fêtes où l'on diſputoit le prix de la muſique (2).
Pour célèbrer les noces des filles de Perſes avec les Macédoniens,
Alexandre appella auprès de lui les plus célèbres Muſiciens. Les
uns jouoient de la flûte ou de la cithare, les autres accompagnoient avec la voix ces inſtrumens, qui étoient auſſi employés dans les Chœurs. Les Muſiciens qui ſe diſtinguèrent par
leurs talens furent récompenſés magnifiquement. Les Couronnes
qu'on leur diſtribua furent ſeules, ſelon Charès, évaluées à dix
milles talens. Les Chanteurs, les Rapſodes, ceux qui repréſen-
toient la Tragédie ou la Comédie, les Saltimbanques mêmes
eurent part à ces récompenſes (3).

Le Conquérant Macédonien s'adonna dès ſon enfance, ſelon
Dexippe, aux exercices du corps (4); il étoit fort léger à la
courſe (5), & s'y exerçoit avec l'Athlète Criſſon (6). Il s'amuſa
même dans la ſuite à la ſphœriſtique ou balle avec Ariſto-
nique (7), à qui les Athéniens donnèrent le droit de Citoyen
& élevèrent une ſtatue à cauſe de ſon habilité dans cet
art (8). Alexandre aimoit ſi tendrement cet Athlète, qu'ayant
trouvé quelques traits de reſſemblance dans ſa figure avec
celle de Palamède repréſenté dans un tableau, à Ephèse, expirant dans les embûches de ſes ennemis, il en fit paroître la
plus vive émotion (9). Ce Prince paroît avoir eu auſſi de l'affec-

---

(1) *Id.* p. 9.
(2) Arr. L. II, C. v, L. III, C. I, &c.
(3) Athen. L. XII, p. 538 - 539.
(4) Πᾶσαν ἄσκησιν ἠσκημένος σωματικὴν, ap.
Eufeb. Chron. p. 57. ap. Sync. p. 263, id.
(5) Plut. Vit. Alex. p. 9. Apophtegm.
p. 179.
(6) Plut. de Adulat. & Amic. Diſ-
crim. Oper. Tom. II, p. 58. Le mot

Criſſon eſt ſans doute corrompu, ou
Plutarque s'eſt trompé. *Vid.* Palmer.
Obſerv. in Auctor. Græc. p. 214.
(7) Ptolem. Hephæſt. Ap. Hiſt. Poët.
Script. *ubi legend.* Αριςόνικος ut Athen.
loc. infr. cit. pro Αριςόνικος.
(8) Διὰ τὴν τέχνην. Athen. L. I, p. 39.
(9) Ptolem. Hephæſt. p. 305 - 306.

tion pour Dioxipe, célèbre Athlète, avant la difgrace qu'il en-
courut injuftement (1). Clitomaque, vainqueur à la lutte & au
pancrace, fut l'intéreffer à fa trifte fituation; c'étoit un de ces
malheureux Thébains qui furvécurent à la ruine de leur Patrie:
mais il n'eft point vrai, comme l'affure Tzetzès, qu'Alexandre
ait rétabli Thèbes en fa confidération (2). Ces exemples fuffifent
pour faire révoquer en doute l'averfion que ce Prince avoit,
fuivant Plutarque, pour les Athlètes (3). On peut cependant croire,
avec cet Hiftorien, que ce ne fut pas avec plaifir qu'il introduifit
le pugilat & le pancrace dans les jeux gymniques dont il donna
le fpectacle à fon armée. Tel eft, ce me femble, le vrai fens
du texte de Plutarque. Le favant M. Burette a cru cependant
y trouver que le Conquérant Macédonien « faifoit fi peu de
» cas du pugilat & du pancrace, qu'il ne fe mit jamais en peine
» de leur donner place parmi les autrès fpectacles qui com-
» pofoient ces fortes de fêtes publiques (4) ». Il eft affez vraifemblable que la haine qu'Alexandre avoit contre les Athlètes,
ne regardoit que ceux qui fe vouoient uniquement aux exercices
du pancrace & du pugilat. On peut donc croire qu'aux jeux
gymniques qui furent donnés à Ecbatane, & dans lefquels des
enfans entrèrent feuls en lice (5), ce Prince fuivit alors d'autant
plus fon goût, que ces fortes de jeux étoient moins en ufage,
& conféquemment peu fujets à des régles fixes, ou du moins qu'il
étoit facile de s'en écarter. Le ftade ou la courfe fimple, & le Dolique
ou la grande courfe (6), dont les enfans pouvoient difputer

---

(1) Diod. L. xvii, n.° 101. Curt. L. ix,
C. vii.
(2) Chil. cxxxix.
(3) Vit. Alex. p. 9. Ce Prince regardant à Milet plufieurs ftatues d'Athlètes vainqueurs aux jeux Olympiques ou
Pythiques, s'écria : où étoient donc ces

corps vigoureux, lorfque les Barbares
affiégeoient votre Ville ? Plut. Apopht.
p. 180.
(4) Acad. des Infcr. Tom. III, p. 263.
(5) Arrian. L. vii, C. xiv.
(6) *Voyez* fur cette courfe, Acad. des
Infcr. Tom. III, p. 312.

Q

le prix entr'eux, dans les jeux Néméens, Asclépiens, Aléens & Olympiques (1), ou même encore le Diaule ou course double, à laquelle ces enfans s'exerçoient dans les jeux Pythiques (2), durent donc être préférés au pugilat & au pancrace (3). Alexandre, avant que de partir pour l'Asie, célébra à Ægas les jeux Olympiques qui y avoient été établis par Archélaus (4), un de ses prédécesseurs, & donna des combats gymniques dans toutes les occasions remarquables.

Les détails qu'on vient de lire fourniront quelques lumières sur l'éducation & les goûts d'Alexandre. Les actions de ce Héros demandent autant que ses victoires, une attention particulière. En discutant le récit de ses Historiens, la fonction de critique ne doit pas nous faire oublier le devoir du Philosophe. L'ombre d'un grand nom, nous en imposeroit-elle? Croirons-nous que le fils de Philippe méritât le surnom de *grand*, si prostitué par les hommes, autant pour ses vertus que pour ses exploits, les titres les plus fastueux sont toujours des marques certaines de despotisme & d'avilissement?

Justin rapporte qu'Alexandre, prêt à partir pour l'Asie, fit mettre à mort tous les parens de sa belle-mère, & que cet Arrêt sanguinaire s'étendit même sur tous ceux que leurs talens auroient pu faire aspirer au Trône (5) : on ne trouve aucun vestige de ce trait calomnieux dans les écrits des Anciens.

Les colonies Grecques de l'Asie rétablies dans leurs privilèges, & l'odieuse oligarchie détruite, furent les premiers fruits des

---

(1) *Vid.* Inscript. in Tegeæ urbe repert. Ap. Corsini, Dissert. iv, ad Calc. not. Græc. p. lxxii, & Observ.

(2) Pausan. Phoc. C. vii.

(3) Le pugilat avoit été permis aux enfans dans les jeux Olympiques, depuis la XLI Olymp. *Vid.* Corsini Dissert.

Agonist. 1, p. 14 & le Pancrace dans les jeux Pythiques, depuis la LXIII Pythiade, dont le commencement répond à la troisième année de la CIX Olymp. *Vid.* Corsini, Dissert. Pyth. p. 46-47.

(4) Arr. L. 1, C. xi.

(5) L. xi, C. v.

Conquêtes d'Alexandre (1); sa modération & son équité se montrèrent avec éclat dans plusieurs occasions : les Historiens de ce Prince, n'en auroient-il point multiplié les exemples? N'admettons rien sans examen. Quinte-Curce rapporte qu'Alexandre ayant privé de ses Etats Straton, Roi de Sidon, à cause de son attachement pour Darius, permit à Ephæstion de disposer à son gré de cette Couronne. Le favori jeta les yeux sur deux jeunes gens qui étoient ses hôtes; ils refusèrent cet honneur, & lui proposèrent Abdolonyme, issu de leurs anciens Rois; mais si pauvre que le travail de ses mains suffisoit à peine à sa subsistance : ce choix fut adopté par Ephæstion (2). Justin prétend que ce nouveau Roi étoit d'une naissance obscure (3) Diodore transporte la scène à Tyr, après la prise de cette Ville, & nomme Ballonyme celui qui y joue le principale rôle, & qui remplace Straton (4). Cet Historien se trompe; c'étoit Azelmicus qui régnoit alors sur les Tyriens, & non pas Straton (5). L'Auteur du second discours sur la fortune d'Alexandre, attribué à Plutarque, assure que cet événement arriva à Paphos qui étoit alors gouvernée par un Prince méchant & injuste, de la race des Cynarides. Le Prince Macédonien chassa le Tyran, & lui donna pour successeur un homme de sa famille, mais inconnu jusqu'alors, & vivant du produit d'un jardin qu'il cultivoit. En montant sur le Trône, le nouveau Roi prit le nom d'Abdolonyme (6) : on ne trouve point dans cette rélation celui d'Ephæstion.

La diversité du récit des Historiens que je viens de nommer, est une forte présomption contre la certitude de l'anecdote d'Abdolonyme. Le silence d'Arrien doit nous la faire regarder comme une fable dont peut-être voici l'origine. Straton, pen-

---

(1) Arr. L. I, C. xvii, xviii.
(2) Curt. L. iv, C. i.
(3) L. xi, C. x.
(4) Diod. n° 47.

(5) Arr. L. ii, C. xxiv.
(6) De fortunâ Alex. Orat. ii. Ap. Plut. T. II, Oper. p. 340.

dant l'abfence de Géroftrate, fon père, Roi des Aradiens qui étoient alors auprès d'Autophradates avec les vaiffeaux de Phénicie, vint au-devant d'Alexandre, & mit en fon pouvoir Arade, Marathon, Mariamne & le refte de fes Etats.

Il eft vraifemblable que les mêmes Hiftoriens ont voulu nous préfenter, fous des couleurs plus agréables que vraies, l'entrevue d'Alexandre avec la femme & la mère de Darius, après la bataille d'Iffus. La méprife de Sygigambis qui prit Ephæftion pour le Roi, & la réponfe de ce Prince ne font cités par Arrien que comme une tradition qui n'étoit point rapportée dans les Mémoires de Ptolémée & d'Ariftobule. Cet Ecrivain ne la croit cependant point hors de vraifemblance ; il loue enfuite Alexandre d'avoir mérité qu'on débitât fur fon compte une pareille avanture (1). Plaifante réflexion !

M. de Bougainville a très-bien vengé l'honneur de Statira, femme de Darius, des foupçons que l'ambiguité & l'inexactitude du récit de Plutarque & de Juftin auroient pu répandre fur la conduite de cette Princeffe ; fon apologie eft fondée fur des obfervations très-judicieufes, & auxquelles on ne fauroit rien ajouter (2).

Le récit que Tyriotes fit à Darius des procédés généreux d'Alexandre à l'égard de fa famille, engagea, felon Quinte-Curce, ce Roi Perfe à envoyer des Ambaffadeurs pour demander la paix (3). Diodore & Juftin ne parlent point de la fcène pathétique qui fe paffa entre Darius & Tyriotes ou Tyréus, comme le nomme Plutarque (4), quoiqu'ils faffent mention de l'Ambaffade qui avoit la paix de l'Afie pour objet. Tous ces Hiftoriens fixent l'époque de cette Députation quelques jours

---

(1) Arr. L. 11, C. xii.
(2) Hift. de l'Ac. des Infcr. T. XXV. p. 37.
(3) Curt. L. iv, C. xi.
(4) Diod. n° 54. Juft. L. xi, C. xii.

avant la bataille de Gaugamèle. Arrien met celle de la conversation de Darius avec son eunuque, peu de tems après le
combat d'Issus; il avoue cependant que la certitude de cet entretien n'étoit établie que sur des bruits vagues (1). Quelle foi
peut-on donc y ajouter?

Le plus grand politique de ce siècle dit qu'Alexandre fit
deux mauvaises actions; il brûla Persépolis & tua Clytus (2).
M. de Montesquieu s'est laissé égarer par Quinte-Curce, qui
raconte que le Conquérant de l'Asie presque ivre, & excité
par les propos de la courtisanne Thais, mit, au sortir d'un
festin, le feu au Palais & à la Ville de Persépolis qui furent
entièrement détruits (3). Cet Historien a donné une significa-
tion trop étendue aux termes de Diodore qu'il paroît avoir
copié; cet Auteur dit simplement que les environs du Palais
furent brûlés (4). Arrien ne parle que du désastre arrivé
à cet ancien Palais des Rois de Perse (5), & se trouve en cela,
d'accord avec Clitarque & Strabon (6), Plutarque diminue même
ce désastre, il nous assure que non-seulement il n'y eut que
cet édifice d'exposé à la fureur des flammes; mais encore
qu'il n'y en eut qu'une partie de brûlée : Alexandre étant
bientôt revenu de ce délire bachique, ordonna qu'on étei-
gnît le feu (7). Les ruines de ce fameux Palais subsistent
encore (8); d'ailleurs une masse de pierres d'une grosseur
prodigieuse & qui étoient d'une dureté à toute épreuve,

---

(1) Λόγος κατέχει. Arr. L. IV, C. xx.
(2) Esprit des Loix, L. x, C. xiv.
(3) Curt. L. v, C. vii. Cet Auteur
ajoute que Persépolis ne se releva pas
de ses désastres, & qu'il étoit impossible de trouver aucun vestige de cette
Ville. Pline a adop.é cette erreur. *Per-
sepolis caput regni, dirutum ab Alexandro.* L. vi, C. xxvi.
(4) Ὁ περὶ τὰ βασίλεια τόπος κατεφλέχθη.
Diod. n.° 72.
(5) Arr. L. iir, C. xviii
(6) Strab. L. xv, p. 502. Clitarc. Ap.
Athen. L. xiii, p. 176.
(7) Plut. p 55.
(8) *Voyez* la note (XXVI).

comme le montrent les expériences de le Bruyn (3); ne pouvoit être tellement dévorée par les flammes qu'il n'en reſtât
quelques veſtiges. On doit donc préſumer que le feu, après avoir
conſumé toutes les matières combuſtibles, s'éteignit. Pluſieurs
Savans ayant adopté, ſans examen, le récit de Quinte-Curce (2),
il me paroît néceſſaire de diſculper entièrement Alexandre de
l'incendie de Perſépolis, en démontrant que cette Ville a exiſté
encore pluſieurs ſiècles après la mort de ce Prince.

Diodore parle d'un ſacrifice que Peuceſte, Satrape de Perſe,
fit aux manes de Philippe & d'Alexandre, dans la Ville de
Perſépolis, quelque tems après la mort de ce dernier Prince (3).
Antiochus-Epiphanès, ſelon l'Auteur du livre des Machabées,
voulut piller un Temple fameux par ſes richeſſes dans la même
Ville : mais il fut repouſſé par la multitude, & obligé de prendre
la fuite (4); ce qui prouve l'opulence & la grande population de Perſépolis vers l'an 164 ans avant Jéſus - Chriſt, tems
où ſe rapporte cette expédition. Ptolémée l'Aſtronome, qui
vivoit ſous Hadrien & Antonin (5), met Perſépolis au nombre
des Villes principales (6) de la Perſe. Ammien - Marcellin
parle de cette Ville comme exiſtente encore avec éclat, ſous
le règne de Julien (7).

La deſtruction totale de cette Cité fameuſe ne peut être rapportée qu'aux premiers tems du Mahométiſme (8). Ses habitans
ayant manqué à la foi des Traités qu'ils avoient conclus avec les
Muſulmans, furent maſſacrés & leur Ville détruite. Addeuleh-

<table>
<tr><td>

(1) Voyag. Tom. IV, C. LII.
(2) Salmas. exercit. Plin. p. 226-228.
Bochart, Geogr. Sacr. L. II, C. II. Uſſe-
rii, Annal. p. 202. Prideaux, Hiſt. des
Juifs, Tom. I, p. 309. Hiſt. Univ. par
une Soc. de gens de Lettres, Tom. VI,
not. aux p. 58-59, & p. 125, &c.
(3) L. XIX, n.° 22.

</td><td>

(4) *Multitudine ad arma concurrente.....*
Mac. L. II, C. IX, v. 2.
(5) Petav. Doctr. temp. T. II, p. 634.
(6) Geogr. L. VI, C. IV.
(7) L. XXIII, C. IX.
(8) Geogr. Turc. Ms. de la Bibl. du
Roi, p. 488.

</td></tr>
</table>

Katil-Mich acheva quelque tems après de la ruiner de fond
en comble (1), & fes débris fervirent à bâtir, dans le voifinage,
Chiras, fondé la foixante & feizième année de l'Hégire, fous
le règne des Ommiades (2). Voilà l'époque réelle de la fubverfion totale de Perfépolis, appellée Ifthakhar par les Orientaux : cette Ville n'offre plus actuellement aux voyageurs qu'un
petit Bourg au milieu d'immenfes décombres (3).

On m'objectera peut-être que Perfépolis a été rétablie depuis
fa deftruction par Alexandre. Le facrifice de Peucefte eft trop
voifin de cette époque, pour que cette Ville ait pu renaître de
fes cendres dans un auffi court efpace de tems. Donnons une derniere preuve qui diffipera tous les doutes. Strabon & Arrien
rapportent qu'Alexandre féjourna dans cette ancienne Capitale
de la Perfe au retour de fon expédition des Indes, & ajoutent, en parlant de l'état floriffant où elle trouvoit, qu'il ne
manquoit à fa fplendeur que le Palais de fes anciens Rois (4).
Perfépolis avoit été brûlée l'an 330 avant Jéfus-Chrift (5); le
retour d'Alexandre tombe à l'an 326 : quatre années auroient-
elles donc fuffi au rétabliffement d'une Ville' auffi confidérable ?

Les victoires d'Alexandre avoient rendu fon nom célèbre
dans tout l'orient. Thaleftris, Reine des Amazones, eut envie
de voir ce Prince & vint elle-même le trouver. Quinte-Curce
& Juftin fixent l'époque de fon arrivée après la réduction de
l'Hyrcanie (6); Diodore, au retour d'un fecond voyage que

---

(1) Ouv. cit. p. 467.
(2) Voyag. de le Bruyn, Tom. IV,
p. 301. *Voyez* celui de Pietro della Valle,
Tom. V, p. 312. Ambaff. de Figueroa,
p. 144.
(3) *Voyez* la note (XXVII).

(4) Strab. L. xv, p. 501. Arr. L. iv,
C. xxx.
(5) Petav. Doct. temp. T. II, p. 596.
(6) Curt. L. vi, C. v. Juft. L. xii,
C. iii.

fit Alexandre dans cette contrée (1); Plutarque, après le paſſage du Jaxarte (2), & Arrien en fait mention parmi les événemens qui ſuivirent l'expédition des Indes (3). Les trois premiers Hiſ-toriens, que je viens de citer, regardent le voyage de Thaleſtris comme certain, & prêtent les mêmes motifs à cette Reine.

Le nom des Auteurs qui avoient adopté cette avanture, où la galanterie, ſelon eux, avoit beaucoup de part, nous a été conſervé par Plutarque. Les principaux de ces Ecrivains étoient Clitarque, Onéſicrite, Policrite, Antigènes & Iſter. Les plus judicieux, tels qu'Ariſtobule, Charès, Ptolémée, Anticlide, Phi-lon le Thébain, Philippe-Iſangele, Hécatée d'Erétrie, Philippe de Chalcis & Duris de Samos, la rejetoient comme une fable (4). Alexandre, dans une lettre qu'il écrivit à Antipater, parloit de la propoſition que lui avoit fait le Roi des Scythes de lui don-ner ſa fille en mariage; mais il ne diſoit rien des Amazones ni de leur Reine. Plutarque ajoute qu'Onéſicrite, récitant un jour devant le Roi Lyſimaque, le quatrième livre de ſon hiſtoire où il faiſoit mention de l'avanture de Thaleſtris, ce Prince, en éclatant de rire, s'écria: où étois-je donc alors (5)?

Arrien aſſure encore que Ptolémée, Ariſtobule & les Ecrivains les plus dignes de foi n'avoient point conſigné dans leurs écrits ce ſingulier événement. Pour démontrer que les Amazones n'exiſtoient plus au ſiècle d'Alexandre, il s'autoriſe du ſilence de Xénophon qui, dans ſon ouvrage ſur la retraite des Dix mille, parle des habitans de la Colchide & des bords du Phaſe, ſans nommer les Amazones qu'on croyoit avoir fixé autrefois leur demeure dans cette contrée (6). La Chronique de Paros rapporte cette fameuſe

____

(1) Diod. n.° 77.
(2) Plut. p. 64.
(3) L. VII, C. XIII.

(4) Plut. p. 64.
(5) Plut. id.
(6) L. VII, C. XIII.

retraite

retraite fous Lachés (1), Archonte à Athènes, l'an 400 avant Jéfus-Chrift; elle précéda donc de quarante-quatre ans la naiſſance d'Alexandre.

La vie active & guerriere des femmes Sauromates avoit donné lieu à l'idée que les Scythes s'étoient faite fur les Amazones; fiction que les Grecs (2) adoptèrent, & qui plut tellement aux Ecrivains de cette Nation, qu'ils ne manquèrent pas d'en embellir l'hiftoire de plufieurs de leurs Héros. Strabon réfute avec raifon le voyage de Thaleftris, qu'on prétend être venue des bords du Thermodon jufqu'aux portes Cafpiennes, qui en étoient éloignées de plus de 6000 ftades. Ce Géographe regarde en général comme très-fabuleux tout ce qu'on avoit débité fur les Amazones (3). Ce fentiment doit prévaloir fur celui d'un illuftre Académicien qui, adoptant les traditions vagues & incertaines des Indiens du Maragnon & de quelques autres contrées de l'Amérique méridionale, fait fes efforts pour accréditer l'exiftence des Amazones (4). Non, les organes foibles & délicats des femmes n'ont dû jamais foutenir les travaux pénibles de la guerre, & les deux fexes unis par des befoins & des defirs mutuels n'ont pu fe féparer. Le hafard auroit-il interverti jufqu'à ce point l'économie de la nature?

Atropates, Satrape de Médie, envoya cent Amazones à Alexandre, qui leur ordonna de retourner dans leur pays & d'annoncer à leur Reine qu'il iroit bientôt l'y trouver. Arrien qui raconte ce fait (5), conjecture avec beaucoup de vraifemblance que ce fut ce Satrape qui fit venir quelques femmes barbares habillées en Amazones : c'étoit fans doute pour amufer fon maître, & cette

---

(1) Epoc. 67.
(2) *Voyez* la note (XXVIII).
(3) Περὶ δὲ τῶν ἀμαζόνων . . . . κỳ νῦν κỳ πάλαι . . . . . . πίστεως πόῤῥω. Strab. L. XI,

P. 348.
(4) *Voyez* la note (XXIX).
(5) Arr. L. VII, C. XIII.

R

plaifanterie qui, aura donné lieu à l'épifode de Thaleftris.

La confpiration & la mort de Philotas, font rapportées par Quinte-Curce d'une manière intéreffante & pathétique ; ce morceau eft fon chef-d'œuvre. L'infortuné Général y parle avec beaucoup d'éloquence ; fon apoftrophe à Parménion eft admirable. . . . . « O mon Père, il faut donc que » tu meures à caufe de moi & avec moi. Je t'arrache la » vie, *j'éteins* ta vieilleffe ; pourquoi m'avois-tu donné le » jour fous des aufpices malheureux ? Etoit-ce pour en re- » cueillir les fruits qu'on te prépare ? Je ne fais laquelle eft la » plus déplorable, de ta vieilleffe ou de ma jeuneffe. Je fuis » enlevé à la fleur de mon âge ; & pour toi, un bourreau te » ravira bientôt le peu de vie qui te refte, & que la nature » alloit te redemander, fi la fortune avoit voulu attendre (1) ». On fauroit gré à Quinte-Curce de ces beautés dans un genre moins auftère que celui de l'hiftoire, laquelle n'exige que cette froide vraifemblance qui peut convaincre la raifon & non pas celle qui fait lui faire illufion & la féduire. Dépouillons le récit de cet ingénieux Auteur de fes ornemens étrangers. Nous ap- prend-il fi Philotas étoit coupable ou non du crime de trahifon ? Le difcours qu'il met dans la bouche de l'accufé prouve fon innocence ; cependant il ne craint point enfuite d'avancer que fa mort ne mérita pas même la commifération de fes amis (2). Comment concilier la juftice de cette cruelle indifférence avec les regrets des foldats Macédoniens, qui paroiffent d'abord très-animés contre Philotas & murmurent bientôt après contre l'au-teur de fon fupplice (3). Peut-être que cet orgueil qui, né de la profpérité irrite le vulgaire & eft méprifé du fage, fut le

---

(1) L. vi, C. x.   *meruit.* L. vi, C. xi.
(2) *Ne amicorum quidem mifericordiam*   (3) Curt. L. vii, C. i.

seul crime de ce Général : sa mort ayant assouvi la vengeance toujours inexorable de l'amour-propre, les soldats Macédoniens oublièrent alors ses défauts pour ne plus se rappeller que ses vertus, & déplorèrent sincérement sa perte.

Dans le discours qu'Alexandre prononça devant ses troupes, ce Prince accusa, selon Quinte-Curce, Parménion d'être complice des desseins de son fils, lequel avoua, dans les douleurs de la torture, que son père en avoit été le moteur, & pour le prouver, découvrit les projets criminels d'un certain Hégélochus (1). Arrien & Plutarque ne parlent point de l'accusation formée contre Parménion; ils ne nomment pas même Hégélochus. Diodore qui paroît avoir fourni à Quinte - Curce les principaux détails de ce fameux procès, nous assure que Parménion étoit au nombre de ceux qui furent condamnés à mort avec son fils (2); ce qui pourroit faire croire qu'il l'accompagna au suplice : erreur grossière adoptée par Justin (3). Ce grand homme fut assassiné peu de tems après en Médie par Cléandre, Sitacès & Ménidas, ministres de la politique sanguinaire d'Alexandre qui ne put croire que ce Général n'eût point trempé dans la conjuration de Philotas. Peut-être aussi ce Prince jugea-t-il qu'il étoit dangereux de le laisser vivre après la mort de son fils (4).

Philotas & Parménion furent, selon Justin, appliqués à la question (5). Il est certain que ce dernier n'essuya point ce traitement ignominieux; nous osons même croire, malgré le témoignage de Diodore, de Plutarque & de Quinte-Curce, que le fils de ce Héros en fut aussi exempt. Ptolémée & Aristo-

---

(1) Curt. L. vi, C. xi.
(2) Diod. n.º 80.
3) Just. L. xii, C. v.

(4) Arr. L. iii, C. xxvi.
(5) Just. L. xii, C. v.

bule, témoins occulaires, n'en parloient point dans leurs Mémoires où ils rapportoient feulement que Philotas avoit été percé de traits (1).

Juftin, fe trompe encore, lorfqu'il avance que dans le repas dont la fin tragique ternit la gloire du Vainqueur de Darius, Alexandre exalta lui‑même fes exploits & fe préféra à Philippe (2). Plutarque nous apprend que la difpute s'échauffa par la lecture des vers qu'un certain Pranique, ou Piérion, avoit faits contre les anciens Capitaines vaincus par les barbares (3) : ce récit eft confirmé par celui de Quinte-Curce (4). Le Philofophe Hiftorien aggrave le difcours de Clytus, & tâche de rendre moins atroce l'action d'Alexandre, vraie époque du changement des mœurs & de la conduite de ce Prince.

L'homme lutte fouvent avec avantage contre la fortune; mais fi elle lui eft favorable, il tombe dans fes fers. Son ame alors enflée par la profpérité, perd fa force & ne peut réfifter aux paffions qui l'agitent. Alexandre au faîte de la gloire, maître en quelque forte de l'Univers, oublia bientôt les vertus qu'on avoit admirées en lui, lorfque fes fuccès dépendoient du fort des combats, & que Darius vivoit encore. Les Hiftoriens de ce Prince n'ont point affez fait fentir ce changement arrivé dans fa conduite; ils prennent fouvent le ton d'Apologiftes: ce reproche s'adreffe principalement à Plutarque. L'Écriture, après avoir parlé des victoires du Conquérant de l'Afie, remarque très-bien les effets qu'elles produifirent dans fon cœur......
& exaltatum eft & elevatum cor ejus (5).

Semblable aux aftres qui nous éclairent, la gloire des hommes

---

(1) Ap. Arr. L. iii, C. xxvi.
(2) Juft. L. xii, C. vi.
(3) Plut. p. 69-70-71.
(4) L. viii, C. i.
(5) Machab. L. i, C. i, v. 4.

célèbres a fes phafes & fes éclipfes : tantôt elle eft obfcurcie par des actions blâmables, tantôt elle difparoît fous le voile épais des vices. C'eft donc à l'Ecrivain de leur vie, d'obferver avec foin toutes ces révolutions, d'en préfenter le tableau fans l'altérer & de ne point chercher à rendre les Héros parfaits.

La mort de Callifthène mérita les larmes de Théophrafte (1), & l'indignation d'Ariftote (2). Devenu cruel & vindicatif, Alexandre prêta l'oreille à la délation, & prit le prétexte de la conjuration d'Hermolaüs pour perdre fe difciple de fon ancien maître. Ce Philofophe l'avoit offenfé par des traits fatyriques, & par une cenfure imprudente. Ptolémée & Ariftobule prétendoient que fes difcours avoient porté Hermolaüs & fes complices, qui prenoient chez lui des leçons de philofophie, à confpirer contre leur Roi (3). Tous les autres Hiftoriens affuroient au contraire que la familiarité de Callifthène avec ce jeune homme, avoit fait naître des foupçons que la haine de fes ennemis érigeoit en preuves (4). Ce Philofophe n'étoit point coupable, felon Quinte-Curce, qui met dans la bouche d'Hermolaüs une apologie peut-être trop ingénieufe; elle ne laiffe aucun doute fur l'innocence du Philofophe.

Le même Ecrivain ajoute que Callifthène fut condamné fans avoir été entendu. Ce fentiment paroît contredit par le témoignage, d'Ariftote qui rapporte que fon ancien difciple fut condamné par les Macédoniens (5) : peuple qui avoit confervé le droit de juger les crimes d'Etat, fans jamais permettre que l'autorité de fon Roi prévalut dans fes délibération (6). Si les Macédoniens ont jugé Callifthène, l'Arrêt prononce contre lui a dû être

---

(1) Cic. Tufcul. L. III, n.º 10.
(2) Diog. Laert. L. v, C. 1, n.º 6.
(3) Arr. L. IV, C. XIV.
(4) Loc. fup. cit.

(5) Arift. Rhetor. L. II, C. III.
(6) *Nihil poteftas regum ; nifi prius valuiffet auctoritas.* . . . . . L. VI, C. VIII.

conforme à leurs uſages : ce Philoſophe aura donc été lapidé ou percé de traits (1), & non pas crucifié, comme le rapportoit Ptolémée , ou, ſelon d'autres, mis dans une cage & mangé des vers (2), & moins encore expoſé à un lion, ou enfermé dans une caverne, après qu'on lui eût coupé le nez, les lévres, les oreilles & pluſieurs autres membres (3) ; ſupplices uſités chez les Orientaux & les Nations barbares (4).

Ariſtobule diſoit que Calliſthène chargé de chaînes, avoit été mené à la ſuite de l'armée & étoit mort de maladie (5). Charès confirmoit cette rélation, en aſſurant que ce Philoſophe avoit expiré dans les fers, ſept mois après ſa détention, lorſqu'Alexandre aſſiégeoit la Ville de Malle (6). Ce Prince écrivit à Antipater en ces termes. . . . . « Je me réſerve de punir en ſon tems » le Sophiſte (il parle de Calliſthène), ceux qui l'ont envoyé, » & ceux qui reçoivent dans leur Ville des perſonnes qui conſ- » pirent contre moi (7) &c. ». Plutarque, qui nous a conſervé le fragment de cette lettre, ajoute que pluſieurs Auteurs croyoient que Calliſthène avoit fini ſes jours d'une manière naturelle dans ſa priſon (8). Les Ecrivains de l'antiquité, qui ont fait mention de la mort de ce Philoſophe, ne parlent d'aucun ſupplice extraordinaire (9), & ſemblent par là autoriſer l'opinion d'Ariſtobule & de Charès. Alexandre étoit trop bon politique pour étaler aux yeux des Macédoniens l'appareil des tourmens inventés

---

(1) Supplices Macédoniens , Curt. L. vi, C. xi. Arr. L. iii, C. xxvi.

(2) Ptolem. Ap. Arr. L. iv, C. xiv. Strab. p. 787. Edit. Baſil. Diog. Laert. L. v, C. i, n.° 6. Plut. p. 76.

(3) Juſt. L. xv, C. iii. Diog. Laert, loc. cit. Schol. Luc. Dial. Mort. C. xiii.

(4) Herod. L. iii, C. 153. Diod. L. xvii, n.° 69. Curt. L. iii, C. viii. L. vii, C. v. Juſt. L. i, C. x. Amm.

Marc. L. xxx, p. 227, &c.

(5) Ap. Arr. L. iv, C. xiv.

(6) Plut. p. 76.

(7) Loc. ſup. cit.

(8) Νοσήσαντα. Plut. p. 76.

(9) Luc. Dial. Mort. xiii, except. ex Polyb. de virt. & vit. L. xii. Valer. Maxim. ix , 3. Senec. Quæſt. nat. L. vi. Philoſt. Vit. Apoll. L. vii, C. ii, &c.

par les peuples qu'il venoit de vaincre. Ce Conquérant avoit suspendu l'exécution de Callisthène, pour ne point soulever son armée, qui auroit regardé ce Philosophe comme la victime de son attachement aux usages & aux mœurs de sa Patrie.

C'est avec raison qu'on accuse Alexandre d'avoir répandu le sang de ses meilleurs amis (1). La malignité peut cependant avoir augmenté le nombre de ceux qu'il immola à ses soupçons ou à ses caprices. Justin prétend que Lysimaque, qui monta depuis sur le Trône, fut exposé à un lion, à cause des liaisons qu'il avoit avec Callisthène dont il écoutoit les leçons. Ce Général étouffa cette bête féroce en lui enfonçant dans la gueule sa main enveloppée d'un manteau (2). L'origine de cette fable, adoptée par plusieurs Ecrivains (3), a été très-bien apperçue par Quinte-Curce, qui rapporte qu'Alexandre chassant dans la Sogdiane, rencontra sur ses pas un lion; Lysimaque accourut pour le tuer (4) : ce qui peut avoir donné lieu à la fable de son exposition, qui ne fut pourtant que volontaire & même produite par le hasard. Plutarque compte ce Général parmi les accusateurs de Callisthène (5); il ne put donc être la victime de son attachement pour ce Philosophe. La condamnation d'Agathocle de Samos n'a pas de meilleurs fondemens. Les pleurs dont il arrosa le tombeau d'Ephæstion pouvoient-ils être un crime aux yeux d'Alexandre qui en avoit versé lui-même avec abondance à cette occasion?

(1) Plut. de Multit. Amic. C. 10. Senec. de irâ, p. 72, ed. Elzevir. de benefic. p. 366. Arr. L. vii. C. iv. Curt. L. vi, C. i. Plut. Vit. Alex. p. 77. Vit. Demosth. Tom. IV, p. 431. Luc. Dial. Mort. xiii, xiv. Tite-Liv. L. ix, C. xviii. Dion. Chrysost. Orat. L. xiv, p. 598. Julian. Cæsar. p. 841. Ap. script. Hist. Rom. Græc. Anthol. à Cephal. Cond. edit. Oxon. Epigr. Antipatri, p. 123.

(2) Just. L. xv, C. iii.

(3) Plin. L. viii, C. xvi. Valer. Maxim. Senec. de irâ iii, 17. De Clem. i, 25. Pausan. Attic. C. ix.

(4) Curt. L. viii, C. i.

(5) Plut. p. 75.

D'ailleurs Lucien eſt le ſeul Ecrivain qui nous ait tranſmis ce fait apocryphe (1).

Les regrets que produiſit dans le cœur d'Alexandre le meurtre de Clytus, furent infructueux; ils ne purent empêcher ce Prince de s'abandonner aux paſſions qui ont dégradé ſon caractère. Il voulut être adoré; mais l'éloquence de Calliſthène renverſa les projets criminels de ſes adulateurs. Les motifs du refus des Macédoniens, quoique très-louables en eux-mêmes, ne portoient cependant point ſur des principes vrais. Les Perſes rendoient à leurs Rois des honneurs purement civils. Trompées par les marques extérieures de vénération qui ſont encore de nos jours en uſage dans l'orient, les Grecs crurent fauſſement qu'elles étoient les ſignes réels d'une adoration criminelle, & refuſèrent d'imiter les Nations vaincues. Les hommages exceſſifs que les Monarques Perſes paroiſſoient recevoir de leurs ſujets, n'étoient qu'un culte relatif; les Rois, ſuivant les *Livres Zends*, ayant un feu particulier qui les anime, le même qui eſt en préſence d'Ormuzd (2).

L'illuſtre Auteur de l'Eſprit des Loix prétend qu'Alexandre.... « prit les mœurs des Perſes, pour ne pas déſoler les Perſes, en » leur faiſant prendre les mœurs des Grecs » (3)...... Arrien a auſſi fait l'apologie de ce changement (4) auquel je ne ſaurois cependant applaudir. Adopter les uſages des vaincus, c'eſt inſulter à la gloire du vainqueur; c'eſt détruire cette

---

(1) Luc. de Calumniâ, Tom. III. Oper. p. 148, 149.

(2) Précis du ſyſt. de Zoroaſtre, Zend-Aveſta, Tom. III, p. 607.... C'eſt pourquoi, ſans doute, le feu précédoit immédiatement les Rois de Perſe dans leur marche les jours de cérémonie. Xenoph. Cyrop. L. VIII, p. 191,

ed. Hutch. Cet uſage fut adopté, non-ſeulement par les Princes de l'Orient, Amm. Marcell. L. XXIII, C. VI. mais encore, par les Empereurs Romains. Herodian. L. II, C. IX. L. VIII, C. III.

(3) Eſprit des Loix.

(4) Arr. L. VII, C. XXIX.

heureuſe

heureufe diftinction qui fomente l'enthoufiafme belliqueux, ce véhicule des conquêtes. Le luxe qu'entraînoient néceffairement les mœurs Afiatiques, devoit énerver le courage des foldats Macédoniens, en étouffant cette noble ardeur qui s'allume par la réaction de l'ame fur les objets qui l'affectent avec force. « Pour plaire aux Perfes, dit un judicieux politique, étoit-il » prudent de choquer les Macédoniens ? Donner aux vain- » queurs les mœurs des vaincus, c'eft préparer leur ruine; c'eft » la rendre certaine; & l'on veut qu'Alexandre, ignorant cette » vérité commune, ait regardé la corruption & l'aviliffement » des Macédoniens comme le fondement de fa puiffance ? Les » Afiatiques accoutumés à ramper fous le defpotifme, devoient » porter leur chaîne avec docilité : les Grecs feuls méritoient » des ménagemens (1).

Les Hiftoriens d'Alexandre laiffent à peine échapper quelques traits qui dévoilent les vices de leur Héros, ils tâchent toujours de l'excufer. Arrien, quoique moins coupable, n'eft cependant point exempt de ce reproche (2). Ariftobule ofoit avancer qu'Alexandre ne s'abandonnoit aux plaifirs de la table que par complaifance pour fes amis, & que d'ailleurs il ne buvoit pas beaucoup (3). Cela ne s'accorde point avec les détails dans lefquels plufieurs Auteurs étoient entrés fur la vie privée de ce Prince. Les expreffions de Ménandre prouvent que fon intem-pérance avoit même paffé en proverbe (4). Charès de Mitylène rapportoit que le Conquérant Macédonien avoit donné des jeux Gymniques après la mort de Calanus, & qu'il y avoit propofé des prix pour ceux qui auroient bu plus que les autres. Trente-cinq

---

(1) Obfervat. fur l'Hiftoire de la Grèce, par M. l'Abbé de Mably, p. 225, & fuiv.

(2) *Vid.* L. VII, C. XXIX, XXX.

(3) Ap. Arr. L. VII, C. XXIX. Plut. p. 33, id.

(4) Menand. in adulat. apud. Athen. L. X, p. 434.

de ces athlètes moururent sur le champ des violens efforts qu'ils firent, & six autres expirèrent quelques momens après dans leur tente. Promachus remporta le premier prix, qui étoit un talent (1). Nicobule assure encore qu'Alexandre soupant chez Midias, but à lui seul plus que les vingt convives, qui assistèrent à ce repas, ne bûrent entre tous. A l'issue de ce festin, ce Prince s'endormit d'un profond sommeil (2), effet sans doute de sa sobriété.

Plutarque dément le moins qu'il peut son caractère d'apologiste; il prétend qu'Alexandre censura très-fortement la vie molle & luxurieuse d'Agnon & de Philotas (3). Elien assure, au contraire, que ce Prince les avoit lui-même corrompus (4); ce sentiment est confirmé par le témoignage d'Agatharchide de Gnide (5), & par la lettre qu'Alexandre écrivit aux Villes d'Ionie, & principalement aux Insulaires de Chio, pour leur ordonner de lui envoyer de la pourpre, dont il vouloit revêtir tous ses amis (6). Loin de réprimer le luxe, ce Monarque l'autorisa par son exemple; il faisoit tous les jours, selon Phylarque (7), une dépense immense. Sa tente contenoit plus de cent lits; les colonnes qui la soutenoient étoient incrustées d'or; on en avoit encore embelli le plafond avec une variété admirable : ce Prince donnoit ses audiences entouré d'une garde nombreuse & assis au milieu de cette tente sur un trône d'or. Iphippus d'Olinthe ajoute qu'on arrosoit le pavé de sa tente avec des liqueurs précieuses & des vins odoriférans, & qu'on brûloit devant lui de la myrrhe & d'autres parfums recherchés (8).

---

(1) Ap. Athen. L. x, p. 436.
(2) Ap. Athen. L. x, p. 434.
(3) Plut p. 57, & seq.
(4) Ælian. Var. Hist. L. ix, C. iii.
(5) Dans son huitième livre des cho-ses Asiatiques. Ap. Athen. L. iv, p. 155.
(6) Ap. Athen. L. xii, p. 540.
(7) Ap. Athen. *Id.* p. 539.
(8) Ap. Athen. L. xii, p. 537.

Alexandre étoit-il donc fort économe, quand il s'agiſſoit de ſes plaiſirs, comme Arrien veut nous le perſuader (1), & les détails que l'on vient de voir juſtifient-ils ces paroles de M. de Monteſquieu ?...... « Sa main ſe fermoit pour les dépenſes » privées..... falloit-il régler ſa maiſon, c'étoit un Macédo- » donien (2). Comment ce judicieux Ecrivain a-t-il encore pu avancer qu'Alexandre trouva les moyens d'augmenter ſa puiſ-ſance dans ſa frugalité & ſon économie particulière (3)? Cela peut être vrai du tems où ce Conquérant fit les premières hoſtilités contre les Perſes ; ſa politique & la néceſſité le for-cèrent alors d'adopter un plan de conduite bien différent de celui qu'il ſuivit après la bataille de Gaugamèle.

Depuis cette époque le Conquérant de l'Aſie s'abandonna à un faſte qui inſultoit également aux mœurs de ſa Patrie & au malheur des vaincus. Rien n'égala celui qu'il fit paroître dans la célébration du mariage des filles Perſes avec les Macé-doniens. Il réunit dans un ſeul appartement quatre-vingt-douze lits nuptiaux dont les couvertures valoient chacune vingt mines ; le ſien étoit diſtingué par des pieds d'or. Le feſtin qu'il donna à cette occaſion & où furent invités tous les gens de ſa maiſon & les étrangers, avoit été préparé dans une tente ſupportée par des colonnes de vingt coudées de haut revêtues d'or, de pierres précieuſes & d'argent : elle étoit encore décorée par des tapiſſeries de pourpre tiſſues d'or. Les plus habiles Hiſto-riens & les Muſiciens célèbres furent appellés à cette fête. Athé-née nous a conſervé les noms des principaux, qu'il a tirés du

---

(1) χρημάτων δὲ ἐς μὲν ἡδονὰς τὰς αὑτοῦ, ειδ αλότατος. Arr. L. VII, C. XXVIII.
(2) Eſprit des Loix, L. x, C. XIV.
(3) M. de Monteſquieu s'appuie de l'autorité d'Arrien, qui ne dit autre choſe ſur ce ſujet, que ce que je viens de rapporter.

dixième livre de Charès (1) ainſi que tous les détails que je viens de rapporter.

Plutarque a voulu excuſer ſon Héros ſur ce qu'il adopta les mœurs & les vêtemens des peuples vaincus, en nous aſſurant que ce Prince prit un milieu entre l'habillement des Mèdes & celui des Perſes (2). Ce Conquérant pouſſa bien plus loin encore, & même juſqu'à l'extravagance, la manière de s'habiller. Iphippus d'Olinthe rapportoit qu'Alexandre paroiſſoit dans les feſtins avec la pourpre & les cornes de Jupiter - Ammon, qu'il ſe faiſoit traîner dans un char ayant ſur les épaules un manteau Perſe avec l'arc & le carquois de Diane. On le voyoit dans la ſociété de ſes amis porter les aîles, les talonnières & le caducée de Mercure qu'il changeoit une autrefois pour la peau de lion & la maſſue d'Hercule (3).

« Les remparts élevés, dit Plutarque, ſont d'un accès diffi-
» cile aux ennemis; mais la hauteur & l'orgueil d'une ame
» qu'enivrent ſon bonheur & la gloire, cédent aiſément aux
» plus vils & aux plus bas des hommes (4) ». Alexandre fut bientôt en proie à la flatterie la plus outrée, & ſon deſpotiſme empêcha ſes meilleurs amis de lui parler le langage de la vérité. Maxime de Tyr ſemble indiquer cette dernière cauſe des progrès rapides que l'adulation fit parmi les Macédoniens (5). Lorſque la crainte, ſuivant la penſée de ce Philoſophe, & la puiſſance d'un deſpote étouffent la voix de ſes ſujets, la flatterie eſt alors ſur le Trône & l'amitié dans le tombeau (6). Iphippus d'Olinthe nous apprend que les amis d'Alexandre l'applaudiſſoient

---

(1) Ap. Athen. L. xii, p. 538.
(2) Plut. p. 63.
(3) Ap. Athen. L. xii, p. 537.
(4) Plut. Trait. ſur la manière de diſcerner un flatteur d'avec un ami. Trad. de M. de la Porte du Theil, p. 97.

(5) Maxim. Tyr. infr. cit.
(6) Littéralement, il faut que la flatterie fleuriſſe, & que l'amitié ſoit enfouie, κολακείαν μὲν ἀνθεῖν, φιλίαν δ'ἑ καῖορωρύχθαι. Diſſ. Maxim. Tyr. xx, C. 8, p. 243. ed. Daviſ.

malgré eux, & gardoient souvent un profond silence dans les momens où ce Prince s'abandonnoit à des excès qui ternissoient sa gloire, craignant toujours de réveiller en lui le penchant qu'il avoit à répandre le sang, ou d'exciter son humeur atrabilaire (1). Lucien assure que la calomnie & l'adulation eurent un libre accès (2) auprès de ce Monarque, qui souffrit qu'Anaxarchus prononçât en sa présence, pour le consoler du meurtre de Clytus, cette exécrable maxime : *le juste n'a d'autres régles que la volonté des Rois* (3). Ce Sophiste étoit sans doute un des plus distingués dans l'infame troupe de Médius, « qui étoit
» le Coryphée, si l'on peut parler ainsi, le Chef adroit que
» les adulateurs d'Alexandre s'étoient choisi. En conséquence,
» il leur avoit ordonné d'attaquer hardiment, & de déchirer
» dans leurs propos, tout ce qu'il y avoit d'honnêtes gens à
» la Cour; certain, quand même la plaie se guériroit au fond
» du cœur d'Alexandre, que la cicatrice y resteroit : & ce fut
» ainsi que ce cœur, en effet cicatrisé, ou plutôt ulcéré & em-
» poisonné, se résolut à perdre Callisthène, Philotas & Parmé-
» nion, pour s'abandonner aux Agnons, aux Bagoas, aux Agé-
» sias, aux Démétrius qui gouvernèrent aisément leur maître,
» en l'adorant, le vêtissant & le façonnant comme une idole
» des barbares (4) ». Ce tableau des effets que produisit l'adulation dans la conduite d'Alexandre ne peut être infidèle; c'est Plutarque qui nous l'a tracé.

Cet Ecrivain, toujours disposé à excuser son Héros, voudroit cependant nous persuader qu'il sut opposer une courageuse

---

(1) Ap. Athen. L. xii, p. 538.
(2) Lucian. de Calumn. Op. T. III, p. 150.
(3) Plut. p. 72.
(4) Trait. de Plut. déja cit. p. 96-97.

Voyez aussi les recherches sur les Parasites, par M. du Theil, à la suite de sa trad. de ce Traité, p. 176 : elles sont fort intéressantes, & faites avec beaucoup de goût.

réſiſtance aux ſollicitations d'Agnon & de Philoxène qui lui offroient des objets illicites & proſcrits par la nature, pour aſſouvir ſes deſirs. Si ces adulateurs avoient bien eu le pouvoir de porter ce Prince à répandre le ſang de ſes amis & des plus habiles Capitaines de ſon armée, que ne devoient-ils point attendre de ſa facilité, quand ils lui préſentoient de nouvelles voluptés, quelques criminelles qu'elles puſſent être? On ſait d'ailleurs le penchant que les Grecs avoient pour la pédéraſtie. Alexandre ſe livra ſans pudeur à l'eunuque Bagoas. Dicéarque nous apprend qu'il le baiſa laſcivement ſur un théatre devant une foule de ſpectateurs qui ne rougirent point d'applaudir à cette action (1). Les reproches qu'Orſines fait dans Quinte-Curce à cet eunuque, ne permettant pas de douter de l'infâme commerce qu'il avoit avec Alexandre. Comment cet Hiſtorien oſe-t-il enſuite avancer que le Monarque Macédonien n'uſa d'aucun plaiſir qui ne fût dans les bornes de la nature (2).

L'humanité d'Alexandre envers les Nations vaincues ne ſe démentit-elle jamais? Pluſieurs traits de ſa vie démontrent qu'il oublia, à la fin de ſon règne, cette clémence dont il s'étoit ſervi au commencement, pour diminuer chez les vaincus, l'amertume de ſes ſuccès; clémence qui n'étoit peut-être, dans Alexandre, qu'un effet de ſa vanité & de ſa politique: celle qui émane du cœur n'en ſauroit être arrachée qu'avec le mouvement & la vie. La dévaſtation du pays de Sambus & de celui des Pathaliens (3), l'incendie de la Ville des Magalaſſiens (4), le crucifiement de Muſican, Prince Indien (5), le ſupplice de pluſieurs Brachmanes qui

---

(1) Ap. Athen. L. xiii, p. 603.
(2) *Veneris intrà naturale deſiderium hujus, nec ulla niſi ex permiſſo voluptas.* L. x, C. v.

(3) Diod. n.° 102. Curt. L. ix, C. viii.
(4) Diod. n.° 96.
(5) Arr. L. vi, C. xvii. Diod. n.° 102. Curt. L. ix, C. viii.

avoient excité leurs compatriotes à défendre leur liberté , enfin le
fac de plufieurs Villes Indiennes qui oferent arrêter ou retarder
l'exécution des-projets d'Alexandre , ne font point certainement l'éloge de fon humanité. Après avoir accordé la paix à
une Ville Indienne , ce Prince retourne bientôt fur fes pas ,
entre dans cette malheureufe Cité & en maffacre tous les habitans. Plutarque qui rapporte cette barbare expédition , avoue
qu'elle eft une tache à la vie de ce Héros (1)., qui perça encore de fa propre main Orfodates qui s'étoit révolté contre
lui (2).

La cruauté de ce Conquérant eft défignée dans l'écriture :
& interfecit reges terræ, il maffacra les Rois de la terre (3).
Les Ecrivains profanes ont pu nous dérober des actions qui
avoient eu pour théatre une région éloignée où il étoit difficile
d'aller chercher des preuves qui auroient infirmé leur témoignage. La vérité fe montre cependant, malgré eux, dans leurs
écrits (4). Arrien avoue l'inclination qu'Alexandre avoit pour
les exécutions fanguinaires (5).

Les Annales de Gentoux font mention de ce Conquérant
& lui donnent les épithtètes de *Mhaahah*, *Dukkoyt* & *Kooneah*,
brigand & infigne affaffin (6) ; mais la plûpart des traditions
que les Orientaux ont confervées fur Alexandre, lui font avan-
tageufes & nous le repréfentent comme un Prince fort humain.
Les Indiens en ont jugé par comparaifon ; le malheur préfent
leur a fait oublier ce que leurs peres ont fouffert dans l'expédition des Macédoniens. Depuis le règne de Mahmoud , qui

---

(1) Plut. ὡς κηλὶς. p. 80. Arr. L. vi,
C. xvii.
(2) P. 77.
(3) Machab. L. 1, C. 1, v. 2. Le mot
ὶπταξι du texte grec, dit plus que celui
d'*interfecit* employé par la Vulgate.

(4) Diod. n.º 89 – 91 – 102. Curt.
L. ix, C. vii, xi , &c.
(5) Arr. L. vii , C. iv.
(6) De la Religion de Gentoux , dans
les éven. Hift. par M. Holwel, IIᵉ part.
p. 5.

dans le onzième siècle, soumit l'Inde & traita ses habitans avec toute la rigueur d'un Conquérant & l'inhumanité d'un fanatique, ces peuples accoutumés aux spectacles affreux des meurtres, des incendies & des ravages, fruits terribles des invasions fréquentes qu'ils ont essuyées, doivent naturellement regarder Alexandre comme un vainqueur fort humain. La haute idée qu'ils ont conçu de ce Prince, les a porté à lui attribuer les monumens les plus remarquables de leur immense région (1).

Les Perses eurent sans doute plus de raison de consacrer dans leurs fastes la clémence d'Alexandre; la prospérité ne l'avoit point encore corrompu lorsqu'il s'empara de cette partie de l'Asie. Le Vainqueur de Darius traita ses nouveaux sujets avec une douceur qui leur avoit été jusqu'alors inconnue. La condition de la Nation Perse n'en fut cependant pas meilleure; elle continua d'être gouvernée par un Despote, essuya encore les vexations des Commandans Macédoniens, & se trouva exposée au choc de la révolution sans en sentir moins le poids de ses chaînes (2).

On accuse injustement Quinte-Curce d'avoir écrit plutôt l'éloge que la vie d'Alexandre (3). Ce trop ingénieux Ecrivain a cependant relevé plusieurs fois avec beaucoup d'impartialité les défauts de son Héros. Ce Prince, dit-il, se livra après son changement à la volupté; & celui que les armes des Perses n'avoient pu vaincre, fut vaincu par leurs vices. Le jeu & les festins devinrent les occupations ordinaires du Conquérant de l'Asie, qui passoit les nuits entières à boire (4). Le même Historien assure, dans un autre endroit de son ouvrage, qu'Alexan-

______

(1) Voyag. de M. Anquetil, Zend-Avesta, Tom. I, p. 392, &c.
(2) *Voyez* la note (XXII).
(3) Cleric. Judic. de Curt. ix, &c.

(4) Curt. L. 1, C. 11. *Intempestiva convivia & perpotandi pervigilandique insana dulcedo, ludique, & greges pellicum, &c.*

dre

dre changea, dans la profpérité, la modération & la continence dont il avoit fait jufqu'alors profeſſion, en orgueil & en intempérance. Son Palais étoit rempli de trois cens foixante concubines, & la garde de ce ferrail étoit confiée à une troupe d'eunuques (1). De pareils traits, & plufieurs autres que nous fupprimons, n'ont point été rapportées pour orner un panégyrique. Alexandre étoit-il donc alors conduit par cette faillie de raifon dont parle M. de Montefquieu, « & que ceux qui avoient voulu » faire un roman de fon hiftoire, ajoute ce grand politique, » & qui avoient l'efprit plus gâté que lui, n'ont pu nous dé- » rober (2) » ? Il défigne fans doute ici Quinte-Curce qui, pour avoir expofé avec affez de vérité la conduite de ce Prince, ne mérite point une fi vive cenfure.

Non-feulement Quinte-Curce ne doit point être regardé comme un panégyrifte outré; mais il peut être au contraire foupçonné d'avoir imaginé des faits propres à ternir la gloire d'Alexandre. La caufe de la mort d'Orfines eft de ce nombre. Ce Perfe, d'une naiffance illuftre, faifant des préfens au Vainqueur de l'Afie, & à tous les Grands de fa Cour, omit l'eunuque Bagoas; celui-ci, pour s'en venger, l'accufa d'avoir pillé le tombeau de Cyrus, dans lequel il affuroit qu'on avoit enfoui trois mille talens. Ce monument funèbre fut ouvert par ordre d'Alexandre, & on y trouva deux arcs Scythes, un fabre & une couronne d'or. L'eunuque perfuada à fon maître qu'Orfines en avoit enlevé toutes les richeffes, & ce malheureux Perfe fubit la peine de mort (3).

Ce récit de Quinte-Curce ne s'accorde point avec ceux des autres Ecrivains. Plutarque nous apprend que ce fut Polymaque

______

(1) *Hic verò palam cupiditates fuas folvit continentiamque & moderationem.... in fuperbiam ac lafciviam vertit. . . . .* *pellices ccc & ix.* &c. L. vi, C. vi.

(2) Efprit des Loix, L. x, C. xiii.

(3) Curt. L. x, C. i.

de Pella qui fut condamné à mort pour avoir pillé le tombeau de Cyrus (1). Des brigands furent, selon Strabon, les seuls auteurs de ce crime : la preuve qu'en donne ce Géographe est la fracture des effets qu'ils n'avoient pu emporter (2). Arrien prétend que les Mages à qui on avoit confié la garde de ce monument, furent appliqués à la question ; mais qu'on ne tira d'eux aucun éclaircissement (3). Cet Historien parle ensuite du supplice d'Orsines, lequel, ayant eu le commandement de la Perse après la mort de Phrasaorte, fut convaincu de vexation ; & d'avoir expolié les Temples & les tombeaux des Rois (4) qui étoient à Persépolis ; monumens qui n'avoient rien de commun avec le tombeau de Cyrus qui choisit Pasagarde pour le lieu de sa sépulture (5). La description qu'en avoit fait Aristobule nous a été conservée par Arrien (6).

Le tombeau de Cyrus étoit dans un bois sacré arrosé par des eaux qui fécondoient la terre couverte d'une herbe épaisse comme celle des prairies. Au milieu des arbres s'élevoit un petit édifice dans lequel on entroit par une porte fort étroite ; il contenoit le cercueil de Cyrus qui étoit d'or massif, un lit avec les pieds du même métal, un Trône aussi d'or, des habillemens, des tapis précieux, des épées, des colliers, des pierres précieuses montées en or, &c. Ces richesses ne sauroient se concilier avec le sens de l'épitaphe rapportée par Plutarque (7) ... Homme, qui que tu sois, de quelqu'endroit que tu viennes... Je suis Cyrus, celui qui établit l'Empire des Perses, ne m'envie point ce peu de terre qui couvre mon corps (8) : Inscription modeste qui peut avoir donné à

---

(1) Plut. p. 91.
(2) Strab. L. xv, p. 162.
(3) Arr. L. vi, C. xxix.
(4) Τάφους Βασιληους. Arr. L. vi. C. xxx.
(5) Strab. L. xv, p. 502, &c.
(6) Arr. L. vi, C. xxix.
(7) Plut. p. 90.
(8) Voyez la note (XXI).

Xénophon l'idée du difcours qu'il met dans la bouche de Cyrus. Ce Prince, fur le point de rendre le dernier foupir, parle, en ces térmes. . . . . . . « Mes enfans, ne mettez point mon corps, » lorfque je ferai mort, dans l'or, l'argent, ou dans quelque » autre matière; mais rendez-le à la terre. Quoi de plus » heureux, fi mes cendres font mêlées avec elle ? . . . &c. (1) ».

On fait que les Rois étoient les feuls, chez les Perfes, qui euffent les honneurs de la fépulture (2). Leurs tombeaux exif-tent encore & font fitués à l'eft de la montagne d'Iftakhar; ils ne reffemblent en rien, non plus que ceux de Naxi-ruftan (3), à la defcription d'Ariftobule. Le bois facré dont il environne celui de Cyrus nous découvre l'infidélité de ces détails. Cet Auteur tranfporte chez les Perfes les ufages de fa Nation qui inhumoit fouvent les morts au milieu d'un bofquet (4). Cette forme d'inhumation n'étoit point autorifée par les rits Perfes. Les prétendues richeffes contenues dans le monument funèbre de Cyrus n'ont été imaginées que d'après des bruits vulgaires adoptés trop légèrement par Ariftobule; Quinte-Curce ne nous les a pas laiffé ignorer. Alexandre, felon cet Ecrivain, en reconnut lui-même la fauffeté, & fut furpris qu'un Roi auffi puiffant que Cyrus n'eut pas été enfeveli plus fomptueufe-ment.

Arrien nous dit que Cambyfe avoit confié la garde du mau-

---

(1) Cyroped. L. VIII, p. 238, edit. Leuncl.

(2) Vid. Thom. Hyde de Relig. Veter. Perfarum, Cap. XXXIV. Pourquoi donc Plutarque nous dit-il qu'Alexandre permit à la mere & à la femme de Darius, d'enfevelir tous les Perfes qu'elles voudroient, p. 31 ? Les Grecs péchent toujours contre le coftume des nations étrangères.

(3) Peut-être ces derniers ne font-ils pas d'une antiquité auffi reculée que ceux de Perfepolis. *Voyez* les Obfervations de M. de Caylus, Hift. de l'Acad. des Infcr. Tom. XXIX, p. 144, & fur les premiers tombeaux, le Voyag. de le Bruyn, T. IV, p. 393, &c. Celui de Chardin, T. II, *in*-4°. p. 162 & fuiv.

(4) Van-Goens diatr. de Cepotaph. C. IV, V. VI.

folée de fon père aux Mages, qui recevoit tous les jours une brebis, une mefure de farine & une de vin, & tous les mois un cheval, pour être employés aux facrifices qu'ils faifoient aux manes de Cyrus (1). Ce récit eft peu vraifemblable : d'un Héros mort, les Perfes ne firent jamais un Dieu. Le coftume religieux de cette Nation n'eft pas mieux obfervé dans l'ouvrage de Quinte-Curce ; Darius y eft repréfenté facrifiant aux divinités locales de Cilicie (2). On ne fauroit encore approuver Arrien, lorf-qu'il donne un Jupiter (3) aux Perfes, qui ne connurent jamais ni fon nom, ni fon culte. Ces Ecrivains avoient été féduits par l'exemple des Auteurs les plus célèbres de l'Antiquité, qui ne traitent pas avec plus d'exactitude la religion de ce peuple (4).

Harpalus évita par la fuite le fupplice qu'Orfines avoit fubi & dont j'ai tâché de développer la caufe. Le Général Macédo-nien avoit eu des liaifons intimes avec Alexandre lorfque Philippe vivoit encore. En montant fur le Trône, le nouveau Monarque lui donna la garde de fes tréfors ; mais Harpalus répondit mal à cette marque de confiance ; il fe livra aux confeils pernicieux d'un certain Taurifcus, & s'enfuit à Mégare peu de tems avant la bataille d'Iffus. Alexandre le fit revenir en lui accordant fa grace, & voulut bien lui confier encore l'adminiftration de fes finances (5) & bientôt après fon tréfor d'Ecbatane (6). Il eft néceffaire de rapporter ces faits confervés par Arrien, parce qu'ils répandent, fur la conduite d'Harpalus, une clarté que le récit des autres Hiftoriens n'offre point ; tous fuppriment ce premier délit qu'il eft effentiel de connoître, afin de ne pas le confondre avec celui dont je vais examiner les circonftances.

---

(1) Arr. L. vi, C. xxix.
(2) *Sacrificium diis præfidibus loci fecit* Curt. L. iii, C. viii.
(3) Arr. L. iv, C. xx.

(4) *Voyez* la note (XXXIII).
(5) Arr. L. iii, C. vi.
(6) Arr. L. iii, C. xix.

La nouvelle des châtimens qu'Alexandre avoit fait subir, à son retour des Indes, aux Gouverneurs convaincus de vexation & d'avoir malversé dans leur charge, étant parvenue jusqu'à Harpalus dont la conduite n'étoit point exempte de reproches, cet homme ingrat & coupable, accompagné de six mille hommes qu'il avoit pris à sa solde, vint se réfugier à Athènes & emporta avec lui d'immenses richesses (1). Quinte-Curce rapporte que le Monarque Macédonien . . . . « également irrité » contre Harpalus & contre les Athéniens, fit équiper une flotte » dans l'intention d'aller lui - même à Athènes. Pendant qu'il » méditoit en secret cette expédition, il reçut des lettres qui » lui apprenoient que ce Général s'étoit concilié avec son argent » la bienveillance des principaux citoyens de cette Ville; mais » que bientôt après, il avoit été forcé d'en sortir par une déli- » bération du peuple, & s'étoit réfugié auprès des troupes Grec- » ques, qui l'avoient arrêté; qu'enfin *un certain voyageur* l'avoit » tué par trahison. Satisfait de ces nouvelles, ce Prince renonça » au dessein qu'il avoit de passer en Europe (2) ». . . Comment un homme enfermé dans une prison, au milieu d'un corps dé troupes, peut-il être assassiné par un certain voyageur (3)? Cela ne se conçoit pas aisément.

Il est vrai qu'Harpalus fut chassé d'Athènes quelque tems avant la mort d'Alexandre, comme Diodore l'assure, & comme il est facile de l'inférer de ce que Plutarque rapporte sur l'exil de Démosthène (4). Le Général Macédonien ne fut point suivi par ses troupes jusqu'à Athènes; au sortir de cette Ville, il fut les joindre à Ténare, dans la Laconie, où ils les avoit laissées,

____

(1) Plut. in Demoft. T. IV, p. 431, Diod. n.° 108.
(2) Curt. L. x, C. 11.
(3) *Trucidatum à quodam viatore per infidias.*
(4) Diod. n.° 108. Plut. in Demoft. Tom. IV, p. 431 - 433, & dec. Orat. Vit. T. II, Oper. p. 846,

lors de son débarquement (.1). Il partit de ce lieu pour se rendre dans l'isle de Crète, où Thimbron, un de ses amis, qui s'empara dans la suite de Cyrène, le tua par trahison (2). Ce Thimbron est sans doute le *certain voyageur* de Quinte-Curce, qui fait un anachronisme, en faisant mourir Harpalus avant Alexandre. Il est démontré par le témoignage de Diodore & d'Arrien (3), que ce Prince étoit déja mort lorsque son infidèle Trésorier fut assassiné. Les paroles que Cicéron met dans la bouche de Diogène, qui mourut le même jour que le Conquérant de l'Asie (4), sembleroient encore confirmer le récit de ces Historiens. Ce Philosophe cynique avoit coutume de dire que la fortune d'Harpalus accusoit les Dieux, puisque cet heureux brigand en jouissoit aussi long-tems (5).

L'expulsion de ce Général Macédonien du territoire de l'Attique, arriva la troisième année de la CXIIIᵉ Olympiade, sous l'Archonte Chrémès (6), deux ans avant la mort d'Alexandre. Ussérius fixe avec raison l'assassinat d'Harpalus à l'année qui suivit celle de la mort de son maître (7), 323 ans avant Jésus-Christ, Cephisodore étant Archonte. Le P. Petau réunit dans la même année la fuite & la mort d'Harpalus (8) : l'autorité de Diodore & d'Arrien sur lesquels il s'appuye, lui sont absolument contraires. Le projet de repasser en Europe que Quinte-Curce fait former à Alexandre, n'est pas rapporté par les autres Historiens : l'exécution de ce projet auroit porté un préjudice notable aux intérêts de ce Prince qui déploroit alors la perte d'Ephæstion.

---

(1) Diod. n.° 108.
(-2) Diod. loc. cit. *id*. L. xviii, n.° 19, Arr. de reb. post. Alex. apud. Phot. col. 208. Strab. L. xvii, p. 576.
(3) Loc. supr. cit.
(4) Plut. Sympos. L. viii, p. 715, T. II, Oper. Diog. Laert. L. vi, C. 11, n.° II.
(5) Cic. de nat. Deor. L. III, C. 34.
(6) Corsini Fast. Attic. T. IV, p. 48.
(7) Usser. Annal. p. 215.
(8) Petav. Doct. temp. L. xiii, T. II, p. 597.

Alexandre, felon quelques Auteurs, fit crucifier Glaucias, Médecin de ce favori (1); il conduifit lui-même le char qui portoit le corps d'Ephæftion, il ordonna de rafer le Temple d'Efculape qui étoit à Ecbatane (2) : ce Dieu fut-il jamais connu des peuples de l'orient? Pour avoir la permiffion de rendre des honneurs divins à fon favori, il envoya confulter Jupiter Ammon, &c. &c. . . . . Arrien rejete avec raifon toutes ces marques d'une douleur peu décente à un Souverain, & dignes d'un Barbare (3). Plutarque & plufieurs autres Ecrivains ont compilé ces fables fans aucun jugement (4). Ce Philofophe nous affure qu'Alexandre fit abattre tous les créneaux des Villes circonvoifines, & couper le poil aux chevaux & aux mulets. Ce dernier figne de deuil n'eft cependant point hors de vraifemblance : ce Prince imitoit en cela les Perfes. Les foldats de l'armée de Mardonius tondirent, par le même motif, leurs chevaux & toutes leurs bêtes de charge, à la mort de Mafiftius (5). Diodore rapporte qu'Alexandre ordonna aux peuples de l'Afie d'éteindre le feu facré; ce qui ne fe pratiquoit qu'au décès des Rois de Perfes (6). Cet Ecrivain ajoute qu'Ephæftion mourut des fuites de fon intempérance, à Ecbatane & non pas à Babylone, comme Juftin & Polyen l'ont fauffement avancé (7).

---

(1) Ap. Arr. L. vii , C. xiv.
(2) Diod. n.° 110.
(3) Arr. L. vii , C. xiv. Ce paffage femble prouver qu'Arrien avoit compofé fon Hiftoire d'Alexandre , après fes differtations fur la morale d'Epictète , où il adopte le fentiment qu'il réfute ici. *Vid.* Arr. Diff. Epict. p. 314. ed. Upton. Un examen plus réfléchi lui fit rejeter ces bruits vulgaires , fur la mort d'Ephæftion; peut-être auffi ne faifoit-il que rapporter les propres paroles de fon maître.

(4) Plut. p. 64. In Pelopid. Tom. II , p. 238. Ælian. Var. Hift. L. vii , C. viii. Lucian. de Calumn. T. III , p. 148-149.
(5) Herod. L. ix , C. 24.
(6) Diod. n.° 110. Cet Hiftorien ne veut fans doute parler ici que des feux particuliers , & non pas du feu *Behram*, que chaque province honoroit dans un fanctuaire particulier. *Voyez* fur ce feu, *Vendidad*, p. 341 & fuiv. *Boundehefch*, art. des feux.
(7) Juft. L. xii. C. xii. Polyan. L. iv, C. iii, p. 354.

Les détails dans lesquels est entré Diodore à l'occasion de la pompe funèbre qu'Alexandre fit à son favori, & du fastueux monument qu'il éleva en son honneur, sont d'autant plus croyables, qu'ils s'accordent avec les régles de l'art (1). Ils paroissent avoir été extraits de l'ouvrage qu'Iphippus d'Olinthe avoit composé sur la mort d'Alexandre & d'Ephæstion (2).

Le Conquérant de l'Asie s'avance vers Babylone, & les Députés de toutes les Nations viennent pour le féliciter de ses succès. Les Lybiens, les Carthaginois, les Brutiens, les Lucaniens, les Toscans, les Scythes, les Celtes, les Ibériens &c. peuples dont la plupart connoissoient à peine le nom Macédonien, s'empressèrent de rendre hommage au Vainqueur de l'Asie, ou plutôt à sa fortune : l'orgueil de l'homme prend toujours le change. Diodore dit en général que tous ceux qui habitoient cette immense région, située entre les côtes septentrionales du golfe Adriatique & les colonnes d'Hercule, envoyèrent des Ambassadeurs à ce Prince (3). Aristus & Asclépiades rapportoient qu'Alexandre avoit donné audience aux Députés des Romains, & que s'étant informé des mœurs & de la constitution politique de cette Nation, il avoit alors prédit sa grandeur future (4). Clitarque avoit adopté cette Ambassade (5), rejetée, avec raison, par Arrien, (6) qui paroît encore n'ajouter aucune foi à la singulière nomenclature des peuples dont j'ai déja fait mention ; il en parle

---

(1) Diod. n.º 113. Hist. de l'Acad. des Inscr. Tom. XXXI. p. 76.

(2) *Vid.* Athen. L. IV, p. 146.

(3) Diod. n.º 113.

(4) Loc. supr. cit. Tite - Live nous assure que la réputation d'Alexandre n'étoit pas même parvenue dans ce tems jusqu'aux Romains, *quem ne famâ quidem illis notum arbitror fuisse,* L. IX, C, XVII ; ce qui est très - vraisemblable.

Cet Historien contredit ici ce qu'il a avancé quelques pages auparavant, sçavoir que les Romains avoient destiné Papirius Cursor à s'opposer aux entreprises d'Alexandre, si après avoir conquis l'Asie, ce Prince en passoit Italie, C. XVI. La digression que Tite-Live fait à cette occasion, est aussi ridicule que déplacée.

(5) Ap. Plin. L. III, C. V.

(6) L. VII, C. XV.

comme

comme d'un bruit public; on l'auroit sans doute dispensé de l'insérer dans son ouvrage. La réfutation même des fables ne doit point entrer dans l'histoire qui n'est qu'un choix de vérités ou de vraisemblance; la critique des faits n'en est que l'échafaudage.

Parmi les projets dont s'occupoit Alexandre, au retour de son expédition des Indes, Quinte-Curce en suppose un très-analogue au génie de ce Prince; mais les moyens qui devoient en procurer l'exécution, n'ont pu être imaginés que par cet Historien. Les Gouverneurs de la Mésopotamie eurent ordre, selon lui, de faire couper des bois au Mont-Liban, d'où ils devoient être transportés à Thapsaque. Ce lieu étoit destiné à la construction de plusieurs septirèmes ; de-là ils auroient ensuite été conduits jusqu'à la mer, pour composer la flotte Macédonienne (1).

Thapsaque étoit située sur l'Euphrate dont le cours, depuis cette Ville jusqu'à Babylone, étoit évalué à 4800 stades par Hypparque & Eratosthène. Ce dernier Ecrivain comptoit ensuite, depuis Babylone jusqu'aux embouchures de l'Euphrate, 3000 stades (2). En admettant le systême ordinaire sur les galères des Anciens à plusieurs rangs de rames (3), un septirème auroit dû tirer trente-neuf pieds & huit pouces d'eau; c'est-à-dire, autant que nos vaisseaux à trois ponts de cent ou cent vingt pièces de canon. Est-il possible que, dans un si grand éloignement de la mer, l'Euphrate fût assez considérable pour porter ces masses énormes ? On ne pouvoit d'ailleurs, à cette distance, avoir le secours de la

---

(1) *Septiremes omnes esse, deduciquè Babylonem.* Curt. L. x, C. 1.

(2) Hypparque faisoit dire à Eratosthène des choses qu'il n'avoit jamais avancé. *Vid.* Strab. L. 11, p. 53 & seq.

Je rapporte seulement ici le calcul sur lequel ces deux Auteurs s'accordoient.

(3) Scheffer. de Milit. Nav. Veter, L. 1, C. iv.

V

marée pout les mettre à flot. Polybe nous apprend que les eaux de ce fleuve étoient très-basses en hiver, & qu'elles croissoient beaucoup pendant l'été par la fonte des neiges : mais comme dans ce temps on les dérivoit pour arroser les terres, le lit de l'Euphrate n'étoit presque pas navigable, & pouvoit encore moins servir aux transports des troupes & des munitions de guerre (1). C'est sans doute la raison qui obligeoit les Arméniens, lorsqu'ils descendoient jusqu'à Babylone, de n'employer dans ce trajet que des bateaux de tronc de saule, couverts extérieurement avec des peaux (2). Dans l'endroit même où devoit être le chantier des septirèmes, il y avoit au milieu de ce fleuve un gué, lorsque l'armée Macédoniene traversa l'Euphrate pour entrer dans la Mésopotamie (3) : tout concourt donc à démontrer que le projet d'Alexandre n'a pu être imaginé que par Quinte-Curce (4).

Les prédictions de Calanus, du Devin Pythagore & des Chaldéens, & cette foule de présages qui annoncèrent la mort du Conquérant de l'Asie, ont été présentés avec des couleurs tristes & sombres par ses Historiens, pour rendre, selon la pensée de Plutarque, très-pathétiques les derniers momens du Maître du monde, & finir sa vie par un coup de théatre capable de produire tout-à-la fois la terreur & la pitié (5) : sentimens plus propres à la tragédie qu'à l'histoire, comme le remarque Polybe qui fait, à l'occasion de la mort d'Agathocle, des observations judicieuses sur les Historiens qui la rapportent. Ces observations peuvent s'appliquer naturellement aux Ecrivains de la vie d'Alexandre qui méritent cependant quelque indulgence.

---

(1) Polyb. T. II, p. 195.
(2) Herod. L. 1, C. 194. *Voyez* la note (XXXIII).
(3) Arr. L. III, C. VII.
(4) *Voyez* la note (XXXIV).
(5) Plut. 97.

L'imagination fe plaît toujours à ajouter à cette idée commune : celui qui hier étoit affis fur le Trône de l'Univers, eft aujourd'hui plongé dans la nuit du tombeau ; penfée affligeante pour l'humanité, mais qui foulage l'amour - propre.

Les finiftres préfages qui devancèrent la mort du Vainqueur de l'Orient n'ont point été inventés par les Hiftoriens de ce Prince. Plutarque n'a pas raifon de croire qu'ils en furent les auteurs. Ces bruits, accrédités dans la fuite par la fuperftition, avoient été répandus par les Gouverneurs des Provinces conquifes. Frappés des punitions qu'Alexandre avoit fait fubir à ceux qui avoient malverfé ou vexé les peuples pendant fon abfence, ils vouloient éloigner leur maître de la capitale de fon Empire, où il auroit joui d'un loifir qui auroit pu leur être funefte. C'eft pour cela qu'Apollodore d'Amphipolis, Commandant de Babylone, gagna fon frere le Devin Pythagore, lequel découvrit alors dans les entrailles des victimes les marques finiftres qui défendoient l'entrée de cette Ville au Monarque Macédonien (1).

Les Prêtres Chaldéens avoient favorifé les vues de leur Gouverneur, par des motifs très-preffans, puifqu'ils étoient dictés par l'intérêt : Arrien nous les fait connoître. Au retour de fon expédition malheureufe contre la Grèce, Xerxés avoit détruit tous les Temples des Babyloniens ; le plus célèbre & le plus riche, celui de Bélus, ne fut point épargné. Les Rois d'Affyrie avoient annexé à ce Temple un domaine confidérable & un tréfor particulier, également deftiné à fon entretien & aux dépenfes des facrifices. Depuis l'époque de fa deftruction, les Prêtres Chaldéens jouiffoient paifiblement & fans aucuns frais de ces revenus. Les ordres qu'avoit donnés Alexandre pour rétablir cet édifice

____

(1) Plut. 97.

pendant fon abfence, n'ayant produits que des effets très-lents ; ce Prince réfolut d'employer fon armée pour en hâter l'exécution. Ces Prêtres craignant d'être recherchés fur l'adminiftration des biens confacrés à Bélus, & d'être privés d'une jouiffance commode, publièrent que l'entrée de Babylone feroit funefte à leur nouveau maître, & fuppofèrent une multitude de préfages, afin de l'éloigner de cette Ville (1).

Si Alexandre avoit paru ajouter foi à ces prédictions, il auroit démenti fa divinité. Ce Prince avoit l'ambition de paffer pour immortel, s'embarraffant fort peu que fa mort découvrît l'impofture, qui n'en auroit pas moins favorifé pendant fa vie fes vaftes projets. Il conçut aifément de quelle utilité il feroit pour lui, que les Nations de la Grèce & de l'Orient puffent imaginer qu'il étoit un homme d'une trempe célefte. Quinte-Curce, dans le difcours qu'il fait prononcer à Alexandre contre Hermolaus, développe très bien les motifs de la conduite de ce Prince.
. . . . « Jupiter, dit-il, m'a offert le nom de fon fils. » L'acceptation de cette qualité n'eft point contraire à nos in- » térêts. Plût au ciel que les Indiens me crûffent un Dieu ! La » renomée détermine le fuccès de la guerre, & ce qui eft faux » tient fouvent la place du vrai (2) ».

Ce Conquérant employa fouvent avec fuccès le pouvoir de la fuperftition. Veut-il fe défaire d'un fujet dont il foupçonne la fidélité, Ariftandre interprète fuivant fes vues un fonge que ce Prince a eu ; & Alexandre, fils d'Œrope, eft dépofé de fa charge (3). L'apparition d'une aigle lui fuffit pour ne pas adopter le fentiment de Parménion, en ménageant le crédit que ce vieux Capitaine avoit fur l'efprit des foldats (4). Faut-il

---

(1) Arr. L. VII, C. XVII.
(2) Curt. L. VIII, C. VIII.

(3) Arr. I. I, C. XXV.
(4) Arr. L. I, C. XVIII.

intimider les Grecs & subjuguer leur inquiétude, une multitude de
présages annoncent la destruction de Thèbes (1). Les émissaires du
Monarque Macédonien eurent sans doute soin d'enfler le récit de
ces espèces de prodiges & d'en augmenter le nombre à proportion
de l'effet qu'ils produisoient. Les Historiens de ce Prince n'ont
point inventé les faits surnaturels & incroyables répandus dans
leurs ouvrages ; on doit seulement leur reprocher de les avoir
rapportés sans discerner ce qui a pu les faire supposer, ou simplement appliquer au Conquérant de l'Asie. Il est tems d'examiner le récit de ces Ecrivains sur la mort d'Alexandre.

Dans un fragment des Éphémérides conservé par Arrien (2),
& extrait avec peu d'exactitude par Plutarque (3), les progrès de
la dernière maladie de ce Prince sont marqués jour par jour, & les
symptômes du mal y sont trop bien caractérisés pour qu'on puisse
méconnoître la cause de sa mort. Alexandre passa la journée chez
Médias à jouer, &, quoiqu'il eût la fièvre, il mangea beaucoup le
soir (4). Aristobule rapportoit qu'étant dans la chaleur de la fièvre
& fort altéré, ce Prince but du vin, ce qui lui donna des accès de
frénésie (5), & il mourut le vingt-huit du mois de Dæsius (6).
Diodore de Sicile & plusieurs autres Ecrivains (7) réunissent
leurs autorités en faveur de l'opinion d'Aristobule & des Éphémérides. Quinte-Curce & Justin voudroient cependant nous
persuader qu'Alexandre fut empoisonné ; & pour accréditer leur
opinion ils ajoutent que le pouvoir de ses successeurs empêcha que la connoissance & les preuves de ce forfait ne parvinssent à la postérité (8). Je pense au contraire que la guerre

---

(1) Ælian. L. XII, C. LVI. Diod. n.°
10. Pausan. Bœot. C. VI.
(2) Arr. L. VII. C. XXV.
(3) Plut. p. 98.
(4) Loc. sup. cit.
(5) Ap. Plut. p. 98.
(6) Arr. loc. sup. cit.

(7) Diod. n.° 117. Just. L. XII, C. XIII.
Corn. Nep. de Regib. Ælian. Var. Hist.
L. III, C. XXIII. Senec. Epist. 83. Macrob. V. 21, &c.
(8) Curt. L. x, C. x. Diod. n.° 118.
Just. L. XII, C. XIII.

opiniâtre qu'ils fe faifoient, auroit dû les engager à publier ce crime & à s'en accufer mutuellement. Chaque prétendant au Trône avoit intérêt à décrier fon concurrent.

Empruntons de Quinte - Curce les détails de ce prétendu complot. Alexandre fe plaignoit depuis long-tems d'Antipater, & l'on difoit qu'il avoit envoyé Cratère pour l'en défaire. Le Gouverneur de la Macédoine prévint le coup, & remit entre les mains de Caffandre, fon fils, un poifon violent en lui ordonnant de le porter à Iolas, fon frere, Echanfon du Roi, qui devoit le verfer dans la coupe de ce Prince (1). Cette fable a donné lieu à plufieurs Auteurs de croire que le Conquérant de l'Afie avoit été enlevé par une mort violente (2). Arrien nous dit qu'il rapporte cette confpiration d'Antipater, plutôt afin de ne pas paroître l'ignorer, que pour la foi qu'on doit y ajouter (3).

Selon Plutarque, on n'eut point de foupçon de cet empoifonnement dans le tems de la mort d'Alexandre; ils furent fans doute répandus par Olympias. Cette Princeffe, pour flétrir la mémoire d'Antipater à qui elle avoit voué une haine éternelle, fit jeter au vent, huit ans après la mort de fon fils, les cendres d'Iolas accufé injuftement d'avoir donné le poifon à Alexandre. Sous le prétexte de punir les complices de ce Régicide, cette méchante femme fit mourir une multitude de perfonnes (4), victimes de fa vengeance & de fes caprices.

Les Éphémérides d'Alexandre rapportent la mort de ce Prince au vingt-huit du mois de Dæfius de l'année Macédoniene, lequel

---

(1) Curt. L. x, C. x.
(2) Plin. L. xxx. C. xvii. Ælian. Hift. Anim. L. v, C. xxix. Plut. de Invid. C. v. Dion. Chryfoft. Orat. de Fort. Sextus Empiric. adv. Gramm. L. i, C. xii. Paufan. Arcad. C. xviii. Vitruv. L. xiii, C. iii. Tacit. Annal. L. ii, C. xxiii. &c,
(3) Arr. L. vii, C. xxvii.
(4) Plut. p. 98.

répond à celui de Thargelion, pénultième mois de l'année Attique. L'époque de cet événement doit donc être fixée à la fin de la première année de la CXIVᵉ Olympiade, Hégésias étant Archonte, 430 ans après la fondation de Rome, & 324 ans avant Jésus-Christ. Alexandre vécut 32 ans 10 mois & 22 jours, & non pas 32 ans & 8 mois moins 3 jours, comme le rapportoit Aristobule (1). Ce Prince fut 12 ans & 8 mois sur le Trône (2). Le P. Péteau place, sans aucun fondement, la mort de ce Prince au commencement de la première année de la CXIVᵉ Olympiade (3) : je ne saurois rien ajouter à la réfutation qu'a fait de son sentiment le judicieux P. Corsini (4), qui s'est fait par ses ouvrages un nom qui ne périra qu'avec le goût de l'érudition.

Division de l'Empire d'Alexandre.

Les Historiens de la vie d'Alexandre nous en ont-ils imposé, en nous assurant que ce Prince ne se nomma point de successeur, & qu'il répondit simplement à ceux qui lui demandèrent à qui il laissoit son Empire, *au meilleur, au plus digne* (5)? Ce récit semble être en opposé à celui du Livre des Macchabées. Tâchons de concilier ces différens Écrivains, sans pourtant nous écarter des principes avoués par la saine critique, ni du respect qui est dû à l'autorité du Texte sacré.

Après avoir dit qu'Alexandre se mit au lit, & qu'il connut que le moment de sa mort approchoit, l'Auteur du Livre des Macchabées, suivant la Vulgate, qui ne diffère point

---

(1) Ap. Arrian. L. vii, C. xxviii.
(2) Arrian. L. vii, C. xxviii.
(3) De Doct. temp. Lib. Paralip. T. II, p. 859 & seq.
(4) Corsini, Fast. Attic. Tom. IV, p. 50-51.
(5) *Ei qui esset optimus*, Curt. L. x, C. v. *Dignissimum*. Justin. L. xii, C. xv. τῷ κρατίσῳ. Arr. L. vii, C. xxvi. Diod. n.° 117.

dans ce verſet du Texte Grec ni de la verſion Syriaque, s'exprime en ces termes : *Et vocavit pueros ſuos nobiles, qui ſecum
erant nutriti à juventute ; & diviſit illis regnum ſuum, cùm
adhuc viveret* (1). « Et il appella les jeunes Seigneurs de ſa
» Cour qui avoient été nourris avec lui, dès l'enfance ; & il
» leur partagea ſon Royaume *lorſqu'il vivoit encore.* ».

Le vrai ſens de ce paſſage a été entrevu par pluſieurs Commentateurs : je me flatte cependant de le mettre, par une marche
différente de la leur & beaucoup plus ſimple, dans un nouveau jour.

Ces expreſſions *& diviſit illis regnum ſuum*, ſignifient qu'A-
lexandre partagea ſon Royaume aux Grands de ſa Cour, pour
le poſſéder, non pas en toute ſouveraineté, mais ſeulement
en qualité de Satrapes.

Nous liſons dans les neuvième & dixième verſets, que les Généraux Macédoniens s'étant fortifiés, ou ayant établi leur autorité dans les contrées qui leur étoient échues en partage (2),
ſe mirent la Couronne ſur la tête, après la mort de ce Prince (3).
Ce récit de l'Auteur du Livre des Macchabées nous développe
parfaitement la conduite des ſucceſſeurs d'Alexandre, qui, après
avoir étendu leur puiſſance, & l'avoir aſſurée par la mort de
ceux qui auroient pu leur diſputer le Trône, ſe firent proclamer Rois & ceignirent le Diadême.

Le texte de l'Écriture diſtingue donc deux faits très-différens ;
le choix que fit Alexandre de pluſieurs Seigneurs de ſa Cour
pour gouverner ſes Etats, & l'uſurpation de l'autorité Royale

---

(1) Mac. L. 1, C. 1, v. 7.
(2) *Et obtinuerunt pueri ejus Regnum,
unuſquiſque in loco ſuo.* ℣. 9. *Vid.* Menoch.
Comment. ſcript. Tom. II, ed. Aven.

p. 356, ubi explic. voc. *Pueri ejus.*
(3) *Et impoſuerunt omnes ſibi diadema
poſt mortem ejus.* ℣. 10.

dont

par ces Seigneurs quelque tems après le décès de ce Prince, qui n'eut point intention d'arracher le sceptre des mains de ses descendans. Si l'Ecrivain sacré eût entendu que cette élection emportoit avec elle le droit de regner, auroit-il caractérisé en termes clairs & précis la manière dont les Généraux Macédoniens s'arrogèrent dans la suite ce même droit? On ne peut à-la-fois hériter du Trône & l'usurper.

Le premier des faits, dont je viens de parler, n'est littéralement énoncé dans aucaun Auteur profane ; mais il est une conséquence nécessaire des événemens que ces Auteurs rapportent, puisqu'ils en supposent la vérité. D'ailleurs ce fait est appuyé par une tradition dont nous trouvons des vestiges chez les Anciens & chez les peuples de l'orient : cette tradition fixera bientôt toute mon attention.

Aridée, frère d'Alexandre, monta sur le Trône après la mort de ce Monarque, regna quelques années & mourut (1). Les Généraux Macédoniens, qui n'avoient d'autre autorité que celle qu'ils exerçoient en son nom & sous celui des enfans d'Alexandre, n'osèrent se déclarer Rois. Roxane & son fils ayant été tués par Cassandre (2), & Hercule, fils de Barcine, par Polyperchon (3), l'ambitieux Antigone laissa alors tomber le masque, & prit les ornemens & le titre de Roi (4). Ses rivaux se hâtèrent d'imiter son exemple. Jusqu'à cette époque, ces Généraux avoient usurpé le pouvoir & les Etats de leur maître, mais sous le spécieux prétexte de le servir (5). Seleucus, qui souffroit avec impatience ce dé-

---

(1) Diod. L. xviii, n.º 2. Just. L. xiii, C. iii.
(2) Diod. L. xix, n.º 105.
(3) Diod. L. xx, n.º 28.
(4) Diod. L. xx, n.º 53. Plut. T. V, in Demetr. p. 22-23.
(5) *Quippe paulò antè Regis Ministri, specie Imperii alieni procurandi, singuli ingentia invaserunt regna.* Curt. L. x, C. ix.

guifement, avoit cependant toujours craint de fe montrer aux yeux des Macédoniens avec les marques de la Royauté; il fe contentoit de les prendre lorfqu'il donnoit audience aux peuples barbares ou étrangers (1).

Si Alexandre eût diftribué fes conquêtes aux Grands de fa Cour pour les poffeder en pleine fouveraineté, il eft très-probable que les ordres de ce Prince auroient été exécutés, du moins en partie, & que ceux qui auroient été choifis pour regner, n'auroient pas manqué de le publier. Mais au contraire la Race Royale fut toujours refpectée, & perfonne ne s'en arrogea les droits (2), qu'après qu'elle eût été entièrement éteinte, & lorfque la mort de Perdiccas & celle d'Eumène qui s'étoient déclarés protecteurs de la famille d'Alexandre, eurent laiffé le champ libre aux concurrens (3).

On pourroit m'objecter que les Seigneurs Macédoniens fe partagèrent eux-mêmes l'Empire (4); mais il eft aifé d'appercevoir que ce furent le crédit & l'autorité des prétendans qui mirent des obftacles aux dernières volontés d'Alexandre. Dans cette efpece d'Anarchie militaire, la force dut l'emporter fur le droit & être l'unique règle de ce partage illégal. Peut-être encore que Perdiccas, qui préfidoit à toutes les délibérations, fe permit, fuivant fes caprices ou fon intétêt, de faire des changemens aux ordres de fon maître, qui lui avoit remis en mourant fon anneau en figne de prédilection, & comme à fon exécuteur tefta-

---

(1) Plut. in Demetr. p. 23.
(2) *Hujus honoris ornamentis tamdiù omnes abftinuerunt, quamdiù filii regis fui fupereffe potuerunt. Tanta in illis verecundia fuit, ut, cum opes regias haberent, regum tamen nominibus æquo animo carue-* *rint, quoad Alexandro juftus hæres fuit.* Juft. L. xv, C. 11. *Voyez* la note (XXXV).
(3) Corn. Nep. in Eumen. C. vi.
(4) Curt. L. x, C. x. Diod. L. xviii, n.° 2. Juft. L. xiii, C. iv.

mentaire, au confervateur de fon Empire (1), au Tuteur de fes enfans (2).

Ce fut vraifemblablement ce Général qui lui étoit attaché par les liens du fang (3), qu'Alexandre voulut défigner, en répondant à ceux qui l'interrogeoient, qu'il laiffoit fon Empire *au meilleur*, *au plus digne*; entendant par-là fans doute la régence de fes Etats qu'il donnoit à Perdiccas pendant la minorité de fes enfans, & non le pouvoir de les gouverner en qualité de Roi, ni le droit de les tranfmettre à fes defcendans au préjudice de ceux de fon légitime maître.

Peut-être encore que ce Monarque, ne laiffant que des enfans en bas-âge, qu'il avoit eus des veuves ou des filles des vaincus, n'ofa faire tomber directement fon choix fur aucun d'eux, de peur de mécontenter les Macédoniens. Il crut donc qu'il étoit plus prudent de laiffer aux grands de fa Cour le droit de lui choifir pour fucceffeur celui qu'ils jugeroient le plus capable de porter le fardeau de l'Empire, de le choifir, dis-je, dans fa famille, mais non pas de la priver du Trône de fes Pères. Tel eft, ce me femble, l'explication affez plaufible que l'on peut donner aux dernières paroles d'Alexandre, qui s'imagina fatisfaire l'ambition des Grands de fa Cour, en leur diftribuant, avant de mourir, fes conquêtes en forme de Satrapies, & que le refpect dû à fa mémoire, conferveroit à fes enfans ou à fes parens la fuprême puiffance.

On nous permettra encore une conjecture; elle eft favorable au récit du Livre des Macchabées. Les dernières paroles d'Alexandre peuvent avoir été fuppofées par fes Généraux. L'ambiguité des difpofitions de ce Prince difculpoit aux yeux de l'armée

---

(1) Diod. L. xviii, n.° 2. | Eumen. C. ii.
(2) Curt. L. x, C. ii. Corn. Nep. in | (3) Polyan. L. viii, C. ix.

X 2

leur conduite tumultueuse, & autorisoit leurs prétentions qui devoient bientôt embraser l'Univers, & faire couler des ruisseaux de sang. C'est sans doute par le même motif qu'ils ont fait dire au Monarque expirant, qu'il prevoyoit que les dissentions, produites par sa mort, lui préparoient d'étranges jeux funèbres (1).

Plusieurs anciens Auteurs dont les écrits ne sont point parvenus jusqu'à nous, assuroient qu'Alexandre avoit distribué par son Testament les Provinces de son Empire. Les expressions de Quinte-Curce ne sont point équivoques sur ce sujet, elles s'accordent avec le récit du Livre des Macchabées. Il ne faut cependant pas conclure comme cet Historien profane, que ces traditions étoient fausses (2); il est à présumer au contraire que les successeurs du Conquérant de l'Asie, devoient gêner la plume des Ecrivains contemporains, & les empêcher de publier les dispositions de ce Prince. Une politique prévoyante leur faisoit craindre que s'ils n'eussent pas été élus, le titre fondamental de leur Royauté, qui étoit l'autorité qu'Alexandre avoit confiée avant que de mourir, *cum adhuc viveret*, aux Grands de sa Cour, autorité devenue souveraine par la mort de ses héritiers, que ce titre ne fût anéantie; & que les peuples désabusés, & soulevés à cause de leur gouvernement tyrannique, n'eussent saisi ce prétexte pour secouer le joug & changer de domination.

Quinte-Curce n'est pas le seul Ecrivain de l'Antiquité qui ait fait mention des dernières dispositions d'Alexandre. Diodore nous assure que ce Prince avoit mis en dépôt chez les Rhodiens un Testament qui contenoit ses volontés sur le sort de son

---

(1) Curt. L. x, C. v. Plut. Apopht. p. 180, T. II.
(2) *Credidere quidam testamento Alexandri distributas esse Provincias; sed famam hujus rei, quamquam ab auctoribus tradita est vanam fuisse comperimus.* Curt. L. x, C. x.

Empire (1). Ammien-Marcellin parle aussi d'un Testament de ce Prince, dans lequel il se choisissoit un successeur (2). Moyse de Chorène, Ecrivain du cinquième siècle & dont l'autorité n'est pas méprisable, n'a point oublié cette division de l'Empire d'Orient, & ces dernières dispositions du Conquérant Macédonien (3). Malala rapporte dans sa Chronique qu'avant d'expirer, Alexandre ordonna que chacun de ses Capitaines regneroit dans la Province qu'il gouvernoit alors (4). L'Auteur de la Chronique dont Scaliger à publié l'extrait ne diffère point de Malala (5) : mais le témoignage de ces Ecrivains du moyen âge ne peut être ici d'un grand poids : ils n'ont fait que copier le Livre des Macchabées.

Les Orientaux ont conservé dans leurs écrits quelques débris de la tradition qui concerne le partage qu'Alexandre fit de son Empire avant sa mort. Le Tarikh-Montekheb dit que « ce » Roi partagea, un peu avant son décès, les Provinces de la » Perse entre les enfans des Princes qu'il avoit dépouillés, & » les leur donna à foi & hommage » . . . . Sangiac-Tharikilé ajoute, « qu'Alexandre étant mort, ces Princes, de » tributaires ou feudataires qu'ils étoient, se rendirent absolus » & Souverains (6) ». . . . . . . La division de la Perse entre les Princes détrônés, est une erreur. Par les feudataires, ces Auteurs veulent sans doute désigner les Satrapes qui avoient presque une aussi grande autorité que celle des anciens Vassaux de nos Rois.

---

(1) Diod. L. xx, n.º 80.
(2) Amm. Marc. L. xxiii, C. vi.
(3) *Igitur Alexander ille Macedo. . . . totius orbis Imperio potitus, cum regnum suum inter plures testamento partibus est, ita tamen ut Macedonum Imperium generatim universeque appellaretur, ipse è vitâ excessit.* Hist. Armen. ex vers. Wisthon, L. ii, C. i. p. 82, 83.
(4) Chronic. L. viii, p. 82. Ap. script. Hist. Bys. ed. Ven.
(5) Chronic. exc. p. 72.
(6) Herbelot, Bibl. Orient. p. 318. *Voyez* Mirkhond. Sect. xxi.

Cyrus, pour subvenir aux besoins de son vaste Empire, & se soulager, lui & ses successeurs, du fardeau du gouvernement, créa la charge de Satrape. Ceux qui l'exerçoient avoient une autorité presque sans bornes; le droit de lever des impôts leur appartenoit, & ils étoient chargés du payement des troupes (1) dans leurs gouvernemens, qui furent même donnés en apanage aux enfans des Rois de Perse. Hystape, fils d'Artaxerxès, posséda la Bactriane en qualité de Satrape (2). Le jeune Cyrus jouissoit, sous le même titre, du commandement de l'Asie Mineure. On peut juger par les préliminaires de son expédition qui se termina à la bataille de Cunaxa, quelle étoit l'étendue du pouvoir confié au Satrape, & combien cette charge étoit dangereuse entre les mains d'un homme ambitieux & doué des talens qui forment un Général.

Alexandre adopta non-seulement les mœurs des Perses, mais encore les principes & la forme de leur gouvernement. Il établit des Satrapes dans tout son Empire. La plupart des Historiens qui ont parlé du partage qui en fut fait à sa mort, ont désigné par le nom de Satrapie, les portions qui échurent à chacun de ces Généraux, & ont appellé Satrapes ceux qui les gouvernèrent (3). Appien, en faisant mention des événemens qui suivirent la mort du Conquérant Macédonien, nous dit que ses Généraux, de Satrapes devinrent Rois (4). Ils abusèrent donc du pouvoir qui leur avoit été donné. Alexandre n'avoit point prévu le danger de cette distribution lorsqu'il partagea les Provinces de son Empire, quelque tems avant que de rendre le

______

(1) Xenop. Cyrop. L. viii, p. 637 ed. Hut. *Voyez* la note (XXXVI).
(2) Diod. L. xi, n.° 69.
(3) Plut. in Eumen. in Demet. Diod. L. xviii. Appian. Syriac. Arr. de reb.

post. Alex. Ap. Phot. &c.
(4) Βασιλεῖς ἅπαντες ἐκ σατραπῶν ἐγίγνοντο. Syr. T. I, p. 197. *Sic reges ex præfectis facti.* Just. L. viii, C. iv.

dernier soupir, *cum adhuc viveret;* diftribution qui, dans fon origine, n'étoit point différente de celle que Cyrus fit auffi de fes Etats (1), peu de tems avant fa mort, à ceux de fes amis qui lui parurent les plus propres au gouvernement. Les fuites de celle-ci auroient peut-être été également funeftes, fi, comme Alexandre, Cyrus n'avoit laiffé de fa race qu'un frère imbécille, des enfans à naître ou en bas-âge.

La Prophétie de Daniel fur le Conquérant Macédonien autorife l'explication que je viens de donner du feptième verfet du premier Livre des Macchabées, & elle s'accorde avec le récit des Auteurs profanes. Ce Prophete, après avoir annoncé qu'il s'élévera un Roi puiffant dont les Etats s'étendront fort loin & qui fera tout, au gré de fes defirs, continue en ces termes. . . . . . « Son Empire exiftant encore, fera renverfé » & divifé en quatre parties (2) » . . . . Daniel a voulu indiquer, par ces paroles que les Etats d'Alexandre, fe trouvant réunis après la mort de ce Prince, feront enfuite divifés : l'événement juftifia cette prédiction.

Non-feulement les conquêtes d'Alexandre furent partagées en quatre grandes Monarchies; mais même des étrangers, fuivant la Vulgate, ou fimplement d'autres particuliers, comme porte le texte hébreu de Daniel & les Septante, eurent part à ce démembrement & fe firent proclamer Rois. Arrien, Diodore, Dexippe & Juftin (3) nous apprennent que plufieurs Satrapes des Provinces éloignées de l'Orient profitèrent des diffentions

______

(1) Xenop. Cyrop. L. viii, p. 637, 659.

(2) Je fuis ici les Septante, ϗ ὡς ἂν τᾶ ἡ βασιλεία αὐτᾶ, Dan. C. xi, v. 4.

(3) Arr. de reb. poft. Alex. Ap. Phot. Col. 215. Diod. L. xviii, n.º 3. Dexip. Ap. Phot. col. 202. Juft. L. xiii, C. iv.

des Macédoniens pour fe fouſtraire à leur domination. Théo-
dote , Gouverneur de la Bactriane , en donna le premier
exemple, qui fut bientôt ſuivi par les autres peuples de ces
contrées (1).

---

(1) *Defecit, regemque fe appellari juſſit: quod exemplum fecuti totius Orientis popu-* *li, à Macedonibus defecere.* Juſt. L. XLI, C. IV.

Fin de la troiſième Section.

QUATRIEME SECTION.

QUATRIEME SECTION.

EXAMEN
DES DÉTAILS GÉOGRAPHIQUES,
Rapportés par les Historiens d'Alexandre.

LES ANCIENS Historiens rassembloient avec soin & par de longues & pénibles courses, les matériaux de leurs ouvrages. Ils ne sauroient être comparés à ces Ecrivains oiseux, qui compilent dans leur Cabinet tous les mémoires qu'ils peuvent avoir, & dont l'imagination supplée à ceux qu'ils n'ont pas : des rélations souvent infidèlles & toujours insuffisantes sur les diverses régions où se passent les événemens qu'ils racontent, font leur unique ressource. Polybe gravit au sommet des Alpes pour y reconnoître la marche d'Annibal ; il voyagea beaucoup, avant que de publier son histoire. Hérodote lui en avoit donné l'exemple : cet Auteur a mis une si grande exactitude dans ses descriptions, que la plupart méritent d'être préférées à celles des Ecrivains postérieurs, & quelquefois même aux détails géographiques dés Historiens d'Alexandre.

La science du Globe terrestre doit sans doute beaucoup aux exploits de ce Conquérant ; mais ceux qui l'accompagnèrent dans ses expéditions, ne donnant pas à la reflection le temps d'effacer les fausses impressions que le premier coup-d'œil, toujours inexact & incertain, produit sur des esprits aveuglés par la prof-

Y

périté, induisirent en erreur leurs contemporains. J'examinerai donc non-seulement les fautes commises par les Historiens d'Alexandre, mais encore celles que les conquêtes de ce Prince avoient introduites dans l'ancienne Géographie; ce qui m'entraînera quelquefois dans des digressions qui m'ont paru nécessaires: si le lecteur en juge comme moi, elles méritent son indulgence.

De l'Asie Mineure.

Le docte Saumaise a très-bien observé que Quinte-Curce confond le Marsyas (1) qui traversoit Célœne, Ville détruite & ensuite réédifiée à quelque distance de son ancienne situation sous le nom d'Apamée par Antiochus-Soter (2), avec le Lycus qui baignoit les murs de Laodicée. Ces deux rivières se jetoient dans le Mæandre à plus de 500 stades l'une de l'autre, du nord au sud-est, dans la Phrygie Pacatienne (3).

Quinte Curce, en parlant de l'arrivée d'Alexandre à Gordium, Capitale de la Phrygie & qui fut autrefois le séjour du fameux Roi Midas, nous assure que cette Ville étoit située sur la rivière de Sangaris, & également distante de la mer du Pont & de celle de Cilicie (4). Gordium qui n'étoit plus du tems de Strabon (5) qu'un Village, fut rétabli bientôt après pendant le règne d'Auguste, sous le nom de Juliopolis (6). La position que lui donne M. d'Anville (7), à 25 lieues du Pont-Euxin & à 80 lieues de la mer de Cilicie, s'accorde avec sa latitude de 40 degrés &

---

(1) Salmas. Exercit. Plin. p. 582. Curt. L. III, C. I.

(2) Strab. L. XIII, p. 792. Edit. Xyl.

(3) Strab. Loc. Cit. Voyez la carte de M. d'Anville, Asia minor.

(4) *Pari intervallo, Pontico & Cilicio mari distantem* Curt. L. III, C. I.

(5) Strab. L. XII, p. 392.

(6) Plin. L. V, C. XXXII.

(7) *Voyez* la carte intit. Asia minor.

10 minutes rapportée par Ptolémée (1) ; & elle eſt encore autoriſée par la diſtance qui étoit entre Conſtantinople & Juliopolis ſuivant les meſures que nous fournit l'Itinéraire d'Antonin (2). Ainſi Quinte-Curce a donné à cette Ville une poſition de 27 lieues plus méridionale qu'elle ne devoit avoir.

Cet Hiſtorien commet encore une faute plus groſſière, lorſqu'il ſemble mettre l'Iſthme de l'Aſie mineure à la longitude de Gordium, quoique cet Iſthme ſoit formé par cette portion de terre ſituée entre le golfe d'Amiſus & celui de Tarſe, pris à l'embouchure du Cydne (3). Cet Iſthme eſt donc à 5 degrés plus Eſt que Gordium (4). On trouveroit peut-être dans le texte de Quinte-Curce quelque raiſon apparente pour le juſtifier; mais rien ne ſauroit donner un ſens raiſonnable aux expreſſions ſuivantes. . . . . « Nous avons obſervé, dit-il, que l'endroit » le plus étroit de l'Aſie, eſt entre ces deux mers qui retréciſ- » ſent la terre des deux côtés comme une gorge fort reſſerrée. » Elle reſſemble à une île qui eſt attachée au Continent, mais » qui eſt environnée en grande partie par les flots. Ces mers » mêleroient leurs eaux, ſi le court eſpace qui les ſépare ne » s'oppoſoit à leur réunion (5) ». . . . . . Cet Hiſtorien parle de l'Iſthme qui joint cette partie de l'Aſie connue dans les ſiècles poſtérieurs ſous le nom d'Aſie mineure (6), au grand Continent de cette même partie du monde, comme s'il avoit voulu décrire celui de Corinthe; cependant l'eſpace de terre ſitué entre les golfes d'Amiſus & de Tarſe étoit diviſé en trois grandes régions,

______

(1) Geogr. L. v, C. 11.
(2) Anton. itin. edit. Weſſel. p. 142-143-144.
(3) Strab. L. xiv, p. 457-463.
(4) *Voyez* la carte : Aſia minor.
(5) *Sed magna ex parte cingitur fluc-*

tibus, ſpeciem inſulæ præbet; ac niſi tenue diſcrimen objiceret, maria quæ nunc dividit, committeret. Curt. L. iii, C. i.

(6) Je lui donnerai toujours ce nom dans cet ouvrage, pour ne point la confondre avec le reſte de l'Aſie.

le Pont, la Cappadoce & la Cilicie, & avoit près de 80 lieues d'étendue en latitude.

Arrien a confondu (1) la grande Phrygie arrosée par le Sangaris, & dont la Galatie, où l'ancien Gordium étoit situé, devint un démembrement, avec la petite Phrygie connue d'avantage sous le nom de Phrygie au-dessus de l'Hellespont, & dont la Troade faisoit partie (2). Cette erreur en a produit plusieurs autres, comme le remarque très-bien Cellarius (3).

Alexandre vint de Gordium à Ancyre, Ville de Galatie, selon Arrien (4). Il est certain que du tems de cet Ecrivain, Ancyre étoit dans la Galatie; mais au siècle du Conquérant Macédonien, ce pays que les Gaulois n'occupèrent que 250 ans avant Jésus-Christ, & qui porta depuis cette époque le nom de ses Vainqueurs, étoit appelé grande Phrygie : il devoit donc conserver cette dénomination dans l'itinéraire de l'armée d'Alexandre.

On trouve une faute à peu près semblable dans l'ouvrage de Quinte-Curce, on y lit qu'Amphotère & Hegélochus soumirent toutes les Isles entre l'Achaïe & l'Asie (5). L'Achaïe, située sur les côtes septentrionales du Péloponnése, n'avoit pas alors plus d'étendue que du tems d'Hérodote (6); elle ne peut donc être regardée comme le Continent opposé à celui de l'Asie; ce qui n'est juste que dans l'extension que reçut cette Province, sous la domination Romaine.

Les Ecrivains de l'Antiquité sont tombés quelquefois dans des fautes pareilles à celles que je viens de relever, pour n'avoir pas su-

---

(1) Arr. L. 1, C. xxix.
(2) Ptolémée, L. v, C. ii, p. 117. prétend que la petite Phrygie étoit la même chose que la Troade, qui n'en étoit qu'une partie, suivant Strabon dont je suis le sentiment. L. ii, p. 89. L. xii, p. 391-397.
(3.) Geogr. Antiq. Tom. ii, p. 97.
(4) Arr. L. ii, C. iv.
(5) *Inter Achaiam atque Asiam.* Curt. L. iv, C. v.
(6) Herod. L. i, C. 145.

diftinguer les différens âges de la Géographie, qui paroît n'être utile qu'autant qu'elle eft liée avec. l'hiftoire. Il faudroit donc remarquer avec foin les migrations des divers peuples de la terre, les révolutions arrivées dans les lieux mêmes, les limites & la dénomination des régions que ces peuples ont conquis & habités ; fixer de tout cela des époques qui ferviroient à réunir dans le même efpace, fuivant l'ordre des tems, ces différens changemens. Si l'on s'écarte de cette méthode, la Géographie n'eft plus qu'une féche nomenclature qui fatigue la mémoire; elle ne fait naître alors que des contradictions & même des anachronifmes. L'Afie mineure avoit effuyé plufieurs révolutions néceffaires à obferver dans la defcription de cette partie du monde. Strabon, qui joignoit les vues du Philofophe aux connoiffances du Géographe, ne les à point oubliées. . . . . « Après la guerre de Troye,

» dit ce judicieux Ecrivain, l'émigration des Grecs & des Trères,
» les incurfions des Cimmériens & des Lydiens, enfin les con
» quêtes des Perfes, des Macédoniens & des Galates répandirent
» par-tout le trouble & la confufion. L'obfcurité nâquit non
» feulement de ces révolutions, mais encore de la diverfité
» d'opinion des Auteurs qui ne s'accordoient en rien ; ils ap
» pelloient les Phrygiens, Troyens ; comme les Poëtes tragiques,
» les Lyciens, Cariens ; &c, &c. Il faut, continue Strabon,
» faire fes efforts pour difcerner l'état de ces différens peu
» ples (1). Lorfque les monumens hiftoriques manquent, il eft
» permis d'abandonner fon entreprife, l'objet de la Géographie
» n'étant point reftreint à cette feule difcuffion, pour s'attacher
» à la fituation actuelle des lieux (2). . . .Ces obfervations ne nous

____

(1) Le texte de Strabon préfente, dans 'non à la lettre.
cette phrafe & la fuivante, quelques dif-   (2) Strab. L. xii, p. 394-395.
ficultés ; je me fuis attaché au fens, &

indiquent pas seulement les différens changemens arrivés dans l'Asie, & les erreurs qu'ils ont produites, elles nous montrent encore la marche qu'il faut suivre dans les recherches géographiques, quel en doit être le terme, & quel en peut être l'usage.

De l'Egypte & de la Lybie.

On trouve peu de détails géographiques dans l'histoire que Diodore nous a donnée des expéditions d'Alexandre ; dans la division des satrapies, après la mort de ce Prince, il parle superficiellement des Provinces qui formoient son vaste Empire : la clarté & l'exactitude ne font pas le mérite de cette digression. . . . . « Aux extrémités de la Cœle-Syrie & du désert » voisin, près duquel le cours du Nil sépare la Syrie de l'E- » gypte &c (1) ». Il seroit difficile de se faire une idée bien juste de ce que Diodore veut dire dans ce peu de mots aussi obscurs querronnés. La Cœle-Syrie, proprement dite, étoit située au milieu des terres entre le Liban & l'Anti-Liban (2). Cette dénomination s'étendit sous le règne des successeurs d'Alexandre, à toute la partie méridionale de la Syrie jusqu'aux frontières de l'Egypte & de l'Arabie (3). Diodore a adopté cette dernière extentiou ; il a encore confondu l'Arabie Pétrée avec celle d'Héroum qui confinoit à l'Egypte, dont les limites étoient fixées au lac Serbonis, près de ce promotoire appelé, dans quelques Portulans, *Kas Kazaron* ou cap *Delkas* (4), & célèbre dans l'Antiquité sous le nom de Mont-Cassius (5). Les Ioniens réduisoient toute l'Egypte au

---

(1) . . . . . ὁρίζει Συρίαν (fortè legend- A'ραβίαν) τὲ ϰ, A'ίγυπτον - Diod. Lib. XVIII. Tom. II, p. 261.

(2) Strab. L. XVI, p. 864. edit. Xyl.

(3) Strab. Epitom. Geogr. min. Tom. II, p. 208. Euftath. Com. in Dionys. Perieg. V. 970.

(4) Egypte ancienne & moderne, par M. d'Anville, p. 99.

(5) Herod. L. II, C. VI.

Delta, & prétendoient que le pays situé à l'orient de la bouche Pélusiaque faisoit partie de l'Arabie, comme celui qui étoit au-delà de la bouche Canopique, devoit être annexé à la Lybie. Cette pinion réfutée avec raison par Hérodote (1), est la source de toutes les erreurs de Diodore; elle a encore engagé cet Ecrivain à prolonger jusqu'au Nil cette portion de la Syrie, qui ayant au midi l'Arabie d'Héroum se terminoit au lac Serbonis.

Si Diodore a reculé trop loin les limites de la Syrie, Arrien au contraire, les a trop resserrées en avançant que Gaza étoit la dernière Ville habitée sur le chemin de l'Egypte (2). La Syrie avoit cependant plusieurs autres Villes remarquables, telles qu'Anthédon, Bethaila, Jenysus, Raphia & Rhinocolura, celle-ci, le dernier lieu de cette Province, selon Pline (3), du côté de l'Egypte, étoit éloignée d'environ 400 stades olympiques de Gaza.

Quinte-Curce nous dit que le pays d'Ammon avoit à l'orient les Ethiopiens; au midi, les Arabes surnommés Troglodytes, dont les possessions s'étendoient jusqu'à la mer rouge; à l'occident, les Ethiopiens Scenites; & au septentrion, les Nasamons (4). On jugera de l'exactitude de cet Historien, en comparant les positions qu'il donne à ces différentes Nations, avec celles qui ont été adoptées par les Géographes Anciens & Modernes. L'Oracle de Jupiter-Ammon, situé dans la Marmarique (5), & non pas dans la Cyrénaique comme Pline & Pomponius-Méla -

---

(1) L. II, C. xv.
(2) Arr. L. II, C. xxvi.
(3) Plin. L. v, C. xiii.
(4) *Accolæ sedis sunt ab oriente proximi Æthiopum : in meridiem versus Arabes spectant, Troglodytis cognomen est : quorum regio usquè ad rubrum mare excurrit.*

At quâ vergit ad occidentem, alii Æthiopes colunt, quos Scenitas vocant : à septentrione Nasamones sunt, gens Syrtica &c. Curt. L. IV, C. VII.

(5) Strab. L. XVII, p. 577. *Vid.* Cell. Afr. p. 68.

l'ont fauſſement avancé (1), avoit au nord la Lybie, dont la partie voiſine de la mer étoit habitée, elon Hérodote, par un peuple Nomade (2) ; à l'orient, l'Egypte ; au midi, les Nobates & les Garamantes qu'Hérodote ſemble cependant mettre à vingt journées au couchant des Ammoniens (3) ; & à l'occident, la Lybie intérieure (4). Les Troglodytes qui habitoient ſur les côtes occidentales du golfe Arabique, au midi de l'Egypte (5), ne peuvent entrer dans la nomenclature des Nations circonvoiſines de l'Oracle, ainſi que les Ethiopiens Scénites ou Nomades, qui faiſoient leur réſidence près de l'Iſle de Meroë (6), dont la poſition au midi de la Thébaïde eſt connue. L'autorité des anciens Géographes fixe la poſition des Naſamons près de la grande Syrte, & des limites de Cyrene & de Carthage (7), connues ſous le nom d'*Aræ Philenorum* (8). Hérodote recule les frontières de ce peuple Lybien du côté du midi juſqu'à un endroit qu'il appelle Augila (9), éloigné de dix journées de chemin d'Ammon, dont la latitude ne différoit alors que d'environ un degré, 20 minutes, de celle du pays des Naſamons. Quinte-Curce ne mérite pas d'être chicané pour une erreur auſſi peu conſidérable ; mais on ne ſauroit excuſer Diodore d'avoir mis cette Nation Lybienne au midi de l'Oracle (10).

---

(1) Plin. L. v, C. v. Pomp. Mela, L. 1, C. v111.

(2) Herod. L. iv, C. 181.

(3) Herod. L. iv, C. 183.

(4) Strab. L. 11, p. 132. edit. Xyl.

(5) Strab. L. xvi. p. 534. Plin. L. v, Cap. viii.

(6) Herod. L. 11, C. 29.

(7) Strab. L. 11, 132. edit. Xyl. Plin. L. v, C. v. Scylac. peripl. Geogr. min. Tom. 1, p. 46. Euſtath. Comm. in V. 209. Dionys.

(8) Pomp.-Mela, L. 1, C. vii.

(9) Herod. L. 11, C. 31. L. iv, C. 182. Le texte d'Hérodote, Liv v. C. 172, nous induiroit cependant à croire que les Noſamons ne venoient, à Augila, qu'au tems de la récolte des dattes. Ces Nomades vivoient ſur les bords de la mer & y laiſoient, pendant leur abſence, paître leurs troupeaux.

(10) Diod. n.° 50. Voyez ſur les poſitions de ces différens peuples la carte de M. d'Anville, *Orbis veter. not.* & celle de M. de l'Iſle *Imperium Alex.*

Des

Des pays situés au-delà de l'Euphrate.

On lit dans le texte d'Arrien que l'armée Macédoniene, en partant des rives du Tigre, pour arriver dans la plaine de Gaugamèle, avoit à sa gauche les montagnes de la Sogdiane (1), Il est évident que cette erreur ne vient que de la négligence des copistes qui ont mis à la place de Γορδυαίων ou Γορδυανῶν le mot Σογδιανῶν, comme l'ont judiciéusement observé Paumier de Grentemesnil & Holstenius (2). La nécessité de cette correction est démontrée par la marche d'Alexandre. Les monts de la Gordyene ou Corduene étoient situés au nord d'Arbele; conséquemment les Macédoniens les avoient à leur gauche. Strabon, Plutarque & Quinte-Curce réunissent leur autorité en faveur de cette leçon (3). M. Fréret au lieu de chercher dans le texte même d'Arrien la solution des difficultés qu'il présente, veut que cet Historien donne au pays voisin d'Arbele le nom de Sogdiane, terme qui, selon lui, signifie en général une vallée (4); dans son mémoire sur la Chronologie de l'Assyrie, cet illlustre Savant ne craint pas ensuite d'avancer que « ce nom » de Sogdiane se donnoit communément à tous les pays de mon- » tagnes (5) ». . . . . Cela ne se concilie pas sans peine. Abulféda ne laisse aucun doute sur ce sujet : *Soghd* (6) est, selon cet Auteur Arabe, le nom d'une grande Province de là Transoxiane dont

---

(1) Arr. L. III, C. VII.

(2) Palmer, exercit. p. 238. Holsten. not. in Steph. Lys.

(3) Strab. L. XI, p. 608. edit. Xyl. Plutarque en parlant de la plaine qu'occupoit l'armée Macédoniene avant la bataille de Gaugamele, πεδίον τὸ μεταξυ τῦ Νιφάτυ ἠ τῶν ὀρῶν των Γορδυναίων, p. 46. *Secunda vigilia castra movit : dextra tigrim habebat; à læva montes, quos Gordæos* vocant. Curt. L. IV, C. X. *Voyez* la note (XXXVII.)

(4) Observ. sur la Cyrop. Acad. des Inscr. Tom. IV, p. 611-612.

(5) Acad. des Inscr. Tom. V, p. 190

(6) *Soghd* signifie en persan, *lieu bas où les eaux se rassemblent* &c. Je dois cette explication à M. Anquetil dont les lumières & l'amitié m'ont été également utiles.

Z

Smarcande eſt la Capitale (1). Alfragan met la Sogdiane au nombre des Provinces du *Khoraſſan* (2). Ainſi, les Ecrivains Orientaux qui paroiſſent avoir donné quelque lieu aux conjectures de M. Fréret, ne lui ſont pas favorables. L'autorité d'Herbelot n'eſt pas moins contraire au ſentiment de ce Savant Académicien,

Alexandre, traverſant la Méſopotamie, du nord au ſud, depuis Gaugamèle juſqu'à Memnium ou Menin, laiſſa à ſa droite la plus grande partie de cette contrée. Quinte-Curce aſſure que l'armée de ce Prince avoit à ſa gauche l'Arabie Heureuſe (3), qui eſt au ſud & au ſud-oueſt de la Déſerte qui étoit voiſine de l'Euphrate & de Babylone (4) ; il prend donc l'Arabie Déſerte pour l'Arabie Heureuſe, & met à gauche ce qui eſt à droite. Le récit de cet Hiſtorien pourroit nous faire croire qu'Alexandre avoit, pendant toute ſa marche, l'Arabie à ſa droite, tandis qu'il ne l'eût qu'un aſſez court eſpace de chemin.

L'altération d'un ſeul mot peut quelquefois, en matière de Géographie, produire des erreurs conſidérables. Juſtin nous en fournit un exemple (5). Cet Hiſtorien donne au Lycus, rivière qui couloit dans la plaine d'Arbele, le nom du Cydnus, fleuve de Cilicie, qui baignoit les murs de Tarſe. Cette faute n'eſt qu'une négligence très-pardonnable, qui pourroit même être attribuée au copiſte. Elle a cependant égaré Paul-Oroſe, qui ſuit toujours les traces de l'abréviateur de Trogue-Pompée : ce compilateur fait en conſé-

---

(1) *Sogd eſt nomen unius ac magnæ Provinciæ ex tranſoxianæ Provinciis. . . Urbes verò Sogd hæ ſunt &c. . . . .* Trad. manuſcrite de feû M. l'Abbé Askari, dont je me ſers ordinairement : elle eſt à la Bibliothéque du Roi.

(2) Element. Aſtron. C. ix. Il met dans la même région, pluſieurs autres Provinces.

(3) *Euntibus à parte læva, Arabia odorum fertilitate nobilis Regio*, L. v, C. 1.

(4) Strab. L. xvi, p. 886, edit. Xyl.

(5) L. xi, C. xiv.

quence donner près de Tarfe la dernière bataille qu'Alexandre livra à Darius (1).

Le Tigre & l'Euphrate, fi l'on en croit Quinte Curce, traverfoient la Médie & la Gordyene (2). Ces fleuves dirigeoient, au contraire, leur cours à l'oueft de la Médie, au fud & à l'oueft de la Gordyene (3). Diodore peut avoir induit en erreur cet Ecrivain ; il fait arrofer par le Tigre & l'Euphrate la Médie & le Paraxta-cene (4), Province feptentrionale de la Perfe (5).

Dans la lettre que Quinte-Curce fait écrire à Alexandre par Darius, après le fiége de Tyr, ce dernier Prince dit à fon ennemi . . « qu'il fera obligé de paffer l'Euphrate, le Tigre, l'Araxe & » l'Hydafpe, ces grands remparts de l'Empire Perfe (6). Ces expreffions nous feroient croire que cet Empire étoit fitué au - delà de l'Hydafpe. L'Araxe paroît être tranfporté à l'orient du Tigre. Peut-être a-t-il voulu parler de la rivière de ce nom qui paffoit près de Perfépolis ; mais, en faifant mention de l'Araxe parmi les autres grands fleuves de l'Afie, on peut foup-çonner que c'eft celui qui va décharger fes eaux dans la Mer Cafpienne. Alexandre affure, dans fa réponfe à Darius, que fon deffein eft de fe rendre maître de Perfépolis, Capitale des Etats de ce Prince, *enfuite de Bactra & d'Ecbatane* (7), que Quinte-Curce nomme la dernière, comme fi elle avoit été fituée au-delà de Bactra.

L'armée Macédoniene s'étant mife en marche de Sufe, pour pénétrer dans les Provinces intérieures de l'Orient, fut obligée,

---

(1) Orof. L. III, C. XVII.
(2) Curt. L. V, C. 1.
(3) Strab. L. II, p. 82-84. edit. Xyl. *Vid.* tab. *Orb. veteribus not.*
(4) Diod. L. II, p. 99.
(5) *Vid.* Herod. L. I, C. 101.

(6) *Tranfeundum effe Alexandro Eu-phratem, Tigrimquè Araxem & Hydafpem, magna munimenta Regni fui.* Curt. L. IV, C. V.
(7) *Perfepolim caput Regni ejus, Bactra deindè, & Ecbatana.* Curt. L. IV, C. V.

felon Diodore, de paffer le Tigre (1). Cette erreur eft une con-féquence de celle que cet Hiftorien a commife fur le cours de ce fleuve, & dont j'ai déjà parlé. Le judicieux Paumier ne l'a point apperçu, puifqu'il veut qu'on life Παστίγριν au lieu de Τίγριν (2), qui fe trouve plufieurs fois dans le texte de Diodore. Cette répétition peut encore prouver que la leçon ordinaire n'eft point une faute de copifte. D'ailleurs, on n'eft point en droit de corriger tous les paffages des anciens Auteurs qui préfentent quelques erreurs. Une femblable régle de critique livreroit les meilleurs ouvrages de l'antiquité aux caprices des Grammairiens.

L'opinion de ceux qui croyoient que le Tigre, ramaffant les eaux de la Sufiane, & recevant divers canaux de l'Euphrate, étoit, par cette raifon, appellé Pafitigris (3), femble être confirmée par la navigation de Néarque (4) & par les expreffions de Pline (5). Les Hiftoriens d'Alexandre paroiffent avoir confondu le Pafitigris avec l'Oroate, ou Oroatis, fleuve qui fépare la Perfe de la Sufiane (6), & que Diodore a pris vraifemblablement pour le Tigre.

. Après la mort de Darius, Alexandre, fon ennemi, pour-fuivit fes meurtriers & les débris de l'armée Perfe ; il péné-tra dans cette partie de l'Afie, circonvoifine de la Mer Cafpienne, jufqu'au delà du Jaxarte ; découverte intéreffante pour les Grecs qui ne connoiffoient guères auparavant que les pays fitués à l'oc-cident du Tigre & de l'Euphrate. Les Orateurs Athéniens furent frappés de fes progrès rapides, & la tribune aux harangues reten-tit du bruit des exploits du Monarque Macédonien. Efchine

---

(1) Diod. n° 67.
(2) Palmer. exerc. p. 138-139.
(3) Recherch. Geogr. fur le Golfe Perfique, par M. d'Anville, Acad. des Infcr. Tom. xxx, p. 173 & fuiv.

(4) Arr. Indic. C. xlii.
(5) Plin. L. vi, C. xxvii.
(6) Strab. L. xv, p. 838. edit. Xyl. Marcian. Heracl. Peripl. p. 17-18 - 19. Geogr. min. Tom. i. Plin. L. vi, C. xxvii.

s'écria, en préfence du peuple affemblé, qu'Alexandre étoit parvenu jufqu'au-delà de l'Ourfe, & qu'il avoit prefque franchi les barrières du monde (1): Telle fut l'impreffion, que les découvertes de ce Prince fit fur l'efprit de fes contemporains. L'Orateur fe livre à fon enthoufiafme, mais le Critique n'écoute jamais que la raifon & l'autorité, qui doivent être inféparables dans la recherche du vrai.

De la Mer Cafpienne.

'Les anciens Perfes avoient des notions affez exactes, quoique infuffifantes, fur la fituation & la figure de la Mer Cafpienne: j'en juge par celles d'Hérodote. Cet Hiftorien les devoit, fans doute, à cette nation qui, peut-être, ne pouffa pas plus loin fes connoiffances, & ne leur donna pas le degré de certitude qu'on en pouvoit attendre, parce qu'elle abhorroit les expéditions maritimes; fentiment qui dérivoit de fes principes religieux. Ce peuple étoit d'ailleurs perfuadé que les mauvais Génies fréquentoient les côtes de cette mer. (2). Les Grecs, qui lui fuccédèrent dans l'Empire de l'Afie, ne naviguoient ordinairement que dans la partie méridionale. Les vents d'eft & ceux d'oueft, qui foufflent fans ceffe dans ces parages (3), & le défaut de port (4), les empêchoient de prolonger leur navigation & de féjourner fur ces côtes orageufes. Ils s'en rapportèrent aux peuples circonvoifins, dont

---

(1) Efchin. orat. contr. Ctefiph. p. 77. edit. Henr. Steph.

(2) *Voyez* les mémoires de M. Anquetil fur les anciennes langues des Perfes, Acad. des Infcr. Tom. xxxi, p. 373.

(3) Les vents du nord n'y excitent point de tempêtes, quoique Quinte-Curfe n'ait pas craint de dire *à feptentrione in-*

gens in littus mare incumbit. L. vi , C. iv.

(4) *Sine portubus , procellis undiquè expofitum,* Pomp.-Mela. L. iii , C. v. la mer Cafpienne n'a proprement de port que celui de Mankifchlak. dans le pays de Khareim au nord de l'embouchure de l'Amû , not. fur Abulgazi , p. 647.

le récit fut la fource de bien des erreurs, comme nous le verron bientôt. Ces erreurs n'ont été entièrement diffipées que par les obfervations des Ruffes, qui ont démontré, 1° Que la plus grande étendue de la mer Cafpienne, en longueur, eft du nord au midi : 2° Qu'elle n'a aucune communication avec l'Océan ni avec les mers voifines (1). J'examinerai les opinions des Anciens fur ces deux articles, les fautes que les Hiftoriens d'Alexandre ont com- mifes, & quelle en fut l'origine.

Les fentimens des anciens Géographes étoient partagés fur la figure de la mer Cafpienne, que les uns faifoient ronde & les autres obfongue (2). Il eft étonnant que celui d'Hérodote n'eût point entièrement prévalu. Cet Hiftorien nous dit que cette mer avoit, en longueur, quinze jours de navigation d'un bâtiment à rames, & huit en largeur (3). Si l'on évalue, fuivant le témoignage de plufieurs Auteurs de l'Antiquité & d'Hérodote lui-même (4), la route de ce bâtiment, à cinq cens ftades par jour, lefquels doivent être de huit au mille, la longueur de la mer Cafpienne fe trou- vera à cinq cens ftades près, telle que les découvertes modernes nous la repréfentent; mais fa largeur de quatre mille cens ftades que donnent les huit jours de navigation rapportés par cet Hiftorien, ne fauroit fe concilier avec les cartes les plus exactes. Nous lifons dans l'ouvrage d'Agathemere un calcul plus modéré; il réduit cette même étendue à deux mille cinq cens ftades (5) : c'eft celle que cette mer a dans fa partie méridionale. La mefure de huit mille deux cens ftades que ce Géographe donne aux côtes de la mer Cafpienne, depuis l'embouchure du Cyrus jufqu'à celle du Jaxarte, n'eft pas auffi jufte.

---

(1) *Voyez* mém. de M. de l'Ifle, Acad. des Sciences 1721, p. 245.

(2) μητοειδἠς ὖτα . . . . , ὐ προμήκης, Agathem. edit. tennul. p. 7.

(3) Herod. L. 1, C. 203.

(4) *Voyez* la note (XXXVIII.)

(5) Agathem. L. 11, C. xiv. *Voyez* la note. (XXXIX.)

Eratofthène avoit recueilli avec foin les obfervations de di férens Voyageurs fur les diftances & l'étendue des côtes de cette mer, qui bornoit l'Albanie & le pays des Caduféens pendant l'efpace de cinq mille quatre cens ftades, la région des Mardes jufqu'aux bouches de l'Oxus, pendant celui de quatre mille huit cens ftades ; delà jufqu'à celles du Jaxarte, il y avoit deux mille quatre cens ftades (1) : total, douze mille fix cens ftades qu'Artemidore évaluoit à quinze cens cinquante milles, & Pline à quinze cens foixante & quinze (2); ce qui n'eft pas fort éloigné des notions actuelles, qui ne font pas cependant auffi parfaites qu'on pourroit le defirer. Strabon nous affure que la mer Cafpienne étoit peu connue au-delà du Jaxarte, & qu'on ne pouvoit trop fe défier des rélations qui parloient de cette partie feptentrionale (3) fur laquelle les Anciens n'avoient que des connoiffances très-incertaines. Le nom de Cafpienne, qu'ils donnoient à cette mer, ne s'étendoit même pas, felon Pline, au-delà du Cyrus (4).

Il paroît, par les différens calculs que je viens de rapporter, que plufieurs Auteurs de l'Antiquité ont fu, quoique d'une manière très-imparfaite, que la plus grande étendue de la mer Càfpienne étoit du nord au fud. Ptolémée a négligé ces notions : il donne à cette mer vingt-trois degrés & demi d'occident en orient; ce qui eft le quadruple de fa largeur (5).

Il réfulte de cette étendue exceffive en longitude, que les terres de l'Afie, contenues entre les vingtième & quarantieme degrés de latitude feptentrionale, ont été prolongées jufqu'au cent quatre-vingt-dixième degré de longitude; de forte que la Chine s'eft trou-

---

(1) Ap. Strab. L. xi, p. 349.
(2) Plin. L. vi, C. xii.
(3) Strab. L. xi, p. 349.
(4) *A Cyro cafpium mare vocari incipit.*

Plin. L. vi, C. xii.
(5) *Voyez* remarq. fur la carte de la mer Cafpienne, Acad. des Sciences 1721, p. 247.

vée plus orientale qu'elle n'eſt d'environ ſix cens lieues (1), & que
la poſition de différens peuples a été fort reculée du côté de l'Eſt.
Les régions ſituées à l'occident n'ont pas été moins déplacées;
une partie de l'Albanie, le pays des Caſpiens, celui des Caduſéens
& des Gèles, au lieu d'occuper la côte occidentale de la mer Caſpienne, ont été tranſportés à la côte méridionale (2).

M. de Buffon attribue l'origine de cette erreur à ce que le lac
Arall peut avoir été regardé comme faiſant partie de la Mer
Caſpienne. Dans cette hypothèſe.... « on trouvera encore, dit
» l'illuſtre Naturaliſte, que la longueur, depuis le bord occidental
» de la Mer Caſpienne juſqu'au bord oriental du lac Arall, eſt
» plus grande que la longueur depuis le bord méridional juſqu'au
» bord ſeptentrional de la même mer (3) »..... Les meilleures
cartes modernes ne ſont point favorables à ce ſyſtème; &, en
meſurant l'eſpace dont parle M. de Buffon, on trouvera, au
contraire, que la mer Caſpienne aura encore un tiers de plus en
latitude qu'en longitude. D'ailleurs les anciens Géographes n'ont
point confondu le lac Arall avec cette mer, comme nous le
verrons bientôt; & les Orientaux, qui nous ont fait connoître
plus particulièrement ce lac, ſe ſont auſſi trompés ſur l'étendue
en longitude de la mer Caſpienne.

Abulféda, Prince Arabe, qui écrivoit au commencement du
quatorzième ſiècle, rapporte l'opinion de Kottiddin, qui fixoit
l'étendue en longitude de cette mer à deux cens ſoixante-dix
pàraſanges (4) Ali-Kohcſgi, Aſtronome célèbre chez les Orientaux, dans le quinzième ſiecle, fait entrer dans un degré vingt-
deux paraſanges, avec une fraction de deux tiers de mille, dont

---

(1) Acad. des Inſcr. Tom. xxv, p. 45.
(2) Ptolem. L. vi, C. 11. Vid. tab.
(3) Hiſt. nat. Tom. 11. edit. in-12.
p. 45.

(4) *Tradit Kottiddinus ejus longitu-*
dinem ab oriente ad occidentem 270, Pa-
rajangas. Abulf. ex verſ. Aſkari.

trois compofent cette mefure itinéraire (1). Suivant ce calcul, Kottiddin aura donné onze degrés, un tiers de degré & deux milles en longitude à la mer Cafpienne ; diminution de plus de la moitié de l'eftime de Ptolémée.

Il eft probable que la mer Cafpienne n'a pas toujours eu une étendue bien déterminée, foit du côté de l'orient, foit de celui de l'occident & du midi, & que fes bords ont éprouvé bien des changemens Peut-être cette mer a-t-elle autrefois occupé une partie de la plaine de fable qui la fépare du lac Arall ; la maffe de fes eaux devant être anciennement plus confidérable qu'elle ne l'eft aujourd'hui, puifque plufieurs grands fleuves, dont le cours a été détourné, ne s'y déchargent plus comme auparavant. Le récit de M. Hanway femble démontrer les changemens qu'ont effuyés les pays circonvoifins. Ce Voyageur éclairé remarqua, en entrant dans la baie d'Aftrabat, fituée fur les côtes méridionales, que cette mer avoit tellement gagné dans les terres & rongé fes bords, que, dans beaucoup d'endroits, on voyoit des troncs d'arbres qui barroient le rivage ; ce qui rendoit le débarquement difficile (2). Lorfque les Ruffes naviguèrent pour la première fois fur cette mer, on prétend qu'ils ne trouvèrent que cinq pieds d'eau pendant près de neuf lieues au fud & au fud-eft de Chiterie-Bogorie ; mais, depuis trente ans, l'eau a monté fi confidérablement, qu'à quelque diftance de la côte, M. Hanway tâcha inutilement de trouver le fond avec une ligne de quatre cens cinquante braffes (3).

Peut-être ce changement a-t-il produit l'incertitude où l'on a été long-tems fur la vraie figure de cette mer, que les Orientaux

______

(1) D'Anville mef. itiner. p. 96. voy. mod. Tom. III, p. 194.
(2) Voyag. d'Hanway dans le rec. des (3) Voyag. id. p. 193.

n'ont guère plus connue que les Anciens. Les premiers la font tantôt ronde ou ovale, tantôt triangulaire, comme la voile d'un bâtiment à rames (1). Les obfervations envoyées par le Czar Pierre I ont enfin déterminé la figure de la mer Cafpienne, non cependant avec une précifion géométrique. La carte que M. d'Anville en publia, en 1754, eft differente en plufieurs points importans de celle du Czar rédigée par M. de l'Ifle. Le golfe d'Iemba, qui s'enfonçoit dans les terres, & dont les bords formoient la partie la plus feptentrionale de cette mer, a changé de configuration dans la carte de M. d'Anville, & il eft avancé de plus d'un degré & demi du côté du midi. La pointe qu'il fembloit faire, nommée *Mertovit Kultuk*, y eft prolongée en longitude beaucoup plus qu'aucune partie de la carte de M. de l'Ifle. La figure de la baie de Balkan n'a pas moins éprouvé de changemens. Enfin les obfervations qu'a faites M. d'Anville l'ont engagé à s'éloigner de la plupart des pofitions que fon prédéceffeur avoit admifes dans le giffement des côtes de cette mer.

Hérodote avoit affuré que la mer Cafpienne n'avoit aucune communication avec les mers voifines (2), & Ariftote, que c'étoit un lac fitué au pied du Caucafe, & qu'on donnoit le nom de mer à ce lac circonfcrit par les habitations de différens peuples (3).

Les conquêtes d'Alexandre, au lieu de confirmer la non-communication de la mer Cafpienne, ne firent qu'accréditer une

---

(1) . . . . . *Effeque ovale, aut alii dicunt formæ triangularis ad inftar veli navis*, Abulf. ex verf. Askari. Moyfe de Choiène affure que la plus grande étendue de la mer Cafpienne, eft depuis les bouches du Cyrus & de l'Araxe jufqu'à celles du Polytimète. Geogr. ad calc. Hift. Arm. p. 342. Il entend fans doute par ce dernier fleuve l'Oxus, le Polytimète n'ayant aucune communication apparente avec la mer Cafpienne.

(2) L. 1, C. 203.

(3) Arift. meteorol. L. 11, C. 1. λίμνη, ἣν καλοῦσιν οἱ ἐκεῖ θάλατταν - meteor. L. 1, C. xiii. *Voyez* la note (XXXIII.)

foule d'erreurs. Diodore eſt le ſeul des Hiſtoriens de ce Prince qui ait ſuivi l'opinion d'Hérodote (1). Quoique Plutarque avoue que le Monarque Macédonien ne put rien apprendre de certain ſur cette mer, il ne laiſſe pas enſuite d'avancer qu'elle eſt un golfe de l'Océan ſeptentrional (2). Ce ſentiment erroné a été adopté par la plupart des Ecrivains Grecs & Latins (3) ; il eſt inutile d'en faire ici la nomenclature. Le judicieux Strabon n'en peut être excepté ; il critique, ſans aucun fondement, Polyclète, pour avoir dit que la mer Caſpienne étoit un lac (4). M. de l'Iſle conjecture que les Anciens ont été trompés par la grande reſſemblance qu'il peut y avoir entre le détroit par lequel, ſelon eux, les eaux de cette mer ſe déchargeoient, dans l'Océan ſeptentrional & l'embouchure du Wolga : ce fleuve coule du nord au midi, & s'élargit en entrant dans la mer Caſpienne, qui reçoit pluſieurs rivières conſidérables, & ne ſe débordé cependant jamais (5). Ce phénomène peut s'expliquer par l'évaporation qui enlève une quantité d'eau égale à celle que cette mer reçoit (6).

Une conjecture, qui n'eſt pas moins probable, nous eſt indiquée par la route que tenoient autrefois les Scythes lorſqu'ils venoient commercer dans la mer du nord, ils remontoient le Wolga & la Kama, & faiſoient enſuite, pour joindre le Petzora qui ſe jette dans cette mer, un portage d'une demi-lieue, dont ils ne faiſoient pas mention par rapport à la longueur du chemin

---

(1) Diod. L. xviii, n.° 5.
(2) Plut. vit. Alex. p. 62.
(3) Strab. L. xi, p. 349. Plin. L. vi, C. xiii. Pomp.-Mela. L. 1, C. ii. Dionys. Perieg. v. 49-722. Euſtath. comment. Arr. 1. Perip. Geogr. min. Solin C. xxi. &c, &c.
(4) Strab. L. xi, p. 351.

(5) Remarques ſur la carte de la mer Caſpienne, Acad. des Scienc. 1721, p 47.
(6) Voyez mém. du célèbre Halley, Trans. philoſoph. 1687, p. 186 202. Le Chevalier Perry avoit calculé la quantité d'eau que la mer Caſpienne reçoit du Wolga par minute : Etat de la Ruſſie, p. 125 & ſuiv.

A a 2

qu'ils étoient obligés de faire par eau (1). On peut voir un exemple de cette manière de concevoir un long voyage, exécuté, en grande partie, fur des rivières, dans la carte Japonoife, apportée en Europe par Kœmpfer, dépofée dans le cabinet de feû M. Hanf-floane, & publiée par M. de Guignes (2). Le Saghalien y eft repréfenté comme uni par le lac Paikal ou Baikalmore, au Lena, quoique ceux qui ont pris cette route ayent dû faire deux portages.

Les Sauvages de l'Amérique feptentrionale ne diffèrent point des Japonois, dans l'idée qu'ils fe forment de la jonction des lacs & des rivières : il eft facile de s'en convaincre par la comparaifon de la carte tracée par le Sauvage Ochagach devant les Officiers de la Nouvelle-France envoyés pour tenter des découvertes à l'oueft du lac Supérieur, avec celle qui réfulte des obfervations faites, fur les mêmes lieux, par ces Officiers (3). Champlain, à qui la Colonie Françoife du Canada doit fa naiffance, rapporte que les Sauvages lui dirent qu'en remontant le Saguenai, il parviendroit en quarante ou cinquante jours à la mer du nord (4). Nous favons effectivement que cette rivière reçoit celle de Chef-foumatau par laquelle on arrive aux lacs des Miftaffins en faifant un feul portage ; & de ces lacs on defcend par le Kiché-Kupitan ou la grande décharge, dans la baie d'Hudfon.

Les objets fe préfentent fous la même face aux peuples qui n'ont que des connoiffances fort imparfaites, & à ceux qui ne font point encore civilifés. Les Scythes étoient les Sauvages de l'ancien continent : c'eft fans doute d'après leur récit que Scimnus de Chio rapporte que le Tanaïs prend fa fource dans l'Araxe, qui eft le Rha ou Wolga. Araxe, eft un terme appellatif donné

---

(1) Confider. Geogr. de M. Buache, p. 147. Defcrip. de l'Empire Ruffe, par M. Strahlenberg. Tom. 1, p. 301. & fuiv.

(2) Acad. des Infcr. Tom. XXVIII,

p. 503.

(3) Confider. Geogr. de M. Buache carte VIII.

(4) Voyag. L. III, C. IV.

dans l'antiquité à plusieurs fleuves (1). Hérodote désigne principalement, par ce nom, le Wolga (2), qui s'approche près de Twia, à la distance de huit lieues du Tanaïs (3); ce dernier fleuve, selon Aristote, en est une branche (4). Les Scythes, qui naviguoient sur ces deux fleuves, auront répandu le bruit qu'ils communiquoient l'un à l'autre par la même raison qu'ils assuroient que la mer Caspienne communiquoit à l'Océan. Un fragment d'Artemidore, publié depuis peu d'années, confirme encore cette explication. Nous y lisons que le Tanaïs a deux embouchures, l'une qui décharge ses eaux dans les Palus-Mœotidès, & l'autre dans la Scythie (5) : on doit entendre, par cette dernière, le Rha ou Wolga qui traverse la Scythie Asiatique avant de se jeter dans la mer Caspienne, & dont Artemidore fait, en suivant l'opinion d'Aristote, adoptée par Ptolemée, une branché du Tanaïs.

Ce n'est point le seul exemple que l'on puisse donner de ces communications introduites dans la Géographie par le rapport des Scythes (6). Cette nation occupoit l'espace qui est entre le Pont-Euxin & la mer Caspienne; le Phase, l'Araxe & les rivières qui viennent perdre leur nom dans ces fleuves, servoient à

---

(1) Scimn. v. 128-129.

(2) *Voyez* la note (XXXIX.)

(3) Not. sur Abulgazi, p. 45. Cette distance est encore fort diminuée par deux petites rivières, dont l'une appellée l'Avla ou l'Asla se jette dans le Don, ou Tanaïs, & l'autre qu'on nomme Camishinka se perd dans le Wolga : l'espace qui sépare ces deux rivières a environ trois quarts de lieue. Etat de la Russie par Perry p. 3-4. Voy. la carte.

(4) Aristot. meteorol. L. 1, C. xiii. Ptolem. L. v, C. ix. *idem.*

(5) *Voyez* la note (XXXIX.)

(6) On peut aussi rapporter ces idées de communications de fleuves à l'imperfection de la Géographie. Lorsque nos connoissances se sont perfectionnées, on n'a plus vû sur nos cartes, comme auparavant, plusieurs fleuves de l'Asie, de l'Afrique & même de l'Europe communiquer les uns aux autres; ce qui est également contraire aux rélations les plus exactes & aux principes de cette Phisique de notre Globe, selon laquelle la continuité des hauteurs ou montagnes indiquées par la source des fleuves, montre les points qui forment le partage naturel des terreins. *Voy.* un mém. de M. Buache sur cet objet, Acad. des Sciences, 1754, p. 14-15-16-17-18.

entretenir les liaisons qui étoient entre les différentes Tribus ou peuplades Scythes de cette région; &, avec un court portage dont ils ne faisoient pas mention, ils alloient toujours par eau. Leur récit peut donc avoir accrédité la jonction du Phase & de l'Araxe par le Lycus, dont parle Apollonius de Rhode (1). Celle de l'Ister avec la mer d'Ionie (le golfe Adriatique) & le Pont-Euxin, rapportée par le même Auteur, n'a point d'autre origine. Ce Poëte a suivi l'opinion de Timosthènes (2), qui assuroit que les Argonautes, en remontant l'Ister, étoient parvenus dans la mer qui baigne les côtes de l'Italie & de la Grèce. On sait que le Danube s'approche, à quelque distance de sa source, du golfe Adriatique, avec lequel il communiqueroit, si on pouvoit le joindre à la rivière qui a son embouchure près d'Aquilée : le Danube n'est séparé de cette rivière que par un espace de terre peu considérable.

Il est donc probable que Patrocle, Amiral des flottes de Seleucus & d'Antiochus (3), aura pris d'autant plus aisément les bouches du Wolga pour un détroit, que ses conjectures auront été appuyées par le rapport des gens du pays, qui, comme nous l'avons déja dit, alloient presque toujours par eau jusqu'à la mer du nord. Ce Navigateur se sera empressé de publier cette prétendue découverte, ou, plutôt, il aura confirmé celle que les Macédoniens qui suivoient Alexandre s'imaginoient avoir faite ; ce qui aura induit en erreur les Contemporains de cet Amiral, & les Ecrivains postérieurs. Pomponius-Mela nous représente le détroit, qui servoit de communication entre la mer Caspienne & celle du nord, comme long, fort resserré, & semblable à un fleuve :

---

(1) Apollon. Rhod. L. iv, v. 131-132-133-134-135. in vers. 132. L. iv. Voyez la note (XL)
(2) Apollon. Rhod. L. iv, v. 289-290. Schol. Apollon. in vers. 258. Voy. la note (XLI.)
(3) Vid. Strab. L. ii, p. 47. & alib. Vid. Politi animadvers. in Eustath. p. 141.

ce détroit féparoit, felon lui, les terres & dirigeoit fon cours en ligne droite lorfqu'il s'approchoit de fon embouchure (1). On ne fauroit méconnoître le Wolga dans cette defcription.

Ptolémée, éclairé fans doute par d'autres relations, eft revenu au fentiment d'Hérodote, d'Ariftote, de Diodore & de Polyclète; il dit, dans fa Géographie, que la mer Cafpienne eft environnée de tous côtés par la terre, & qu'elle reffemble, par rapport au Continent, à ce qu'une ifle paroît au milieu des ondes (2).

Il étoit dans l'ordre des événemens que les révolutions, quelquefois utiles à la fcience du globe, mais toujours funeftes à fes malheureux habitans, miffent enfin dans tout fon jour la non-communication de la mer Cafpienne. Sous les Khalifes Arabes on pénétra dans les régions feptentrionales, comme le démontrent les médailles de ces Souverains qui fe trouvent fréquemment dans une foule d'anciens tombeaux répandus fur les bords du Petzora (3). On fe convainquit alors que cette mer n'avoit aucune communication avec l'Océan feptentrional. Abulfeda & les autres Géographes Orientaux n'ont jamais méconnu cette vérité (4).

Arrien & Quinte-Curce ont ofé avancer que la mer Cafpienne communiquoit, par un détroit, avec celle des Indes (5); opinion qui rétrécit prodigieufement cette partie de la terre qui eft entre ces deux mers. Le fentiment erroné de ces Hiftoriens a peut-être induit Artemidore à croire que la mer Cafpienne étoit voifine de l'Océan, & que les Cafpiens, habitans de fes bords, étoient

---

(1) *Mare Cafpium, ut angufto, ita longo etiam freto, primum terras quafi fluvius, irrumpit:* &c. Pomp.-Mela L. III, C. v. Strab. nous dit que ce détroit eft au commencement affez étroit, & qu'enfuite en s'approchant de la mer Cafpienne, il s'élargit. L. XI, p. 349.

(2) Ptolem. L. VII, C. v, p. 181-182. edit. Mercat.

(3) Defcrip. de l'Emp. Ruff. par Strahlenberg. Tom. 1, p. 310.

(4) *Nec conjungitur cum mari ambiente, nec cum alio ex maribus de quibus fermo præceffit.* Abulf. ex verf. Askari, Eldrifi Geogr. nub. p. 243.

(5) Arr. L. v, C. xxvi. Curt. L. vi, C. iv.

limitrophes de la Perfe (1): conféquemment la partie de l'Afie, fituée entre la mer Cafpienne & celle des Indes (j'étends ce nom à toute la mer qui baigne les côtes méridionales de l'Afie), eft diminuée de cinq degrés en latitude, & les nations qui occupoient cet efpace difparoiffent.

Polyclète avoit avancé que les eaux de la mer Cafpienne étoient douces (2); Plutarque & Quinte-Curce ont adopté cette opinion(3), qui n'eft pas dénuée de tout fondement. Abulféda rapporte, d'après un Voyageur qu'il ne nomme point, que les eaux de cette mer changent de couleur près du rivage feptentrional, & qu'elles font adoucies jufqu'au point d'être potables, par le fleuve Atalque ou Atal (le Wolga) l'efpace de près d'un jour de navigation (4), c'eft-à-dire, d'environ douze lieues. Le P. Avril affure que cette douceur ne s'étend qu'à deux lieues des côtes (5). Les Anciens, qui les perdoient rarement de vue dans leurs voyages, auront jugé que le refte des eaux de la mer Cafpienne n'étoit pas d'une nature différente de celles qu'ils avoient fous les yeux. Corneille-le-Bruyn (6), & plufieurs autres Voyageurs

---

(1) Ap. Schol. Apollon. ad v. 858, L. iii. Ce paffage d'Artémidore d'Ephèfe étoit vraifemblablement tiré de fa Géographie, divifée en huit livres, Diod. L. iii, n.° ii. On ne doit point confondre cet ouvrage avec le Périple de la mer Méditerrannée, que cet habile Géographe avoit parcourue avec foin & dont il avoit décrit les côtes, d'une manière auffi claire qu'exacte, σαφίςατον καὶ ἀκρι βίςατον, en onze livres, Marc. Hera cl. ap. Geogr. min. Tom. 1, p. 65. Il n'eft point étonnant qu'Artémidore ait commis dans fa Géographie des fautes fur des contrées qui ne lui étoient connues que par les rélations des Voyageurs.

(2) Ap. Strab. L. xi, p. 351.

(3) Plut. vit. Alex. p. 62. Curt. L. vi, C. iv.

(4) *Mercator, qui in hoc mari navigavit, ita dicens; cum ad finem illius maris ad feptentrionem pervenimus, illam aquam faljam ac limpidam colore mutatam comperi; tunc dictum fuit mihi illam aquam effe fluminis Atalci maris aquis mixtam, cumque ex illa bibiffem eam dulcem effe deprehendi, & ita propè diem per mare dulce navigavimus.* Abulfeda ex verf. cit.

(5) Voyag. en divers Etats d'Europe & d'Afie, p. 86.

(6) Voyag. de le Bruyn Tom. iii, édit *in-4.°* p. 459, Voyag. d'Olearius Col. 513. &c.

n'ont

n'ont point oublié de faire mention de cette singularité. On pourroit croire, en adoptant le systême de M. de Buffon, que la masse entière de ces eaux a dû être, dans l'antiquité la plus reculée, totalement douce, & qu'elle sera ensuite devenue salée. Les fleuves qui se jettent dans cette mer y ont amené successivement tous les sels qu'ils ont détachés des terres, & ces sels n'ont pu se dissiper par l'évaporation (1). La différence qu'on trouve entre la rélation, citée par Abulféda & celle du P. Avril, ne doit être attribuée qu'à la diversité des lieux où ils avoient abordé. La douceur de la mer Caspienne ne peut toujours être la même à une distance égale de la côte; elle varie suivant les fleuves voisins qui s'y déchargent, & qui conservent la qualité de leurs eaux dans un éloignement plus ou moins grand, selon leur rapidité, qui est toujours en raison de la masse de ces mêmes eaux.

Strabon reproche à ceux qui accompagnoient Alexandre dans son expédition, d'avoir débité beaucoup de mensonges sur la mer Caspienne, & d'avoir confondu les Palus-Mœotides avec cette mer (2). Plutarque & Quinte-Curce ont avancé que ce lac de la Scythie Européenne y venoit décharger ses eaux (3): cette erreur tire son origine des notions peu exactes que ces Ecrivains ont eues du lac Arall, qu'ils ont pris pour les Palus-Mœotides. Cet objet mérite une attention particulière.

Hérodote rapporte que le pays habité par les Chorasmiens, les Hyrcaniens & quelques autres peuples, étoit arrosé par les eaux d'un fleuve qu'il nomme Acès ou Akès. L'endroit où elles se dégor-

(1) Hist. nat. Tom. II, p. 176. Le systême de l'illustre Naturaliste françois, est ici d'autant mieux fondé que nous savons, par le témoignage de Pline, que l'Ochus & l'Oxus entraînoient beaucoup de parties salines détachées des montagnes voisines de leur lit : *Præterea apud bactros amnes Ochus & Oxus ex adpositis montibus deferunt salis ramenta.* Plin. L. XXXI, C. VII.

(2) Strab. XI, p. 351.

(3) Plut. p. 62. Curt. L. VI, C. IV.

geoient entre deux montagnes, ayant été bouché par les ordres
d'un Roi de Perse, qui y fit mettre des portes (1) le cours en fut alors
intercepté ; & il se forma de ces eaux un grand lac dans la plaine
située entre ces mêmes montagnes (2). Le Monarque Perse, touché
ensuite du malheur des habitans de cette région, laissa reprendre au
fleuve Akès son ancien lit, & ordonna qu'on ouvrît les portes qui
retenoient des eaux nécessaires pour faire fructifier les terres
voisines, & dont l'écoulement étoit toujours acheté par un tribut
considérable (3). On ne sauroit méconnoître, dans ce récit,
l'Oxus, & le lieu où ce fleuve est fort rétréci, les gorges de
Dehani-Chir. Il n'est point étonnant qu'Hérodote, qui ne parle
que d'après des ouï-dire, confonde ici cet endroit avec le lac formé
par les eaux de l'Oxus, lequel n'est autre chose que le lac Arall (4).
Les montagnes ou côtes très-élevées qui l'environnoient aüront
donné lieu à cette méprise, qui n'empêche point que cet Historien n'ait eu des notions certaines, quoique imparfaites, de ce
lac, connu dans la suite sous le nom d'Oxien. Le fleuve Oxus
dans l'antiquité la plus reculée a du s'y jeter en partie & en augmenter les eaux.

Le Géographe Turc nous apprend que le Dgeihoun, (l'Oxus)
en sortant des sables, dont je parlerai dans la suite, se divise en
plusieurs bras ; ceux de Kiahvaré, d'Hezar-Asb, de Kierdan,
de Kierbé & de Haré, donnent de l'eau à tout ce pays, & sont
navigables (5). Quelques-uns de ces bras du Dgeihoun se jettent

جيحون, גיחן

---

(1). L'endroit où ces portes furent
mises est appelé, par Cherefeddin, *Co-
luga,* c'est-à-dire, porte de fer. Hist.
de Timur. L. III, C. II. L. VI, C. XXIII.

(2) τὸ πεδίον. τὸ ἐντὸς ἐρέων πέλαγος γίνεται,
Her. L. III, C. 117. La plaine que décrit Hérodote au commencement de ce
chapitre & qui est habitée, selon lui,
par les Chorasmiens, ne peut être que

celle de Kapjak située à l'orient de la
mer Caspienne & arrosée par l'Oxus.

(3) Herod. id.

(4) *Voyez* la not. (XLII.)

(5) *Voy.* le Géogr. Turc. p. 884-895.
& ce qu'il dit sur les différents canaux
du Dgeihoun qui traversent le Kharesme,
p. 821-822. Ce Géographe donne trois
cens lieues de cours à ce fleuve.

dans le lac de Kharefm ou Arall, tandis que ce fleuve paffe par la vallée de Kierlavé avec un bruit qui s'entend de deux lieues, & va décharger fes eaux dans la mer Cafpienne, auprès de Kahl-kahl, à fix journées du chemin de Kharefme (1). Ces détails fervent d'éclairciffement au texte de Ptolémée, qui nous dit que plufieurs rivières prennent leur fource dans les montagnes Sog-diennes, fituées entre deux fleuves : ces fleuves ne peuvent être que l'Oxus & le Jaxarte ; ils reçoivent les eaux de ces rivières dont une forme le lac Oxien (2). Ammien-Marcellin, qui traduit fouvent la Géographie de Ptolémée & quelquefois femble y ajouter, nous donne une idée de l'étendue du lac Oxien (3) par ces paroles : *longè latequè diffufam*, qui ne peuvent convenir qu'au lac Arall. Pline en fait auffi une mention expreffe ; mais il fe trompe en y mettant les fources de l'Oxus (4), que Ptolémée fixe au trente-neuvième degré de lat. fept. en même temps qu'il place ce lac au quarante-cinquième (5) ; ce qui fe rapporte avec les obfervations modernes. Il eft vrai que ce Géographe cette latitude au milieu du lac Oxien, tandis que ce doit être celle de fes bords feptentrionaux. Cette erreur eft le réfultat du fyftême de Ptolémée, qui recule toute la partie de l'Afie au-delà du Paropamife, beaucoup plus au nord qu'elle n'y eft effective-ment. M. de l'Ifle a très-bien remarqué que l'embouchure du Wolga, qui devoit être à quarante-fix degrés, eft à quarante-neuf

---

(1) Ibn-Haukal, dans Abulfeda, nous dit que le Dgeihoun', après différentes finuofités, fe replie enfuite vers l'eft en tirant vers le nord jufqu'à ce qu'il tombe dans le lac de Kharefm. M. d'Anville a fuivi ce fentiment dans la confeétion de fa carte de l'Afie.

(2) ἐν ᾧς ποιῶ τὴν ὀξιανὴν λίμνην, L. VI, C. XII, p. 160. Le traducteur latin de Ptolémée a obfcurci ce paffage qui n'é-toit pas déja trop clair.

(3) Ammian-Marcell. L. XXIII, p. 266. edit. Hamb. Cet Auteur a rendu le mot λίμνην du texte de Ptolémée par *palus*. Le terme grec fignifiant également marais & étang, Ammien a choifi le fens qui convient le moins au local actuel. & au texte de ce Géographe.

(4) *Ortus in lacu Oxo.* L. VI, C. XVI.

(5) Loc. Supr. cit.

dans ce Géographe, & la côte méridionale de la mer Caſpienne à quarante degrés au lieu de trente-ſept (1); différences énormes. Il eſt donc étonnant que, malgré ſon inexactitude, Ptolémée ait autant approché de la vraie latitude du lac Arall ou de Kharefm, appellé encore *Ogouʒ* par les Tartares (2). Le nom d'Oxien, qu'il porte dans l'antiquité, eſt dérivé de celui du fleuve Oxus. On apperçoit aiſément qu'il y a une affinité ſingulière entre *Ogouʒ* & ὄξος (3), dont l'Akes Ἄκης (4) ne peut être qu'une corruption. Dans les langues Calmuque & Mungale, *ongon* ſignifie don de Dieu ; *Ogouʒ* paroît venir de ce mot. Les Tartares Cara-Kalpakks, qui habitent près du lac Arall, en conduiſent les eaux, par des canaux, dans des plaines de ſable : les parties aqueuſes étant évaporées, la ſurface de ces plaines ſe trouve couverte d'un ſel cryſtalliſé, le ſeul que ce peuple puiſſe ſe procurer, ainſi que les Tartares de la Caſaftchia-Orda & du pays de Kharefme (5). La grande utilité que ces nations retirent du lac Arall a dû le faire regarder comme un préſent ou don précieux de Dieu. Je puis donc conclure de ces recherches que le lac Oxien eſt le même que le lac *Ogouʒ* ou Arall, qui dès lors a été connu des anciens Géographes, quoiqu'on ait cru, juſqu'à préſent, le contraire (6).

Polyclète avoit confondu les Palus-Mæotides avec la mer Caſpienne (7), qui recevoit, ſelon Plutarque & Quinte-Curce, cette

---

(1) Mém. ſur la mer Caſpienne, Acad. des Scien. 1721, p. 248.

(2) *Voyeʒ* dans la dernière note citée les différens noms de ce lac.

(3) En ayant ſoin de prononcer ὄξος comme ογτος. L'ortographe *d'Ogouʒ* varie : ce mot entre dans la compoſition du nom d'Ogus-chan, ainſi écrit par les traducteurs d'Abulgazi, part. ii, C. ii. & qui ſignfie Prince du pays de l'Oxus.

(4) Ce mot peut encore être dérivé de celui *d'Aucoès*, nom que portent les chefs des Hordes Tartares dans cette région. Etat de la Ruſſ. par Perry p. 101, Hérodote peut avoir confondu le nom appellatif de quelqué ancien Prince des environs de l'Oxus avec le nom même du fleuve Oxus. Akes ou Aces & Oxus ſont d'ailleurs abſolument le même nom, la différence eſt dans la prononciation.

(5) Not. ſur Abulgazi p. 767.

(6) *Voy.* la note (XLIII.)

(7) Ap. Strab. L. xi, 354.

efpece de lac (1) dont Arrien établit la vraie pofition dans fon Hiftoire des Conquêtes d'Alexandre : preuve certaine que le Périple
de la mer Erythrée eft fauffement attribué à cet Hiftorien (2); l'Auteur du Périple ofe avancer que les Palus-Mæotides & la mer
Cafpienne vont enfemble fe décharger dans l'Océan (3).

Les erreurs fur la communication de ces deux mers, ont peut-
être donné lieu à celle de Clitarque, qui a cru que la mer Cafpienne étoit la même que celle du Pont-Euxin (4) ; opinion
adoptée par Quinte-Curce (5), qui s'embarraffant fort peu des
conféquences, rapporte fouvent les fentimens les plus oppofés,
& paroît les admettre tous fans aucune diftinction. Le nom de Tanaïs donné au Jaxarte, ainfi appelé par corruption du mot *Ikfarte*,
employé dans la langue Mungale pour fignifier un grand fleuve(6);
doit avoir accrédité cette erreur. Diodore, Juftin & Quinte-Curce
ont confondu ces deux fleuves (7), que Plutarque & Arrien ont
fu diftinguer (8), quoique la flatterie ou la vanité des Macédoniens
fe plût à les réunir (9).

Ptolémée a connu cette différence : mais, entraîné par l'autorité
des Hiftoriens du Conquérant de l'Afie, fur les autels que ce
Prince éleva aux bords du Jaxarte, en mémoire de fon expédition, ce Géographe les a tranfportés, près des rives du Tanaïs,
dans l'endroit où ce fleuve, après avoir couru depuis fa fource

(1) Plut. p. 62, *In Cafpium mare, Mæotin paludem cadere putant*, Cur. L. vi, C. iv.

(2) Arr. L. iii, C. xxx. L. vii, C. i. Vid. Dodwel differt. in Scriptor. Geogr. min. iv. Tom. 1, p. 85.

(3) καθ'ην, &c. p. 37. Geogr. min. T. 1.

(4) Ap. Plin. L. vi, C. xiii.

(5) *Vid.* L. vii, C. iii. *Cum verò venti à Pontico mari fpirant, quidquid fabuli in campis* (bactrianæ) *jacet convertunt.* L. id. C. iv.

(6) *Ik* fignifie grand & *Særte*, fleuve; Arrien écrit ὀρξάντην. L. iii, C. xxx. & ὀξυάρτης L. vii, C. xvi. Plut. ὀρεξάρτην. p. 63. Je crois que ces mots doivent être réta-blis par celui d'ὀρξάρτης qui approche le plus du ἰαξάρτης. Strab. L. xi, p. 351. & alib.

(7) Diod. L. xviii, n.° 5. Juft. L. xii, C. v. Curt. L. vii, C. vi-vii.

(8) Plut. p. 63. Arr. L. iii, C. xxx.

(9) Strab. L. xi, p. 351.

au fud eft, s'approche du Rha, &, delà, tournant au fud-oueft, dirige fon cours vers les Palus-Mæotides qui reçoivent fes eaux (1).

Ce Géographe, en fuivant les mêmes guides, a multiplié diffé-rens peuples Scythes, tels que les Aorfes & les Agathyrfes. Ces nations habitoient en-deçà du Tanaïs (2), Ptolémée, après les y avoir placées (3), ne craint point enfuite de les compter de nouveau parmi celles de la Scythie Afiatique (4). Si Pline n'a pu entièrement éviter cette faute, il a du moins diftingué les peuples de la Scythie Européenne, qu'il met aux environs de la mer Cafpienne, par des furnoms, comme les Aorfes par celui de *Nafotiani* (5), & les Arimafpes par celui de *Cacidari* (6) : peut-être encore ces Scythes Afiatiques étoient-ils des colonies deceux d'Europe, dont ils avoient confervé le nom dans leurs émigrations.

L'ignorance de Quinte-Curce égaloit fa crédulité : trompé par la fauffe dénomination de Tanaïs donnée au Jaxarte, cet Hiftorien fait difparoître de la furface de la terre toute la partie de l'Afie fituée entre ces deux fleuves. Suivant ces principes erronés, il parle de la Bactriane comme de la dernière contrée de l'Afie, & comme n'étant féparée de l'Europe que par le Tanaïs, qu'il reconnoît être la limite de ces deux parties du monde (7). Malgré cet aveu, il ofe nous dire, dans un autre endroit de fon Ouvrage, que les Scythes, qui habitent au-deffus du Bofphore.

---

(1) Ptol. L. III, C. v. L'ancien interprête de Ptolémée n'a point voulu entendre le texte de cet Auteur. *Vid. tab.* Il fait placer à ce Géographe les Autels, dont je viens de parler, au pied des Monts Riphées.

(2) Strabon prolonge le pays des Aorfes du côté du midi, jufqu'au Caucafe. L. XI, p. 339.

(3) Ptol. L. III, C. v.

(4) id. L. VI, C. XIV.

(5) Plin. L. VI, C. XVI.

(6) id. L. VI, C. XVII.

(7) *Bactrianos Tanaïs ab Scythis quos Europeos vocant, dividit. Idem Afiam & Europam finis interfluit. . . . . . (Alex. Orat. ad milit.) . . . . Quis dubitabis patere etiam Europam victoribus. . . . . unus amnis interfluit quem fi trajicimus, in Europam arma proferimus.* L. VII, C. VI - VIII.

Cimmérien, appartiennent à l'Asie (1). La région qui s'étend au-dessus de ce Bosphore & des Palus-Mæotides, est cependant à l'occident du Tanaïs, & conséquemment située en Europe elle est habitée par les Roxolanes & les Jazyges, peuples de la Scythie Européenne (2). Quinte-Curce est tombé dans cette erreur pour avoir changé la situation, les bouches & le cours du Tanaïs, & en avoir avancé la longitude de cinq degrés. Il ajoute ensuite que les Scythes, dont les Parthes sont sortis, ne venoient point du Bosphore, mais de l'Europe (3). Ainsi cet Historien transporte entièrement le Bosphore-Cimmérien dans l'Asie, tandis que le détroit par lequel les Palus-Mæotides se déchargent dans le Pont-Euxin forme la séparation des deux parties du monde que je viens de nommer, dont les limites se trouvent placées, dans le récit de Quinte-Curce, d'une manière aussi bizarre que presque inconcevable.

Le déplacement de plusieurs peuples est une suite nécessaire des erreurs que je viens de remarquer. Les Cercètes, les Mosynoéciens & les Chalybes sont transportés par Quinte-Curce à la gauche de la mer Caspienne; les Leucosyriens & les Amazones, à l'autre côté de cette mer (4). Les anciens Géographes établissent unanimement la position des Mosynoéciens, des Chalybes & de leurs voisins, les Cercètes, appellés depuis Apaites, dans les montagnes du Pont-Euxin (5). Les Leucosyriens étoient les habitans

---

(1) *Qui super Bosphorum colunt adscribuntur Asiæ.* L. vi. C. ii.

(2) Ptolem. L. iii, C. v. Vid. *Orbis veteribus not.*

(3) *Quin Scythæ, qui Parthos condidere, non à Bosphoro, sed ex regione Europæ penetraverint.* L. vi, C. ii.

(4) *Cercetæ, Mosini & Chalybes à læva sunt: ab altera parte Leucosyri & Amazonum campi ; & illos qua vergit ad septentrionem, hos ad occasum conversa prospectat.* L. vi, C. iv.

(5) Strab. L. xii, p. 378. Scylac. Per. p. 33. Geogr. min. Tom. i. Eustath. in v. 768. Dion. Xenoph. exped L. v, p. 41. Tom. iii. soulis, &c. *Voyez* la note (XLIV.)

de la Cappadoce (1), dont la situation est connue, ainsi que celle du pays des fabuleuses Amazones, que l'on prétend avoir fixé leur demeure dans les champs de Themiscyre, sur les bords du Thermodon (2). Une faute de Géographie en entraîne toujours plusieurs autres : l'exemple de Quinte-Curce justifie souvent cette remarque. Cet Historien, après avoir changé la situation des Chalybes, ajoute que ce peuple étoit voisin de deux Villes célèbres, Sinope & Amisus (3). Cette dernière Cité étoit à plus de douze cens stades olympiques au nord-ouest des Chalybes (4); & Sinope, Ville fameuse de Paphlagonie, étoit éloignée d'Amisus de douze cens stades (5) au nord-ouest.

Des Peuples & des Contrées de la Haute Asie.

Pharasmanes, Roi des Chorasmiens, vint, selon Arrien, trouver Alexandre, & assura ce Prince qu'il étoit voisin de la Colchide & des Amazones ; erreur grossière qui dérive toujours de la même source que celle de Quinte-Curce. Les Chorasmiens habitoient à l'orient de la mer Caspienne, sur les rives de l'Oxus ; position que Ptolémée a très-bien observée (6) : il n'a point doublé ce peuple, comme on l'en a accusé, sans aucun fondement (7). Le nom de Kharesine ou Khoaresm que l'ancien lieu occupé cette Nation a conservé chez les Orientaux (8), démontre suffisamment la situation

---

(1) Herod. L. 1, C. 72. Strab. L. xii, p. 380. Plin. L. vi, C. iii.
(2) Strab. L. xii, p. 377. Pomp.-Mela L. 1, C. xx. &c. Voy. la note (XLV.)
(3) Curt. L. vi, C. iv.
(4) *Vid.* tab. Danv. *Asia minor.*
(5) Xenoph. exped. Tom. iii, p. 144. edit. cit. *Voyez* la note (XLVI.)
(6) Ptolem. L. vi, C. xii.

(7) Hist. de l'Acad. des Insc. Tom. xxv, p. 52.
(8) Abulf. descr. Chorasm. Geogr. min. Tom. iii, p. 20. Eldrisi Geogr. nub. p. 138. Les traducteurs ont fort varié sur l'orthographe de ce nom, comme la observé le savant Abbé Renaudot, pref. des Rel. Arab. p. xxxv.

de cette nation Scythe, qui étoit une tribu, ou faisoit partie de celle des Saques ou plutôt Saces (1), Colonie des Abiens.

Un savant Académicien accuse les Historiens d'Alexandre d'avoir transporté les Abiens d'Europe en Asie (2). Tâchons de les justifier : il faut, pour cela, prendre les choses de plus haut. Les Scythes ont habité presque toutes les régions septentrionales de l'ancien Continent, ou, pour s'exprimer avec plus d'exactitude, l'uniformité des mœurs & de la façon de vivre des différens peuples qui les occupoient, leur a fait donner, par les Grecs, la dénomination générale de Scythes. Leur véritable nom, selon Hérodote, fut celui de Scolotes formé de celui d'un de leurs Rois (3) ; ils ne furent considérés que comme une seule nation (4), & c'est dans ce sens qu'on doit entendre ce que Thucydide rapporte de leur puissance. Elle étoit si considérble, qu'aucun peuple de l'Europe & de l'Asie n'auroit pu les égaler en nombre, ni leur résister, s'ils se fussent réunis (5). Les incursions que les Scythes ont fait en différens tems, ont bouleversé la face de la terre, dont la plus grande partie a été peuplée par ces nations.

Les Géographes divisent les Scythes en Européens & en Asiatiques ; ce qui est trop vague : il est plus simple de les ranger sous deux autres classes, la première celle des Pasteurs, la seconde celle des Cultivateurs. Ephore, dans l'énumération qu'il avoit fait des peuples Scythes, avoit adopté cette division (6). Dans l'origine des sociétés, elle a dû être la seule qui servît à dif-

---

(1) Voyez la note (LII).

(2) Hist. de l'Acad. des Inscr. T. xxvi, p. 50.

(3) Herod. L. iv, C. 6. Ce nom me paroît venir de *Koloh-tack*, qui signifie dans la langue Mungale ample, large drapeau ; parce que ce Roi réunissoit plusieurs Nations sous ses étendards, & que son Empire s'étendoit au loin ; ou parce que les étendards dont les Nations Scythes faisoient usage, étoient d'une grande ampleur, & ressembloient, comme dit Arrien, à des voiles de navire. *Arriani tactica.* edit. Blanc. p. 80.

(4) Strab. L. i, p. 22.

(5) Thucyd. L. ii, C. 97

(6) Ap. Strab. L. vii. p. 209.

C c

tinguer les différentes Nations du monde. D'un côté, les progrès
de la civilisation, toujours funestes aux mœurs, de l'autre la fondation des Villes qui ne se multiplient & ne s'accroissent qu'aux
dépens des campagnes dont elles dévorent les habitans, & qui
entraînent, par leur luxe, le mépris de la vie champêtre, firent
bientôt oublier cette heureuse distinction introduite chez presque
tous les peuples. Chez les anciens Perses, il n'y en avoit point d'autre (1); elle s'est encore conservée chez les Tartares, descendans
des Scythes. La puissante nation des Usbeks est divisée en Usbeks-
Oulagètes, c'est-à-dire, errans, qui habitent les campagnes, &
sont pasteurs de profession, & en *Bukhares* ou *Sartes*, qui vivent
dans les Villes, & ont des demeures fixes (2).

Les Pasteurs, ou Nomades, formèrent cependant la classe la
plus nombreuse (3), qui comprend les Abiens, surnom donné
en général aux Nomades, & qui ne peut être rapporté qu'à leur
genre de vie, si bien exprimé dans ce vers d'Horace :

Quorum plaustra vagas ritè trahunt domos ;

genre de vie qui, en les détachant des possessions souvent nui-
sibles à la probité, leur avoit acquis une grande réputation d'é-
quité, célébrée même par Homère (4).

Aristarque prétendoit que le nom d'Abiens étoit celui d'une
nation particulière (5). Ce sentiment n'est pas absolument

---

(1) Herod. L. 1, C. 125.

(2) Descr. de l'Emp. Russ. par Strah-
lenberg. Tom. 11, p. 159.

(3) Herod. L. iv, C. xi. Polyb.
Tom. 11, p. 319. edit. cit. Strab. L. xi,
p. 593. edit. Xyl. Les Tartares Mungales
prétendent que les *Noimans* ou *Naimans*
sont l'une de leurs plus nobles & anciennes Tribus. Descr. de l'Emp. Russ.
Tom. 11. Ce nom paroît être la vraie
racine de celui de Nomades que les Grecs
ont voulu rapporter à leur verbe νέμω,
ils le devoient aux anciens Scythes.

(4) Hom. Il. L. xiii, v. 6.

(5) *Ap*. Apollon. Lex. Tom. 1, p. 13.
Voy. l'ingénieuse conjecture de M. de
Villoison sur le nom de ce peuple not.
p. 14. Ce Savant, célèbre par ses connoissances précoces, a donné une nouvelle vie à ce Lexique. La difficulté de
le déchifrer, sembloit le condamner à
ne jamais sortir de la Bibl. de S. Germain.

contraire à celui que j'ai adopté, lequel eſt autoriſé par le témoignage d'une foule d'Ecrivains, Géographes, Hiſtoriens, Grammairiens, &c. (1). Cette dénomination, après avoir été appliquée
en général à tous les peuples Nomades, a été reſtreinte, dans la
ſuite, à quelques-unes de ces nations dont les mœurs & la manière de vivre répondoient davantage à l'idée que préſente
d'abord à l'eſprit l'épithète ou le ſurnom d'Abiens. Un paſſage de
Scymnus de Chio me paroît éclaircir parfaitement cet objet.

Ce Poëte-Géographe, après avoir parlé des Scythes Géorgiens
ou Cultivateurs, continue en ces termes : (il ſuit Ephore, ſon
guide ordinaire) . . . . « Pluſieurs autres peuples,
» qu'on ne connoît pas ſous une dénomination particulière, ſont
» paſteurs & portent la religion juſqu'à ne faire aucun mal aux
» animaux. Ils ſe nourriſſent de lait de jument, à la manière des
» autres Scythes, & mettent tous leurs biens en commun. On
» dit qu'Anacharſis avoit pris naiſſance chez ce peuple, célèbre
» par la pureté de ſes mœurs (2), & que pluſieurs de ces Scythes
» étant paſſés en Aſie, y avoient formé des habitations & y étoient
» connus ſous le nom de *Saces* (3). » . . . . . Nous trouvons
encore ce même paſſage tiré du quatrième Livre d'Ephore,
dans le fragment d'un Périple du Pont - Euxin, publié par Iſaac
Voſſius (4). Strabon, après avoir fait l'extrait de l'endroit d'Ephore

---

(1) ἀητίως, ἀμαξοικώς. Strab. L. vii ,
p. 455. edit. Xyl. Euſthat. in v. 6, L. xiii.
Hom Nicol. Damaſc. de mor. gent. ad
calc. de Repul. Lac. Crag. p. 548. ὦ βίαιοι,
δικαιοτάτωι. Heſych. in voc. Ἀβίων Strab.
loc. cit. *Vid.* Apollon. Lex. p. 13-14.
Etymol. magn. edit. Sylb. col. 232, 233.
Euſtath. in Hom. loc. ſupr. cit. Steph.
Byſant. p. 6-7, &c. Peut-être que ce mot
ſignifioit dans l'ancienne langue des
Scytnes, *pere*, comme aujourd'hui celui
d'*abba* dans celle de Tangut, *abam* dans
celle de Kamski, & *abaga* grand père,
chez les Tartares Calmuques & Mungales : les Scythes donnoient ce nom
aux Abiens, ou par reſpect, ou à cauſe
de leur antiquité.

(2) Je ſuis ici la ponctuation de Voſſius.

(3) . . . . κỳ κάτοικῆσαι τινὰς εἰς Ασίαν ἐλθόντας, ὡς δὴ κỳ Σάκας καλῶσιν. Scymn. fragm. v. 121,
122, 123. J'ai traduit depuis le vers 110
juſqu'au 123.

(4) Ad Calc. edit. Scyl. p. 3. & Ap.
Geogr. min. Tom. 1, pp. 3-4.

que je viens de citer, rapporte les vers du Poëte Chærile ;
qui dit que . . . . « les Saces, Pasteurs (1), Scythes d'origine,
» habitoient l'Asie, qui est fertile en grains ; c'étoit une colonie
» de Nomades, hommes justes (2) ». . . . Je rends à la lettre
les paroles de Chærile, qui confirme l'opinion d'Ephore.

Hérodote & Pline nous apprennent (3) que les Perses donnoient en général à tous les Scythes le nom de Saces, parce
que le peuple qu'on appelloit ainsi, étoit, selon le Naturaliste Romain, le plus voisin de leur Empire (4). J'ose proposer une autre
conjecture.

On peut tirer, sans doute, une utilité très-réelle des restes de
l'ancienne langue Runique, des différens dialectes de l'Esclavon,
de la langue Thibétane ou de Tangut, du Persan, enfin de l'idiôme
Turc, pour expliquer plusieurs noms des peuples Scythes : mais
il n'y a aucune langue dont on puisse faire un usage aussi fréquent
& peut-être aussi sûr que du Mungal, répandu dans une partie
très-considérable de l'Asie (5). *Saki* signifie, dans cette langue ;
je massacre. Il est vraisemblable que les Scythes, qui combattirent
autrefois contre les Perses, crioient dès que leurs ennemis commençoient à plier, *sakib* (6), tue, massacre ; & que la terreur grava
profondément ce cri affreux dans l'esprit des vaincus, qui ne
surent plus désigner leur vainqueur, dont ils ignoroient la langue,
que par le terme qui avoit fait sur eux l'impression la plus forte,

---

(1) Strab. L. vii, p. 209.
(2) . . . . . νομάδων γὲ μὶν ἦσαν ἄποικοι ἀνθρώπων νομίμων. *Ap. Strab.* loc. cit.
(3) Herod. L. vii, C. 64.
(4) Plin. L. vi, C. xvi. Les Grecs donnoient le surnom de Saces aux hom-mes errans qui n'étoient Citoyens d'au-cune Ville & membres d'aucune Tribu, Aristoph. *aves* v. 31-32-33-34. Acester

Poëte tragique, portoit ce surnom, Arist. vesp. v. 1216.
(5) Descr. de l'Emp. Russ. par Strah-lenberg, Tom. 11, p. 311. Je me sers du petit Vocabulaire de cette langue publié par ce Savant.
(6) Imperat. *Voy.* la gramm. Mung. Tom. iii. du Rec. de Thevenot.

& dont cette nation Scythe se servoit ordinairement dans les combats. De *saki* ou *sakib* dérive naturellement le mot de Σάκαι au féminin Σάκις (1). Les Saces proprement dits, portoient, selon Hérodote, le nom d'Amourgiens αμυργίοι (2), qui venoit de celui d'un de leurs Rois dont parle Ctésias (3), & non pas du nom du Margus, rivière de la Margiane, comme le conjecture M. Fréret (4). Les Saces n'habitoient point cette région ; ce peuple Scythe ne diffère point non plus des Aspasiasques, ou plutôt Aspasiaces, comme nous le verrons bientôt : mais tâchons auparavant de fixer la position du pays qu'occupoit cette colonie d'Abiens.

Strabon parle des Saces comme du peuple Scythe le plus oriental au-delà de la mer Caspienne, & il les place, ainsi que Marcien d'Héraclée, sur la même ligne que les Sogdiens, près d'un gué du Jaxarte, qui leur facilitoit la communication avec les Massagètes (5). Agathémère nous assure, qu'en venant du côté de l'occident, on trouve la Sogdiane, ensuite le pays des Saces (6). Ptolémée entre dans des détails plus satisfaisans ; il nous apprend que les Saces avoient au couchant la Sogdiane, & la Scythie au Nord, qu'ils s'étendoient parallèlement jusqu'à l'endroit où le Jaxarte change son cours (7); c'est-à-dire, où ce fleuve, après avoir coulé de l'Est à l'Ouest, s'incline vers le Nord-Ouest. Le pays des Saces, qui ne vivent que du produit de leurs troupeaux, & n'habitent point les Villes, est, selon Ammien-Marcellin, contigu

---

(1) Steph. Byfant. p. 580. edit. cit. Pourquoi Reland va-t-il chercher l'étymologie du nom de Saces chez les Arabes, Diss de Vet. Ling. Pers. in voc. *Sacæ*, celle de Wachter approche plus du vrai, Saka, *nocere, vulnerare, damnum inferre*; Gloffar. German. p. 1335.

(2) Herod. L. vii, C. 64.

(3) Ap. Phot. Persic. col. 108.

(4) Observ. sur la Cyrop. Acad. des Inscr. Tom. vii, p. 436.

(5) Strab. L. xi, p. 352. Marc. Heracl. p. 25.

(6) εἶτα Σογδιανὴ, εἶτα Σακία. L. ii, C. vi.

(7) Ptolem L. vi. C. xiii. *Vid.* id, C. xii.

à la Sogdiane (1). Une contrée qui, placée immédiatement après cette Province, vers l'orient, conserve encore aujourd'hui le nom de *Sakita* (2), semble démontrer, par l'identité de son nom avec celui du peuple qui l'habitoit anciennement, la vraie position des Saces.

Diodore de Sicile prétend que toute la Scythie au-delà de l'Edmodus, au nord de l'Inde, étoit occupée par les Saces (3). Il est facile de s'appercevoir que cet Historien a été trompé par l'extension que les Perses donnoient à cette Nation. Eratosthène n'est pas moins répréhensible d'avoir fait séparer les Saces & les Sogdiens par le Jaxarte (4) : on peut juger de l'exactitude de ce Géographe sur les pays septentrionaux de l'Asie par la position qu'il donne aux Arachosiens & aux Massagètes ; il les fixe sur les rives de l'Oxus, près de la Bactriane. Eratosthène semble même faire limitrophes les pays habités par ces deux peuples (5), tandis que l'un étoit au nord du Jaxarte, l'autre à l'occident du Paropamise & conséquemment éloigné d'environ trois mille stades olympiques de l'Oxus.

Puisque les Saces étoient une colonie d'Abiens, placée à l'orient de la Sogdiane, les Historiens d'Alexandre ne méritent donc point d'être accusés d'avoir transporté de l'Europe en Asie ce peuple Nomade, dont une partie étoit venu s'y établir. On ne sauroit cependant approuver Arrien lorsqu'il parle des Villes de cette nation (6); on sait qu'errante & sans demeures fixes, elle passoit sa vie sur des charriots, & ne s'arrêtoit qu'aux lieux abondans en pâturages. La fondation d'une Ville ne peut se concilier avec les

---

(1) L. xiii, edit. cit. p. 276.
(2) Geogr. anc. de M. d'Anville Tom. ii, p. 319.
(3) Diod. L. ii, n° 35.
(4) Ap. Strab. L. xi, p. 354.
(5) Loc. supr. cit.
(6) Arr. L. iv, C. 1.

mœurs des Scythes en général & des Saces-Abiens en particulier.

Là suite des événemens rapportés par Arrien, semble indiquer que les Scythes, qui défendirent le passage du Jaxarte contre Alexandre, étoient les Abiens (1) : mais on doit croire que cet Historien a voulu parler des Massagètes, que leur position au nord de ce fleuve mettoit à même de s'opposer aux projets du Héros Grec. Ils accompagnèrent Spitamène dans son expédition contre la Bactriane (2), qui avoit été précédée d'une autre expédition contre la Sogdiane, dans laquelle ce Général fut obligé de lever le siége de Maracanda & de se réfugier chez les Scythes Nomades. Pharnuque l'y poursuivit, & se trouva au milieu de ce peuple sans s'en appercevoir (3); preuve que ces Nomades étoient les Saces Abiens. Un corps de troupes pouvoit entrer dans leur pays sans passer aucun fleuve, au lieu que la région habitée par les Massagètes avoit le Jaxarte pour barrière. Pharnuque, trompé par cette communication facile, & assailli par les Saces, qui donnèrent du secours à Spitamène, fut obligé de prendre la fuite avec toute sa cavalerie (4). Arrien ne devoit donc point distinguer les Sacés des Abiens Asiatiques (5). Son opinion a été adoptée, sans aucun fondement, par plusieurs autres Ecrivains. Ptolémée, égaré sans doute par ces autorités, fait des Abiens le peuple le plus septentrional de la Scythie au-delà du Mont-Imaüs (6).

Le cours de l'Oxus séparoit la Bactriane de la Sogdiane. Polybe nous dit que ce fleuve, après avoir pris sa source dans le Caucase (Paropamise) roule ses eaux dans la Bactriane, où elles sont fort augmentées par plusieurs rivières qui s'y déchargent (7). Il est certain que l'Oxus recevoit presqu'autant de rivières du

---

(1) Arr. L. IV, C. IV.
(2) L. IV. C. XVI.
(3) Arr. L. IV, C. V.
(4) *Id.* L. III, C. VIII. L. IV, C. I.

(5) Arr. L. IV, C. I.
(6) Geogr. L. VI, C. XV.
(7) Polyb. edit. cit. Tom. II, p. 262.

côté de la Sogdiane que de celui de la Bactriane. Les expreſſions
de ce judicieux Hiſtorien induiroient donc à croire qu'il met ce
fleuve dans le centre de la Bactriane, puiſque c'eſt dans cette
contrée qu'il prétend que ſon cours eſt accru par les rivières qui
y viennent perdre leur nom. Denys-le-Périégète adopte un ſentiment qui n'eſt pas moins erroné ; il fait traverſer la Sogdiane
par l'Oxus (1), tandis que, depuis ſa ſource, ce fleuve ſervoit de
limite aux deux Provinces que je viens de nommer (2).

Polybe nous apprend encore que les Scythes Aſpaſiaces (3),
qui demeuroient entre le Tanaïs qui ſe jette dans les Palus-Mæotides, & l'Oxus, dont les eaux vont ſe perdre dans la mer Caſpienne, faiſoient, en paſſant ce dernier fleuve, des incurſions
dans l'Hyrcanie (4). Cet Hiſtorien a été trompé par la fauſſe
dénomination donnée au Jaxarte, & n'a ſu éviter les erreurs repro-
chées aux Ecrivains de la Vie d'Alexandre. La ſuite de ſa narration
prouve évidemment que la nation Scythe, dont il a voulu parler
ſous le nom d'Aſpaſiaces, ne diffère point des Saces : c'étoit vraiſemblablement quelque tribu particulière ou quelque ſurnom (5)
de ce peuple. Les Scythes Aſpaſiaces n'avoient d'autres rivières à
paſſer, pour faire des incurſions dans l'Hyrcanie, que l'Oxus. Si
leur pays eût été ſitué entre ce fleuve & le vrai Tanaïs, il auroit
embraſſé une région immenſe, que nous ſavons avoir été habitée
par d'autres nations Scythes. Une multitude de rivières auroient
oppoſé de nombreuſes barrières aux courſes des Aſpaſiaces. Le
texte de Polybe ne leur en donne point d'autres que l'Oxus.

Cé fleuve rouloit ſes eaux parmi des rochers qui formant,

---

(1) Dion. Perieg. v. 747.
(2) Strab. L. ix, p. 356. &c, &c.
(3) Polyb. ex Lib. x, Tom ii, p. 269.
(4) Loc. ſupr. cit. 270.
(5) Ptolémée paroît diſtinguer, ſans aucun fondement, les Aſpaſiens ou Aſpa-
ſiaces des Saces, & donner au pays du premièr de ces peuples une latitude trop ſeptentrionale, L.vi, C. xiv. Voyez la note (LIII).

felon quelques-uns, comme un pont d'un ftade de longueur, donnoient un paffage libre aux Scythes ; ou, fuivant d'autres, ce peuple profitoit de l'efpace que laiffoit l'Oxus depuis l'endroit où il s'engloutiffoit dans la terre, il y cachoit fon cours, jufqu'à celui où il reparoiffoit (1). La première de ces opinions, quoique fauffe, n'eft point dénuée de tout fondement. Le Dgeihoun, ou l'Amu, qui eft l'Oxus des Anciens, fe fépare d'abord en plufieurs branches dans les cantons de Balk & de Termed; il raffemble enfuite fes eaux & paffe entre deux montagnes dans un endroit qui peut avoir à peine cent coudées de largeur, & eft appelé, vraifemblablement par cette raifon, *Dehani-Chir*, c'eft-à-dire, Gueule de Lion (2). On reconnoît aifément, dans cette defcription, ce qui a donné lieu au pont naturel de l'Oxus.

Le fecond fentiment que Polybe femble adopter eft plus vrai-femblable. Le Dgeihoun trouve, au-delà de *Dehani-Chir*, une plaine de fable de deux lieues d'étendue, où il fe perd. Cette plaine pouvoit être autrefois très-praticable, mais un voyageur courroit aujourd'hui de grands rifques s'il tentoit dè la traverfer. Au fortir de ces fables, ce fleuve reprend fon cours par le Kha-refme (3).

Il eft affez ordinaire de voir, en ces contrées, des rivières s'en-gloutir & fe perdre dans le fein des terres. Strabon n'eft donc

---

(1) Polyb. Tom. II, p. 269-270.

(2) Voyag. d'Otter, Tom. 1, p. 236. Le Géographe Turc « nous dit que le » *Dehani-Chir* eft un valon ou paffage » étroit entre deux montagnes, par le- » quel le Dgeihoun paffe & fait un fi » grand bruit qu'il donne de la terreur à » ceux qui l'entendent », p. 826.

(3) Le Géographe Turc entre dans des détails très-intéreffants fur le cours du Dgeihoun (l'Oxus); je n'en rapporte ici que ceux qui font abfolument liés à mon fujet, confultez cet excellent ouvrage. manuf. p. 882-883-884 & 885. Eldrifi nous a donné auffi une defcription très-circonftanciée du cours du Dgeihoun; mais il prend le paffage de *De-hani-chir* pour un pont naturel : ce Géographe Arabe s'exprime ainfi, fui-vant les Savans Maronites fes interpretes. . . . . *Ubi abfcondit fe fub magno quo-dam monte, fuper quem tranfeundi eft quafi fuper pontem.* Geogr. Nub. Clim. III, par. VIII, p. 138.

D d

point fondé à répandre des doutes fur la rélation d'Ariftobule ; qui affuroit que la rivière de Polytimète, la Sogd des Orientaux, après avoir arrofé la vallée où l'ancienne Ville de Maracanda étoit fituée, alloit perdre fes eaux dans les fables (1), & non point les décharger dans la mer Cafpienne, comme l'avance Ptolémée (2), ce qui eft phyfiquement impoffible. Le cours de cette rivière auroit été alors intercepté par celui de l'Oxus, qui fe prolongeoit du midi au Nord-Oueft.

Le paffage des Afpafiaces, près de Termed (3), felon là pofition actuelle des lieux, prouve que ces Scythes faifoient leurs courfes dans la partie de l'Hyrcanie, qui étoit entre l'Ochus & l'Oxus. M. d'Anville donne à cette Province, pour limite feptentrionale, le premier de ces fleuves (4). Cet habile Géographe a eu, fans doute, de bonnes raifons pour ne pas fuivre le fentiment de Strabon & de Ptolémée, qui reculent les frontières de l'Hyrcanie au-delà de l'Ochus (5), autorités qu'il étoit néceffaire de détruire. Ce fleuve, qui répond au Thus moderne, lequel coule dans les environs de Nefa, qui a pris fon nom de Næfea, Province de l'ancienne Hyrcanie (6), alloit fe rendre, comme fait le Thus dans la mer Cafpienne.

Strabon rapporte l'opinion de ceux qui joignoient l'Ochus à l'Oxus (7) : elle a induit Quinte-Curce en erreur. Alexandre, felon cet Hiftorien, paffa ces deux fleuves pour arriver à la Ville de Marginie, près de laquelle il choifit un emplace-

---

(1) Strab. L. xi, p. 357. La raifon de cet engloutiffement eft très-fimple : les rivières rencontrant un terrein élevé qu'elles ne peuvent furmonter & qui eft d'ailleurs mou & facile à pénétrer, s'enfoncent dans les terres. Varénius cite plufieurs exemples de cette efpèce de phénomène. Geogr. C. xvi. prop. vi.

(2) Ptolem. L. vi, C. xiv.

(3) Termed eft célèbre dans l'hiftoire de Timur-bec qui faifoit toujours paffer l'Oxus à ces troupes, près de cette Vi.le.

(4) *Vid.* Tab. Orb. veter. not.

(5) Strab. L. xi, p. 351. Ptolem. L. vi, C. ix.

(6) Strab. L. xi, p. 351.

(7) Loc. fupr. cit.

ment pour y bâtir fix Villes (1). Si le Héros Macédonien, partant de Bactra pour fe rendre dans la Margiane, a trouvé, fur fon chemin l'Ochus, il faut que ce fleuve ait eu fon embouchure dans l'Oxus, ou que fon cours ait été prolongé de l'Eft à l'Oueft, fuppofitions également fauffes. Cette rivière, à laquelle Quinte-Curce donne le nom d'Ochus, eft le Margus qui couloit parallèlement avec l'Arius, & eft encore appelé par les Perfans *Marg-Ab* (2). Pline nous apprend qu'Antiochus, fils de *Séleucus*, rétablit fur les bords du Margus une des Villes qu'Alexandre y avoit fondées, laquelle avoit été détruite par les Barbares : ce Roi de Syrie lui donna le nom d'Antiochie (3) ; récit qui prouve la méprife de Quinte-Curce. On pourroit conjecturer que cet Hiftorien a voulu parler d'une autre rivière, qui portoit auffi le nom d'Ochus, laquelle fuivant Ptolémée, réunit fon cours à celui du Dargomanes, & va enfuite perdre fon nom dans l'Oxus (4): mais ce Géographe paroît ici moins exact que Quinte-Curce.

Beffus fut fecouru par les Dahes qui habitoient, felon Arrien, en-deçà du Tanaïs (5) (Jaxarte) ; pofition beaucoup trop feptentrionale. *Xanthii, Piffuri, Aparni* ou *Parni*, étoient les furnoms des Dahes (6). Ils fervoient à diftinguer les trois divifions qui formoient le corps de cette nation ; celle qui étoit connue fous le nom d'*Aparni*, habitoit le pays le plus voifin de l'Hyrcanie & les bords de la mer Cafpienne. Les *Xanthii* & les *Piffuri* s'étendoient fur les côtes de cette mer, qui font au même degré de latitude que l'ancienne Arie. Il eft donc évident, par ce que je viens de dire de la pofition de ce peuple, d'après Stra-

---

(1) *Superatis deindè amnibus Ocho & Oxo, ad urbem marginiam pervenit.* . . . Curt. L. vii, C. x.
(2) Géogr. ancienne de M. d'Anville, Tom. ii, p. 297.
(3) Plin. L. vi, C. xvi.
(4) Ptolem. L. vi, C. xi.
(5) Arr. L. iii, C. xxviii.
(6) Strab. L. xi, p. 352.

bon (1) qui s'accorde ici avec Ptolémée, que les Dahes étoient en-deçà de l'Oxus, & ont été transportés mal-à-propos par Arrien sur les rives du Jaxarte. M. d'Anville les place au midi de l'Ochus; région qui paroît avoir été leur vraie résidence, indiquée par Strabon.

Ce Géographe rapporte qu'Arsaces avoit sous ses loix les Dahes, surnommés *Parni*, Nomades qui habitoient les environs de l'Ochus (2). On croyoit que ces Scythes étoient une colonie des Dahes qui occupoient une contrée située au-dessus des Palus-Mæotides (3); émigration semblable à celle des Abiens, qui, en se transplantant dans l'Asie, prirent les noms de *Sacæ, Amurgii, Aspasiaci*, comme les Dahes ceux d'*Aparni, Xanthii* & *Pissuri*.

Hérodote compte les Mardes parmi les différens peuples de la Perse (4); &, dans un autre endroit de son Histoire, il range une seconde nation Marde dans la dix-neuvième satrapie, avec les Mossynoeciens, les Tibarènes, &c (5). Il est probable que le nom de Mardes avoit été donné aux habitans des montagnes, qui se servoient de la position avantageuse de leur pays comme d'un rempart contre la servitude. *Mard* désigne, dans la langue persane, un homme courageux, & *Marad* en Hébreux, un révolté, &c (6).

---

(1) Strab. L. xi, p. 350 - 352 - 355. Ptolem. L. vi, p. 354.

(2) Strab. L. xi, p. 354.

(3) Strab. L. xi, p. 355. Ce peuple Scythe étoit appelé Δάαι par les Grecs & *Dahæ* par les Latins; la région qu'ils habitoient se nomme encore aujourd'hui Dahistan. Je trouve l'étymologie des Dahes dans le mot *Dahn* qui signifie, dans la langue Mungale, *Cavalerie*: nous voyons effectivement par la rélation de Marc Paul, C. xlvii, que les pays situés aux environs de l'Amu ou Oxus faisoient un grand commerce de chevaux avec l'Inde. Il ne faut point confondre les Scythes appellés Δάαι, avec une Tribu ou partie de la Nation Perse qu'Hérodote nomme Δάοι, pasteurs de profession, L. 1, C. 125.

(4) Herod. L 1, C. 125.

(5) Herod. L iii, C. 94.

(6) Les habitans des montagnes du Kurdistan avoient été vraisemblablement appelés, par la même raison, Kurdes, du mot *Kurd* qui signifie en langue persane, brave, courageux. On assure que les plus grands Héros de la Perse sont sortis du Kurdistan. Geogr. Turc. page 1212. Les Curdes paroissent être

Les Mardes, selon Hérodote, étoient un peuple Nomade (1), profession analogue à leur demeure, qui ne pouvoit être que les montagnes des Uxiens. Quinte-Curce nous dit effectivement que cette nation étoit voisine des Uxiens (2). *Mard* étoit vraisemblablement l'épithète donnée par les Perses à la partie des Uxiens qui habitoit les montagnes & ne leur avoit jamais été soumise. Ceux qui cultivoient la plaine, & obéissoient au Satrape de la Perse (3), n'étoient point distingués par ce surnom; ils étoient simplement appelés Uxiens.

Quinte-Curce (4) & plusieurs autres Ecrivains, ont doublé les Mardes, & ont fait entreprendre à Alexandre deux guerres différentes contre ce peuple. Arrien adopte ces opinions dans ses Indiques (5): mais, dans l'Histoire du Conquérant Macédonien, il ne parle que d'un seul peuple de ce nom, & rapporte l'expédition faite contre cette nation après la mort de Darius (6). Diodore & Justin ont embrassé ce dernier sentiment (7).

Les Mardes proprement dits, étoient une nation Scythe qui faisoit sa résidence dans les montagnes de Deilem, au midi de la mer Caspienne; ils étoient appelés plus particulièrement encore

---

les descendants d'un peuple Marde qui habitoit les montagnes de la Gordyene, & lui ressembler par leurs mœurs, leur indépendance, & leur brigandage. *Erat ille Curdus, ex asperâ illâ & latrociniis assuetâ gente, Gordyæorum veterum progenie, quæ vix unquam dominationis alienæ patiens, ob inaccessam regionem suis fermè legibus, &c.* Renaudot, Hist. Patriarch. Alexandr. p. 533. « Les Curdes en général sont sanguinaires; ils se contentent pour le prix » du sang, d'un cheval, ou d'un bœuf » ou d'un ou deux moutons, &c ». Geogr. Turc. p. 1213. Ce peuple est très-grossier & conséquement très-superstitieux. On voit les Curdes acheter de leur vivant une place dans le Paradis; ils s'imaginent qu'ils y entreront sans rendre aucun compte, le jour du jugement. Geogr. Turc. p. 1211-1212.

(1) Herod. οἱ δὲ ... νομάδες, L. 1, C. 25.

(2) Curt. L. v, C. vi. Il y avoit une grande différence entre ce peuple & les Perses, *multum à cæteris Persis cultu vitæ abhorrentem.* Curt. id.

(3) Arr. L. iii, C. xvii.

(4) Curt. *L.* v, C. vii. L. vi, C. v.

(5) Arr. Indic. C. xl.

(6) Arr. L. iii, C. xxiv.

(7) Diod. n.° 76. Just. L. xii, C. iii.

Amardi, ou les grands Mardes, ou, peut-être, prenoient-ils ce nom du fleuve Amardus qui arrosoit leur pays. Ces Mardes furent sans doute ceux que Phraates, premier Roi des Parthes, obligea d'habiter la Ville de Rages, qui devint, depuis cette époque, la plus grande Ville de la Médie (1).

Pline n'a donc point dû distinguer les *Amardi* des Mardes, *gens . . . . fera, sui juris* (1). Ce Naturaliste aura été trompé par le nom de *Mard* que les Perses donnoient en général, comme je l'ai déja observé, aux habitans des montagnes, mais plus particulièrement à ceux qui vivoient dans les montagnes situées entre la Susiane & la Perse. Pline paroît avoir trop multiplié les peuples appelés Mardes. Il en nomme cinq; celui qu'il place près de la Colchide (3), & dont parle aussi Hérodote; un autre qu'il met entre l'Arménie & la Médie (4), & qui paroît être celui des Gordiens ou Corduéniens; le troisième, qu'il compte parmi les habitans de la Susiane (5), est la nation des Uxiens dont j'ai déja parlé; enfin le quatrième est le peuple Marde (6), que Pline distingue sans aucun fondement des Amardes, ou grands Mardes, qui font le cinquième (7).

Les Historiens d'Alexandre saisirent avec empressement le rapport qu'il pouvoit y avoir entre les Agriaspes, ou Ariaspes selon Ptolémée (8), & les Arimaspes, peuple de la Scythie Européenne, célèbre tant par les fables qu'en avoit débitées Aristéas de Proconnèse (9), que par les secours qu'ils donnèrent aux Argonautes & qui leur méritèrent le nom d'Evergètes (10). Ces Ecri-

---

(1) Isidor. Char. p. 6. Geogr. min.
-Tom. II.
(2) Plin. L. VI , C. XVI,
(3) L. VI , C. V.
(4) L. XXXI, C. VII.
(5) L. VI , C. XXVII.

(6) L. VI. C. XVI.
(7) L. VI, C. XVII.
(8) Ptolem. L. VI , C. XIX.
(9) Herod. L. IV , C. 13. & seq.
(10) Steph. Bysant. p. 277. ed. cit.

vains nommèrent donc Arimafpes les Agriafpes (1) qui habitoient au fud de l'Aria-Palus, (le Lac-Zéré), & imaginèrent qu'ils avoient rendu à Cyrus (2) les mêmes fervices que les Arimafpes aux Argonautes : peut-être le Monarque Perfe n'alla-t-il jamais dans cette contrée. Diodore, également trompé par la reffemblance des actions, & par celle du nom de ces deux nations, n'a point héfité à donner aux Ariafpes le nom d'Arimafpes (3).

L'Etymandre arrofoit le pays des Ariafpes (4), & avoit fon embouchure dans l'Aria-Palus. M. d'Anville foupçonne Ptolémée d'avoir fait defcendre cette rivière jufqu'à la mer du midi (5): cet ancien Géographe ne parle point de l'Etymandre, mais feulement d'un peuple de ce nom (6).

Après avoir difcuté tout ce qui regarde le cours des rivières, & la pofition des différens peuples Scythes compris dans la partie feptentrionale de l'Afie parcourue par l'armée d'Alexandre, il eft temps de revenir fur mes pas & de parler des Provinces qui la compofoient. Cette méthode peut paroître fingulière : mais elle m'a femblé réunir l'avantage de foulager l'attention du lecteur à celui de la clarté, principal mérite des obfervations géographiques.

Quoique la Sogdiane joue un rôle confidérable dans l'Hiftoire des expéditions d'Alexandre, cependant Quinte-Curce ne parle de fes habitans que comme d'un peuple prefque inconnu (7), qu'il place, fuivant fes principes erronés, près du vrai Tanaïs & du Caucafe. Etienne de Byfance femble donner à la

______

(1) Arr. L. iii, C. xxvii. Curt. L. vii, C. iii.

(2) Auct. Supr. cit.

(3) Diod. n.° 81. Il ne faut donc point corriger ici le texte de cet Hiftorien, ni mettre la méprife fur le compte de fes copiftes.

(4) Arr. L. iv, C. vii.

(5) Geogr. anc. Tom. ii, p. 289.

(6) Ptolem. L. vi, C. xvii.

(7) *Nomine tantum notos.* Curt. L. vi, C. iv.

Sogdiane la place que doit occuper la Bactriane, près du Paropami e ; mais je crois qu'il faut attribuer cette erreur à la négligence des Copiftes de ce Lexicographe (1). Golius a prétendu excufer par la même raifon Ptolémée (2), de la faute qu'il commet, en tranfportant Maracanda, Capitale de la Sogdiane, dans la Bactriane; mais comme cette Ville fe trouve encore déplacée dans fa latitude, on ne fauroit fuppofer l'altération du texte de ce Côfmographe (3). M. d'Anville a très-bien obfervé que cette erreur venoit d'une fauffe eftimation des mefures itinéraires, « auxquelles attribuant trop d'étendue, il de-
» voit s'enfuivre que (Ptolémée) donna en général plus d'ef-
» pace au Pays qu'il n'en occupe, & que la Sogdiane en parti-
» culier fût pouffée beaucoup trop loin (4).

La Bactriane formoit, felon Quinte-Curce, la troifième partie de l'Afie (5). Cet Hiftorien paroît avoir confondu l'étendue de la Province de la Bactriane, telle qu'elle étoit au temps d'Alexandre, avec celle du Royaume de la Bactriane, fondé par les Succeffeurs de ce Monarque, l'an 255 avant Jéfus-Chrift. Ménandre, un des plus illuftres de ces Princes, paffa l'Hypanis, & fubjugua beaucoup plus de Nations que le Conquérant Macédonien. Démétrius, fils d'Euthidème, s'empara non-feulement du Patalène, mais encore de plufieurs autres contrées maritimes de l'Inde & des Etats de Sigertide (6): Quinte-Curce n'a donc connu d'autres limites à cette Province, que celles qui lui furent données dans la fuite par les Rois de la Bactriane : ils y réunirent l'Arie & une partie de l'Inde.

---

(1) *Voyez* la note (LIV).
(2) Gol. not. in Alferg. p. 171.
(3) Ptolem. L. vi, C. xi. L. viii, Tab. vii, p. 208.
(4) Eclairciff. Geogr. fur la carte de l'Inde, p. 23.

(5) *Tertiam partem Afiæ tenet.* L. v, C. x.
(6) Strab. L. xi, p. 355-356. *Vid.* Juft. L. xli, C. iv.

On

On pourroit difculper cet Hiftorien en fuppofant avec
M. Fréret que le mot perfan *Bakter*, dont eft dérivé celui de
Bactriane, convient également à tous les pays fitués à l'Orient
de la Perfe (1). Le docte Académicien s'appuie de l'autorité
d'Herbelot, qui s'exprime en ces termes. . . . . . « De ce mot
» vient le nom de la Province, que les Anciens ont appellée
» Bactriane, à caufe qu'elle eft fituée à l'Orient de la Perfe,
» nous l'appellons aujourd'hui le Khoraffan (2)» : ce dernier
mot fignifie comme *Bakter*, Orient, ou plus littéralement
lieu d'où fe leve le foleil, felon Abulféda, & le Géographe
Turc (3) qui profite fouvent des recherches de ce Prince
Arabe. Ces Ecrivains donnent une très-grande étendue au Khoraffan qui comprend, non-feulement l'ancienne Bactriane, mais
encore la Sogdiane, la Margiane, la Parthie & l'Arie (4). Dans
la defcription fommaire que fait Alfragan des différens climats
de la terre, cet Aftronome comprend Balk & Samarcande qui
répondent, par leur fituation, à Bactra & à Maracanda, anciennes
Capitales de la Bactriane & de la Sogdiane, dans cette même
Province du Khoraffan (5), qu'il ne faut point confondre avec
le pays de Balk; ce pays n'en eft qu'un canton, gouverné
par un Khan particulier, qui a toujours confervé fon indépen-

---

(1) Obferv. fur la Cyrop. Acad. des Infcr. Tom. IV, p. 607.

(2) Bibl. Orient. p. 164.

(3) *Porro Khoraffam folis locus inter-pretatur, nam* Kor *folem,* & Afam *locum denotat.* Abulf. ex verf. cit. Géogr. Turc. p. 670.

(4) *Khoraffam plurimas plagas comp-leditur. Afferunt Caldæi Khoraffam proten-fam effe à Rai ufquè ad ortum folis. Alii autem exiftimant eam à monte Halwam ad locum nomine ortum folis patere.* . . . . *Limites verò ejus hi funt, nempè ad Occi-dentem Khoraffam deferto, quod eam inter & mediam & Girgian interjectum eft, ad auftrum pariter deferto, quod eam à Perfide & Kumas jejungit, ad Orientem autem Segeftam & India, ad feptentrionem deni-què terminatur plagis Mawarannahr, feu quæ funt ultrà flumen Oxum, & aliquâ etiam parte Turchiftam-Khoraffam. Itaque continet multas Provincias, quarum una quæ integram regionem adæquat.* Abuf. ex verf. cit.

(5) Alferg. elem. Aftr. C. IX. Clim. 4-5. Gol. not. p. 166.

E e

dance, malgré la puiffance de fes voifins, & a choifi la Ville de ·Balk pour le lieu de fa réfidence (1).

Les Géographes Orientaux peuvent fournir des éclairciffemens utiles fur quelque partie de l'ancienne Géographie (2), principalement par le rapport de la fituation actuelle des lieux & des dénominations modernes avec les defcriptions & les noms des pays décrits par les Anciens. Le témoignage de ces derniers fur les limites de ces régions, ne fauroit cependant être infirmé que par celui de quelque Auteur contemporain. Quand même les Ecrivains de l'Orient n'auroient point diftingué le canton de Balk du refte du Khoraffan, la grande étendue de cette Province pourroit-elle repréfenter les vraies limites de l'ancienne Bactriane qui avoit, felon Ptolémée, la Margiane au couchant (il devoit encore ajouter le cours de l'Oxus), la Sogdiane au Nord; une partie de cette même contrée & le cours de l'Oxus au levant, ou plutôt le pays des Saces, comme ce Géographe l'avance dans un autre endroit (3) ; le Paropamife & une portion de l'Arie au Midi (4). Quinte - Curce (5) rapporte que le Tanaïs (le Jaxarte) fépare les Bactriens d'avec les Scythes, & confond par-là la Bactriane avec la Sogdiane. Les détails que nous offrent les Hiftoriens d'Alexandre fur les mœurs des habitans de cette dernière contrée, prouvent qu'ils n'avoient rien de commun avec ceux de la Bactriane.

Bactra, appelée autrement Zariafpe, eft placée par Quinte-Curce, fous les Monts Paropamifes (6), dont elle étoit cependant éloignée. Le rapport de l'ancienne fituation de cette Ville

---

(1) Voyag. d'Otter. Tom. 1, p. 240. not. fur Abulgazi, p. 555, *Vid.* id. p. 285.
(2) *Voyez* la note (LV).
(3)Ptolem. L. vi, C. x.

(4) Id. L. vi, C. xi.
(5) Curt. L. vii, C. vi.
(6) *Ipfa Bactra regionis ejus caput, fita funt fub monte Paropamiffo.* L. vii, C. iv.

avec la pofition actuelle de Balk (1), dont le nom peut également être dérivé de Bactra, ou de *Balch*, ou *Balek* fuivant quelques manufcrits (2), démontre l'erreur de cet Hiftorien. Selon Acmet, dans fon vingt-deuxième climat, cité par Abulféda, Balk eft fituée au milieu du Khoraffan; felon Ibn-Haukal, cette Ville eft bâtie fur un fol égal dans une plaine, à quatre parafanges (environ quatre lieues) d'une montagne (3); ce qui aura donné lieu à la méprife de Quinte-Curce. Cette montagne peut avoir été regardée comme une partie du Paropamife. La pofition de Balk fur la rivière de Dahas qui baigne fes murs, autorife l'identité de cette Ville avec la Zariafpe ou Bactra des Anciens: le favant Golius en rapporte plufieurs autres preuves dans fes notes fur Alfragan (4).

Lorfque l'armée Macédoniene revenoit de l'Inde par la Gédrofie, Alexandre ordonna à Cratère de conduire un corps de troupes dans l'intérieur des terres & de foumettre l'Ariane (5). Cette contrée étoit - elle la même que l'Arie fituée au midi de l'Hyrcanie & de la Margiane, & au nord des Dranges & d'une partie de la Médie? Strabon éclaircit ces difficultés &

---

(1) Balk eft une des plus célèbres Villes de l'Orient. Les Géographes mahométans l'appellent encore *Koubbet ul-iflam*, c'eft-à-dire, le Dôme ou la Métropole de l'Iflamifme. Géogr. Turc. p. 695

(2) Chryfococca nomme cette Ville μπὰλχ que le favant Boülliaud rend très-bien par le mot de *Balch* : quelques mff. portent Μπαλὶχ, qu'on doit traduire par *Balek*. Chryfococca met cette même Ville dans le χορασμίν qu'il diftingue du χορασαν où font Nifabour, Marou ou Merou, Excerpt. ex Georg. Medic. Chryfoc. per Ifmael. Bulliald. p. 5. Geogr. min T. iii. Cette erreur femble prouver que Balch,

ou Bactra, a toujours été regardée comme la capitale d'un canton particulier qui n'avoit point les mêmes limites que le Khoraffan.

(3) *Ex Acmeto fapiente. . . . . Balk in medio Khoraffam fitam effe traditur. . . Ex Ibn-Haukal Balk. . . ea in folo æquabile fita eft, itaquè à monte illi proximo 4 paras diffita.* Abulf. trad. cit. Géogr. Turc. p. 698. Cette Ville eft éloignée de huit lieues du Dgeihoun (l'Oxus), felon Cherefeddin. Hift. de Timur. L. 1, C. 11.

(4) Not. pp. 175-176-177.
(5) Strab. L. xv. p. 499.

diffipe l'obfcurité répandue fur cet objet dans les marches d'A-
lexandre. Ce judicieux Géographe ne donne à l'Arie proprement dite que 2000 ftades de longueur & 300 de largeur (1);
& il étend les limites de l'Ariane depuis les frontières de la
Sogdiane & de la Bactriane jufqu'à celles de la Médie & de la
Perfe : l'Arachofie, la Carmanie & tout le pays jufqu'aux bouches
de l'Indus, étoient renfermés dans ces mêmes limites (2). Denys
le Périégète donne à l'Ariane une extenfion qui n'eft pas moins
confidérable; il comprend tous les peuples placés aux environs
du Paropamife, & ceux qui habitoient les côtes de la mer Erythrée, tels que les Arbies, les Orites, &c. (3), fous le nom
général d'Arianiens; nom qui étoit autrefois diftingué de celui
d'Ariens, avec lequel il fut dans la fuite confondu.

Il me paroît vraifemblable que le mot d'*Arie* eft dérivé de
celui d'*Are*, qui fignifie dans les langues Calmuque & Mungale,
homme, & fubfifte encore dans le nom d'*Herah*, *Herat*, &
Heri, l'Aria des Anciens (4); ou il vient encore d'*Ere*, *Ære*
qui a la même fignification dans ces langues Tartares. Les Ariens
étoient diftingués par leurs connoiffances & leur police, comme

---

(1) Strab. L. xi, p. 355.
(2) Id. L. 11, p. 89. L. xv. pp. 495-498.
(3) V. 1095-96-97-98. Ifidore de
Charax ne donne que trente fchœnes
d'étendue à l'Arie & cinquante-cinq à
l'Anabon qui en dépendoit Maui Parth.
p. 8. Geogr. min. Tom. 11. Moyfe de
Chorene paroît confondre les limi es de
cette Province avec celles de l'ancien
Royaume de la Bactiane. L'Arie, com-
prenoit, felon lui, tous les pays fitués
entre la mer Cafpienne & celle des
Indes; elle formoit vingt-fix Provinces, parmi lefquelles cet Ecrivain
compte l'Hyrcanie, la Parthie, la Bactriane &c. *Aria five Chafti - Chora-
Jania Mediæ ac Perj.æ finitima eft, atque
ad Indiam pertinet, Hyrcanum que mare
attingit. Hæ autem Provinciæ numerantur,
Comfta, Hyrcania, &c.* Moyf. Chor.
Geogr. ad Calc. hift. Armen. p. 365.
Trad. des Wiftons.

(4) Herb. Bibl. Orient. p. 448. On
fait que la plupart des noms de Ville
& de pays ont confervé les reftes de
l'ancien langage de chaque contrée; &
que les noms propres font un affemblage
d'expreffions ufitées & fignificatives, dans
toutes les langues Orientales anciennes
& modernes. Ces obfervations n'ont
point échapé au favant & judicieux Auteur (M. le Pref. de Broffes) du traité
de la Form. méchan. des Langues. T. 11,
pp. 290-308.

on peut l'inférer d'un paffage de Strabon, qui les met en parallèle avec les Indiens, les Romains & les Carthaginois, & veut
les fouftraire à la dénomination injurieufe de Barbares (1). Les
Ariens furent ainfi appelés d'*Are* ou *Ære*, hommes, pour marquer leur fupériorité fur plufieurs Nations voifines, telles que
les Paropamifades & les Mardes (2), dont la vie fauvage & les
mœurs féroces fembloient les rapprocher de la condition des
animaux.

Les anciens Mèdes portoient le nom d'*Arii* Ἄριοι felon Hérodote (3). Je crois qu'il ne faut pas les confondre avec les Ariens
Ἄρειοι dont parle cet Hiftorien dans la divifion des Satrapies (4).
Ce dernier peuple, qui reffembloit fort par fon langage & fes
mœurs aux Affyriens (5), fut autrefois très-puiffant. Il eft vraifemblable que tous les pays qui formoient fon vafte Empire,
furent connus fous le nom général d'Ariane (6) ; ou peut-être
encore que l'Arie & plufieurs contrées voifines, ayant été conquifes par les Perfes, fe trouvèrent dans la fuite réunies dans
une même Satrapie, qui porta la dénomination d'Ariane ; ce qui
a fans doute engagé Hellanicus à mettre cette contrée au nombre des Provinces de la Perfe (7). Etienne de Byfance, après
avoir rapporté le paffage de cet ancien Hiftorien, femble vouloir
diftinguer l'Arie de l'Ariane, qui n'en étoit qu'une extenfion,
& faire habiter ces deux contrées par deux peuples différens :
il s'exprime ainfi d'après Apollodore. . . . . :
« Arianie, Nation limitrophe des Caduféens ». . . Pomponius-

---

(1) Strab. L. ii, p. 45.
(2) Quinte-Curce parle de ce peuple
en ces termes. *Specus in montibus fodiunt,
in quos feque ac conjuges & liberos condunt :
pecorum aut ferarum carne vefcuntur*, &c.
L. v, C. vi.
(3) L. vii, C. 62.

(4) Id. L. iii, C. 93.
(5) *Voyez* la note (LVI).
(6) *Vid.* Plur. *Ap.* Cellar. Geogr.
antiq. Tom. ii, pp. 515-516. If. Voff.
in Mel. L. i, C. ii. Geogr. anc. de
M. d'Anville, Tom. ii, p. 285 & fuiv.
(7) Ap. Steph. Byfant. p. 106. ed. cit.

Mela adopte encore plus clairement cette opinion erronée ; il
dit que l'Ariane est voisine des côtes de la mer Caspienne, &
qu'ensuite vient l'Arie (1). Pline n'est pas plus exact, lorsqu'il
met les Ariens au levant de la Parthie , & les Arianiens & la
Carmanie, au Midi (2). Solin, son abréviateur, réunit les Ariens
& les Arianiens & les place à l'Orient du pays des Parthes (3),
ce qui doit servir à corriger le texte de Pline , dont la
faute paroît avoir été augmentée par l'ignorance de ses copistes (4).

Du Paropamise.

Si l'on considère le Paropamise comme une partie de la grande
chaîne de montagnes, qui prenant son origine sur les côtes de
la Lycie, de la Pamphylie & de la Cilicie (5), traverse l'Asie du
couchant au levant, & qui, après avoir reçu différens noms,
comme ceux de Taurus, Paropamisus, Imaüs & Edmodus, va
finir à la mer qui baigne les côtes de la Chine , on pourroit
lui trouver quelque affinité avec le Caucase de la Scythie, lequel
n'est lui-même qu'une partie d'une autre chaîne de montagnes,
qui court depuis les bords du Pont Euxin, jusqu'à la mer de
Tartarie. Ces deux chaînes sont liées entr'elles par d'autres
chaînes intermédiaires dirigées du Sud au Nord , lesquelles

---

(1) *Usquè ad Caspium sinum.* . . . .
Indè proxima est Ariane , diendè Aria.
L. 1, C. 11. Le nom d'Arie subsiste en-
core dans celui d'Herat, Capitale du
Khorassan ; « Le monde ressemble , dit
» un Poète persan , à une mer, dans la-
» quelle le Khorassan est la nacre, & la
» Ville d'Herat la perle de cette nacre.
» Géogr. Turc. p. 676 » .

(2) *Habet* (Parthia) *ab ortu Arios ,
à meridie Carmaniam & Arianos.* L. VI,
C. XXV.

(3) *Ab ortu Arios Arianosquè , Carmaniam à medio die.* C. LIX.

(4) Il faut, ce me semble , lire dans
le texte de Pline , *ab ortu Arios Arianosquè , à meridie Carmaniam.*

(5) Arr. L. V, C. V.

ne font par conféquent que des rameaux annexés aux grandes chaînes qui embraffent le Nord & le Midi de l'Afie.

Diodore diftingue très-bien ces deux chaînes de montagnes (1): mais il n'a point penfé, non plus que les autres anciens Auteurs, à la communication qui les unit & par-là forme la grande charpente qui femble foutenir l'Afie. Arrien & Quinte-Curce ont fimplement avancé que le Caucafe & le Taurus faifoient partie de la chaîne qui traverfe cet immenfe continent (2). Le nom de Taurus eft dérivé d'un mot Chaldéen, qui fignifie Montagne (3). Eratofthène & Arrien ont donné à toute cette feconde chaîne de montagnes la dénomination de Taurus (4), quoique le nom de ces montagnes change felon les contrées qu'elles traverfent.

Le nom de Caucafe n'eft qu'une altération de *Groucafum*, qui, dans l'ancienne-langue des Scythes, fignifie couvert de neige (5). Ces peuples appeloient les montagnes fituées au Nord de l'Inde, Imaüs, terme que Pline rend par celui de *Nivofum* (6). Le nom de *Muftag*, c'eft-à-dire, Montagne de glace (7), que les Tartares donnent au Paropamife, nous offre une fignification à-peu-près femblable. Les Perfans nomment encore aujourd'hui une partie de ces mêmes montagnes *Koh Kafir*, mont impie ou infidèle (8), ou plus exactement *Koh Kaf*, montagne de la Salive ou de l'écume, par allufion aux neiges qui la couvrent ou bien encore, felon Bayer, *Khoo-Kafer*, la perte des

---

(1) L. XVIII, n.° 5.
(2) Arr. L. V, C. III. Curt. L. VIII, C. III.
(3) Hift. du commerce & de la navigation des Anciens. p. 207. Martin. Cadmus Græco Phœn in voc. ταυρος.
(4) Arr. Indic. C. III.

(5) Plin. L. VI, C. XVII.
(6) Plin. Id.
(7) Defcr. de l'Emp. Ruff. par Strahlemberg, introd. trad. Angl. p. 416-7.
(8) Bayer. de regn. Bactr. p. 8.

hommes , à caufe de fon climat rigoureux (1) : enfin elle eft appelée fimplement *Kaf*, mot employé par les Arabes , pour défigner plufieurs montagnes , mais plus particulièrement celle du Paropamife (2). On peut, ce me femble, conjecturer avec affez de vraifemblance que les Compagnons d'Armes du Conquérant Macédonien, frappés par l'analogie des fons, & faififfant avec plaifir les rapports qu'il y avoit entre l'étymologie du nom donné au vrai Caucafe & celle du Paropamife, n'héfitèrent point d'appeler également les deux montagnes Caucafe: ils y étoient d'ailleurs portés, par des motifs foit d'amour - propre , foit de flatterie envers leur Souverain.

Les Macédoniens feroient fans doute excufables, s'ils s'étoient contentés de ce feul changement de nom : mais ils ont confondu ces deux montagnes, en attribuant à l'une des traits qui n'appartiennent qu'à l'autre. Ces nouveaux Philoctètes s'imaginoient voir fur le Paropamife , l'antre dans lequel Prométhée avoit été attaché, & d'où il fut enfuite tiré par Hercule (3). Arrien n'adopte point toutes ces rêveries. Diodore n'a pas eu le même difcernement ; il nous dit, avec une crédule fimplicité (4), qu'au milieu de ce Caucafe , appelé par quelques-uns Paropamife, les habitans du pays montroient encore un rocher de dix ftades de circuit & de quatre de hauteur, où l'antre de Prométhée , le nid de l'aigle , & les marques des chaînes de cet audacieux infortuné, étoient l'objet de leur curiofité. Toutes ces fables, qui ne peuvent être rapportées qu'au vrai Caucafe , ont été copiées par Quinte - Curce (5), qui en a tiré les plus étranges conféquences.

---

(1) Bay. Loc. fupr. cit.
(2) Herbelot, Bibl. Orient. p. 231.
(3) Arr. L. v , C. iii.

(4) Diod. n.º 83.
(5) L. vii, C. iii.

Cet

Cet Hiftorien, après avoir parlé des fatigues que l'Armée d'Alexandre effuya en traverfant le pays des Paropamifes, qui, felon lui, eft à l'Occident, limitrophe de celui des Bactriens, & dont la partie méridionale tourne du côté de la mer des Indes (1), ajoute que les troupes de ce Prince s'étant un peu refaites de ces marches pénibles, s'avancèrent vers le Caucafe . . . . « qui coupe l'Afie en deux, & » laiffe la mer de Cilicie d'un côté, & de l'autre la mer Caf- » pienne, le fleuve Araxe, & les déferts de la Scythie. Le mont » Taurus, qui tient le fecond rang en hauteur, fe joint au Cau- » cafe, & commençant dans la Cappadoce, traverfe la Cilicie, » & paffe jufqu'à l'Arménie. C'eft comme une chaîne conti- » nuelle de montagnes, d'où fortent prefque tous les fleuves » de l'Afie, dont les uns fe déchargent dans la mer Rouge, » les autres dans la mer Cafpienne, d'autres enfin dans celle » d'Hyrcanie ou dans celle du Pont. L'Armée paffa le Cau- » cafe en dix-fept jours (2) . . . . &c ».

Il feroit difficile de trouver chez les Anciens & chez les Mo- dernes un Hiftorien, qui ait commis autant d'erreurs dans un fi court efpace. Quinte-Curce a voulu fans doûte parler du Caucafe, proprement dit, puifqu'il joint cette montagne au Taurus, & met à fa gauche la mer Cafpienne : c'eft la moindre de fes fautes. Après avoir tracé la marche d'Alexandre dans le pays des Paropamifades, il fait arriver ce Prince au Caucafe, qui, pour lors eft placé entre cette contrée & l'Océan Indien. Mais comment accorder cette pofition avec celle qu'il donne enfuite à cette montagne. Le Caucafe a, felon lui, d'un côté, la mer Cafpienne, l'Araxe & la Scythie, & de l'autre, la mer qui baigne les côtes de la Cilicie, mife fous le même parallèle que la mer

---

(1) *Bactrianis ad Occidentem conjuncti* | *vergit.* L. VII, C. III.
funt : meridiana regio ad mare Indicum | (2) Curt. L. VII, C. III.

F f

Cafpienne : conféquemment toute l'Afie mineure & le Pont-Euxin font pouffés bien avant dans le Nord. Cet Hiftorien donne à la mer Cafpienne, une latitude trop méridionale; il la rapproche de fept degrés de l'équateur. Si l'on admet l'idée que les Anciens avoient de l'étendue en longitude de cette mer, elle devient alors parallèle à celle de Cilicie & à l'Afie mineure. On peut tirer toutes ces inductions du texte de Quinte-Curce, accoutumé aux plus étranges contradictions, & croire peut-être encore qu'il a fait courir le Caucafe du Nord au Sud. L'Arachofie fe trouve par-là au couchant de cette montagne & voifine du Pont-Euxin: il n'eft donc point étonnant que la pofition des habitans de cette Province foit fixée près de cette mer (1). Enfin cet Ecrivain femble diftinguer la mer d'Hyrcanie, de la mer Cafpienne. Quelle obfcurité! Quel bouleverfement!

Quinte-Curce fait mention du climat des Paropamifades en ces termes. . . . . « En hiver, les neiges y font fi hautes & les
» glaces fi épaiffes, qu'on n'y voit pas la moindre trace d'oi-
» feaux ni de bêtes. Une ombre obfcure y couvre la face de la
» terre, & ce qu'on appelle jour n'eft qu'une fombre lueur, fi
» peu différente de la nuit, qu'à peine y voit-on ce qui eft tout
» proche (2). . . . » Defcription hyperbolique, qui peut être regardée comme un Commentaire des expreffions impropres dont

---

(1) *Arachofios, quorum Regio ad Ponticum mare pertinet.* Curt. L. vii, C iii. La région des Arachofiens porta le nom d'*Inde blanche* fous l'Empire des Parthes, comme nous l'apprend Ifidore de Charax. Mans l'arth. p. 8. Géogr. min. T. 1. dont l'ouvrage nous offre une nomenclature précieufe qui peut nous fervir à comparer l'état de l'Orient fous les Parthes & l'étendue de leur domination, avec celui des temps antérieurs, & principalement après la mort d'Alexandre, tel que nous le préfente Strabon, qui paroît quelquefois avoir confondu les différents âges de la Géographie.

(2) Curt. L. vii, C. iii.

ſe ſert Diodore, en voulant parler du froid de cette région, qui eſt ſituée, ſelon lui, ſous l'Ourſe (1). Quinte-Curce y tranſporte en conſéquence les Paropamiſades, ou plutôt il paroît ignorer que plus on approche de l'équateur, plus les nuits ſont égales au jour. Mais il eſt toujours abſurde d'imaginer qu'un pays éloigné ſeulement d'environ dix degrés du tropique du cancer, puiſſe être plongé dans une nuit perpétuelle pendant l'hiver.

M. Bonami, après avoir rapporté les expreſſions de Diodore & de Quinte-Curce, ajoute....:. « Cependant ce pays ſi af-
» freux eſt ſitué vers le 35ᵉ degré de latitude ſeptentrionale,
» c'eſt-à-dire, dans un climat où la chaleur ſe fait plus ſentir
» que le froid.... en y tranſportant le mont Caucaſe & le
» Tanaïs, ils y ont tranſporté les glaces & les frimats (2) ». On peut répondre à cette obſervation qu'on trouve ſouvent ſur les montagnes les frimats de l'hiver dans les régions les plus méridionales. Le Pic de Teneriffe, qui eſt ſept degrés & demi plus ſud que le Paropamiſe, eſt couvert de neige, & inacceſſible même aux mois de Juillet & d'Août (3). Le froid, cauſé par les neiges continuelles, eſt ſi aigu ſur les Cordelieres des Andes, dans l'Audience de Quito, près de l'équateur, que ces montagnes ſont inhabitables, & qu'on n'y voit même ni plantes ni animaux (4). Le climat du Paropamiſe fournit encore des exemples de ce phénomène très-ordinaire, & produit par la grande raréfaction de l'athmoſphère. Le P. Deſideri, qui traverſa en 1715, les montagnes (5) du Cachemir, (elles font partie du

---

(1) Diod. n.° 80.
(2) Hiſt. de l'Acad. des Inſcr. T. xxv, p. 22.
(3) Hiſt. gen. des voyages Tom. vi, edit. in-12. p p. 189. 220.
(4) Voyag. de l'Amériq. par D. Georg.

Juan & D. d'Ulloa, Tom. i, p. 351.
(5) Je veux parler ici des montagnes qui ſéparent cette belle contrée du Thibet, & la bornent du côté du Nord, & du Nord-Eſt.

Paropamife des Anciens, & font à-peu-près à la même latitude que l'endroit du paffage d'Alexandre) s'exprime en ces termes. . . « Le fommet des plus hautes montagnes eft toujours couvert de » neige & de glace. . . Je ne parle point du froid extrême que » j'ai eu à fouffrir. . . . . Ces montagnes font une vraie image » de la trifteffe, de l'horreur, de la mort même (1) ». Le récit de Bernier, qui avoit parcouru cette région 50 ans auparavant, ne diffère pas de (2) celui du P. Defideri; ce Voyageur célèbre ajoute, qu'on éprouve fur la montagne de Pire-Pinjale des changemens foudains; on paffe, pour ainfi dire, de l'été à l'hiver en moins d'une heure.

Sans m'arrêter aux différentes étymologies du nom de ces montagnes, qui femblent confirmer le récit des Hiftoriens d'Alexandre, je rapporterai quelques détails de la marche de Tamerlan, vers le Mont-Ketuer, entre le Badakfchan & le pays de Cachemir. « Malgré la faifon (le foleil étoit alors dans les Gemeaux) » on trouva fur cette montagne une fi grande quantité de nei- » ge, que les pieds de la plupart des chevaux qu'on voulut y » faire monter, tombèrent; quelques-uns cependant, à la faveur » de la gelée, qui étoit très-forte pendant la nuit, ne laifsèrent » pas d'avancer, & lorfque le foleil paroiffoit, on s'arrêtoit & » on couvroit de feutre les chevaux, parce qu'il étoit impof- » fible de marcher, tout étant rempli de verglas. On parvint » ainfi, après beaucoup de fatigues, jufqu'au fommet de la » montagne, où étoient les Siapoufch (3)». Le pays qu'habitoit

<hr>

(4) Lettres édif. rec. xv. p p. 185-186-191-192-193.-

(2) Voyag. Tom. 11, p. 270. &c. « Nous entrames, dit Bernier, dans les » montagnes pour voir un grand lac où » il y a de la glace en été, dont les vents » font & défont des monceaux comme » une petite mer glaciale ». Voyag. de Kacnem. p. 302, Tom. 11.

(3) Hift. des Huns, par M. de Guignes, Tom. v, p 42. qui adopte les détails que Cherefeddin nous a confervés de cette marche dans fon hiftoire de Timurbec. L. vi, C. iii.

ce peuple de brigands , n'étoit qu'environ trois degrés plus nord que celui de Cachemir , & leurs montagnes faifoient partie de la chaîne qui traverfe le centre de l'Afie. On peut conclure de tous ces témoignages , que les Hiftoriens d'Alexandre ne nous en ont point impofé, lorfqu'ils ont parlé du froid que les troupes de ce Prince eurent à fouffrir en paffant le Paropamife, quoique ces montagnes fuffent fituées dans un pays affez méridional. Strabon, qui fans doute n'étoit point prévenu en faveur de ces Hiftoriens, fait auffi mention du climat rigoureux de cette région (1). Quinte-Curce n'eft donc répréhenfible que fur ce qu'il dit de la durée des nuits dans ce pays, où le plus court jour de l'année eft de dix heures & demie.

Les montagnes qui couvrent la partie feptentrionale de l'Inde, ont plufieurs paffages ; celui de Candahar eft un des plus fréquentés, fur-tout par les Caravanes d'Agra & d'Hifpahan. La route directe que prit l'Armée Macédoniene de Bactra au Paropamife, ne permet pas de douter que ce ne fût par ce paffage qu'Alexandre entra dans l'Inde.

Strabon eft l'Ecrivain de l'Antiquité qui a le mieux éclairci la marche pénible des Macédoniens à travers ces montagnes. C'étoit la feconde fois qu'Alexandre y conduifoit fon Armée. La première fut en pourfuivant les meurtriers de Darius. « Il vint, dit l'exact & judicieux Géographe, par l'Ariane, près de l'Inde ; « & laiffant à la droite cette région ; il entra par le Paropamife » dans les Pays feptentionaux, & dans la Bactriane (2) ; & après » avoir foumis tout ce qui obeiffoit encore aux Perfes, il defira » ardemment de connoître l'Inde dont on avoit parlé jufqu'a- » lors d'une manière auffi obfcure qu'incertaine. Il repaffa donc

____

(1) Strab. L. xv , p. 498.

(2) Il eft aifé de concevoir comment Alexandre allant de l'Oueft à l'Eft, pou- voit avoir l'Inde à fa droite avant de pénétrer dans ces montagnes. *Vid.* Strab. L. 10. p. 725. edit. Paul.

» les montagnes par la voie la plus courte, ayant l'Inde à fa gau-
» che, & revint enfuite, dirigeant la marche de fon Armée par
» les parties occidentales de cette contrée, & traverfant le Co-
» phène, le Choafpe, &c. (1)»

De l'Inde.

L'Inde, cette immenfe région, que les Géographes Arabes divifent en deux parties, l'une, occidentale, qu'ils appellent *Send*, l'autre qui regarde l'Orient, & qu'ils nomment *Hend* (2), eft habitée par un peuple, dont la religion, les mœurs & la police femblent démontrer l'antiquité. Ce riche & fertile pays porte les noms de *Sindou* (3) & de *Zomboudipo* (4) dans les plus anciens livres de cette Nation écrits en fanfcret. Il faut avouer qu'avant le fiécle d'Alexandre cette belle contrée étoit très-peu connue de l'Univers. La rélation de Ctéfias, & les foibles notions qu'Hérodote nous en donne, ne pouvoient pas fatisfaire beaucoup les Amateurs de la vérité. Ce dernier Hiftorien nous affure que Darius, fils d'Hyftape, fut celui des Rois de Perfe qui pénétra le plus avant dans l'Orient. Il n'a pu cependant diffimuler que les Indiens éloignés, & qui habitoient du côté du midi, ne furent jamais foumis à la domination Perfe (5). Strabon prétend que Cyrus, dans fon expédition contre les Maffagètes, doit être regardé comme le feul qui ait approché de ce pays, dont les Perfes fe contentoient de tirer quelques troupes auxiliaires: les Hydraques étoient ceux qui les leur fourniffoient ordinaire-

---

(1) L. xv, p. 479. On doit faire at-tention dans ce paffage à ces mots ἀνέςρεψε δ'ὅυν . . . . . ἀπ'ἐπέςρεψεν. &c.
(2) Abulf. Clim. *Al-hend* & *Al-fend* rec. de voyag. par Thevenot, Tom. L...
(3) Bagavadam. L. iv, p. 91, &c.
(4) Ezour-Vedam. L. i, C. iii. &c.

(5) Herod. L. iii, C. 101. Cet Hifto-rien ne connoiffoit lui-même que les peuples de la Carmanie, la Gédrofie & les Ichtiophages. L. iii, C. 98 & 99, & les Indiens voifins de la Bactriane. *Vid.* L. id, C. 102.

ment. Ce judicieux Géographe ajoute que ces mêmes Perses n'avoient d'ailleurs aucune connoissance de l'Inde, couverte d'épaisses ténèbres jusqu'au temps des conquêtes d'Alexandre (1). Mégasthène, très-instruit dans les Antiquités Indiennes par le long séjour qu'il avoit fait auprès de Porus & de Sandracotte, assuroit qu'aucune Armée étrangère n'étoit parvenue dans cette contrée avant l'époque dont je viens de parler (2). Les Indiens confirmoient par leur propre témoignage, selon Maxime de Tyr (3), le récit du Voyageur Grec.

Ce fut donc Alexandre qui arracha le voile dont cette partie du monde avoit été jusqu'alors enveloppée. Séleucus, un des successeurs de ce Prince, poussa encore plus loin ses découvertes, & parvint aux rives du Gange (4). Il étoit réservé aux siècles postérieurs d'avoir des notions plus étendues de ce pays : mais elles ne sont point encore aussi parfaites qu'on pourroit le desirer. Les plus exactes concernent les contrées ravagées par le fer des Conquérans, & celles où notre cupidité a fait couler le sang d'un peuple doux & paisible, dont la religion condamne au plus cruel supplice dans l'autre vie, le barbare mortel qui ose attenter à la vie de ses freres (5). Peuple infortuné, dont le seul crime est d'être humain & industrieux, & d'habiter une terre, où la nature ne semble prodiguer ses faveurs, que pour l'exposer sans cesse à devenir la proie des autres Nations!

Strabon, en reconnoissant les avantages que les conquêtes des Macédoniens ont procurés à la Géographie, exerce une

---

(1) Strab. L. xv, p. 472.

(2) Ap. Arr. Indic. C. v.

(3) . . . . ὡς Ἰνδοὶ ἔλεγον. Maxim. tyr. ed. Davis. diss. viii, p. 85.

(4) *Voyez* l'extrait de l'itinéraire de Seleucus - Nicator, dans l'ouvrage de Pline. L. vi, C. xvii.

(5) « Ceux qui les armes à la main » auront tué un autre homme, seront eux-» mêmes broyés dans l'enfer, (le Pata-» lam, c'est-à-dire, l'abyme), & on les » fera passer par des trous aussi petits que » celui d'une aiguille. Ezour-Vedam, L. iii, C. iii. . . « Ceux qui font mal » aux hommes & qui tuent les bêtes » seront jetés dans un lieu particulier, » pour y souffrir des tourments horribles. Bagavadam. L. vi, p. 106.

jufte cenfure fur cette foule de rélations infidelles, où le merveilleux tient fouvent la place du vrai. . . . . « Ceux qui
» ont été dans l'Inde , dit cet Ecrivain , ne l'ont vue qu'en
» partie; ils n'ont été inftruits que par ouï - dire de ce qu'ils
» ont rapporté, où ils n'ont rien vu qu'en paffant; ce qui ne
» les a point empêchés d'écrire des rélations, comme s'ils euf-
» fent tout examiné avec la plus fcrupuleufe attention (1) ».
Ce Géographe les accufe encore de fe contredire les uns
les autres (2), d'exagérer & de mentir fréquemment (3).
Patrocle & Eratofthène , qui avoient écrit fur des Mémoires, dont la fidélité n'étoit point fufpecte , font les
feuls Auteurs que fa critique épargne (4). Il feroit facile de
faire un Recueil confidérable de toutes les Fables publiées par
Onéficrite, Clitarque , Mégafthène , Daimaque , &c. Ces deux
derniers Ecrivains « ne méritent fur-tout, dit Strabon, aucune
» croyance ; ce font eux qui nous parlent de ces hommes en-
» veloppés de leurs oreilles, ou qui font fans bouche ou fans
» nez, ou qui n'ont qu'un œil, de ces hommes à longues cuiffes
» & qui ont les doigts parderrière (5). Ils ont renouvellé (6) la fa-
» ble d'Homère fur les Pygmées qui combattent les grues, & qu'ils
» affurent n'avoir que trois pieds de haut. Ils font mention de
» fourmis qui fouiffent l'or, de faunes dont la tête eft en forme
» de coin , & de ferpens qui avalent des bœufs & des cerfs

---

(1) Strab. L. xv. Init. p. 471.
(2) Loc. fupr. cit.
(3) Strab. L. 11 , p. 48.
(4) Strab. Loc. fupr. cit.
(5) ϰ̀ ὀπισθοδάκτυλυς.
(6) Une faute du texte dans ce paffage, a trompé les Interpretes. On lit dans toutes les éditions, ἐνεκαίνισαν, que les uns traduifent *inhovarunt* & les autres *im-mutarunt*. Il falloit dire *rénovarunt*, comme Cafaubon l'a deviné : mais il n'a ofé chan-ger le mot ἐνεκαίνισαν. M de Bréquigny qui préparoit, il y a quelques années, une traduction françoife & une nouvelle édi-tion de Strabon, foutenu de l'autorité de l'excellent manufcrit de ce Géographe , que l'on trouve à la Bibl. du Roi, reftitue ἀνεκαίνισαν, dont la fignification propre eft celle que Cafaubon indique.

avec

» avec leur bois (1) ». Le judicieux Géographe, que je viens
de citer, nous apprend qu'il avoit souvent eu occasion de remarquer toutes ces Fables & ces Contes ridicules, en écrivant
la vie d'Alexandre. Les Historiens de ce Prince, pour avoir puisé
dans de pareilles sources, n'ont pu éviter de nous transmettre
beaucoup de traits fabuleux.

Diodore fait mention de serpens de seize coudées, d'arbres de
soixante-dix coudées de haut, & dont l'ombre avoit trois plêthres
d'étendue, &c, (2). Arrien moins crédule, en parlant de faits
à-peu-près semblables, les réfute & en démontre l'absurdité (3).

Les mœurs & les usages des Indiens ne sont pas traités avec
plus de vérité. Quinte-Curce nous assure que ce peuple faisoit
grand usage du vin dans ses repas, & que ses Rois, plongés dans
l'ivresse, étoient portés sur leur lit par leurs concubines (4). Les
Législateurs des régions méridionales sachant que les liqueurs
enivrantes étoient également contraires à la constitution physi-
que de leurs habitans, & funestes au repos de la Société, puisqu'elles jetent ceux qui en usent dans des fureurs sanguinaires;
ces Législateurs avoient sans doute, par ces raisons, prohibé
l'usage de ces liqueurs, & leurs loix ont été en vigueur, à cet
égard, chez toutes les Nations de l'Inde (5). Strabon rapporte
que si un Roi Indien étoit tué dans l'ivresse par sa femme, elle
avoit le droit de se remarier avec son successeur (6) pour le prix
de cette action. Les Brachmanes s'abstenoient du vin (7), ainsi

(1) Strab. L. 11, p. 70.
(2) Diod. n° 90.
(3) ἄτοπα ψεύσωνται, &c. L. v, C. iv.
Indic. C. ii,-iii-iv.
(4) Curt. L. viii, C. ix.
(5) *At Reges, & Gentes Indiæ permit-
tunt fornicationem, poculum autem inebrians
interdicunt : præter Regem Camar qui tàm
fornicationem quàm vinum interdicit*, Geogr. nub. ex vers. cit. p. 32-33.
(6) Strab. L. xv, p. 488.

(7) Strab. L. xv, p. 490. Clement.
Alex. Strom. L. iii, p. 451. Les Brames
ou Bramines « haïssent fort, dit Abra-
» ham Roger, l'yvrognerie : & ils esti-
» ment que s'enyvrer est un des cinq pé-
» chés, qui ne se pardonnent pas faci-
» lement ». De la relig. des Bram. p. 110.
Un des premiers préceptes de la morale
Indienne, selon la Loubère, est de ne
point boire de liqueur qui enivre. Du Roy.
de Siam, Tom. i, p. 484.

que les Philofophes Hylobiens (1), la première claffe & la plus
refpectée des Samanéens. Il étoit défendu de s'arrêter dans les lieux
où l'on donnoit à boire; cela étoit même honteux à un homme du
peuple (2). Enfin Mégafthène affuroit que les Indiens ne buvoient
jamais de vin (3). Les Manichéens qui, felon Saint Ephrem, avoient
adopté plufieurs opinions Indiennes (4), regardoient cette liqueur comme le fiel des Princes des ténèbres (5). Nous ne
faurions cependant diffimuler, qu'Athénée nous dit qu'Alexandre propofa à la mort de Calanus des prix pour ceux qui boi-
roient le plus, à caufe du goût que les Indiens avoient pour le
vin (6). Cet Ecrivain a tiré cette anecdote de l'Ouvrage de
Charès, dans lequel Elien paroît auffi l'avoir puifé. Ce dernier
ajoute que cette efpèce de combat d'ivrognerie étoit particulière aux Indiens (7) : cette circonftance eft fans doute une
glofe de fa façon. Mais ni l'autorité de Quinte-Curce, ni celle
de Charès, ne fauroient affoiblir les témoignages que nous avons
rapportés, & qui font confirmés par toutes les rélations des
Voyageurs modernes. On connoît l'immutabilité des Loix &
des Coutumes chez les peuples de l'Orient, qui font conftam-
ment ce que leurs pères ont pratiqué. La fucceffion des temps, le
commerce avec les Nations voifines, les invafions des Princes
étrangers, n'ont pu faire renoncer les Indiens à leurs anciens
ufages; ainfi, ceux qu'ils fuivent encore aujourd'hui font évidemment les mêmes qu'ils fuivoient dans les fiècles les plus reculés. Leur

---

(1) Strab. loc. fupr. citat.
(2) Porphyr. de abftin. L. IV, p. 414.
edit. Fogerol.
(3) Οἶνον τὲ γὰρ ἒ πίνειν. Ap. Strab. L. XV,
p. 487.
(4) *Error Indicus Manetem tenuit.*
S. Ephrem. ex verf. Affeman. Bibl. Orient.

Tom. 1. p. 112.
(5) *Vinum putare fel principum tene-*
brarum. S. Auguft. de morib. Manich.
L. II, C. XLIV.
(6) Athen. L. X, p. 437.
(7) Ælian. var. hift. L. II, C. XLI.

averſion pour les liqueurs enivrantes n'a preſque point changé. La ſeule Caſte des Parias, ſi mépriſée & ſi digne de compaſſion, oſe s'y adonner (1). Sans répéter ce qu'on trouve dans une foule d'Ouvrages, contentons-nous de tranſcrire quelques traits de l'Ezour-Vedam; nous ne ſaurions puiſer dans une meilleure ſource. On lit dans cet ancien Commentaire du Vedam, que Brama & Vichnou, ſuivis d'un nombreux cortége de Brames, furent autrefois rendre viſite à Chib (le Lingam) ſur la montagne de Keilaſſan. Ils le trouvèrent jouiſſant ſans pudeur de ſa femme, & plongé dans l'ivreſſe. Les Brames à cette vue le chargèrent de malédictions, & Chib étant revenu de cet état honteux, mourut de déſeſpoir pour avoir été un objet de ſcandale (2). Cette fable, que réfute Chumantou dans le Chapitre ſuivant, ne prouve pas moins l'horreur qu'avoient les Indiens pour ceux qui ſe livroient à ces excès de vin, que ce que ce Philoſophe, un des interlocuteurs de l'Ezour-Vedam, rapporte ſur les mœurs du Bollodekan ou des Baudiſtes. Leur Roi ne reconnoît point de Dieu, « ... ces uſages » répondent aſſez bien à ſon ſyſtême de religion, & ont quel- » que choſe de barbare qui fait horreur. Le crâne d'un homme » lui ſert de coupe, il met ſon plaiſir à ſe faire porter ſur un » lit qui a ſervi à un mourant ». Chumantou ajoute, comme le dernier trait d'infamie, « ſa boiſſon ordinaire eſt une liqueur » enivrante (3) ».

En nous repréſentant le luxe des cours de l'Orient, & la manière reſpectueuſe avec laquelle les Indiens traitent leurs Rois,

---

(1) Lett. édif. Tom. **xv**, p. 282. Le commerce des Européens paroît cependant avoir perverti les autres Caſtes, qui commencent à faire uſage de liqueurs ſuivrantes. J'oſe aſſurer ce fait, ſur la foi d'un voyageur auſſi éclairé que véridique.

(2) Ezour-Vedam. L. **vi**, C. **iv**.

(3) Id. L. **vii**, C. **ii**. *Voyez* auſſi L. **ii**, C. **ii**.

Quinte-Curce n'a point bleffé le coftume. Mais fon exactitude ne s'étend point fur ce qu'il nous rapporte de la divifion des temps chez les Indiens. Leurs mois ne font compofés, felon lui, que de quinze jours. Ils divifent le temps par le cours de la lune, lorfqu'elle commence à former le croiffant (1). Tel eft le récit de cet Hiftorien, dont nous fupprimons quelques circonftances qui montrent fon ignorance, mais qui nous entraîneroient trop loin. Contentons-nous d'obferver que les Indiens, depuis certainement plus de 1700 ans, dès le tems de Salivaganam, employoient les années folaires (2). Il eft très-propable qu'ils avoient le même ufage fous le règne d'Alexandre. Ce peuple divife & fous-divife le temps prefque à l'infini. Quel calcul immenfe & fingulier ! Depuis le Poromanou (3) jufqu'à l'Ananden, période de cent quarante millions d'années (4). Douze mois compofent l'année Indienne, & chaque mois fe partage par la nouvelle & la pleine lune (5). Cette divifion a peut-être trompé Quinte-Curce. Son erreur peut cependant fervir à prouver l'ancien ufage que les Indiens ont de divifer ainfi le temps.

Arrien nous a confervé dans fes Indiques des détails géographiques très-précieux. Nous ne trouvons point chez les Modernes une Topographie auffi exacte de l'intérieur de l'Inde. ‹

. . . . « Cet opufcule nous apprend bien des circonftances plus propres, dit M. d'Anville, que les notions ac-

---

(1) Curt. L. VIII, C. IX.

(2) Ezour-Vedam L. II, C. III. *Voyez* l'Extrait d'un mémoire fur l'Inde par M. le Gentil. Journ. des Sav. Juin vol. II, 1773, p. 412. *Vid.* Bay. regn. Lactr. p. 164-166-199. & Leon. Euleri *de Indorum anno folari aftronomico.* Ad calc. hift. reg. Bactr. p. 201. & feq.

(3) *Voyez* Bagavadam. L. III, p. 44 Ezour-Vedam L. III, C. IV.

(4) Extr. du Diragala-Sakkarum dans l'hift. du Chriftian. des Indes Tom. II, p. 287.

(5) Ezour-Vedam. endroit cité ci-deffus.

» tuelles à inftruire de ce que deviennent les rivières de cette
» région entr'elles (1) ». L'habile Géographe rend encore à
cet Hiftorien la juftice qui lui eft dûe, fur les autres détails que
nous fournit fon itinéraire de l'Armée Macédoniene dans
l'Inde, & il avoue que c'eft l'Auteur *le plus accrédité qui foit
à confulter fur ce fujet* (2). La lecture du quatrième chapitre
des Indiques, fuffit pour faire connoître la juftefle & la précifion d'Arrien, fur le Gange, les rivières qui s'y jetent, & fur
les peuples circonvoifins. Je ne faurois cependant diffimuler
qu'on n'y apperçoit pas la même clarté touchant les rivières
qui mêlent leurs eaux à celles de l'Indus. Cet Auteur paroît avoir
fuivi fur ce fujet des rélations différentes de celles qu'il a employées dans fon Hiftoire des expéditions d'Alexandre.

Critique auffi judicieux que favant Géographe, Strabon nous
a laiffé une defcription de l'Inde très-propre à répandre de la
lumière fur les pays qu'Alexandre y a parcourus. Il choifit
avec difcernement les opinions qui lui paroiffent les plus vrai-
femblables; il fait lier avec art la rélation abrégée des expéditions Macédoniènes aux détails géographiques, à ceux qui concernent les mœurs, les ufages, la philofophie des Indiens, & les
productions du pays qu'ils habitent, & il enchaîne tout cela d'une
manière qui peut en même-temps éclairer & intéreffer le lecteur.

J'ai comparé Ptolémée avec ce judicieux Ecrivain, avec
Pline, que fa précifion rend fouvent obfcur, & dont la
nomenclature géographique n'eft point exempte de fautes,
& enfin avec les Hiftoriens de la vie d'Alexandre : il m'a été
impoffible, non-feulement d'accorder ce Géographe avec ces
Auteurs, mais encore de me former, d'après fon texte, une

____

(1) Géogr. anc. Tom. 11, p. 340. | (2) Id. p. 334.

idée juste du cours des différentes rivières de l'Inde , ou du moins
qui ait quelque rapport avec la position actuelle des lieux. Bidaspes
ou l'Hidaspe reçoit, selon lui, successivement deux rivières, San-
dabalis & Adrius ou Rhuadis , & se décharge ensuite dans celle
de Zadradus; laquelle, après avoir rencontré à sa droite la rivière
de Bibasis , (c'est sans doute l'Hyphase ou Hyphasis) dont le
cours est peu considérable , va se rendre dans l'Indus (1). . . .
« Ce n'est pas tant la diversité de quelques noms qui déplaît
» dans cette exposition , remarque judicieusement M. d'Anville,
» que le défaut dans la manière de faire courir ces rivières les
» unes par rapport aux autres (2)». Les marches d'Alexandre,
dans le récit de Strabon & d'Arrien , nous fournissent des
détails plus satisfaisans , & dont l'application à la position
actuelle des lieux n'est point impossible.

Le Conquérant Macédonien se met en marche d'Alexandrie ;
représentée aujourd'hui par Candahar , passe le Cophène , le
Choès, ensuite l'Indus (le Sind (3), & Taxile se soumet à lui.
Alexandre part de Taxila , entre dans le pays appelé maintenant Pendj-ab , nom qui signifie en Persan les cinq-rivières, &
traverse l'Hydaspe. Sur les bords de cette rivière, ce Conqué-

---

(1) Ptolem. L. vii, C. 1, p. 170.

(2) Eclairciss. sur la carte de l'Inde ,
p. 36. Cet ouvrage va reparoître sous
une forme nouvelle & avec des augmen-
tations considérables. Il aura pour titre
*Antiq. Géographique de l'Inde & de plusieurs
autres contrées de la Haute-Asie.* M. d'Anville ne craint point de s'y corriger. Il
nous donne plusieurs détails neufs
& rétablit d'anciennes positions qui
étoient déplacées. Ce savant Géographe
prend pour épigraphe ce vers de Virgile,
*Extremum hunc , Arethusa , mihi concede
laborem.* Eclog. x. Elle nous annonce la
fin d'une carrière littéraire remplie par
des travaux utiles aux progrès de la
Géographie.

(3) *Indus incolis Sindus adpellatus ,*
Plin. , L. vi, C. xx. mar. Erythr. Péripl.
p. 163. ad calc. Arr. Ars. tact. ed,
Blanc. Cette dénomination est conforme
à celles de *Send* des Géographes Orientaux & de *Chindou* de l'Ezour-Vedam,
Les Auteurs Mahométans donnent à l'Indus les noms de *Murhan* , de *Devil* & de
Kàârched. Géogr. Turc. p. 305,

rant défait Porus, delà il s'avance vers l'Acéfines ; après l'avoir paffé, ce Prince fe rend à l'Hydraote ou Hyarote, & enfin à la rivière nommée Hyphafis (1) par Arrien, Hypafis par Pline & Quinte-Curce, Hypanis par Strabon & Diodore. Il n'eft pas facile de reconnoître (2) dans la Géographie moderne, ces différentes rivières. Il eft probable que l'Hydafpe eft le Schan-trou, l'Acéfines la rivière qui paffe à Lahaûr ou le Ravèi, l'Hydraote le Biah, & l'Hyphafis le Caul (3). Dans le Choès, il eft encore plus difficile de retrouver les rivières modernes. L'opinion de M. d'Anville me paroît la feule admiffible : . . .

. . . . « On voit, dit-il, que Choès étant indubitable-ment la rivière nommée Cow, le Cophès qui fe rencontre au-paravant, doit être la rivière (Méhram-hir) qui fort des envi-rons de Candahar (4).

Strabon appelle le Choès, Choafpes (5) ; je crois que c'eft une faute. Le premier nom, qui eft donné à cette rivière par Arrien (6), & confirmé par celui de Coa qu'on trouve dans le texte de Ptolémée (7), légère altération de Choès, paroît être le feul véritable. D'ailleurs le nom de Choafpe peut induire en erreur, & faire confondre le Choès, avec le

---

(1) Il feroit peut-être néceffaire ou du moins intéreffant de comparer ici les mar ches d'Alexand e avec celles de Tamerlan ou Timur-bec, dans cette partie de l'Inde & dans les régions de la Haute-Afie : mais les bornes que je me fuis prefcrites, ne me le permettent pas. L'hiftoire du Con-quérant Tartare écrite par Chérefeddin nous offre des détails Géographiques fort importans, & qui peuvent éclaircir le récit des Hiftoriens du Conquérant Ma-cédonien, & la Géographie de l'Orient.

(2) « Ces fleuves, dit Thevenot, ont » reçu tant de noms particuliers des Mo-» dernes qui en ont parlé, qu'on a pré-» fentement de la peine à les difcerner » les uns des autres; & même la plupart » de ces noms font confondus ». Voyez Tom. v, p. 180.

(3) Géogr. anc. Tom. 11, p. 340. Voyez la carte de l'Afie par M. d'Anville première partie, & Orb. veter. not.

(4) Eclairciff. fur la carte de l'Inde p. 32.

(5) Strab. L. xv, p. 479.

(6) Arr. L. iv, C. xxiii.

(7) L. vii, C. 1, p. 169.

Choaſpe de la Suſiane. Denys le Périégète n'a pas ſu éviter cette faute; il nous aſſure que le Choaſpe *traînant ſes eaux In-diennes*, arroſe les environs de Suſe (1). Euſtathe, en expliquant ce Géographe, augmente ſon erreur; il prétend que, par *ſes eaux Indiennes*, Denys a voulu dire que le Choaſpe, qui couloit près de Suſe, étoit une branche de l'Indus (2). On doit plutôt penſer que ce Poëte Géographe, entraîné par l'autorité d'A-riſtote, qui met la ſource du Choaſpe dans le Paropamiſe, & ne veut cependant parler que de celui de la Suſiane (3), pro-longe le cours de ce fleuve depuis les extrémités de l'Inde juſque dans la Suſiane ; c'eſt pour cette raiſon qu'il appelle ſes eaux *In-diennes*, voulant déſigner par·là la région où cette rivière prend ſa ſource. Cette manière de concevoir la ſituation & le cours des fleuves des pays lointains, n'étoit point ſans exem-ple chez les Grecs, accoutumés à bouleverſer la Géographie de l'Univers. Strabon rapporte que Diotime, chef d'une députa-tion des Athéniens, aſſuroit avoir remonté le Cydne de la Ci-licie, juſques dans le Choaſpe, qui le conduiſit à Suſe (4). Ce fleuve a donc été le ſujet des plus étranges mépriſes. Remar-quons encore que M. de l'Iſle n'eſt point fondé à faire tomber le Choès dans l'Indus, & à lui donner un cours qui ne ſe con-cilie point avec la poſition actuelle des lieux. Le prétendu Choaſpe, comme Strabon l'aſſure avec raiſon, va décharger ſes eaux dans le Cophène (5). La marche de l'armée ·Macédoniene, telle qu'Arrien nous l'a décrite (6), confirme le ſentiment de cet ancien Géographe.

---

(1) V. 1074.
(2) ὡς ἐκ τῦ Ἰνδȣ σχιζόμενος ποταμῦ, &c. Euſt. in v. ſup. cit.
(3) Ariſt. méteor. L.·1, p. 3 3 6. ed. Lugd.

(4) Strab. L. 1, p. 32.
(5) L. xv, p. 169.
(6) L. v, C. viii,

Au

Au confluent du Choès & du Cophène , on trouve , felon M. d'Anville , la fabuleufe Nyfa , qu'il prétend être la Nagara de Ptolémée , & la Nagar du Géographe Turc , qui place cette Ville au Levant de Candahar , à cinq journées de Kabul , par les 32ᵉ degrés & demi de latitude (1). M. d'Anville paroît être déterminé par le voifinage du mont Merû à rapporter la pofition de Nyfa au 33ᵉ degré de latitude. Les Hiftoriens d'Alexandre nous indiquent véritablement cette proximité du mont Merû (2); mais , loin d'autorifer leur témoignage , elle en démontre la fauffeté. Le mont Merû ou plutôt Merou , qu'on prétend être le mont Meros des Grecs , eft célèbre parmi les Indiens. Le Bagavadam (3) , un des dix - huit *Pouranams* ou Livres canoniques chez ce peuple , parle de la fituation du mont Merou en ces termes. . . . « Il y a au milieu du monde la grande
» île , nommée *Jambam* ou *Jambou* , qui a de longueur cent
» mille *yoffineis* , & autant de largeur. Un *yoffinei* eft une mar-
» che de quatre heures de chemin. Au milieu de cette île eft
» la montagne *Merou* , haute de cent mille *yoffinei* , profonde
» de dix mille , & large de trente-deux mille. Au nord de cette
» montagne , il y a deux autres montagnes ; l'une nommée
» *Nilavarnam* , & l'autre *Velleyvarnam* , qui font une chaîne
» de l'Eft à l'Oueft , jufqu'à la Mer falée , &c ». Les détails dans lefquels l'Auteur de cet Ouvrage , entre fur le mont Merou , font pleins de fables & de contes puérils (5); on ne fauroit , d'après fon récit , en établir la pofition. Cet Ecrivain Indien nous dit enfuite que . . . . « La grande montagne
» Merou , eft éclairée par le foleil , pendant fix mois entiers;

---

(1) Eclairciff. fur la carte de l'Inde. p. 21-22.
(2) Arr. Indic. C. 1. Curt. L. viii , C. x.

(3) Bagavadam manuf. de la Biblioth. de M. Bertin , Minift. d'Etat. L. v , p. 93.
(4) *Voyez* la note (LVII).

Hh

» une nuit continuelle y règne les six autres mois (1). Bientôt après, il nous assure que « le charriot du soleil est appuyé » d'un bout contre le mont Merou , & que le reste est sou- » tenu par l'air (2) ».

L'Ezour-Vedam, ancien Commentaire du Vedam , écrit en sanscret, & traduit par un Brame de Benarès , place le mont Merou à la source du Gange , qui sort de cette montagne. La description particulière qu'en fait ce livre Indien , peut encore moins convenir à la position que le savant Géographe moderne donne à cette montagne; elle est supposée au centre de la terre , & d'une hauteur prodigieuse (3). Bayer observe que dans la Géographie Indienne, intitulée *Puwana-Saccaram* , le mont Merou est décrit d'une manière fabuleuse (4) : & je soupçonne que son existence n'a de fondement que dans l'imagination des Indiens. Dans un Ouvrage de Fo ou Foë , ancien Législateur de la Nation Indienne , traduit en Chinois , les extases d'un Philosophe Samanéen sont comparées à l'immobilité du mont *Siu-Mi* , qui est le Merou ou Smerou (5) dont nous parlons.

Pour accréditer les Voyages de Bacchus , les Grecs suppo- soient par-tout des monumens qu'ils croyoient pouvoir cons- tater les courses de ce Dieu. Etienne de Byfance compte jusqu'à dix Villes de Nyfa; les unes dans la Lybie, les autres dans l'Egypte, la Grèce , la Thrace & sur le mont Caucafe; la sep- tième est celle de l'Inde (6). Héfychius prétend au contraire

---

(1) Bagavadam. L. v, p. 100.
(2) Id. p. 102. Dans la mythologie Orientale , les astres font leur révolution autour d'une grande montagne.
(3) *Voyez* la note (LVIII).
(4) *Fabulosissime describitur.* Hist. regn. Bactr. p. 4. Ce Géographe paroît avoir copié , avec quelques légères différences seulement, le Bagavadam , il nous dit que des collines , au nombre de 1008, s'é- levent au-dessus du mont Mérou. Ap. op. cit. p. 9.
(5) Hist. des Huns, par M. de Guignes. Tom. 11 , p. 213.
(6) Steph. Byfant. p. 500.

que Nyfa (Νύσα) eft un nom donné à plufieurs montagnes dans différentes régions; il en trouve jufqu'à quinze qui portent cette dénomination (1). Ariftodème , dans fon premier Livre des Infcriptions Thébéennes , parlant de l'expédition de Bacchus dans les Indes, ne faifoit mention que du mont Nyfa , ainfi que Clitarque dans fon Hiftoire d'Alexandre (2). Pline parle du mont Nyfa & d'une Ville de ce nom (3). Enfin il paroît, par un paffage d'Ariftote, que les Ecrivains de la Grèce fe plaifoient à faire des defcriptions du mont Nyfa (4).

Que Nyfa foit le nom d'une ville ou d'une montagne , fon exiftence dans les Indes n'en eft pas plus certaine , non plus que l'expédition de Bacchus, dont les Anciens vouloient qu'elle fût un monument (5). Des étymologies arbitraires fuffifent-elles pour démontrer l'identité de quelques Villes modernes avec la prétendue Nyfa des Anciens ? par-là le nombre de ces Cités identifiées avec Nyfa ne feroit - il pas trop multiplié. Abulféda parle de plufieurs Villes de Nyfapour dans la Perfe, la Bactriane, & le Khoraffan, & de deux de Nafa, nom qui diffère peu de Νύσα, dans la Perfe, l'autre dans le Kerman (6). Loin de rapporter l'étymologie de Nifapour à Dionyfus, (Bacchus), quelques Savans font au contraire venir ce mot du nom des Princes de l'Orient, par exemple de Sapor, Roi de Perfe (7). Enfin je crois qu'on n'eft pas plus fondé à marquer la fituation de Nyfa ou du mont Meros, fur les cartes, que celle de la fameufe île de Panchaïe d'Euhémère.

---

(1) Hefych. lex. in voc. *Νύσα.*
(2) Ap. Schol. Apoll. Rhod. L. **ii** , **V.** 907.
(3) *In Indiæ verò Nvfa monte.* L. **viii**, C. **xxix.** *Nec non & Nyfam Urbem plerique Indiæ adfcribunt.* L. **vi**, C. **xxi.**
(4) Ariftot. *De mundo.* C. **i.**

(5) *Voyez* la note (LIX).
(6) *Nafa quoque eft Urbs in Perfide, & altera ejufdem nominis in Karman.* Abulf. ex verf. cit.
(7) Gol. in Alferg. p. 188. Schultens Ind. Geogr. ad Calc. vit. Salad. Bohadini in voc. *Nyfabour.*

On peut cependant foutenir, avec affez de vraifemblance, que les fables répandues dans les defcriptions du mont Méros, dérivent de la vénération fuperftitieufe que plufieurs peuples de la terre, & principalement ceux de l'Orient, ont eue pour quelques montagnes célèbres. Le mont Porra dans le Royaume d'Arrakan, celui de Pécha dans la Chine, la montagne d'Isje au Japon, celle d'Olaimi chez les Apalachites, & une foule d'autres, ont acquis une grande célébrité, unique caufe de l'efpèce de culte que les peuples de ces contrées leur rendent. L'exiftence de ces montagnes, malgré les fables qu'on en racontent, eft cependant certaine : fi, par cette raifon, celle du mont Méros ne doit pas être entiérement rejetée, on ne fauroit du moins difconvenir qu'il ne foit prefque impoffible d'en fixer la vraie pofition.

Après avoir foumis tout le pays fitué en-deçà de l'Indus, Alexandre paffa ce fleuve & arriva à Taxila, d'où il fe rendit en ligne directe à l'Hydafpe. La pofition de Taxila doit être fixée au Sud de la jonction actuelle du Tchénau à l'Indus : fi on l'établiffoit au confluent de ces deux rivières, il faudroit néceffairement que l'Armée Macédoniene marchant contre Porus, eût déjà paffé le Tchénau ; ce qui ne fauroit fe concilier avec l'itinéraire d'Alexandre. Ce Prince ayant reçu, felon Arrien, un renfort de 5000 Indiens, commandé par Taxile, dirigea, comme je viens de le dire, fa marche vers l'Hydafpe, & établit fon camp fur fes bords (1). Strabon nous apprend que Taxila, ville puiffante & gouvernée par de fages loix, étoit entre l'Indus & l'Hydafpe (2): ce Géographe n'auroit pu s'exprimer ainfi, fi elle eût été fituée au confluent de l'Indus & du Tchénau. De ces obfervations naît, ce me femble, la juftification des Hiftoriens d'Alexandre.

---

(1) Arr. L. v, C. v111. | (2) Strab. L. xv, p. 480.

M. d'Anville accufe ces Ecrivains d'avoir pris le Tchénau pour l'Indus, & d'avoir ainfi doublé ce dernier fleuve.... « La » fuite de l'expédition d'Alexandre, dit le favant Géographe, » veut que le Tshénau foit la rivière qu'il traverfa fous le nom » d'Indus; car, au lieu de quatre fleuves à reconnoître dans la fuite » de cette expédition, comme on verra ci-après, il y en auroit » indubitablement cinq..... (1) » Elle ne nous en préfente au contraire que quatre : Alexandre part de Taxila, arrive à l'Hydafpe, traverfe ce fleuve, enfuite fucceffivement l'Acéfines, l'Hydraote & l'Hyphafe (2). Le Conquérant Macédonien, felon Strabon, ayant ouï-dire que les rivières de l'Inde fe déchargeoient les unes dans les autres, dirigea fa marche au-deffous de leur confluent, afin d'éviter plufieurs paffages qui l'auroient fort embarraffé, parce qu'il étoit dépourvu de bateaux (3) : ce Prince laiffa donc en paffant l'Hydafpe, le Tchénau à fa gauche. Les Anciens ne nous fourniffent point des notions bien claires fur ce que l'on appelle maintenant le Tchénau (4); je crois que c'eft le Tutape ou Toutape, dont Arrien nous parle comme d'un fleuve confidérable, ce qui ne peut convenir qu'au Tchénau, qu'il fait décharger dans l'Acéfines (5) en prolongeant, contre toute vraifemblance, fon cours au Sud de Taxila. Arrien place à peu de diftance de l'Indus, Peucela (6); pofition qui ne peut, de l'aveu de M. d'Anville, fe rapporter au Tchénau (7) : cette Ville doit au

---

(1) Eclairciff. fur la carte de l'Inde. p. 34.

(2) Arr. Indic. C. 1.

(3) Strab. L. xv, p. 480.

(4) Le Tchénau eft une des plus grandes rivières du Pendj-ab. Sa rapidité a fait imaginer, pour la traverfer, deux ponts de cordes d'une conftruction auffi fingulière que peu folide; l'un a 80 coudées de long & l'autre 100. Cette rivière prend fa fource dans les montagnes du Cachemir, & va fe décharger dans l'Indus entre Outchtcheh & Sepetpour. Géogr. Turc. p. 310-311-312-313. *Voyez* le voyage de Thevenot. Tom. v, p. 174-175. Celui de Bernier. Tom. 11, p. 258-259.

(5) Arr. Indic. C. IV.

(6) . . . οὐ μακρὰν τοῦ Ἰνδοῦ. Indic. C. 1.

(7) Eclairciff. fur la carte de l'Inde. p. 33-34.

contraire être placée fur l'Indus, dont le lit eft fitué immédiatement après celui du Cophène (1).

. On ne trouve point, dans l'Ouvrage de Quinte-Curce, la précifion & la juftefle qui caractérifent les détails Géographiques d'Arrien. La nārration du premier eft fouvent très-obfcure, furtout lorfqu'il parle des différens peuples de l'Inde, & des rivières qui fe jettent dans l'Indus : alors il n'eft guère plus d'accord avec lui-même, que dans la partie hiftorique. Quinte-Curce nous aflure d'abord que l'Acéfines augmente les eaux du Gange, qui le reçoit près de fon embouchure : ces deux fleuves en fe rencontrant, s'entrechoquent avec impétuofité, &c. . . . (2). Dans la fuite, il nous dit que l'Acéfines perd fon nom lorfqu'il fe réunit à l'Hydafpe, & que la flotte Macédoniene fouffrit beaucoup au confluent de ces deux rivières (3). Il fe trompe encore; l'Acéfines, appelé fauffement par quelques-uns Tanaïs (4), mêle fes eaux à celles de l'Indus (5). Juftin commet une faute qui n'eft pas moins groffière, lorfqu'il fait defcendre Alexandre jufqu'à l'Océan, par l'Acéfines (6). L'Anonyme de Ravenne a copié cette erreur (7), que l'Abbréviateur de Trogue-Pompée femble rétracter dans le Chapitre fuivant, où, rapportant l'arrivée du Conquérant Macédonien à l'Océan, il ajoute qu'il parvint heureufement jufqu'aux bouches de l'Indus (8).

---

(1) μετὰ μὲν οὖν τὸν Κώφην ὁ Ἰνδος ῥεῖ. Strab. L. xv. p. 480.

(2) *Acefines eum auget.* Curt. L. viii, C. ix.

(3) Curt. L. ix, C. iv. Cet Hiftorien dit, dans ce Chapitre, que l'Hydafpe mêle fes eaux à celles de l'Acéfines, *Hydafpes amnis Acefini committitur*; & quelques lignes après, que l'Acéfines fe confond avec l'Hydafpe, *Acefines Hydafpi confonditur.*

(4) Steph. Byfant. p. 633. Ce Lexicographe nous apprend que plufieuts Ecrivains croyoient que le Tanaïs étoit le même que l'Acéfines & le Jaxarte.

(5) Strab. L. xv, p. 486. Arr. L. vi, C. xiv. Indic. C. iv. id.

(6) *Per hunc in oceanum devehitur.* L. xii, C. ix.

(7) L. ii, C. iii.

(8) *Secundo æftu oftio fluminis Indi invehitur.* L. xii, C. x.

Au lieu de conduire l'Hyphafe, qui eft la rivière la plus orientale du Pendj-ab, dans l'Acéfines, M. de l'Ifle met fon embouchure dans l'Indus, & prolonge fon cours jufqu'au Patalène. On ignore les raifons qui ont déterminé ce Géographe à décrire d'une manière fi fingulière & fi oppofée au témoignage des Anciens, le cours de cette rivière (1). Malgré les droits que M. de l'Ifle a acquis fur notre reconnoiffance, par des travaux très-utiles aux progrès de la fcience du globe terreftre, je ne faurois cependant diffimuler, que fa Carte de l'Empire d'Alexandre manque de juftefle dans les détails, qu'elle ne repréfente point avec clarté les diverfes régions parcourues par ce Conquérant, enfin qu'elle n'eft point exempte de fautes (2). Il paroît n'avoir pas affez confulté Arrien, le meilleur guide qu'on puiffe prendre dans cette carrière. M. d'Anville ne l'a prefque jamais perdu de vûe, & a fu profiter des lumières que cet-Hiftorien nous donne fur cette partie de la terre, ravagée par le fer des Macédoniens.

Après avoir diminué la trop grande élévation en latitude donnée au Cachemir par les tables des Orientaux (3), & l'avoir par ce moyen mis davantage fur la direction des marches de l'Armée Macédonicne, M. d'Anville croit pouvoir affurer qu'Alexandre parvint dans cette contrée . . . . . : . . « Quoique, » dans le détail des marches de ce Prince, j'emprunte ici fes » expreffions, on ne voit rien qui reffemble à ce qui diftingue » ce pays par fa fituation (4) ». Il me femble qu'une règle

____

(1) Eclairciff. fur la carte de l'Inde.

(2) Cette carte eft cependant beaucoup plus exacte que celle que ce Geographe publia en 1705, fous le titre de *Theatrum Hiftoricum*, en deux feuilles & dans laquelle le Nord de l'Afie eft fur-tout étrangement défiguré.

(3) Eclairciff. fur la carte de l'Inde. p. 27-28.

(4) Géogr. anc. p. 338. Eclairciff. fur la carte de l'Inde. p. 34.

inconteftable, lorfqu'on veut comparer les notions anciennes avec les modernes, & les rapprocher, eft d'avoir égard au rapport que peut donner la pofition des lieux. Quel eft donc celui que nous offre le Cachemir, pays tellement enclavé dans les hautes montagnes qui féparent l'Inde d'avec le Thibet & la grande Tartarie, qu'il eft impoffible d'y pénétrer d'aucun côté, fi ce n'eft en graviffant contre des rochers d'une hauteur prodigieufe (1)? Abulgazi rapporte qu'Oguzkhan fut arrêté un an entier aux avenues de ces montagnes (2), qui n'avoient que trois paffages hériffés d'obftacles prefque infurmontables (3); felon le Géographe Turc, elles avoient garanti ce pays de l'invafion de plufieurs Conquérans (4). Si Alexandre avoit pénétré dans ce pays, fes Hiftoriens auroient-ils manqué de parler d'une expédition auffi importante ? On ne trouve rien dans l'itinéraire de ce Prince, qui puiffe même nous la faire foupçonner, M. d'Anville l'avoue: mais.... « il a peine » à croire que la connoiffance de cette contrée, fi célèbre dans » l'Inde par fes agrémens, ait été cachée à l'Antiquité (5) ».... Par la même raifon, on pourroit penfer que la Chine lui a été connue. . . « Un grand rapport de dénomination, ajoute ce Géo- » graphe, eft un moyen de convenance (6). . » Reconnoîtrons-nous entre la Cafpira des Anciens & le Cachemir, où plutôt le *Kaschmir* des Orientaux, appelé encore, felon d'autres, *Kichemir*, un grand rapport de dénomination ? Parce que la première fyllabe de ces deux mots eft la même, en conclura-t-on que l'un eft dérivé de l'autre. L'habile Géographe, que je regarderai toujours comme mon Maître dans ces matières, & dont l'autorité doit être d'un grand poids, rapporte une preuve qui n'eft

---

(1) Not. fur Abulgazi. p. 52.
(2) Hift. généal. des Tatars, par Abulgazi-Khan. p. 53.
(3) Chérefeddin, hift. de Timur-bec.
L. IV, C. XXXI. *Voyez* la note (LX),
(4) Géogr. Turc. p. 404.
(5) Géogr. anc. Tom. II, p. 338.
(6) Loc. fupr. cit.

point

point favorable à son opinion; c'est celle de la position de Cas-
pira , Capitale de la contrée de ce nom , que Ptolémée met
plus au centre de l'Inde (1) que n'est le Cachemir.

Les Macédoniens , parvenus aux bouches de l'Indus, furent
saisis d'étonnement en voyant le flux & le reflux de l'Océan (2).
Un Ecrivain de nos jours, célèbre par sa fécondité & par ses para-
doxes, critique le récit des Historiens d'Alexandre , en remar-
quant que les soldats de ce Prince ne devoient point être frappés de ce phénomène , puisqu'ils en avoient déja été spéata-
teurs dans leur Voyage d'Egypte. Les Macédoniens ne virent
point alors la Mer rouge, & ne purent apprendre que par rélation ce qui les surprit dans la suite à la vûe de l'Océan avec
d'autant plus de raison, que les plus grandes marées qu'on con-
noisse font celles du Golfe du Sinde, à une des embouchures
de l'Indus; l'eau s'y éloigne fort vîte de la côte, & en laisse un
grand espace à sec (3). Cet effet du flux & du reflux devoit
naturellement étonner les Macédoniens , & être observé par
leurs Historiens. Il n'étoit donc point aussi peu sensible (4) que
l'a imaginé Jean le Clerc pour autoriser la critique qu'il fait à
cette occasion de Quinte-Curce; la censure qu'il exerce contre

---

(1) Ptolem. L. vii, C. 1, p. 171.

(2) Arr. L. vi, C. xix. Curt. L. ix,
C. ix.

(3) Varen. Geogr. C. xiv. prop. xiv.
L'Auteur du Périple de la mer Erythrée ,
observe très-bien que ce flux & ce reflux
font beaucoup plus sensibles dans la nouvelle & dans la pleine lune, & qu'ils
font plus considérables près de Barygaza,
p. 168. édit. cit. que dans le reste de
l'Inde. Eclairc. sur la carte de l'Inde,
p. 73-74. *Barygaza* signifie *grand maga-
zin*, ce qui répond à *l'emporium* des
Latins. Cette dénomination peut donc
convenir à toute Ville de commerce; mais
les Anciens n'ont donné ce nom qu'à une
seule Ville de l'Inde, celle dont je parle
ici , laquelle ne peut être placée que
dans le Golfe de Cambaye où la marée
monte de cinq brasses, d'autres disent
de sept ; ce flux violent est quelquefois cause de la perte de plusieurs vaisseaux. Varen. loc. supr. cit. Ce détail
prouve encore la vérité du récit des Historiens d'Alexandre sur ce que sa flotte
eut à souffrir à l'embouchure de l'Indus , &c.

(4) *Huc etiam accedit quòd æstus in
mari Indico exiguus fit , nec tantos tu-
multus creare possit.* Jud. de Curt. p. 453.

l'Ouvrage de cet Hiſtorien, eſt ſouvent injuſte & faite ſans goût; toujours amère & outrée.

Alexandre ſe mit en marche des bouches de l'Indus, pour retourner à Babylone, par le pays ſitué à l'Occident de ce fleuve. Plutarque nous dit qu'après avoir parcouru la contrée des Orites & la Gédroſie, ce Prince employa ſept jours à traverſer la Carmanie, qu'enſuite il arriva dans la Capitale de la *Gédroſie*. Cette contradiction n'eſt qu'une faute de Copiſte : il faut lire avec Dacier Καρμανίας (1), de la *Carmanie* ; correction plus naturelle que celle de Moïſe du Soul (2), & qui s'accorde avec le récit des autres Hiſtoriens, & principalement avec celui de Strabon & d'Arrien (3). Le texte de Plutarque, ainſi reſtitué, ne préſente plus une tranſpoſition auſſi ſingulière, que celle de la Gédroſie, à l'occident de la Carmanie.

De la Navigation de Néarque.

Je terminerai cette Section par quelques Obſervations ſur la navigation de Néarque, & je tâcherai d'en établir l'authenticité. Cette expédition maritime fait d'ailleurs époque dans l'Hiſtoire de la navigation des Anciens, & mérite une attention particulière.

Néarque, fils d'Androtime, natif de Crète (4), & un des plus illuſtres Capitaines de l'Armée Macédoniene, avoit eu des liaiſons particulières avec Alexandre, avant que ce Prince montât ſur le trône. Philippe avoit exilé ce Général à cauſe de cet attachement dont il prenoit ombrage (5). Son fils lui confia le

---

(1) Trad. de Plut. Vie d'Alexandre, note.

(2) ἐκ τῆς Γεδρωσίας. Not. in Plut. T. IV, p. 570.

(3) Strab. L. xv. p. 497. Arr. L. vi, C. xxii.

(4) Arr. Indic. C. xviii.

(5) Plut. p. 16.

commandement de la Flotte, qui devoit naviguer depuis l'embouchure de l'Indus jufqu'à celle de l'Euphrate. Ce choix encouragea beaucoup ceux qui en formoient les équipages, c'étoient des Phéniciens , des Cypriotes , des Hellefpontins & des Ioniens; ils virent avec joie un Ami de leur Maître fe mettre à la tête de cette expédition (1), dont il laiffa un Journal fort détaillé , qu'Arrien nous a confervé dans fes Indiques.

Pline, après avoir dit que la navigation de Néarque & d'Onéficrite ne fait mention ni du nom, ni des diftances des lieux (2), nous en donne un itinéraire abrégé, avec le nom de plufieurs lieux & leurs diftances réduites en milles ; cet itinéraire ne reffemble prefque en rien à celui dont parle Arrien. Cette contradiction eft fi frappante, que je ne faurois l'attribuer qu'à l'ignorance des Copiftes (3).

Il paroît démontré , par tout ce que rapporte Pline , qu'il n'avoit lu ni la rélation d'Onéficrite, ni celle de Néarque ; ce Naturalifte avoit fimplement confulté l'Ouvrage de Juba, qui n'étoit qu'une compilation de celui d'Onéficrite , *narrata proximè à Juba*. La comparaifon qu'on peut en faire avec le Journal de Néarque , prouve la différence de ces deux ouvrages. Il n'y a que le feul mot d'*Organa* qui n'ait point été changé par Onéficrite, ou plutôt par fon Abréviateur. La fondation d'une Ville dont le nom n'eft pas connu , & celle de Xilenopolis, dont parloit Onéficrite, font fupprimées par Néarque.

Pline bouleverfe la fituation de plufieurs pays ; il met les Orites avant les Arbies, & immédiatement après la Carmanie (4).

---

(1) Indic. C. xx.

(2) . . . *Indicare convenit , quæ prodit Oneficritus , claffe Alexandri circumvectus in mediterranea perfidis ex India , narrata proxime à Juba : dein eam navigationem , quæ his annis comperta fervatur hodie. Oneficriti & Nearchi navigatio nec nomina habet manfionum , nec fpatia.*. Plin. L. vi , C. xxiii.

(3) Peut-être faut-il lire *nec non nomina* , ou fimplement répéter la conjonction *at* , au lieu de *nec*.

(4) *Oritas ab Indis Arbis fluvius difterminat.* L. vii , C. ii. *Vid.* L. vi , C. xxiv.

À l'oueſt de l'Indus étoient ſitués les Arbies, qui avoient pour limitrophes les Orites, leſquels avoient au couchant la Gédroſie, bornée par les vaſtes déſerts de la Carmanie. Onéſicrite, excité par la jalouſie qu'il avoit conçue contre Néarque, tâcha de s'approprier les découvertes de cet Amiral, & fit profeſſion de le contredire. Ce motif eſt l'unique cauſe de la diverſité de ſon récit adopté ſans examen par Juba & par Pline.

« Strabon, ſelon M. Huet, traite ces Ouvrages (d'Onéſicrite
» & de Néarque) de fiction, quoiqu'il ne nie point qu'ils
» ſoient mêlés de quelque vérité (1) ». Il eſt vrai que cet ancien Géographe range Néarque dans la claſſe de ceux qui ont débité des menſonges ſur les Indes; mais il ne le met qu'au ſecond rang (2) : & ſa critique regarde principalement les Ouvrages de Mégaſthène & de Daimaque. Lorſque ce Géographe parle plus en détail du Journal de Néarque, il ne révoque point en doute l'authenticité de cet ouvrage; il ſe contente de reprocher à ce Voyageur d'exagérer les faits, & de ſe ſervir d'expreſſions hyperboliques; défauts aſſez ordinaires aux Voyageurs, qui ont beaucoup ſouffert dans une navigation, où la crainte, plutôt que le péril, groſſit les objets, & qui, par cette raiſon, doivent ſelon Strabon, mériter notre indulgence (3). Cenſurer ainſi le récit d'un Ecrivain dont on fait un fréquent uſage (4), eſt-ce le traiter de fiction? Le Savant Huet rend d'ailleurs juſtice à Néarque dans un autre endroit, où il nous aſſure que

---

(1) Hiſt. du comm. & de la navig. des Anc. p. 349. Strab. cité en marge 2-15.

(2) τὰ δὲ δεύτερα. L. 11, p. 48.

(3) Strab. L. xv, p. 499.

(4) Nearch. cit. in Strab. ed. par. L. 111, p. 69-77. L. xi, p. 525. L. xv, p. 586-689-691-705-706-716-720-725-726-732. L. xvi, p. 766-767.

ce Navigateur laiffa des mémoires de fon expédition *utiles pour
la guerre & le commerce* (1).

Dodwel obferve judicieufement que Pline n'a tiré tout ce
qu'il rapporte de la navigation de Néarque & d'Onéficrite,
que de l'extrait que Juba avoit fait de l'Ouvrage de ce dernier.
Ce Savant exerce enfuite une critique auffi hardie que peu fondée fur l'authenticité de la rélation de Néarque, confervée par
Arrien. Expofons fes preuves fans les altérer, & tâchons d'en
démontrer toute la foibleffe.

1° Ni la Ville d'Arbis, ni les Fleuves Nabrus, Hytanis, ni
enfin le Port Argenus ou Argenis, dont parle Onéficrite, ne fe
trouvent dans Arrien, qui a ajouté les diftances dont il fait mention, d'après l'extrait de Pline (2).

Si Onéficrite, ou plutôt Juba, a défiguré le nom des lieux,
& fuppofé quelques circonftances, en peut-on conclure que la
rélation de Néarque ne foit point authentique? Dans deux récits
contradictoires, on ne peut connoître la vérité, qu'en interrogeant
d'autres témoins : le rapport de la pofition actuelle des lieux & celui
des dénominations anciennes avec les modernes, font les feuls qu'il
nous foit permis d'interroger, le tems ayant dévoré les Ouvrages
des Auteurs contemporains; & ces témoins, comme l'a prouvé
invinciblement M. d'Anville, font favorables à Néarque. Si les diftances rapportées par Arrien diffèrent de celles de Pline, cet
Auteur ne les a donc point prifes dans l'Ouvrage du Naturalifte
Romain.

2° Tout le monde convient que Néarque & Onéficrite avoient
marqué leur route par le nombre des jours, qui furent enfuite
réduits en ftades: Juba les changea en milles, pour fe conformer

---

(1) Hift. du comm. & de la navig. | Géogr. min. Tom. 1. Differt. 6. Sect. 11.
des Anc. p. 53. | p. 131.
(2) Dodwel de Arriani Nearcho ap. |

aux mesures itinéraires des Romains ; or c'est pour en imposer plus facilement qu'ils sont entrés dans ces détails. Dodwel appuie cette assertion de l'autorité de Marcien d'Héraclée (1) : voyons si le témoignage de cet Auteur lui est favorable.

« Plusieurs, dit Marcien, ayant écrit à la hâte, & voulant en » imposer à leur Lecteur, avoient affecté de rapporter le nom » des lieux situés dans des pays barbares, & leurs distances par » stades, de manière que personne ne sauroit les méconnoî- » tre; Antiphane de Berge les a tous surpassés en impos- » ture (2). Ceux au contraire (3) qui, connoissant parfaite- » ment les lieux & les mesures maritimes (4), & s'étant informés » exactement des Villes, des Ports, & de leurs distances (res- » pectives), ont composé des périples particuliers, ceux-là » paroissent avoir écrit avec vérité (5) ». Il n'est point fait mention dans ce passage de Néarque, à qui l'on peut appliquer avec justice les dernières expressions de Marcien, & que l'on doit mettre dans la classe des Ecrivains dignes de foi dont parle ce Géographe.

3° Le Journal de Néarque ayant été inconnu à Agatharchide & à Eratosthène, qui avoient sous les yeux l'immense Bibliothèque d'Alexandrie, il est évident que ce doit être un ouvrage supposé (6).

Quand même cet argument négatif pourroit avoir quelque force, où Dodwel l'a-t-il puisé ? Pouvons-nous d'après le court extrait que Photius a fait de l'Ouvrage d'Agatharchide sur la mer Erythrée, d'après ce qu'il dit de son Histoire Asiatique (7), dont Athénée nous a conservé plusieurs traits; pouvons-nous sur d'aussi

---

(1) Dissert. cit. Sect. III,
(2) τῷ ψεύδει.
(3) μὲν γάρ.
(4) ἀναμέτρησιν.
(5) Marcian. Heracl. Peripl. p. 63.

Géogr. min. Tom. I.
(6) Dissert. cit. Sect. VII.
(7) Phot. Bibl. p. 1322. & seq. id. 546-547.

légers fondemens & sur quelques fragmens épars d'Eratosthène, juger si ces Auteurs ont ignoré ou connu le périple de Néarque?

4° Dans les siècles voisins de celui d'Alexandre, on croyoit que l'Indus se joignoit au Nil (1). Si la rélation de Néarque, qui prouve le contraire, avoit alors existé, cette erreur n'auroit point été adoptée (2).

Par la même raison Dodwel auroit pu soutenir que les Ouvrages d'Hérodote, d'Aristote & de Diodore de Sicile, étoient supposés, puisqu'on lit dans ces ouvrages que la mer Caspienne n'a aucune communication avec les mers voisines, & que l'opinion contraire, quoique fausse, n'a pas laissé d'être adoptée dans les siècles suivans. Le savant Anglois ignoroit-il que la vérité s'accrédite toujours avec peine, & que l'erreur nourrie par de vieux préjugés, & souvent même par notre amour-propre, conserve pendant long-tems tout son crédit?

5° Le périple de Néarque a été fabriqué sous le règne des derniers Ptolémées. La raison qu'en donne Dodwel est convaincante : c'est parce qu'Antiphane de Berge, Antonius Diogène, Evhémère de Messène, avoient mis au jour dans ce siècle des rélations fabuleuses (3).

Il est impossible de ne pas se rendre à la force d'un pareil argument; ainsi, je n'entreprends point de le réfuter. Voyez surtout quel rapport il y a entre le périple de Néarque, & l'Histoire sacrée d'Evhémère.

Au défaut de preuves, Dodwel accable Arrien d'épithètes injurieuses ; le P. Hardouin ne le ménage pas davantage (4). Leurs efforts ne sauroient cependant détruire l'authenticité d'un écrit qui porte l'empreinte de la vérité, & dont les détails nous

---

(1) *Voyez* la note (LXI).
(2) Dissert. cit. Sect. viii.
(3) Dissert. cit. p. 139-140.

(4) .... *Hominis mirare in mendaciis confingendis audaciam.* Not. in Plin. T. 1, p. 326.

offrent des preuves convaincantes de la bonne-foi de son Auteur. Donnons un exemple de cette précieuse exactitude, qui dépose toujours en faveur du Voyageur véridique, & ne peut se trouver dans le récit romanesque & supposé d'un faiseur de rélation infidèle, en traduisant la partie du Journal de Néarque, qui commence depuis le départ de la flotte Macédoniene de l'île de Sangada, jusqu'à son arrivée à l'embouchure du fleuve Arabis.

«Le vent ayant calmé, les Macédoniens mirent à la voile: & , après avoir fait 60 stades de chemin, ils abordèrent à une côte sablonneuse, près de laquelle étoit une île déserte, qui portoit le nom de Doma, & formoit, par sa situation, un abri où ils se retirèrent. Comme cet endroit étoit dépourvu d'eau, ils furent obligés d'en aller chercher à 20 stades, dans l'intérieur des terres; ils y en trouvèrent d'excellente. Le lendemain, ils naviguèrent bien avant dans la nuit, & ayant fait 300 stades, ils prirent terre à Saranga; l'eau douce n'étoit éloignée que de 8 stades du rivage. Ils appareillèrent de ce lieu, & allèrent atterrir à Sacale, qui est désert; ensuite, après avoir passé entre deux rochers si voisins l'un de l'autre qu'ils touchoient presque les deux côtés des vaisseaux, la flotte ayant fait une route de 300 stades, arriva à Morontobaris. Là , est un Port spacieux, profond, de figure ronde, à l'abri (de la fureur) des vagues, & dont l'entrée est étroite ; il est appelé dans le langage de ce pays le Port des Femmes, parce que ce fut une personne de ce sexe qui la première gouverna cette contrée. Lorsque les Macédoniens eurent repassé entre les rochers (dont je viens de parler), leurs vaisseaux furent tourmentés par des lames considérables, & par une mer houleuse: ils crurent avoir beaucoup fait que d'avoir doublé (ce jour-là) ce parage; ils continuèrent le lendemain leur route, ayant à gauche devant eux

une

» une île qui étoit si proche du rivage, qu'elle paroissoit en avoir
» été séparée par un canal. Cette navigation fut de 70 stades:
» la côte étoit couverte d'épaisses forêts, & l'île ombragée par
» des bois de toute espèce. Après avoir doublé cette île, (les
» vaisseaux de Néarque) furent obligés, au point du jour, de
» passer pendant le tems du reflux sur un bas-fond fort étroit
» & parsemé de rochers. Ils firent cependant 100 stades, &
» jetèrent l'ancre à l'embouchure du fleuve Arabis, laquelle forme
» un Port grand & assuré : mais les eaux de ce fleuve ne sont point
» potables, à cause de leur mélange avec celles de la mer. Les Grecs
» remontèrent l'Arabis 40 stades plus haut, & ayant rencontrés
» un lac qui leur fournit de l'eau, ils s'en retournèrent. Près de
» ce Port est une grande île fort élevée : on pêche sur ses
» côtes des huîtres & des poissons de toute espèce. Le pays est
» habité par les Arbies (1) ou Arabies ; il s'étend jusqu'à cette
» dernière nation Indienne (2); ensuite viennent les Orites (3) ».

Néarque décrit toujours avec la même exactitude sa navigation, depuis les bouches de l'Indus, jusqu'à celle de l'Euphrate, terme de son voyage. S'il n'est pas entré dans les mêmes détails sur les côtes de la Susiane, aujourd'hui le Khosistan, c'est parce qu'on ne peut aborder, comme il l'assure, la terre sans danger, à cause du peu de fond qui se trouve dans cette

---

(1) *Voyez* sur la leçon du nom de ce peuple. Salmas. exercit. Plin. p. 1177.

(2) Apollodore rapportoit dans son second livre, selon Etienne de Bysance, p. 734, que les Orites & les Gédrosiens étoient Indiens, τὰς μὲν Ἰνδὰς. L'Inde ne s'étendoit point au-delà du fleuve Arabis : conséquemment les Orites & les Gédrosiens, qui étoient situés à l'Occident de ce fleuve, ne pouvoit être rangés parmi les Nations Indiennes. Etienne de Bysance, ou son Abréviateur, fait dire à Strabon que les Orites font partie des Indiens : mais il n'a point entendu le texte de ce Géographe ; ces mots ἰνδῶν δ'ἐστὶ μερὶς ἡ αὕτη se rapportent évidemment à Ἄρβης & non pas à ἀριτῶν. Strab. L. xv, p. 495. Cette dernière phrase du Chap. des Indiques que je traduis, ôte toute équivoque, puisque le texte de Strabon, ainsi que celui d'Arrien, n'est en cet endroit, qu'un extrait de l'ouvrage de Néarque.

(3) Indic. C. xxii.

plage (1). Pietro della Vallé dit y avoir navigué, fans doute à une certaine diftance, fur un fond de quatre braffes, qui s'étend dans un efpace affez confidérable : les Perfans appellent cet endroit du golfe Perfique, le *Meidan* ou la Place ; la terre y eft fi baffe, qu'il eft difficile de l'appercevoir d'affez près (2).

On pourroit aifément trouver dans le refte du Journal de Néarque, un femblable rapport de la fituation actuelle des lieux avec l'ancienne, & vérifier la jufteffe des diftances qui y font rapportées, en fuivant la méthode & profitant du travail de M. d'Anville. Ce favant Géographe a démontré l'exactitude du récit de Néarque, par la comparaifon de tous les mémoires Européens & Orientaux qui ont parlé de ces mêmes régions que la flotte Macédonienne avoit autrefois parcourues, en rangeant les côtes de la Carmanie, de la Perfe & de la Sufiane. Le mémoire de M. d'Anville fur le golfe Perfique, n'eft point fufceptible d'analyfe ; je rapporterai feulement le jugement qu'il y porte du Journal de Néarque. « L'application des circonftances qu'il renferme au local actuel, le » rapport que des dénominations de lieux qui ne fe rencontrent » point ailleurs, ont avec celles qui fubfiftent, ne fouffrent au-» cun foupçon de fuppofition ; & il y a peu d'autres mémoires » Géographiques de l'Antiquité, qui foutiennent mieux la com-» paraifon avec une connoiffance pofitive du local (3) ».

Je ne diffimulerai cependant point que Néarque a répandu quelques traits fabuleux dans fa rélation, tels que celui des hommes qui coupent avec leurs ongles le bois & les poiffons (4), qui bâtiffent & couvrent leurs maifons avec des os de baleines pourries, dont les plus gros fervent de poutres, les plus petits font employés à la conftruction des lits, & autres ouvrages domefti-

---

(1) Indic. C. xl.
(2) Mém. de M. d'Anville. Acad. des Infcr. Tom. Tom. xxx, p. 168.

(3) Recher. Géogr. fur le golfe Perfique. Acad. des Infcr. Tom. xxx, p. 133.
(4) Indic. C. xxiv.

ques (1), celui de l'habitation des Néréïdes dans l'ifle de Nofala (2). mais ces traits ne peuvent nuire au fond de l'ouvrage ; on doit les confidérer comme des épifodes imaginées pour plaire aux Grecs, peuple dont l'âme fut toujours plus fenfible aux charmes de la fiction qu'à ceux de la vérité.

La flotte Macédonienne mit à la voile, felon Arrien, la onzième année du regne d'Alexandre, le 20 du mois de Boedromion, fous l'Archonte Céphifodore (3), dont la magiftrature eft néanmoins fixée par Diodore de Sicile, Denys d'Halicarnaffe & par la plupart des Chronologiftes, à l'année qui fuivit la mort d'Alexandre. Il fembleroit donc qu'Arrien auroit dû rapporter cette expédition maritime fous l'Archonte Anticlès, la quatrième année de la cxiii Olympiade, la 325ᵉ avant J. C. laquelle fe trouve la onzième du regne d'Alexandre. Le P. Corfini a donné une folution fatiffaifante de cette difficulté ; il fuppofe que Céphifodore a été fubrogé à Anticlès, qui étoit mort dans le courant de l'année, ou avoit perdu fa charge par quelque accident (4). La néceffité d'admettre cette ingénieufe conjecture, eft fondée fur l'autorité des manufcrits de la Bibliothèque du Roi, qui ne varient point fur la leçon de Céphifodore qu'on lit dans le texte des Indiques, & ne permettent point d'y foupçonner quelque altération de la part des Copiftes. Il eft d'ailleurs démontré que le retour de Néarque précéda la mort d'Alexandre d'environ un an ; la fuite des événemens ne laiffe aucun lieu d'en douter.

Pline nous affure que cet Amiral employa fept mois à cette navigation, & fut trois mois en mer (5). On doit attribuer à plufieurs caufes la longueur de ce voyage la première eft la conftruction des vaiffeaux des Anciens, qui étant moins grands

---

(1) Indic. C. xxx.
(2) Indic. C. xxxi.
(3) Indic. C. xxi.

(4) Corfini Faft. Attic. diff. ix, T. ii, p. 30-31. Tom. iv, p. 52.
(5) Plin. L. vi, C. xxiii.

que les nôtres, ne pouvoient tenir la mer dans les gros
temps où ils étoient plus en danger de périr ; ils avoient
moins de voiles, conséquemment ils prenoient moins de vent
& faisoient beaucoup moins de chemin (1) : la seconde, qu'ils
s'éloignoient rarement des côtes, & en suivoient tous les gis-
semens. La flotte d'Alexandre naviguant sur une mer jusqu'a-
lors inconnue, & n'ayant point de Pilotes-Côtiers, ne pouvoit
être sous voiles pendant la nuit sans s'exposer à un péril éminent.
Troisièmement, enfin la longue durée de cette navigation doit
être rapportée à la direction des vents, peu favorables à la route
que tenoient les vaisseaux Macédoniens.

M. de Montesquieu croit que cette flotte eut à combattre la
mousson contraire, & il suppose qu'elle appareilla au mois de
Juillet, c'est-à-dire, dans un tems où aujourd'hui aucun navire Euro-
péen n'ose se mettre en mer pour revenir des Indes (2). L'illustre
Ecrivain se trompe ; Néarque ne partit qu'au mois de Septembre,
qui répond à celui de Boedromion de l'année Attique, &, suivant
le calcul de Pline, il dût être de retour au commencement de
celui de Munychion (Avril). Il est certain que, dans cet espace
de tems, les ouragans qui accompagnent la mousson contraire
ne se font point ressentir en-deçà du Cap Comorin, la durée
de cette mousson ne comprenant que les mois de Mai, Juin, Juillet
& Août (3).

---

(1) On convenoit, ὡμολογημένον, dans
l'antiquité, qu'un vaisseau faisoit avec
un vent favorable , 700 stades par jour,
& il est possible, dit Marcien d'Héraclée,
de trouver des vaisseaux qui en aient
parcouru jusqu'à 900 , & à peine 500
avec un vent contraire. Marc. Heracl.
Perip. Géogr. min. Tom. 1, p. 67. Ce
qu'il est important d'observer. En supposant que le stade employé par Marcien,
étoit de 100 toises, la route d'un vaisseau sera donc évaluée, dans un temps
favorable, à 23 lieues marines & $\frac{1}{3}$, même à 30 ; & avec un vent contraire , a 16
lieues & $\frac{2}{3}$: peut-être doit-on assigner
une valeur moins considérable au stade.

(2) Esprit des Loix. L. xxi , C. ix.

(3) Les vents Etésiens cessoient même dans la Méditerranée , ou plutôt
sur les côtes de l'Egyte, suivant Ptolémée , le 1 , le 2 , & le 4 du mois de
Thoth. (Sept.), de Appar. inerrant. éd.

Le témoignage d'Arrien n'est point équivoque sur le tems du départ de la flotte Macédoniene : « lorsque les vents Etéfiens » (annuels) qui soufflent de la mer sur la terre (1), & qui » regnant pendant toute cette saifon, & rendent la navigation » impraticable, eurent calmé, les Macédoniens levèrent l'an- » cre le 20 du mois de Boedromion, Céphifodore étant Ar- » chonte à Athènes (2)».

Si la moufson ne fut point contraire à la flotte Macédoniene, quels ont pu être les vents qui mirent des obftacles à fa route? Sur les côtes de Guzarate & en général fur toutes celles de l'Inde, en-deça des montagnes de Gate, on éprouve pendant fix mois de l'année, depuis le commencement de Septembre jufqu'à celui de Mars, des vents de Sud prefque continuels ; & depuis les côtes d'Afrique, en approchant de l'Inde, ces vents regnent du Sud-Oueft en déclinant toujours plus à l'Oueft à mefure qu'on approche davantage des côtes méridionales de l'Afie (3). Ces vents étoient donc fort peu favorables aux vaiffeaux d'Alexandre qui alloient de l'Eft à l'Oueft. On fait qu'un courant d'air augmente de viteffe comme un courant d'eau lorfque fon paffage fe rétrécit. La flotte de Néarque, arrivant à l'entrée du golfe Perfique, dut donc être violemment tourmentée quand elle vint à doubler le Cap de

---

pet. init. doctr. temp. Tom. III, p. 42. mais ils commençoient à fouffler plus tard que ceux de l'Inde; Euctémon en fixoit le temps au xxvi d'Epiphi (juillet), & Ptolemee, au xxix du même mois; Tract. cit. p. 51.

(1) ἐκ τȣ πελάγιος. . . . ἐπὶ τὴν γῆν. Indic. C. XXI. κατὰ νοτον. Exp. Alex. L. vi, C. xxi. Il paroit par ces paffages que les Anciens appelloient quelquefois Etéfiens tous les vents qui fouffloient régulière- ment, quoique ce nom ne fe donnât pour l'ordinaire qu'aux vents qui venoient du nord, & dont le rhumb participoit ce- pendant des points collatéraux. Voyez l'art. Etéfiens par M. d'Anville, dans le Dict. Encycl.

(2) Indic. C. xxi. Init. Voyez la note (LXII).

(3) Le paffage d'Arrien, que je viens de traduire, autorife mes conjectures. Voyez Varen. Géogr. C. xxi. prop. iii. & le mémoire du célèbre Halley fur la caufe des vents alifés. Tranf. Philof. 1735.

Bendis, que l'on reconnoît être celui de Jask. Elle prit alors sa route entre le Nord & l'Oueſt (1). Les vents d'Oueſt-Sud-Oueſt durent ſans doute la pouſſer à la côte. Onéſicrite vouloit que cet endroit fût le terme de la navigation ; mais le courage de Néarque ſurmonta toutes les difficultés. Après avoir réparé ſa flotte près des bords du fleuve Anamis (2), à quelque diſtance en deça de l'iſle d'Ogyris (Ormus), cet Amiral continua ſa route, toujours expoſé aux vents contraires. Il fut obligé d'entrer dans le fleuve Sitaco, aujourd'hui Sita-Reghian , & d'employer vingt-un jours à radouber ſes vaiſſeaux (3).

Lorſque les vents viennent à changer dans ces mers, du Nord au Sud, & de leurs points collatéraux, il y a pluſieurs jours, & quelquefois un mois ou deux de calme ou de tempêtes dangereuſes : ce fut ce qui retarda le départ de Néarque. Cet Amiral ayant fait mention dans ſon Journal de quelque orage, Arrien aura confondu ce coup de vent de Sud avec la mouſſon contraire (les vents Etéſiens).

Les courans produits par les vents d'Oueſt-Sud-Oueſt, & qui conſéquemment avoient une direction contraire à la route de la flotte Macédoniene, ne furent pas un des moindres obſtacles qu'elle eût à ſurmonter : je reviens à l'époque de ſa navigation.

·Le P. Pétau la rapporte ſous la Magiſtrature de Chrèmes, 327 ans avant J. C. (4), c'éſt-à-dire, la même année que celle de la défaite de Porus. L'autorité de Diodore , que cet illuſtre Chronologiſte ſuit peut-être avec trop de confiance, l'a égaré & lui a fait commettre pluſieurs fautes. Cet Hiſtorien réunit ſous

---

(1) Indic. C. xxxii. La flotte eut beaucoup à ſouffrir de la mer, à l'entrée du Golfe Perſique : c'étoit vraiſemblablement dans l'endroit, appelé , par Abulféda, *Albordour* lequel eſt très-dangereux pour les vaiſſeaux. *Vid.* Abulf. mar. Perſ. deſcript. p. 69, Ap. Géogr. min. Tom. 111, Le texte du Géographe Arabe peut ici ſervir de Comentaire à celui d'Arrien

(2) Indic. C. xxxii.
(3) Indic. C. xxxviii.
(4)Doctrin. Temp. L. xiii, p. 597-598,

l'Archontat de Chrèmes une foule d'évènemens qui se pressent, & ne sauroient être contenus dans un si court espace de tems (1); il fait ensuite mention de deux autres Archontes, Anticlès & Soficlès, avant l'année de la mort d'Alexandre. Le P. Corsini observe très-judicieusement, que le nom de Soficlès doit être effacé ou regardé comme celui d'un Archonte subrogé dans la même année, à Anticlès (2). Cette dernière conjecture me paroît d'autant mieux fondée qu'elle est autorisée par le texte de Diodore, qui réunit Anticlès & Soficlès sous le même consulat, celui de Lucius-Cornélius & de Quintius-Popilius (3).

Diodore ne parle presque d'aucun événement remarquable, pendant la magistrature d'Anticlès & de Soficlès; il paroît les avoir tous rejetés sous celle de Chrèmes, où il fixe la défaite de Porus, qui est antérieure à cet Archonte & doit être rapportée sous l'Archontat d'Hégémon, dont le nom se trouvoit sans doute dans la lacune des N°. 83-84 du XVII°. Livre de cet Historien. La suite des faits & le témoignage formel d'Arrien démontrent la certitude de cette époque.

Le dernier Archonte, que je viens de nommer précéde indubitablement Chrèmes dans les fastes Attiques. L'expédition de Néarque doit donc être placée la pénultième année du règne d'Alexandre, sous Anticlès, ou plutôt sous Céphisodore qui lui fut subrogé dans la même année, laquelle réunit tous les faits marqués par Diodore sous la Magistrature de Soficlès & une partie de ceux qui sont rapportés sous celles de Chrèmes. Il paroît encore que cet Historien a mis sous Soficlès quelques événe-

______

(1) *Voyez* depuis le n° 87, jusqu'au n° 11.
(2) Fast. Attic. diss. IX, Tom. II, p. 31-32-33. Tom. IV, p. 49.
(3) *Vid.* n°. 110-112. Fast. Attic. T. II. diss. p. 22-23.

mens, tels que la défaite des Cosséens (1), l'entrée d'Alexandre à Babylone &c. qui ne peuvent être arrivés que dans les onze premiers mois. de l'année où le Conquérant Macédonien mourut, sous l'Archonte Hégésias.

Diodore bouleverse ainsi toute la Chronologie des dernières années de ce Prince. Je discuterai quelque jour cet objet avec plus d'étendue. Il me suffit à présent d'avoir. remarqué la faute que commet cet Historien sur la date de la navigation de Néarque, & d'en faire observer la cause qui est l'ordre qu'il a adopté dans l'arrangement des faits qui précédent ou suivent cette époque.

---

(1) Usserii. Annal. p. 206-207. Voy. la note (LXIII).

Fin de la quatrième Section.

NOTES,

OU

ÉCLAIRCISSEMENS

HISTORIQUES, GÉOGRAPHIQUES

ET

PHILOLOGIQUES.

NOTES.

I. Le nom de *Saon* eſt inconnu. Quelques Savans ont prétendu qu'il ne différoit point de celui de *Saion* dont parle Athénée dans ſon quatrième Livre: mais la leçon de ce Polygraphe paroît à d'autres fautive, & ils veulent qu'on liſe Περσαῖον, qui ne peut être le nom de l'Auteur dont parle Denys d'Halicarnaſſe. Je crois qu'il y a tout-à-la-fois une altération & une tranſpoſition dans le texte de ce Rhéteur, & qu'aprè Δᾶριν on doit mettre Σάωνα; mot qu'il faut, ce me ſemble, corriger en liſant Σάμιον, qui déſigne la patrie de Duris, & qui ſuit toujours le nom de cet Ecrivain dans tous les paſſages des anciens Auteurs qui en font mention.

II. Photius nous donne l'extrait du paſſage qui manque au VIIe Livre d'Arrien; il eſt conçu en ces termes: « Alexandre renvoya les » vétérans en Macédoine, & donna ordre à Antipater de lui amener » les troupes qu'il venoit de raſſembler. Sur ces entrefaites, Har» palus prit la fuite emportant avec lui les tréſors, & Ephæſ» tion mourut ». *Bibl. Colonn.* 214. Nous liſons dans le texte d'Arrien l'ordre donné à Antipater; enſuite les Editeurs ont marqué une lacune qui ſe trouve dans tous les manuſcrits, elle eſt à la page 222 de celui de la Bibliothèque du Roi, n° 583, *in-*4°. Le Copiſte y a laiſſé en blanc 15 lignes, il n'a pas même tranſcrit quelques mots qui ſe trouvent dans les imprimés. On s'apperçoit donc aiſément qu'il ne manque au douzième Chapitre du ſeptième Livre que quelques lignes dans leſquelles on devoit trouver dés circonſtances de l'ordre dont je viens de parler. On liſoit enſuite pluſieurs événemens qui pouvoient être la matière d'un autre Chapitre, dans lequel Arrien racontoit ſans doute la fuite d'Harpalus, & les moyens qu'Eumène employa pour ſe réconcilier avec Ephæſtion, comme le prouve cette première phrase du treizième Chapitre, qui devenoit alors le quatorzième. . . . . « Ephæstion, frappé de » ce discours, se prêta, malgré lui, à cette réconciliation qu'Eu- » mène desiroit ardemment ».

Photius ne faisant que l'extrait ou plutôt ne donnant que le sommaire des principaux événemens, a passé sous silence la ré-conciliation d'Eumène avec Ephæstion pour en venir tout de suit à la mort de ce favori. Il supprime encore ce que nous trouvons sur les Amazones ; morceau qui précède dans toutes les éditions la mort d'Ephæstion, & est le sujet du treizième Cha-pitre dans celle qu'a donné Raphélius. Remarquons en passant que cette dernière édition ne diffère que par cette division de Chapitres & par la table des mots & des phrases grecques, de l'édition que nous devons à Blancard, dont Raphélius s'est approprié le travail.

⁂

III. Voici les principaux traits du parallèle que Plutarque avoit fait d'Alexandre & de César, & dont Appien paroît nous avoir conservé un extrait. 1° La fortune favorisa Alexandre & César dans les entreprises les plus périlleuses. 2° Ils furent l'un & l'autre célèbres par le nombre de leurs victoires & l'étendue de leurs Conquêtes ; Alexandre ne fut jamais vaincu, César reçut plu-sieurs échecs. 3° Les armées de ces deux grands Capitaines signa-lèrent également leur courage dans les combats, & montrèrent leur penchant pour la sédition à la vue des travaux toujours renais-sans. 4° Les soldats de ces deux armées pénétrés des mêmes senti-mens de douleur pleurèrent chacun leur Général & lui rendirent des honneurs divins après sa mort. 5° La nature les doua tous deux des qualités corporelles & d'une naissance illustre ; ils des-cendoient de Jupiter. 6° Redoutables à leurs ennemis, ils se con-tentèrent de leur défaite ; loin d'insulter à leur malheur, ils leur pardonnèrent & les comblèrent même de bienfaits. 7° Le premier héritier du Trône de ses pères, le second d'une condition privée, quoique très-illustre, ils s'élevèrent tous deux à ce degré de puissance presque par les mêmes moyens. 8° La mort de ces deux grands hommes fut annoncée par des présages funeste qu'ils furent également méprifer. *Appian. Bell. civil. L. II. op. Tom. II, p.* 849-54.

☙❦❧

IV. On peut citer comme un exemple de la manière toujours vague & obfcure dont Quinte - Curce détermine les faifons, ce qu'il rapporte fur la marche d'Alexandre dans l'intérieur de la Perfe après la prife de Perfépolis. Cet Hiftorien prétend que cette expédition fe paffa fous la conftellation des Vergilies ou Pleiades, *fub ipfum Vergiliarum Sidus, L. VI, C. XII.* Eft-ce à leur lever, qui tomboit fix jours avant les Ides de Mai, *Plin. L. II, C. XLVII,* ou au coucher de ces étoiles qui répond au cinq de Novembre ? Quinte - Curce nous laiffe à cet égard dans l'incertitude. On pourra peut-être croire qu'il a voulu défigner, par ces expreffions, le lever Héliaque des Pléiades, comme plus remarquable chez les Anciens que le coucher de cette conftellation : mais cette dernière époque n'attiroit pas moins les regards des Obfervateurs anciens : plufieurs Nations commençoient même leur année à ce temps, comme Cenforin nous l'affure. *De die natal. C. XXI.*

☙❦❧

V. M. Dupuy, auffi diftingué par fon favoir que par la place qu'il occupe dans la République des Lettres, remarque très-bien que Vaugelas a fupprimé, dans fa traduction, une partie du paffage de Quinte - Curce où, « après avoir décrit la confternation que
» répandit dans l'armée d'Alexandre une éclipfe de lune, cet
» Hiftorien obferve que les Devins Egyptiens, que ce Prince
» fit confulter, favoient fort bien la raifon de ce phénomène,
» mais qu'ils la tenoient cachée au vulgaire : *at illi,* ce font
» fes paroles, *qui fatis fcirent temporum Orbes implere defti-*
» *natas vices, lunamque deficere quum aut terram fubiret, aut*
» *fole premeretur, rationem quidem ipfis perceptam non edocent*
» *vulgus.* L'Hiftorien a-t-il eu une idée bien nette de la caufe
» des éclipfes lunaires ? Il femble, à l'entendre, que la lune peut

» s'éclipfer en deux cas, ou lorfque *terram fubit*, ou lorfque
» *premitur à fole* : on peut donner un bon fens à la première
» expreffion, parce qu'effectivement la lune s'éclipfe lorfquelle
» paffe fous la terre (*terram fubit*) qui eft entre elle & le foleil :
» mais qu'a-t-il.prétendu, lorfqu'il a dit que la lune fouffre
» éclipfe, *cum fole premitur*, lorfqu'elle eft preffée par le foleil?
Hift. de l'Acad. des Infcr. Tom. XXIX , p. 324. On ne fauroit
fans doute donner un fens raifonnable au texte de Quinte-Curce,
l'obfcurité de ce paffage démontre l'ignorance de cet Ecrivain.
M. Dupuy relève encore plufieurs fautes échappées à Vaugelas; ce
Traducteur d'ailleurs très-habile en a commis un grand nombre.
Son plus grand défaut eft de conferver rarement dans fa traduction le fens figuré de fon Auteur, & d'en affoiblir par-là les
images. Enfin cette traduction manque en général de grace &
de vie. Je m'en fuis cependant fervi affez fouvent; mais plus fouvent encore je m'en fuis éloigné lorfqu'elle m'a paru n'être point
affez fidèle : on peut comparer, par exemple, la manière dont
j'ai rendu une partie de la harangue des Scythes, avec la traduction que Vaugelas en a faite.

VI. Le jugement que je porte des Ecrivains du moyen âge
eft conforme à celui de M. le Beau, que j'ai confulté fur l'autorité qu'ils devoient avoir. Perfonne n'eft plus en état d'en juger
que ce Savant refpectable dont les confeils & l'amitié m'ont été
également utiles. Il a prêté une nouvelle vie à l'hiftoire du Bas-
Empire, qui couroit rifque d'être enfevelie dans nos Bibliothèques avec fes barbares Auteurs, malgré les traductions du
Préfident Coufin & les travaux des Ducange, des Goar, des
Boivin, &c. Auroit-il donc été fort utile de compiler & de difcuter tout ce que de pareils Hiftoriens ont débité fur la vie &
les exploits du Conquérant de l'Afie? C'étoit cependant le projet
du favant Cuper. *Vid. Epift. ad calc. vit. Fabric. p.* 240-241.

VII. Il est très-possible, avec de la sagacité, de trouver dans les traditions des Orientaux sur Alexandre plusieurs traits qui ressemblent assez à ceux que nous lisons dans l'histoire de ce Prince. Peut-être même peut-on en découvrir que les Anciens ont omis ou supprimés, & qui ne doivent pas cependant être totalement rejetés. Contentons-nous d'observer ici que quelques-unes de ces traditions remontent à des temps assez reculés, comme l'ouvrage de Moyse de Chorène, qui écrivoit dans le cinquième siècle de l'Ere Chrétienne, semble le prouver. Les détails sur cette matière me meneroient trop loin. Je pense qu'il vaut mieux renvoyer à un ouvrage dans lequel ce sujet sera sans doute traité avec l'étendue qu'il demande; je veux parler des Mémoires de M. Anquetil, connu par ses voyages & par l'étude particulière qu'il a faite de la littérature & des langues de l'Orient, l'objet de ces Mémoires est de concilier les Orientaux avec les Grecs & les Latins sur l'histoire des Perses, c'est-à-dire, sur celle de leur quatre Dynasties connues chez les Orientaux sous le nom de Peschdadiens, de Kéaniens, d'Aschkanides & de Safanides : ce qui regarde les deux premières Dynastes a été lu, en 1773, & en 1775, dans les séances particulières de l'Académie Royale des Inscriptions & Belles-Lettres.

VIII. Diodore de Sicile nous dit, *Tom. II*, *p.* 180, qu'Alexandre, après s'être emparé de la Ville d'Halicarnasse, dirigea ses travaux contre la citadelle , τὴν μὲν πόλιν κατέσκαψε; Rhodoman rend ces expressions par *Urbem ipsam diruit*. Le sentiment unanime des Historiens, & la suite du texte de Diodore, prouvent que ce Prince ne détruisit point Halicarnasse. Il faut donc traduire, *Urbem fodit*; il remua les terres voisines de la citadelle pour faire des retranchemens & des fossés qui pussent arrêter les sorties des assiégés, τῇ δὲ ἀκροπόλει περιέθηκε τεῖχος καὶ τάφρον ἀξιόλογον. *Diod. id.*

IX. On lit dans le texte de Polybe, *edit. Ernesti. Tom.* II, *p.* 336. διὰ δὲ τῶν ἐπιπέδων ἕως εἰς θάλασσαν, ἀποτόμους ἔχοντα κỳ δυσβάτυς λόφυς, ce qui ne forme point de sens ; on ne peut pas dire que la mer ait des collines : il faut donc mettre ἐχόντων qui se rapporte alors au mot ἐπιπέδων.

X. Il y a dans le texte de Polybe, une lacune que les Editeurs n'ont pas voulu appercevoir. Les cinq mille chevaux que j'ai ajoutés à la traduction de D. Thuillier, ne s'y trouvent pas ; mais il faut suppléer à la page 338, N° 10, L. 17. ἱππεῖς δὲ πεντα-χίλιοι après δισχίλιοι. L'ancien Traducteur avoit mis *equitum quatuor millia*, au lieu de *quinque millia*, autorisé sans doute par quelque manuscrit, mais dont la leçon étoit fautive.

XI. Le texte de Scylax est totalement mutilé dans l'article de la Phénicie ; Vossius y a fait plusieurs changemens heureux : mais la plus grande difficulté subsiste toujours. On lit εἶτα ἄλλη πόλις Τύρος λιμένα ἔχυσα ἐντὸς τείχυς. Αὕτη δὲ ἡ νῆσος βασίλεια Τυρίυ, κỳ ἀπέχει σάδια ἀπὸ θαλάτῖης γ΄. πάλιν Τύρος πόλις, κỳ ποταμὸς διὰ μέσης ῥεῖ. La ponctuation n'est point exacte, les mots sont altérés & l'ordre des choses renversé dans ce passage, que je rétablis ainsi : εἶτα ἄλλη πόλις Τύρος, λιμένα ἔχυσα ἐντὸς τείχυς. Αὕτη δὲ ἡ νῆσος βασίλεια (*forte* τῶν) Τυρίων (*Sic Voss.*), ἥδε Παλαίτυρος (*Sic. Voss.*) πόλις ἀπέχει σάδια ἀπὸ θαλάτῖης γ΄. κỳ ποταμὸς διὰ μέσης ῥεῖ.

XII. Je ne vois

XII. « JE NE VOIS dans l'Hiftoire, dit M. de Bougainville,
» aucun fait qu'on puiffe appliquer ici, fi ce n'eft peut-être le
» complot tramé contre la liberté de Carthage, par un de fes
» premiers Citoyens, que Juftin nomme Hannon. *Juft. L. XXI,
» C. IV.* Cette confpiration n'eut pas de fuites, quoique le
» chef de l'entreprife eût armé vingt mille efclaves, & foulevé
» quelques Nations Africaines fujettes de la République. Mais
» tant que la révolte dura, l'alarme dut être vive à Carthage :
» & comme l'Auteur, qui nous apprend le fait, n'en donne point
» la date, on peut, fi je ne me trompe, préfumer que ce fut
» cette guerre domeftique qui réduifit les Carthaginois à n'être
» que fpectateurs oififs du défaftre de Tyr ». *Mém. fur le voy.
d'Hannon, Acad. des Infcr. Tom. XXVIII, p. 282.*

XIII. JOSEPH rapporte avec foin tous les paffages des Auteurs
Grecs qui ont fait mention des Juifs, & principalement ceux
d'Hécatée d'Abdère, contemporain d'Alexandre. Pourquoi cet
Hiftorien Juif n'a-t-il pas appuyé le récit, qu'il avoit fait du
voyage du Conquérant Macédonien à Jerufalem, du témoignage d'un feul de ces Ecrivains? N'étoit-ce pas l'occafion,
lorfqu'il vouloit venger fa Nation du mépris & de la critique
d'Apion, de parler des privilèges qu'Alexandre avoit accordés
au peuple Hébreu, & de l'eftime fingulière que ce Monarque
avoit eue pour lui? Jofeph fe contente cependant d'affurer,
d'après Hécatée, que plufieurs Juifs fervirent dans l'armée
Macédoniene. Il auroit fans doute bien defiré de parler du
fameux voyage de Jérufalem; mais la crainte d'être démenti
par les Auteurs mêmes qu'il citoit, l'en empêcha. Cet Hiftorien
nous dit encore, en s'autorifant du témoignage d'Hécatée, que
les Juifs, qui étoient enrôlés fous les étendards Macédoniens,
ne furent exempts de travailler à la réédification du Temple
de Bélus, qu'après avoir effuyé beaucoup de mauvais traitemens.

M m

Jof. Cont. Apion. L. I, C. 22. Si Alexandre avoit connu les
rits Hébreux & accordé des privilèges aux Juifs, auroit-il donc
fait marcher comme de vils efclaves, ceux qui fervoient dans fon
armée, à coups de fouet? Hécatée fe fert du terme de πληγας.
Voyez fur ce mot *Jul. Pollux. L. III, C. VIII. Seg. 79.*

XIV. LES CÔTES de Lybie alloient du Nord-Oueft, au Sud-
Eft, depuis le promotoire de Drepanum peu éloigné de Cyrène,
jufqu'à Paràtonium. La différence entre Ammon & Cyrène
étoit en longitude de quatre degrés & demi, & en latitude
d'environ cinq degrés. Parætonium & Ammon ne différoient
guère en longitude que de deux degrés, & en latitude que de
trois. La route qui conduifoit de Cyrène à Ammon, devoit
être plus longue que celle de Parætonium à ce dernier
endroit. Strabon évalue à plus de 3000 ftades l'éloignement
qu'il y avoit de l'Oracle à la mer. *L. I, p. 33. id. p. 39.*
Ce qui ne fauroit s'entendre que du chemin de Cyrène, l'autre
étant beaucoup plus court, comme ce Géographe le remarque
dans un autre endroit du même Livre. Pindare fait mention de
la proximité de Cyrène à l'égard de l'Oracle d'Ammon en ces
termes, Διὸς ἐν Ἀμμωνος θεμέθλοις. *Pyth. od. IV.* Ces expreffions ne fauroient être prifes à la lettre. Cyrène étoit, pour
ainfi dire, aux portes de l'Oracle, par rapport à la diftance de
l'ancienne Grèce & du lieu où écrivoit ce Poëte. Ce paffage
pourroit encore nous faire croire que Cyrène étoit le lieu où
abordoient le plus grand nombre de ceux qui alloient confulter
l'Oracle. Sur la route qui y aboutiffoit, on trouvoit des colonnes
avec cet infcription. ΚΥΡΗΝΑΙΩΝ ΘΕΩΡΩΝ. *Strab. L. I,
p. 34,* c'eft-à-dire, LES CYRÉNÉENS ENVOYÉS POUR CONSULTER L'O-
RACLE, & non pas, comme l'a traduit Xylandre, *Cyrenæorum ad fo-
lemne fpectaculum mifforum.* La fignification du mot θεωρὸς n'eft
point équivoque. L'acception dans laquelle nous le prenons ici, eft
autorifée par Héfychius, *in voc.* Θεωροὶ, par Hapocration & par
Suidas, *in eâdem voc.*; enfin par Julius Pollux, *L. I, C. I,
Sect.* 18. & par une foule de paffages des Anciens, dont nous

ne rapporterons que deux qui font une mention expreſſe de l'Oracle d'Ammon. θεωρὺς ἀπέςειλαν εἰς λιβύην τὺς ἐπερωτήσοντας τὸ παρ Ἄμμονι μαντεῖον. *Diod. L. XX, nᵒ* 100. Ἧκον δὲ κỳ παρὰ Ἄμμωνος οἱ θεωροὶ, ὕςτιvας ἐςάλκει ἐρησομένους, &c. *Arrian L. VII, C. XXIII.*

Le Scholiaſte de Pindare, *ad od. Pyth. IV*, pour expliquer le paſſage de ſon Auteur, que nous avons rapporté, avance, ſans aucune preuve, que toute la contrée qui environnoit l'Oracle juſqu'aux portes de Cyrène, lui étoit conſacrée. Il auroit dû, ce me ſemble, dire ſeulement que Pindare s'exprimoit ainſi, parce que le pays d'Ammon & les déſerts adjacens étoient limitrophes de la Cyrénaique, comme ils l'étoient de la contrée qu'arroſe le Nil. Ce dernier voiſinage a engagé Pindare a appeller Jupiter-Ammon Νείλοιο . . . . Κρονίδα. *Pyth. IV*, & celui du pays des Naſamons & de la grande Syrte, a fait déſigner ce même Dieu par des épithètes analogues à cette poſition : *ſic natum Naſamonii tonantis*, ainſi s'exprime Stace en parlant d'Alexandre, fils d'Ammon. *Sylv. L. II, V.* 93. Lucain dit : *nec Syrticus obſtitit Ammon. L. X, V.* 38. Le ſurnom de *Marmaricus* que lui donne Claudien, a rapport à la dénomination générale de cette partie de la Lybie habitée par les Marmarides, depuis Cyrène juſqu'à Ammon, *Strab. L. XVII, p.* 577, dont le nom prévalut : *Vid. Hérod. L. II, C.* 42. &c. & s'étendit dans la ſuite à toute la région, ſituée au Nord de Parætonium & au Nord-Eſt de Cyrène. L'Ammoniaque Ἀμμωνιακὴ, *Hierocl. Synecdem. p.* 735. *Ap. itiner. ed. Weſſel. S. Athanaſ. Apol. ad Conſtant. Sect. XXXII*, devint célèbre après la tranſlation de l'Empire. Pluſieurs Seigneurs de la Cour d'Arcadius y moururent en exil :

Marmaricus Claris violatur Cœdibus Ammon.
Claudian. in Eutrop. *L.* 1, *V.* 180.

& quelques Evêques Orthodoxes furent forcés de s'y refugier durant la perſécution ſuſcitée par les Arriens, *S. Athanaſ. Apol. ad Conſtant. loc. ſupr. citat. hiſt. Arian. p.* 387. On doit cependant croire que le ſéjour de ces illuſtres malheureux ne fut point à Ammon, mais dans des déſerts voiſins qui étoient ſans doute arides : on ne sauroit d'ailleurs croire qu'ils fussent entièrement privés de toute ressource. Les Ecrivains Grecs, & sur - tout les Poëtes, se plaisoient fort à exagérer : Euripide nous dit que ces mêmes déserts étoient, non-seulement privés de la pluie, mais périssoient même faute - de rosée, *φθίνκσι ἄπειροι δρόσυ. Vid. Alcest. V. 734-735-736, & Hyppolyt. V. 113-114.* Diodore n'est pas plus croyable, lorsqu'il réduit la partie du pays d'Ammon qui étoit habitable à 50 stades en quarré. *L. XVII, nº 50.* La description que cet Historien & Quinte-Curce après lui, *L. IV, C. VII,* nous font du Palais des anciens Rois de cette contrée, ne peut convenir à un si petit Etat. Hérodote fait mention d'Etéarque, Roi des Ammoniens, *L. II, C. 32,* dont la Capitale paroît avoir porté autrefois le nom de Zabirna. *Vid. Diod. L. III, nº 71,* & qui ne fut plus connue dans la suite que sous celui du Dieu qui y rendoit ses Oracles.

XV. HÉRODOTE nous a conservé le récit des Ammoniens, qui prétendoient que l'armée de Cambyse fut ensevelie sous des montagnes de sable, soulevées par un vent de Midi très-violent, & qu'elle périt entre la grande Oase & Ammon. *Herod. L. III, C. 26.* Ces bruits n'avoient sans doute été répandus par les Ammoniens que pour détourner les Conquérans de porter leurs armes dans la contrée que ce peuple habitoit. L'Historien que je viens de nommer décrit, *L. IV, C. 180,* la chaussée de sable qui traversoit l'intérieur de l'Afrique, de l'Occident à l'Orient, & qui étoit couverte de collines où l'on trouvoit des amas considérables de sel : une eau très-froide découloit du sommet de ces collines. De Thèbes à Ammon, il y avoit dix journées de chemin, & avant que de sortir de l'Egypte, on rencontroit la Ville d'Oasis habitée par une colonie de Samiens, qui vraisemblablement étoient venus s'y établir à cause du commerce, & pour faciliter le voyage de ceux qui alloient consulter l'Oracle de Jupiter-Ammon. M. de Bougainville a très-bien éclairci tout ce qui concerne cette route, que la nature avoit pratiquée dans le sein des terres. *Voyez mém. sur le voyag. d'Hannon, Acad.*

des Inscr. Tom. XXVIII, *p.* 302 *& suiv.* N'auroit-elle donc été impraticable qu'à l'armée de Cambyse?

D'Ammon à Augila, où les Nasamons venoient faire leur provision de dattes, il y avoit, selon Hérodote, dix journées de chemin, *Herod. L.* IV, *C.* 182. Cette route déclinoit du Midi au Nord-Ouest; Léon l'Africain en fait une mention expresse en parlant d'Augela qui conserve son ancien nom; *sita est hæc regio, eâ viâ publicâ quæ à Mauritania per Lybiæ desertum ad Ægyptum ducit. Descr. Afric. p.* 634. *edit. Elzev.* Ce Géographe Arabe nous dit encore que ce pays est abondant en dattes, *satis bona hîc dactylorum copia*, *id.* Quelle exactitude dans le récit d'Hérodote ! Ce qu'il rapporte du sel fossile de l'intérieur de l'Afrique, n'est pas moins vrai.

« Il y a des sels, dit Synésius, Evêque de Ptolémaïde, dans l'intérieur des terres de notre pays. Ces sels sont moins éloignés du côté du Midi que la mer ne l'est du côté du Nord. (Cet Ecrivain étoit sans doute dans quelque canton éloigné de la Cyrénaique, lorsqu'il écrivoit ceci.) « Nous les appellons sels d'Ammon, une pierre facile à briser les cache & les nourrit. En enlevant cette espèce de couche de pierre, qui les enveloppe comme des écailles, on peut alors sans peine creuser profondément la terre avec les mains ou avec des hoyaux. Ce qu'on en retire est un sel très-beau à voir & fort agréable au goût ». *Synes. Epist.* 148, *p.* 547. *edit. Paris.*

Léon avoit vu, jusque dans la région de Tégaza, de cet espèce de minéral, dont une veine extrêmement longue sembloit traverser l'Afrique, & devoit être plus ou moins apparente, suivant l'élévation des terres. On tiroit dans la contrée de Tégaza ce sel d'espèces d'antres, & il avoit la blancheur du marbre. *Tegaza regio, undè maxima effoditur salis copia, quod marmor candore superat. Extrahitur ex quibusdam antris*, &c. *id. p.* 633. Il est naturel de penser que l'eau, tirée du sein de la terre, contractoit dans ce pays un goût de sel qui l'empêchoit d'être potable, parce qu'on la prenoit dans des puits, comme Léon l'assure, dans lesquels elle ne se rendoit qu'après avoir été filtrée à travers des terres empreintes de parties salines. L'eau dont parle Hérodote, *L.* IV,

C. 180, étoit douce, parce qu'elle jailliſſoit du ſommet des collines. Léon l'Africain nous apprend encore qu'on rencontroit depuis Augela, pendant l'eſpace de trois campemens, pluſieurs villages : ces villages ne pouvoient être qu'entre ce lieu & Ammon, que M. d'Anville croit être aujourd'hui San-Rieh. *Géogr. anc. T. III, p.* 42. Les détails, dans leſquels je viens d'entrer, peuvent également ſervir d'addition aux obſervations de M. de Bougainville, d'éclairciſſement, & même de preuve, au récit d'Hérodote.

XVI. LE CHEMIN de Paraetonium paroît avoir été ſi fréquenté, que cette Ville en prit le nom d'Ammonie, que pluſieurs Auteurs lui donnoient, οἱ δ'Α᾽μμωνίαν. *Strab. L.* XVII, *p.* 549. *Steph. Byſant. p.* 527. *edit. Pined.*) parce que ceux qui alloient conſulter l'Oracle d'Ammon, abordoient à cette Ville, ou ſe mettoient en route pour arriver à leur deſtination, près de cette Ville. Si l'on venoit du côté d'Alexandrie, en ſuivant les bords de la mer, on rencontroit pluſieurs lieux remarquables, *Vid. Ptolem. L.* IV, *C.* V. *Antonin. Auguſt. itiner. edit. Weſſel. p.* 70-71-72, *Hierocl. Synecdem. p.* 733-734. La côte n'étoit pas moins fréquentée, pluſieurs ports la rendoient fort abordable, *Vid. Scylac. Peripl. ed. Voſſ. p.* 42-43, celui de Paraetonium avoit, ſelon Strabon, 40 ſtades d'étendue. Ce Géographe compte, depuis Paraetonium juſqu'à Ammon, 1300 ſtades; mais on prenoit le chemin de l'Oracle au Village d'Apis, κώμη Α῎πις, éloigné de 100 ſtades de Paraetonium, en arrivant du côté de l'Egypte, *Strab. L.* XVII, *p.* 549, & qui étoit le dernier lieu juſqu'où s'étendoit l'Empire Egyptien du temps de Scylax, *Peripl. p.* 42. Il y avoit donc encore 1200 ſtades que Strabon évalue à cinq journées de chemin, ὁδὸς ἡμέρων πέντε. *Loc. ſupr. cit.*) depuis Ammon juſqu'au Village d'Apis que Scylax appelle une Ville, Α῎πις πόλις. L'Oracle étant tombé dans le diſcrédit, ſous le gouvernement Romain, & la population d'Apis dépendant du nombre de pélerins, qui, allant à Ammon, enrichiſſoient cette Ville, elle dut néceſſairement être bientôt réduite à un ſimple Village, dont Strabon, qui vivoit au commencement de l'Ere vulgaire, a fait mention. Alexandre a dû sans doute s'égarer beaucoup dans les déferts, pour avoir parcouru 1600 stades de chemin, comme le rapportoit Aristobule, *Ap. Arrian. L.* III, *C.* III. (Nicéphore Grégoras, dans fes Scholies fur le difcours de Synéfius, *de infomniis*, ne met que 1500 ftades depuis la mer d'Egypte jufqu'à Ammon, νοτιώ'τερον δὲ τῦ Αἰγυπτιακυ πελάγυς σαδια α φ. *Niceph. ad Synes. p.* 116. *Typ. Reg.*). Il réfulte du récit de Diodore que ce Conquérant, après avoir reçu l'Ambaffade des Cyrénéens au milieu de fa route (nous fuppofons ici que ce fut à peu de diftance d'Apis.), employa neuf jours pour arriver à Ammon. *Diod. L.* XVII, *n°* 49. On peut évaluer ce chemin à 1800 ftades, ce qui eft encore moins probable que la narration d'Ariftobule: mais celle de Quinte-Curce nous laiffera peut-être entrevoir la vérité. Cet Hiftorien nous affure qu'Alexandre fut quatre jours à parcourir les déferts, *quatriduum per vaftas folitudines affumptum eft*; & que n'étant pas loin de l'Oracle, il y fut conduit par des corbeaux, *jàmque haud procul Oraculi fede aberant*, &c. *L.* IV, *C.* VII. Evaluons cette dernière diftance à un jour de chemin; l'armée Macédoniene n'en aura fait par conféquent que cinq, ce qui s'accorde parfaitement avec le récit de Strabon. Cette armée ne fe fera donc point écartée de la route ordinaire. Elle n'aura donc point été expofée à tous les périls, aux fatigues que les Hiftoriens Grecs & Latins ont imaginées.

XVII. ON TROUVOIT, dans le pays d'Ammon, un fel foffile, *Strab. L.* I, *p.* 33, dont l'Egypte faifoit une grande confommation; les Prêtres l'employoient par préférence à tout autre dans les facrifices, à caufe de fa pureté; *Arr. L.* III, *C.* IV, & parce qu'ils avoient en horreur le fel marin, le regardant comme l'écume de Typhon; *Vid. Jablonski Panth. Ægypt. Tom.* III, *p.* 82. Près du lieu où fe rendoit l'Oracle, croiffoit un arbre qui portoit une gomme ou réfine employée fréquemment dans la médecine comme un émollient & un diffolvant : *Plin.*

L. XXIV, *C.* VI. *L.* XII, *C.* XXIII. Les fapins & les palmiers d'Ammon étoient fort renommés : *Plin. L.* XII, *C.* XXVIII. Ils devoient fans doute former une branche de commerce intéreffante pour cette contrée.

❧

XVIII. QUINTE-CURCE, *L.* V, *C.* I, parle des fameufes murailles de Babylone comme exiftantes encore, lorfqu'Alexandre prit cette Ville, & plufieurs autres Ecrivains en ont fait mention depuis cette époque. Qu'il me foit permis de révoquer en doute ce fait généralement adopté ; il ne fe concilie point avec le récit d'Hérodote, qui nous affure que Darius, pour punir les Babyloniens de leur révolte, fit arracher les portes de leur Ville, & en détruifit les remparts. τὸ τεῖχος περιεῖλε, *L.* III, *C.* 159.

❧

XIX. LORSQU'HÉRODOTE nous dit que les Scythes étoient plus inftruits que les autres Nations qui habitoient aux environs du Pont-Euxin, & qu'ils étoient recommandables par leur fageffe, *L.* IV, *C.* 46, cet Hiftorien n'en fait fans doute cet éloge, que par comparaifon avec les autres Scythes. Les détails dans lefquels il entre fur les mœurs de ces peuples, nous offrent un tableau très-reffemblant à celui que préfente la manière de vivre des Sauvages de l'Amérique, qui enlevent encore la chevelure à leurs ennemis, à peu près comme le faifoient autrefois les Scythes. *Herod. L.* IV, *C.* 64. Je remarque ce trait fingulier de rapport parmi une foule d'autres.

❧

XX. STRABON, en faifant mention des prétendues expéditions de Bacchus & d'Hercule dans les Indes, nous affure que c'étoient « des fictions inventées par les flatteurs » d'Alexandre ; ce qui paroît, dit-il, parceque les Auteurs qui

parlent

» parlent de ces expéditions ne font point d'accord entr'eux,
» & que les autres n'en difent rien; eft-il probable qu'on n'ait
» point entendu parler d'événemens fi célèbres? Et fi l'on en
» a entendu parler, il feroit furprenant qu'ils n'euffent point
« été rapportés par des Auteurs dignes de foi; d'ailleurs dans les
» contrées par lefquelles Bacchus ou Hercule auroient dû paffer
» pour aller aux Indes, les peuples n'ont aucun veftige, ni aucun
» monument du paffage de ces Héros dans leur pays : auffi ce
» que les Poëtes Égyptiens débitoient à cet égard, trouvoit-il
» peu de croyance; leur autorité n'en impofoit qu'à très-
» peu de perfonnes. » *Strab. L.* xv, *p.* 473.

XXI. EURIPIDE introduit fur la fcène, dans une de fes Tragédies, *in Bacch. V.* 14-15-16-17-18, Bacchus qui fe vante
d'avoir fubjugué, avec une armée compofée de Grecs & de
Barbares, les Mèdes, les Perfes, les Bactriens, l'Arabie & toute
l'Afie Maritime ἢ παρ ἀλμυ⸱αν ἅλα. *V.* 17. Strabon rapporte
une partie de ce paffage *L.* xv, *p.* 472, pour prouver l'antiquité de la tradition Grecque fur les courfes de Bacchus dans
toute l'Afie, même dans les Indes; il s'appuie encore fur le
témoignage de Sophocle, qui n'eft cependant pas auffi pofitif.
Si Euripide n'a pas nommé l'Indè en termes exprès, il l'a du
moins affez défignée pour que l'on ne puiffe la méconnoître.
Ainfi, je crois que M. Fréret n'eft point fondé à attribuer les
voyages de Bacchus dans les Indes aux Hiftoriens d'Alexandre.
Recher. fur le culte de Bacchus. Acad. des Infcr. Tom. XXIII,
p. 255. Euripide commença à fe faire connoître dans la
LXXXVIIe Olympiade. *Vid. Corfini Faft. Attic. Tom.* III, p. 227-
228, c'eft-à-dire, un fiécle avant l'entrée d'Alexandre dans les
Indes. Les Macédoniens peuvent fimplement être accufés d'avoir
accrédité la tradition fur les voyages de Bacchus dans cette
contrée.

☙❧

XXII. DIODORE établit, comme les autres Hiftoriens d'Alexan:
dre, l'Hyphafe pour terme des expéditions de ce Prince. *L.*xvii,
n° 94. Mais, par une de ces contradictions qui lui font ordinaires,
il nous affure dans le fecond livre de fon hiftoire, *n*° 37, qu'A-
lexandre parvint jufqu'aux rives du Gange, avec toute fon
armée. La caufe des contradictions de cet Hiftorien eft peut-
être la diverfité des mémoires qu'il a employés : je crois que lorfqu'il avoit compofé un livre, il faifoit des recherches pour faire
le fuivant, & les mettoit en ufage fans s'embarraffer qu'elles fuffent
d'accord avec ce qu'il avoit déja écrit.

☙❧

XXIII. COMMENT Paufanias a-t-il ofé avancer qu'Alexandre;
« ni pour fes victoires remportées fur Darius, ni pour fes con-
» quêtes dans les Indes, n'éleva jamais aucun trophée. » *Boet.*
C. XL. . . . . Cet Ecrivain, vraifemblablement né
dans l'Afie Mineure, (*Voyez la préf. de la trad. de cet Auteur,*
par M. l'Abbé Gédoyn, p. xx,) auroit pu aifément fe convaincre du contraire. Quinte-Curce rapporte qu'Alexandre fit
élever trois Autels fur les bords du Pinare, après la bataille
d'Iffus. *L.* iii, *C.* xii. Cicéron fait mention de ces Autels comme
exiftans encore lorfqu'il commandoit dans la Cilicie. *Epift.*
famil. 15. Hérodien parle d'une Ville d'Alexandrie bâtie comme
un trophée en mémoire de la bataille d'Iffus, τρόπαιον κỳ δεῖγμα
τῆς νίκης. *L.* iii, *C.* xii, & qui étoit de fon temps encore florif-
fante. Près du port de la Ville, qui donna fon nom au célèbre
combat que je viens de nommer, on voit, dit Pocock, qui
avoit vifité avec foin cette contrée, « les débris d'un maffif
» de pierres & de briques, qui a la forme d'un quarré long;
» & il peut très-bien fe faire que ce foit le fondement des
» Autels que l'on dit qu'Alexandre fit élever près du Pinare. »
Voyag. de Pocock trad. franc. Tom. iv, *p.* 26. Paufanias eft

donc inexcufable d'avoir négligé de s'inftruire des monumens qui étoient prefque fous fes yeux.

***

XXIV. ON PEUT croire , avec affez de vraifemblance , que l'affinité de plufieurs noms de nombres eft la caufe qu'il s'eft gliffé bien des erreurs dans le texte des anciens Auteurs qui ont parlé des marches d'Alexandre, celui de Diodore nous en fournit un exemple : Alexandre retournant des Pyles Sufides, après la défaite d'Ariobarzanes, fit, felon cet Hiftorien, 300 ftades de chemin, Σταδίας τριακοσίας. *L.* XVII, *n*° 68. Il eft évident qu'il faut lire τριάκοντα trente ftades; Quinte-Curce, *L.* V, *C.* III. & Polyen, *L.* IV, *C.* III, qui font mention de cette marche , la réduifent à ce nombre de ftades.

***

XXV. HÉRODOTE, en décrivant la route de Sardes à Sufe ; nous apprend que , par la Lydie & la Phrygie, il y avoit vingt ςαθμοὶ ou manfions & 94 parafanges & demie, qu'en faifant route à travers la Cappadoce on trouvoit 28 manfions & 140 parafanges, en venant de l'Arménie & traverfant la Matiene & le pays de Ciffium jufqu'à Sufe, on comptoit 11 manfions & 42 parafanges & demie : *Herod. L.* V, *C.* 52. Ces manfions évaluées les unes à 4 parafanges, 4 & trois quarts, les autres à environ 5 parafanges, la parafange étant de 2268 toifes; ces manfions, feront les unes dans les autres de 4 lieues & demie de 2500 toifes chacune. Ce calcul s'accorde avec celui d'Héfychius qui , fuivant l'ingénieufe correction de Paumier, fixe la valeur d'une manfion à 100 ftades. Σταθμὸς, ἑκατὸν ςάδιοι. *in voc.* Σταθμόν. Ce Lexicographe emploie ici le ftade de 8 au mille, qui étoit en ufage de fon temps. Les manfions d'Hérodote font celles auxquelles s'arrétoient les Rois de Perfes & leur fuite dans leurs voyages, Σταθμοί.
.. βασιλήϊοι : elles n'étoient pas fi longues que les manfions des troupes. Ifidore de Charax diftingue ces deux fortes de manfions;

il parle d'Alama, dans la Méfopotamie, manfion Royale; ϛαθμὸς βασιλικὸς de trois fchoenes d'étendue, & de Mirrada également manfion Royale & de quatre fchoenes. *Ifid. Char. p. 3. Géogr. min. T.* ii. Comparons ces manfions avec les autres que rapporte ce Géographe dans fa defcription de l'Empire des Parthes. La Cambadène avoit 41 fchoenes d'étendue & 5 villages où étoient les manfions, la Choarène 19 fchoenes & 4 manfions, la Comisène 58 fchoenes & 8 manfions, l'Hyrcanie 60 fchoenes & 11 manfions; &c. *Ifid. Char. manf. Part. p.* 6-7. Chaque manfion peut donc avoir dans la premiere de ces Provinces 8 fchoenes d'étendue; dans la feconde, 5 fchoenes; dans la troifième, 7 fchoenes & un quart, & enfin dans la quatrième 6 fchoenes: fractions retranchées, le fchoene évalué à 3000 toifes, ces manfions auront été les unes de 9 lieues & trois cinquième, de 2500 toifes chacune, les autres de 6 lieues, de 8, & de 7 & un cinquième; c'eft-à-dire, plus confidérables de près de la moitié que les manfions Royales. L'itinéraire, connu fous le nom de Jérufalem, eft divifé en mutations, ou relais, & en manfions; dans celui d'Antonin, *p.* 6, *ed. Weſſel*, on fait également ufage de cette derniere manière de divifer les chemins: mais il feroit difficile d'aprécier, d'après le texte de ces itinéraires, la jufte valeur de ces mefures. Procope nous affure qu'un habile coureur pouvoit parcourir dans un jour, jufqu'à 8 manfions, ἐς ἡμέρας ὁδὸν ἔυζώνῳ ἀνδρὶ ϛαθμὸς κατεϛήσαντο, πῆ μὲν ὀκτὼ. . . . ou tout au moins jufqu'à 5, *Hift. Arcan. C.* xxx. Il paroît que cet Hiftorien ou l'Auteur, quel qu'il foit de l'hiftoire fecrette, confond les mutations avec les manfions; on fait qu'il eft impoffible de faire dans une journée une femblable courfe. Le manfions étoient ordinairement établies, comme le prouve le texte d'Ifidore de Charax, dans des villages ἐν αἷς ϛαθμὸς, *Manf. Parth. p.* 5. *& alib.* qui étoient diftingués par cet avantage des lieux circonvoifins, ainfi que la trente-cinquième loi du Code Théodofien, *de Curf. publ.* & la feconde du même Code, *de Concuſſ. advocat.* le font fuffifamment entendre. Hérodote rapporte que Darius ayant pris Erétrie, en tranfporta les habitans dans fa propre manfion, ἐν ϛαθμῷ ἑωῦτε, appelée Ardéricca, qui étoit fituée dans le pays de Ciffium

& étoit éloignée de 210 ftades de Sufe. *Herod. L. vi C.* 119.
Les expreſſions de cet Hiſtorien femblent nous faire entrevoir
qu'une manſion étoit un village ou autre lieu deftiné à recevoir
les voyageurs, & qu'il y avoit des endroits particuliers qui
fervoient aux Rois de Perfe & à leur Cour. Lorfqu'on marc-
choit à travers les déferts, des manſions ifolées, ςαθμὸς ἐρήμας,
fervoient pour lors de retraite. *Xenoph. Cyr. Exped. L.* 1,
p. 45. *& alib. ed. Hutch.* Le jeune Cyrus marchant à Cunaxa
& étant obligé d'accélérer fa marche pour furprendre fon frère,
a pu faire plufieurs manſions dans un jour, (fur-tout lorfqu'elles
étoient affez peu confidérables,) comme celles de Peltas, (2 manſions & 10 parafanges,) de Thymbrion, (auffi 2 manſions 10 parafanges,) & en traverfant la Babylonie, 3 manſions & 12 parafanges. Le chemin que ce Prince avoit fait pour arriver aux
deux Villes que je viens de nommer, eſt conféquemment d'environ 18 lieues, & la marche de la Babylonie peut être eftimée
à un peu moins de 11 lieues. Il eſt donc très - poffible que
le jeune Cyrus ait fait dans ces occaſions jufqu'à 2 & même 3 manſions dans un jour, la longueur de celles dont j'ai fait mention
dans le corps de cet ouvrage, & plufieurs autres, par exemple
la manſion de 8 parafanges que fit Cyrus avant que d'arriver
à Coloffas, &c. prouvent fuffifamment mon opinion. Les troupes
campoient dans ces manſions: c'eſt pour cette raifon qu'en parlant
des manſions ou ftathmes dont Xénophon marque très - exactement les diftances dans fon ouvrage fur la retraite des Dix milles,
je les ai appelés campement, afin d'éviter alors la difcuffion qui
fait l'objet de cette note.

XXVI. On lit dans Ammonius qu'Ariſtote revint une feconde fois αὖθις en Macédoine, qu'il accompagna enfuite
Alexandre dans fes expéditions jufques chez les Brachmanes,
& y compofa fon ouvrage fur les Loix; qu'il alla encore
avec ce Prince dans la Perfe où la guerre s'étoit allumée &
qu'après la mort d'Alexandre, ce Philofophe retourna dans fa
patrie, *Ammon. vit. Ariſt. init. oper. edit. Lugd.* Quel récit

bizarre? Quels anachronifmes? On doit s'attendre à tout de la part d'un Ecrivain qui ne craint point de nous affurer qu'Ariftote prit pendant trois ans les leçons de Socrate qui mourut fous l'Archonte Lachés, fuivant la Chronique de Paros, *Epoc.* 67, la première année de la XCV^e Olympiade. Le chef de l'Ecole Péripatéticienne ne vint au monde que dans les premiers jours de la Magiftrature de Diotréphe, la première année de la XCIX^e Olympiade. *Dionys. Halic. epift. ad Amm. op. Tom.* II, *p.* 121. *Apollod. Chron. ap. Diog.-Laert. L.* v, *C.* I.

❦❦❦

XXVII. Diogene - Laerce rapporte, d'après la Chronique d'Apollodore, qu'Ariftote ayant gouverné le Lycée pendant treize ans, fe retira à Chalcis où il mourut de maladie, la troifième année de la CXIV^e Olympiade (Philoclés étoit alors Archonte) à l'âge de 63 ans; ce qui s'accorde avec l'époque de fa naiffance. Denys d'Halicarnaffe fe trompe donc, lorfque après avoir donné à Ariftote le même nombre d'années, & avoir rapporté fa naiffance au même temps, *Voyez la not. précéd.* il place fa mort un an plus près de celle d'Alexandre, & fait en conféquence mourir ce Philofophe fous l'Archonte Céphifodore la treizième année après fa retraite de la Cour de Macédoine. *Epift. ad Amm. p.* 121, *edit. cit.*

❦❦❦

XXVIII. M. Le Comte de Caylus prétend que les ruines qui font à Perfépolis ne font ni ne peuvent être celles de l'ancien Palais des Rois de Perfes; après une longue difcuffion fur la prétendue diverfité qui fe trouve entre le récit de Quinte-Curce & celui d'Arrien, il continue en ces termes. « Les ruines de » Perfépolis ne peuvent donc être ni celles du Palais des Rois de » Perfe, dont parle Quinte - Curce, ni celles du Château, » dont Arrien fait mention ». *Hift. de l'Acad. des Infcr. Tom.* xxix, *p.* 139. Cet homme célèbre par fon goût éclairé pour les Arts, veut mettre ainfi ces deux Hiftoriens en contradiction: leurs récits s'accordent cependant fur l'édifice qu'Alexan-

'dre brûla. Arrien nous dit que ce Prince livra aux flammes le Palais des Rois de Perses, τὰ βασίλεια δὲ τὰ περσικὰ ἐνέπρησι. *L.* iii, *C.* xviii. Diodore de Sicile, *L.* xvii, *n°* 72. Plutarque, *vit. Alex. Tom.* iv, *p.* 55. Clitarque, *Ap. Athen. L.* xiii, *p.* 576. & Strabon, *L.* xv. *p.* 501-502, employent unanimement le même terme qu'Arrien, pour signifier cet édifice, & ce terme ne peut être pris ici dans un autre sens. Où M. de Caylus a-t-il donc trouvé le *Château* dont il prétend qu'Arrien fait mention? Je crois l'avoir découvert; c'est dans l'ancienne traduction d'Arrien par d'Ablancourt qui s'exprime ainsi : « (Alexan-
» dre) brusla le Chasteau qui estoit la demeure des Roys »,
p. 161. M. de Caylus n'a fait attention qu'au mot *Chasteau* qu'il a pris dans l'acception qui favorise son opinion.

꙯

XXIX. La plupart des Voyageurs & des Ecrivains qui les ont copiés appellent également les anciennes ruines du Palais de Persépolis & le Bourg qui les environne, Chilminar; ils se trompent : ce dernier endroit se nomme *Isthakar* ou *Asthakr*, & les débris du Palais Tchihil-minareh, c'est-à-dire, les 40 tours.
« Les sentimens, dit le Géographe Turc, sont partagés au sujet
» de ces colonnes. Il y en a qui prétendent qu'elles sont les
» restes du Palais de Humai, fille de Behemen, d'autres celles
» du temple de Salomon ». . . . . *Manuf. de la Bibl. du Roi.*
p. 488. Cette dernière opinion sembleroit favoriser celle de M. le Comte de Caylus; mais il est facile de s'appercevoir que c'est un conte des Orientaux qui n'a aucun fondement. D'ailleurs le Géographe Turc se contredit, & oublie ce qu'il a dit une page auparavant. Quoique son récit soit sans doute mêlé de quelques fables, on ne sera cependant pas fâché de voir ici ce qu'il nous apprend de ces fameuses ruines. « Dgimchid fit
» bâtir à Isthakhar au pied d'une colline un Palais quarré dont
» un côté étoit adossé à cette colline, les trois autres côtés
» regardoient la plaine : ce Palais avoit trente coudées de haut,
» & on y montoit des deux côtés par deux escaliers; il étoit
» bâti de pierres dures & noires, & soutenu par des colonnes

» rondes & quarrées, de la même pierre, dont chacune pesoit
» environ 100000 bafmans. La raclure de ces colonnes eft
» bonne pour arrêter le flux de fang, ou étancher le fang. Il
» fit faire fa ftatue & celle de Buran. Il y avoit dans la mon-
» tagne une fource d'eau chaude naturelle qui étoit introduite
» dans ce Palais ; il fit auffi creufer vers le haut de la mon-
» tagne dans le roc, de grandes grottes que le peuples appelloit
» les prifons du vent ». *p.* 87-88. Abulféda prétend que Perfépolis, Palmyre & Héliopolis devoient leur origine aux
Génies.

☙❦☙

XXX. M Fréret accufe injuftement les Grecs d'avoir imaginé l'hiftoire des Amazones, *Acad. des Infcr. Tom.* XXI, p. 106.
Le nom d'αἰόρπατα, c'eft-à-dire, qui tue les hommes, qu'elles
portoient dans la langue des Scythes, felon Hérodote, *L.* IV,
C. 110, prouve que cette fiction, avoit pris naiffance chez cette
dernière Nation. L'idée que différens peuples fauvages ont encore de ces femmes célèbres n'eft point favorable au fentiment
du favant Académicien.

☙❦☙

XXXI. « Je sais, dit M. de la Condamine, que tous, ou
» la plupart des Indiens de *l'Amérique Méridionale* font men-
» teurs, crédules, entêtés du merveilleux ; mais aucun de ces
» peuples n'a jamais entendu parler des *Amazones* de *Diodore*
» de *Sicile*, & de *Juftin.* Cependant il étoit déja queftion *des*
» *Amazones* parmi les Indiens du centre de l'*Amérique*, avant
» que les Efpagnols y euffent pénétré, & il en a été mention
» depuis chez des peuples qui n'avoient jamais vû d'Européens.
» C'eft ce que prouve l'avis donné par le Cacique à *Orellana*
» & à fes gens, ainfi que les traditions rapportées par le Père
» d'*Acuna* & par le Père *Baraze.* Croira-t-on que des fau-
» vages de contrées éloignées fe foient accordés à imaginer,
» fans aucun fondement, le même fait ; & que cette prétendue
fable

» fable ait été adoptée si uniformément & si universellement à
» *Maynas*, *au Para*, à *Cayenne*, à *Venézuéla*, parmi tant
» de Nations qui ne s'entendent point, & qui n'ont aucune
» communication? *Voyage dans l'intérieur de l'Amériq. mérid.*
p. 111 & 112. Ce ne sont ni Diodore de Sicile & Justin, ni les
Européens qui ont appris à ces peuples la fable des Amazones ;
mais leur caractère (ils sont, selon l'illustre Académicien, *men-
teurs*, *crédules*, *& entêtés du merveilleux* :) la leur a suggérée.
Quoique ces Nations ne parlent point la même langue & n'aient
aucune communication entr'elles, il est cependant très-possible
qu'elles ayent adoptées un fait de la nature de celui-ci. Parce que
les peuples du Pérou, du Brésil, de la Guianne & de la Province de Terre ferme ont cru l'existence du pays del Dorado,
doit-on ajouter foi à leur témoignage? Cette tradition reçue par
des peuples si différens & accréditée dès les premiers temps de
la découverte du nouveau Monde, doit-elle avoir quelque crédit?
L'existence des Amazones peut avoir été adoptée par les Scythes
& par les Grecs comme elle l'est encore aujourd'hui en Ethiopie
& chez les Nations de l'Amérique méridionale, sans qu'elle soit
pour cela mieux fondée. Les mêmes causes physiques ou morales,
produisent les mêmes opinions dans différents temps, & chez
divers peuples.

XXXII. Les Destours Persans assurent encore aujourd'hui
qu'Alexandre, après avoir fait traduire ce qui, dans les livres
sacrés des Perses, rouloit sur l'Astronomie & la Médecine, con-
damna ces livres au feu; cette action est cause que l'ame de ce Prince
brûle dans les enfers. *Voy. le mém. de 'M. Anquetil Duperron,
Journ. des Sav. Juin* 1769, *V.* 1, *p.* 1026. La tradition sur la
suppression totale de ces livres sacrés, est sans doute fausse ; mais
ne semble-t-elle pas déposer contre la douceur & la tolérance
d'Alexandre si vantées par les Anciens & par les Modernes? Ces
Parses ou Guèbres, « au lieu d'admirer ce Prince, dit Chardin,
» & de révérer son nom, comme font tant d'autres peuples,
» le méprisent, le détestent, le maudissent, le regardant comme
» un pirate, un brigand, comme un homme sans justice & sans

» cervelle , né pour troubler l'ordre du monde, & pour dé-
» truire une partie du genre humain. *Voyag. en Perfe.* » *T.* ii,
édit. in 4°, p. 185-186. La première des trois époques de leur
religion, que les Perfes appellent des Etats d'anéantiffement eft
celle d'Alexandre , *Voy. le mém. cit.* 1 *Part. Journ. de Mai,
p.* 837. D'où peut venir une tradition auffi conftante & caractérifée par des traits qu'on ne fauroit effacer de la mémoire
d'un peuple qui a confervé la religion & les mœurs de fes Ancêtres? On ne feroit pas fans doute fondé à l'adopter fans reftric-
tion, non plus qu'à la rejeter entièrement. Cette tradition doit
avoir fa fource dans quelques actes tyranniques d'Alexandre
fupprimés avec foin par fes Compatriotes.

Ce Conquérant ne refpecta pas toujours les monumens de la
gloire & de la magnificence des Rois de Perfe; non-feulement
il brûla le Palais de Perfépolis, mais encore il expolia celui
d'Ecbatane. Après être entré dans un détail circonftancié fur les
richeffes de ce Palais, fur l'or & l'argent dont les colonnes des
péryftiles étoient incruftées & qui couvroient le toit, Polybe
nous dit que ces richeffes en furent arrachées lorfqu'Alexandre
& les Macédoniens vinrent à Ecbatane κατὰ την Ἀλεξάνδρε
: . . . . ἔφοδον. Le Traducteur latin fe
trompe lorfqu'il dit : *laminarum porrò iftarum plæræque* , &c.
Ces mots, τύπων δὲ τὰ μὲν πλεῖςα , auroient dû lui faire appercevoir que l'action de ce Prince regarde autant τὺς κίονας que
τὰς δὲ κεραμίδας : ce Traducteur n'a pas fait attention à la répétition de l'enclétique δε dans les différens membres de cette
phrafe, ni à la force qu'elle doit avoir. *Vid. Polyb. ex L.* x,
p. 235; *n*° 24, *Tom.* ii, *edit. Ernefti.*

ഔൟൟ൝

XXXIII. ARISTOBULE ne rapportoit point comme Plutarque,
les derniers mots de l'épitaphe de Cyrus, qu'Ariftus de Salamine
prétendoit, avec affez peu de vraifemblance , avoir été gravée
fur le tombeau de ce Prince en grec & en langue Perfe. *Apud
Strab. L.* xv, *p.* 502. L'ancien Auteur des mémoires fur la
vie d'Alexandre traduifoit ainfi les derniers mots de cette

inſcription ſépulchrale, ΜΗ ΟΥΝ ΦΘΟΝΕΙ ΜΟΙ ΤΟΥ ΜΝΗΜΑΤΟΣ, *ne m'envie point ce monument*; ces mêmes termes ſont rapportés par Arrien, *L.* vi, *C.* xxix, par Strabon, *L.* xv. p ʃ0ɀ, & par Euſtathe, *ad.* 1069 *Dion. Perieg.* Ariſtobule aura ſans doute évité de rendre fidèlement des expreſſions qui réfutoient ſa deſcription du tombeau de Cyrus. On doit corriger le texte de l'épitaphe de ce Prince, dans Arrien, & mettre au lieu de καταστησάμενος, le mot κτησάμενος que Strabon & Euſtathe avoient lu dans Ariſtobule, ainſi que celui de φθονησις qui ſe voit encore dans pluſieurs manuſcrits. ὁ Καμβύσου, paroît être une interpolation ou gloſe de quelque Copiſte ; les Auteurs, que je viens de citer, & Plutarque même ne l'ont point rapporté. Qu'on me permette encore une conjecture : les Hiſtoriens d'Alexandre n'auroient-ils point imaginé l'épitaphe de Cyrus d'après le diſcours que Xénophon met dans la bouche de ce Prince mourant ; diſcours qui n'eſt qu'une imitation de celui que Socrate prononça devant ſes diſciples & ſes amis, quelques momens avant que d'expirer : du moins le ſens & même pluſieurs expreſſions de cette épitaphe ſe trouvent dans le diſcours que Xénophon prête au Monarque Perſe. Cette dernière conjecture s'accorde avec ce qu'Hérodote rapporte de la mort de Cyrus.

XXXIV. Hérodote, après nous avoir appris que les Perſes ſacrifioient ſur des lieux élevés, & ne faiſoient point de Libations, *Herod. L.* 1, *C.* 132, ne craint point enſuite, en rapportant l'expédition de Xerxès, d'avancer que ce Prince immola mille bœufs à Minerve-Iliade, & que les Mages firent dans cette occaſion des libations aux Héros. *Herod. L.* vii, *C.* 43. Xénophon fait faire la même cérémonie à Cyrus en l'honneur de la terre, & nous dit que ce Prince, avant que d'entreprendre la guerre contre les Aſſyriens, invoqua les Dieux & les Héros des Mèdes, & voulut ſe rendre propices, par des ſacrifices ceux qui habitoient les régions de l'Aſſyrie, *Cyrop. L.* iii, *edit. Hutch.* *p.* 215 & 216 : dans un autre endroit, cet Hiſtorien nous aſſure que les principaux Seigneurs Perſes ayant des couronnes ſur la tête firent des libations aux Dieux. *Cyrop. L.* III, *p.* 223. Il nous parle encore, dans le dernier livre de la Cyropédie, des ſacrifices que fit Cyrus aux Héros qui avoient, ſous leur protection la Syrie. *L.* VIII, *p.* 600, *edit. cit.* &c. &c. &c. Les Grecs vouloient faire *helléniſer* tous les peuples de la terre en matière de religion, & ils débitoient impunément une foule de menſonges. Ce peuple, célèbre dans les faſtes de l'eſprit humain, préférant toujours le talent de la parole à la recherche du vrai, a fait naître d'épaiſſes ténébres ſur l'hiſtoire, les inſtitutions religieuſes & les dogmes de toutes les Nations : Lactance s'éleve avec raiſon contre lui en ces termes . . . *Quorum levitas inſtructa dicendi facultate & copiâ , incredibile eſt quantas mendaciorum nebulas excitaverit. L.* 1*, de falſa relig. p.* 83. *edit. Var.*

XXXV. Nous lisons dans un fragment de Salluſte qu'aux frontières de la Cappadoce & de l'Arménie , *quâ in parte Cappadocia ab Armeniâ disjungitur*, c'eſt-à-dire, vers le trente-neuvième degré de latitude ſeptentrionale, on ne ſe ſervoit pour naviguer ſur l'Euphrate que de bateaux faits de troncs d'arbres, *& quamquam ad id naves codicariæ occultò per hyemem fabricatæ aderant*, *L.* IV, *p.* 282, *ex typ. Barbou.* Le Géographe Turc nous offre des détails conformes à ceux d'Hérodote & de Salluſte ; « On ſe ſert ſur le Tigre, dit cet

» Ecrivain, depuis Baſſora juſqu'à Bagdad d'une eſpèce de galère
» appellée *Guirab*, & de Bagdad à Mouſſoul, de *Keleks*, qui
» ſont des radeaux qu'on emploie auſſi ſur l'Euphrate depuis
» *Biredgik* juſqu'à *Hilleh.* Ces *Keleks* ſont faits de groſſes
» poutres clouées enſemble & miſes en croix, & qui forment
» des quarrés. Les plus petits de ces radeaux ont quatre quar-
» rés, & les plus grands quatorze. On attache au milieu des
» outres remplies de vents ; ſur ces poutres on fait un plancher
» haut d'une coudée, pour y placer toutes ſortes de marchan-
» diſes. On viſite de temps en temps les outres, pour voir

n s'il y en a quelques-unes qui soient dégonflées ». *Pag.* 1282
& 1283.

Hérodote nous assure cependant que l'Euphrate peut être
traversé dans l'Arménie par des vaisseaux, νηυσὶ περητὸς, *L.* V,
C. 52; mais ce n'étoit vraisemblablement que de simples bateaux:
Le mot νηὸς signifie en général dans la langue grecque toute
sorte de bâtiments propres à la navigation. Le récit de Xénophon autorise l'acception que je donne ici à l'expression employée par Hérodote. Cet Historien rapporte que l'armée du jeune
Cyrus passa à pied l'Euphrate à Thapsaque; sans qu'aucun soldat eut de l'eau même jusqu'aux mamelles, ἐδεὶς ἐβρέχθη ἀνωτέρω
τῶν μασθῶν. Abrocoma avoit brûlé tous les bâtiments de transport
dont on se servoit pour traverser ce fleuve. Les Thapsaciens assuroient que personne n'avoit passé jusqu'alors à pied πεζῇ, mais
au contraire sur des bateaux ἀλλὰ πλοίοις, *Cyr. exp. L.* 1, *p.* 44.
edit. Hutch.

Le témoignage de Strabon démontre encore l'impossibilité de
remonter dans des vaisseaux l'Euphrate à une certaine distance de
son embouchure; ce Géographe nous apprend qu'après qu'A-
lexandre eut fait détruire les coupures du Tigre & de l'Euphrate, (les anciens Perses les avoient fait pour défendre
l'entrée de leur Empire & empêcher de remonter ces fleuves,)
les vaisseaux ne purent cependant arriver par l'Euphrate qu'à
3000 stades de la mer, c'est-à-dire jusqu'à Babylone. Le Conquérant Macédonien s'attacha principalement, μάλιςα, à dégager
le cours du Tigre, qui devint navigable jusqu'à Opis. *Strab.*
L. XV, *p.* 509.

⁂

XXXVI. QUINTE-CURCE n'a peut-être fait qu'exagérer le récit
d'Aristobule, qui prétendoit que les bois coupés en Phœnicie
ayant été transportés à Thapsaque, on en avoit construit dans
cet endroit deux quinquerèmes, trois quatrirèmes, douze trirèmes
& trente galères chacune de trente rameurs, & que cette flotte
avoit descendu jusqu'à Babylone; *apud Arr. L.* VII, *C.* XIX. Il
seroit assez possible que ces derniers bâtimens eussent descendu

l'Euphrate ; je crois cependant que les bois deſtinés à la conſ-
ſtruction de cette flotte furent conduits en radeaux juſqu'à Babylone où ils furent employés.

XXXVII. L'ESPACE de temps qui s'écoula depuis la mort d'A-
lexandre juſqu'au moment où les Généraux de ce Prince ſe
firent proclamer Rois, fut de 20 ans, ſuivant le Canon aſtro-
nomique, qui ſe trouve dans les manuſcrits de Théon d'Alexandrie : voyez ſur cette époque *le mém. de M. Fréret ſur l'Ere
des Séleucides, Acad. des Inſcr. Tom.* XVI, *p.* 286. Cet eſpace
de temps ne ſauroit cependant fournir aucune objection contre
mon ſyſtême. L'Auteur du livre des·Macchabées préſentant en
peu de mots le tableau d'une multitude d'événemens, n'a dû
regarder ces 20 années que comme un point, & après avoir·
déſigné par ἐπεκράτησαν, verbe dont il ne faut pas perdre de
vue la vraie ſignification, la manière violente avec laquelle les
Généraux d'Alexandre établirent leur autorité dans les Provinces
qui étoient échues en partage à chacun d'eux, *unuſquiſque in
loco ſuo*, cet Auteur paſſe tout de ſuite au principal événement,
& *impoſuerunt omnes ſibi diademata*, en omettant les faits intermédiaires. Les diſſentions, qui ſuivirent la mort du Conquérant de l'Aſie, ſont caractèriſées encore plus fortement par ces
expreſſions de Daniel, *conteretur regnum ejus* . . . . & nous
font connoître les violentes ſecouſſes déſignées une ſeconde
fois dans ce verſet 4, *C.* 11, par le terme *lacerabitur*, & qui
devoient ébranler tout l'Empire d'Alexandre même avant ſa
diviſion, & *dividetur*, &c. &c.

XXXVIII. J'AI SUIVI le ſentiment de Xénophon. *Cyrop.
L,* VIII, *p.* 637-638, *edit. Hutch.* Hérodote prétend au contraire que Darius, fils d'Hyſtaſpe, eſt le premier qui ait diviſé
l'Empire des Perſes en vingt principales Satrapies. *L.* III, *C.* 89
& ſeq. Cette diverſité d'opinions ne détruit point l'application

que j'ai faite de cet événement : les mêmes motifs peuvent avoir engagé ces deux Princes à faire cette diſtribution. Quoique Xénophon ne ſoit pas d'acord avec Hérodote, le témoignage du premier ne doit pas pour cela être abſolument recuſé : ce diſciple de Socrate connoiſſoit bien les Perſes, & l'objet de ſon ouvrage n'étoit point de déguiſer les principaux faits de leur hiſtoire. Photius, rendant compte des Perſiques de Ctéſias, nous apprend que le récit de cet Auteur étoit entièrement oppoſé à celui d'Hérodote, τἀναντία ἱστορεῖ, & qu'il différoit ſeulement en quelques endroits de celui de Xénophon, ἐπ' ἐνίων διαφωνεῖ, *Bibl. colon.* 107. . . . Ctéſias, que les Grecs ont fort maltraité, méritoit cependant, malgré toutes ſes fables, certains égards ; il avoit ſous les yeux les Annales des Perſes que Xénophon n'aura pas ſans doute négligées toutes les fois qu'elles ne contrarioient point le plan qu'il s'étoit formé.

XXXIX. IL EST ÉVIDENT que l'altération de deux lettres dans le mot Γορδιάνων, ou ſimplement ces deux lettres mal formées auront donné lieu à la faute qui s'eſt gliſſée dans les manuſcrits d'Arrien ; celui de la Bibliothèque du Roi, n° 1683, apporté de l'Orient par M. l'Abbé Sevin, & dont on ne s'eſt encore ſervi dans aucune édition, porte *à la page 78 ; ligne 6*, la leçon ordinaire, qu'il ne peut cependant autoriſer. J'ai examiné avec ſoin ce manuſcrit ; on y trouve ſouvent des leçons rejetées avec raiſon par la plupart des Editeurs d'Arrien. Nonſeulement M. Fréret n'eſt point fondé à donner le nom de Sogdiane au pays ſitué au Nord d'Arbele, mais encore cette dénomination ne s'étend, ſuivant les Orientaux, qu'à une contrée de la Tranſoxiane. Le Géographe Turc ne parle que de la vallée de Sogd qui n'eſt, ſelon lui, dans la diſtance de huit journees, que jardins, vignes & prairies, *p.* 839. Abulféda lui donne la même longueur, & ajoute qu'elle s'étend depuis les limites de Bochara juſqu'à celles d'Alboton, *Deſcr. Chorafm. Geogr. min. Tom.* III, *p.* 32-33.

XL. Hérodote nous assure *L.* ii, *C.* 9, qu'il y avoit neuf jours de navigation depuis Héliopolis jusqu'à Thèbes, & 4860 stades; ce qui fait 540 stades par jour. Cette évaluation paroît avoir été adoptée par Plutarque & par plusieurs autres Ecrivains de l'Antiquité. On observera cependant ici que le Nil est toujours très - navigable, même dans le temps de ses crûes; au contraire sur la mer Caspienne on est sans cesse exposé à des orages, & on n'y navigue qu'avec beaucoup de peine.

XLI. Agathémere s'est servi du grand stade dont huit composoient le mille; en voici la preuve : ce Géographe dit que la mer Caspienne a de longueur 8200 stades, qu'il évalue à 1094 milles, & que sa largeur est de 2500 stades, évalués à 334 milles. Peut-être faut-il faire ici quelque légère correction dans les lettres numériques du premier nombre de milles que je viens de rapporter? *Agath. L.* ii, *C.* xiv.

XLII. Aristote paroît avoir changé de sentiment sur la communication de la mer Caspienne, dans son livre *de Mundo*, où il s'exprime ainsi : κατὰ ϛενόν τε καὶ ἐπιμήκη διήκων αὐχένα, πάλιν ἀνευρύνεται, τὴν Ὑρκανίαν τε καὶ Κασπίαν ὁρίζων. *p.* 29, *ed. Batteux*, à la lettre, l'Océan s'avance ou pénétre dans les terres par un détroit long & étroit, bornant l'Hyrcanie & la Caspie, πάλιν ἀνευρύνεται. Ces expressions ne font point équivoques, & ne permettent d'adopter aucun autre sens. Aristote a donc voulu dire, dans ce passage, que l'Océan communiquoit par un détroit avec la mer Caspienne. Cet ouvrage est vraisemblablement de ce Philosophe, comme paroît l'avoir prouvé M. l'Abbé Batteux, & il fut composé, suivant la remarque du savant Académicien, dans les dernières années du règne d'Alexandre. *Voy.* *la Préf.*

la Préf. & les Remarq. de M. l'Abbé Batteux, p. 136 & fuiv. Les découvertes de ce Prince & principalement celle de la communication de la mer Caſpienne avec l'Océan, avoient fait alors beaucoup de bruit dans la Grèce. Quoiqu'Ariſtote eût auparavant avancé que cette mer ne communiquoit point avec les mers voiſines, il ſe rétracta cependant dans cet ouvrage, & s'empreſſa de profiter des lumières que les Macédoniens prétendoient avoir donné, par leurs conquêtes, ſur le Nord de l'Aſie; ce Philoſophe faiſoit d'ailleurs ſa cour à Alexandre, en adoptant cette opinion qui intéreſſoit l'amour - propre de ce Prince. Je pourrois ajouter, pour appuyer ce ſentiment, quelques réflexions ſur les motifs qui engagèrent Ariſtote à compoſer ſon livre *de Mundo*: mais l'habile & judicieux Traducteur de cet ouvrage les a toutes épuiſées, & les a développées avec beaucoup de ſagacité.

⁂

XLIII. M. LE PRÉSIDENT BOUHIER a prouvé l'identité de l'Araxe d'Hérodote avec le Wolga, *Voy. differt. ſur Herod.* C. XVIII: je crois qu'on ne peut adopter un autre ſentiment, ſans s'éloigner du vrai ſens du texte de cet Hiſtorien, qui nous dit, *L.* 1, *C.* 201, que les Maſſagètes habitoient du côté du lever du ſoleil, au-delà de l'Araxe; il met enſuite, *C.* 204, le Caucaſe au couchant de la mer Caſpienne, & au levant de cette mer, une plaine immenſe dont une grande partie étoit occupée par les Maſſagètes. Ces deux paſſages réunis démontrent que cette Nation Scythe habitoit cette plaine appelée par les Arabes & les Perſans, *Kapjak* & *Dafcht*, c'eſt-à-dire, plaine; elle eſt ſituée à l'Orient de la mer Caſpienne. Le fleuve dont parle Hérodote ne peut donc être que le Wolga ou le Jaick (ou Jaïgik, ſuivant la prononciation Tartare.) La poſition du Jaïgik ſemble mieux convenir avec le récit d'Hérodote, qui l'a vraiſemblablement confondu avec le Wolga: on ne peut méconnoître ce dernier fleuve dans les détails que nous donne cet Hiſtorien ſur l'Araxe, terme Perſan appellatif & commun à pluſieurs rivières

P p

de l'Antiquité ; *Vid. Reland. diff.* 1 , *S.* xvii. M. le Préfident Bouhier en compte jufqu'à fix de ce nom. *Differt. p.* 196.

XLIV. J'ai appelé les deux paffages d'Artémidore, rapportés
par le favant M. Van-Goens , *not. in Porph. de antro Nymph.*
p. 87, un fragment, parce que le Scholiafte manufcrit de Denys
le Periégète, qui nous les a confervés, les a divifés fans aucun fondement. Le mot Καύκασον eft une glofe de fa part, elle prouve
fon ignorance & doit être retranchée. La lettre numérique ζ,
qui fe trouve dans ce fragment, aura été ajoutée par quelque Copifte , &c.

XLV. L'Auteur du Poëme fur le voyage de Argonautes, fauffement attribué d'abord à Orphée, enfuite à Onomacrite, en parlant de l'Araxe proprement dit, que l'Eldrifi appelle Roff , *Géogr.*
nub. Clim. iii, *part.* 7, avance que le Phafe, le Thermodon
& le Tanaïs prennent leur fource dans ce fleuve, *Vers.* 747.
Le nom d'Araxe donné également au Wolga & à la rivière qui,
après s'être jointe au Cyrus, aujourd'hui le Kur, va fe jeter dans
la mer Cafpienne à la côte occidentale , eft caufe que ce Poëte
a confondu ce dernier fleuve avec le Wolga. On conçoit
aifément par ce que nous avons déja remarqué, que cet Auteur a pu croire que le Tanaïs y prenoit fa fource. Mais comment le Thermodon des Champs de Thémifcyre, dans le Pont, eft-
il amené ici? Cela paroît d'abord inconcevable. Nous trouvons,
dans Strabon , la folution de ce problême ; ce Géographe nous
apprend, *L.* xi, *p.* 364, qu'Eratofthène mettoit le Thermodon
à la place du Lycus. Ainfi , d'après cette opinion, l'Auteur des
Argonautiques a pu très-bien dire que les eaux du Thermodon,
qui ne diffère point alors du Lycus, étoient dérivées de l'Araxe.

XLVI. JE LIS dans le texte du Scholiafte d'Apollonius Τιμοσθένης au lieu de Τιμάγητος δὲ ἐν ἁ περὶ λιμένων, ainfi que dans le Commentaire fur le vers 284 du IVe Livre de ce Poëte. Timofthène, Commandant des flottes de Ptolémée Philadelphe, qui lui confia la garde de fa Bibliothèque d'Alexandrie, avoit compofé un ouvrage en dix Livres, dans lequel il faifoit la defcription des côtes de la mer. Cet Ecrivain en publia dans la fuite un Abrégé en deux Livres; le fecond contenoit feulement les diftances de différents lieux marqués par ftades. Les conquêtes des Romains n'avoient point encore fait connoître diverfes parties de notre Globe couvertes jufqu'alors d'un voile pour le refte de l'Univers. L'ouvrage de Timofthène ne pouvoit donc être que très-imparfait, fon Périple de la mer Tyrrhéniène n'étoit pas même achevé. Les pays fitués au-delà des colonnes d'Hercule, & depuis ce détroit jufqu'à Carthage, ainfi qu'une partie des côtes d'Efpagne, n'étoient point décrits exactement; l'Auteur paroiffoit n'avoir pas confulté de bons mémoires. Ses defcriptions n'offroient point en général cette clarté & cette exactitude qu'on eft en droit d'exiger d'un Géographe. Elles induifirent même en erreur plufieurs Ecrivains qui s'emprefsèrent de les copier; entr'autres, Eratofthène qui ne craignit point, fuivant Marcien d'Héraclée qui me fournit tous ces détails, *Ap. Geogr. min. Tom.* 1, *p.* 64-65, d'en inférer dans fon ouvrage un Livre entier. C'étoit vraifemblablement le Livre qui traitoit des ports, & qui fe trouve cité par Strabon & par plufieurs autres Ecrivains de l'Antiquité. Marcien ne rend point juftice à Eratofthène; ce favant s'étoit fans doute fervi de l'ouvrage de Timofthène; mais il ne l'avoit pas fimplement tranfcrit, puifque Strabon obferve dans fon fecond Livre qu'Eratofthène rejetoit fouvent les opinions de Timofthène.

XLVII. L'ancien nom du lac Arall ou de Kharefm, peut l'avoir fait confondre avec l'Oxus, ou avec quelques branches de cette rivière. Albergendi dit qu'il y a dans le Khouarefm » (ou Kharefm) une rivière qu'on appelle du même nom, dans » laquelle le Cihon (Dgeihoun ou l'Oxus) fe jete ». *D'Herbelot, Bibl. Orient. p. 1001.*

Les Géographes Orientaux ont donnés au lac Arall plufieurs noms parmi lefquels eft celui d'Ogouz; voici ce que dit de ce lac le Géographe Turc, p. 822-823.

« Hamdulah dit que le lac de Kharefm, auquel les Tartares » donnent le nom de Karah Degniz & celui d'*Ogouz*, ou *Gouz-* » *Souïs*, a plus de cent lieues de tour; fon eau eft faléc; il eft » à près de cent lieues de la mer Cafpienne; il reçoit une partie » des eaux du Dgeihoun & du Seihoun. Maffoudy dit dans fon » livre intitulé, *Muroucy-Uzzehei*, que dans le monde il n'y » a point de plus grand lac que celui-là. Ce qu'il y a de par- » ticulier à ce lac, c'eft que, quoiqu'il reçoive les eaux de plu- » fieurs rivières & fur-tout celles d'un auffi grand fleuve que » le Chach ou le Seihoun, il n'augmente pas, ni fes eaux ne » changent point de goût; ce qui a fait croire à quelques-uns » qu'il falloit qu'il eût une iffue fouterraine dans la mer Caf- » pienne » . . . . . Les favans Auteurs des notes fur Abulgazi nous ont donné plufieurs détails très-intéreffans touchant le lac Arall. *Voy. p. 766-767.* &c.

XLVIII. M. de Buffon nous affure qu'avant les conquêtes du Czar Pierre, « on ignoroit jufqu'à l'exiftence du lac Arall, » qui en eft éloigné (de la mer Cafpienne), vers l'Orient, d'en- » viron 100 lieues, ou, fi on connoiffoit quelqu'une des côtes » de ce lac Arall, on croyoit que c'étoit une partie de la mer » Cafpienne. » *Hift. Nat. Tom. II, edit. in-12. p. 160.* Je ne répéterai point ici ce que je viens de dire fur la connoif-

fance que les Anciens avoient du lac Oxien ou Arall ; il eft feulement néceffaire d'obferver que l'Eldrifi qui compofa fon ouvrage
vers l'an 527 de l'Hégire, qui répond aux années 1149 & 1150
de l'Ere vulgaire, fous le règne de Roger I, Roi de Jérufalem,
fait une mention expreffe du lac Arall ou de Kharefm (ou
Chouarafm, felon l'orthographe des Maronites, traducteurs & éditeurs de cette Géographie :) il le diftingue très-bien de la mer
Cafpienne, III, *Cum. 8 Part. p.* 138, *edit.* 1619. Abulféda
parle encore de ce lac fous le nom de Chouarefmien ; il y
fait décharger les eaux du Dgeihoun ou Gihon. *Defcr. Chorafm.
p.* 23, *Geogr. min. Tom.* III. •

Le favant Naturalifte a peut-être imaginé que cette opinion
(fuppofée), fur la communication du lac Arall avec la mer Cafpienne, pourroit autorifer fon fyftême ; il continue en ces termes:
« La mer Cafpienne ne reçoit aucun fleuve du côté de l'Orient,
» le lac Arall n'en reçoit aucun du côté de l'Occident, ce qui
» doit faire préfumer qu'autrefois ces deux lacs n'en formoient
» qu'un feul, &c. » *Hift. Nat. Tom.* II, *p.* 161. Cette ingénieufe hypothèfe ne s'accorde point avec la fituation actuelle
des lieux. La mer Cafpienne reçoit du côté de l'Orient, depuis
l'extrémité méridionale du golfe de Balkan jufqu'à Efterabat,
première Ville de la côte méridionale, en venant du côté du
l'Orient, trois fleuves remarquables : le Thus, (l'ancien Ochus) eft
le plus confidérable, plufieurs grandes rivières s'y déchargent
dans les Provinces de Kurzi & de Thus. On trouve enfuite en
remontant la côte, le fleuve d'Abi-Atrak dans le Dahiftan &
celui d'Abi-Scoun dans le Corcan ; enfin on pourroit à la rigueur
ajouter aux fleuves que je viens de nommer, la rivière d'Efter,
qui baigne les environs d'Efterabat, dont le cours va de l'Eft
au Sud-Eft. La partie des côtes de la mer Cafpienne, fituée
au Nord du golfe de Balkan, eft très-peu connue : nous
favons feulement, par des temoignages auffi certains que nombreux, que le Jaxarte & l'Oxus alloient autrefois jeter leurs eaux
dans la partie de cette mer qui regarde l'Orient ; les Tartares
ont enfuite dérivé leur cours dans le lac Arall, pour mettre
leur pays à l'abri des incurfions des pirates qui remontoient ces
fleuves, ou pour faciliter l'arrofement de leurs terres. Il n'y a

pas long-temps que le bras de l'Amu-Daria (l'Oxus) qui paſſoit à Urgens & celui de Tokai ont été mis à ſec; leurs eaux ont été ſe jeter dans le lac Arall. L'ancien cours de ces deux fleuves n'eſt pas moins contraire au ſyſtême de M. de Buffon , que celui des rivières ſituées au Sud du golfe de Balkan. Ajoutons encore que le rapport unanime des Pilotes qui fréquentent la mer Caſpienne, prouve qu'il y a pluſieurs autres rivières conſidérables qui ſe déchargent dans cette mer & qu'on ne trouve point dans les cartes. *État preſ. de la Ruſſie par Perry, p.* 124. « Il ſe décharge, dit le Géographe Turç, de » tous côtés dans cette mer de grands fleuves & pluſieurs groſſes » rivières qui s'y perdent ». *P.* 1038. D'ailleurs une plaine montueuſe ou plutôt fort élevée, qui, ſemble ranger à plus ou moins de diſtance, les bords Occidentaux du lac Arall, & s'en approche davantage près d'un golfe d'eau amère voiſin de Karaul , ſemble déterminer les anciennes limites de la mer Caſpienne, & démontrer l'impoſſibilité de ſa communication avec le lac Arall.

❧❧❧

XLIX. Les Grecs cherchoient toujours l'étymologie des noms des peuples étrangers, dans leur propre langue, & pour la trouver, ſe plaiſoient à altérer leurs noms, comme le remarquoit Nicanor cité par Etienne de Byſance, *in voc.* Τάναϊς. Strabon n'eſt point exempt de ce défaut; il nous dit que les Moſſinœciens étoient ainſi appelés des tours qu'ils habitoient, *L.* xii, *p.* 368 : on apperçoit aiſément que ce Géographe a été trompé par le rapport de μόσσυν avec le nom de ce peuple. Le Scholiaſte d'Apollonius de Rhodes nous en donne la vraie explication, *ad verſ.* 379, *L.* ii. Dans l'Idiome de ces contrées, μόσσυν ſignifioit du bois, ou une maiſon de bois, ainſi μοσσύνοικοι veut dire habitans des maiſons de bois ξύλινος οἶκος, ou bien, habitans des bois; leur pays en étoit couvert ὑλήεσσαν. *Apoll. L.* ii, *V.* 379. Quinte-Curce & la plupart des Auteurs Latins écrivent *Moſſyni* : ce mot dans cette orthographe conſerve moins bien ſa ſignification primitive qui caractériſe le genre de vie des Moſſinœciens.

ɊᏚ⁊ᏏᏜ

L. POMPONIUS-MÉLA place les Amazones & les Mofches.
fur les bords de la mer Cafpienne, *L.* III, *C.* V. Nous lifons
dans Hérodote que les Mofches, les Tibarènes, les Macrones,
les Moffinœciens & les Mardes formoient la dix-neuvième Satrapie, fuivant la divifion qui en avoit été faite par Darius. Ces
peuples payoient tous enfemble 300 talens au Monarque Perfe.
Herod. L. III, *C.* 94. Il paroît donc que les Mofches étoient
voifins des autres Nations que je viens de nommer. Strabon
fixe encore plus particulièrement la pofition de ce peuple : les
montagnes qu'il habitoit, au-deffus de la Colchide, étoient
jointes par celle de Scydiffes au pays des Cercètes. *L.* XII,
p. 378. Pline nous dit que le Phafe prenoit fa fource dans la
contrée des Mofches. *L.* VI, *C.* IV. Pomponius-Méla s'eft donc
trompé fur la pofition de ce Peuple : en tranfportant les Amazones fur le bord de la mer Cafpienne, il falloit néceffairement
y tranfporter auffi les Mofches.

ɊᏚ⁊ᏏᏜ

LI. MARCIEN d'Héraclée ne compte que 350 ftades de diftance entre Sinope & Amifus. *Per. p.* 74. *Géogr. min. Tom.* I.
Il eft facile de s'appercevoir qu'il s'eft gliffé une faute dans les
lettres numériques τ′ ν′, je lis α ν′ 1050 : ce qui s'accorde avec
les diftances données par l'Auteur du Périple du Pont-Euxin, lequel
met de Sinope à Caroufa 150 ftades, de-là à Zagora 150 ftades,
de Zagora au fleuve Halys qui fépare le pays des Sinopiens de
celui des Amifiens, 300 ftades ; du fleuve Halys au lac Nauftath-
mon, 90 ftades ; de ce lac à celui de Canopeium, 50 ftades ;
de-là à Eusène, 120 ftades ; & enfin d'Eusène à Amifus
160 ftades *Arr. Per. Pont-Euxin, p.* 15-16. *Geogr. min.*
total 1020. Ces mefures ne font point marquées par des lettres
numériques ; on ne peut donc révoquer en doute leur exactitude.

LII. Tous les peuples Scythes, qui habitoient à l'Orient de la mer Caspienne, doivent être confidérés comme des Hordes particulières, les unes de la Nation des Saces & les autres de celle des Maſſagètes. Strabon ſemble autoriſer cette opinion ; il nous dit que les Attaſiens appartenoient à la Nation des Maſ- ſagètes & les Choraſmiens à celle des Saces, οἱ Ἀττάσιοι, ᾗ Χωρασμκσιγοί : je lis avec Caſaubon Χωράσμιοι. *L.* XI, *p.* 354. Le premier de ces noms offre une eſpèce de problême gram- matical à réſoudre. Etienne de Byſance a lu dans Strabon Αὐγάσιοι, *p.* 138, *edit. Pinedo*, qui diffère peu d'Ἀυγαλοὶ, nom d'un peuple Scythe qui habitoit, ſelon Ptolomée, la Sogdiane, *L.* VI *C.* XII. La leçon ordinaire du texte de Strabon paroît cependant être confirmée par Pline, qui fait mention, *L.* VI, *C.* XVI, des *At- taſini* comme d'une Nation voiſine des Choraſmiens. On ne ſera pas fâché de trouver ici la ſolution de ce problême, je la dois à M. de Bréquigny qui travailloit autrefois à une nouvelle édition de Strabon, dont le premier volume eſt imprimé ainſi que les premières feuilles du ſecond volume, mais qui depuis ſacri- fiant des études de goût à celles d'un genre bien différent, s'eſt en- tièrement livré à des travaux qu'il croit intéreſſer davantage l'utilité publique. Ce ſavant Académicien a abandonné une entrepriſe qui demande autant de ſagacité que de ſavoir, & que perſonne n'étoit plus en état que lui de bien exécuter (1).

« Le peuple que Strabon nomme Ἀττάσιοι, eſt viſiblement le » même que celui qu'Etienne de Byſance, ou plutôt ſon Abbrévia- » teur nomme Αὐγάσιοι. Car l'Abbréviateur dit que le peuple nom- » mé *Αὐγάσιοι, eſt un des peuples de la Nation des Maſſagètes,* » *comme l'aſſure Strabon :* ἔθνος Μασσαγετῶν, Στράβων ὕτως φησίν. » Or Strabon dit ; τῶ δὲ τῶν Μασσαγετῶν ἔθνυς οἱ Ἀττάσιοι. Il faut

---

(1) L'Univerſité d'Oxford paroît être dans l'intention de faire exécuter par quelques-uns de ſes Membres le projet de M. de Brequigny, & de ne point laiſſer perdre le fruit des travaux de ce ſavant Académicien.

donc

» donc corriger l'un de ces passages par l'autre, & lire ou Αὐγάσιοι
» dans le texte de Strabon, ou Ἀττάσιοι dans l'Abréviateur d'E-
» tienne. Mais lequel des deux doit prévaloir?

» Remarquons d'abord que l'altération a pu facilement s'in-
» troduire dans le mot Ἀτάσιοι, de façon à former le mot
» Αὐγάσιοι, sur-tout si on le suppose écrit en lettres capitales
» ΑΤΤΑΣΙΟΙ, ΑΥΓΑΣΙΟΙ; car la lettre Τ un peu creusée dans
» le milieu du trait supérieur, donne un Υ; & la même lettre
» dont la partie gauche de ce même trait seroit mal marquée,
» un peu effacée, ou trop peu prolongée, deviendroit un Γ.
» Alors on liroit ΑΥΓΑΣΙΟΙ au lieu de ΑΤΤΑΣΙΟΙ.

» Voyons maintenant lequel de ces deux mots est le nom
» altéré, lequel est le nom véritable; & pour cela examinons
» dans lequel des deux textes, ou de Strabon ou de l'abrégé
» d'Etienne, l'altération peut plus vraisemblablement se supposer.

» Toutes les éditions de Strabon portent Ἀτάσιοι, & cette
» leçon se trouve dans tous les manuscrits anciens; au moins,
» ni ceux que Casaubon a cités, ni ceux qu'ont vûs les autres
» Critiques qui ont discuté ce passage, ni celui qu'a suivi l'ancien
» traducteur Latin, ni le manuscrit du Roi que j'ai conféré
» & qui est d'ordinaire exact, ne fournissent aucunes variantes
» sur cette leçon, confirmée d'ailleurs par Pline qui appelle ce
» même peuple *Attasini*. Rien ne peut donc nous porter à
» soupçonner d'altération la leçon de Strabon dont le texte
» paroît pur en cet endroit.

» On ne peut pas en dire autant de l'abrégé d'Etienne de
» Byfance, sur-tout par raport au lieu dont il s'agit.

» 1° On sait en général combien il y a de fautes dans cet
» abrégé. 2° Ce passage en particulier, est manifestement tron-
» qué; puisqu'on n'y lit pas les mots de Strabon, quoique expres-
» sement annoncés : Στράβων ὅτω φησίν. 3° L'endroit d'Etienne
» même étoit probablement corrompu dans le manuscrit que
» l'Abbréviateur avoit sous les yeux : car il a lu ἕκτη, au lieu
» de ἐνδεκάτη; le vi.ᵉ livre de Strabon au lieu du xiᵉ : & c'est
» pourquoi peut-être il n'a pas rapporté les paroles de Strabon,
» qu'il avoit sans doute eu dessein de vérifier, mais qu'il n'avoit
» pu découvrir dans le vi.ᵉ livre de ce Géographe, où effec-

» tivement elles ne font pas : c'eft dans le xie qu'elles fe
» trouvent.

» De-là il eft aifé d'imaginer, comment l'Abbréviateur a pu
» fe méprendre, & même d'excufer en quelque forte fa mé-
» prife. Le paffage d'Etienne étant fi incorrectement écrit que
» l'Abbréviateur y lifoit ἕκτη au lieu de ἐνδεκάτη, il pouvoit
» de même y avoir lu Ἀτΐάσιοι au lieu d'Αὐγάσιοι, mots qui
» écrits en capitales, (comme ils devoient l'être dans un Lexique)
» fe reffemblent infiniment; & l'Abbréviateur avoit d'autant
» moins de reffource pour connoître la vraie leçon, que la
» fauffe indication du paffage de Strabon, ne le mettoit pas
» à portée de s'en affurer.

» On dira que l'ordre alphabétique du mot en devoit conf-
» tater l'orthographe. Mais ne peut-on pas fuppofer que le Co-
» pifte ayant oublié l'article Ἀτΐάσιοι, l'aura placé quatre articles
» plus bas, fans en avertir? il y a fouvent dans les Lexiques
» manufcrits des exemples de déplacement plus confidérables.
» Or il n'en a pas fallu davantage pour confirmer l'Abbréviateur
» dans la fauffe leçon que la mauvaife conformation des let-
» tres avoit pu lui faire adopter.

» Il aura pu y être confirmé encore par la reffemblance du
» mot Ἀιγάπιοι qu'il adoptoit, avec le nom de Αὔγαλοι que
» Ptolémée donne à certains peuples voifins de l'Oxus. Mais
» les Αὔγαλοι de Ptolémée me paroiffent fort différens des peu-
» ples dont il eft ici queftion, qui font des peuples Maffagètes.
» Ptolémée parle des Maffagètes dans le xe & le xiiie Cha-
» pitre de fon ive Livre, & leur affigne une pofition affez dif-
» férente de celle des Αὔγαλοι. L'Abbréviateur a pu ne pas fentir
» cette différence, & fe fortifier dans fon erreur par le rap-
» prochement de ces mots.

» Voilà comme la reffemblance des lettres dans les mots
» ΑΤΤΑΣΙΟΙ & ΑΥΓΑΣΙΟΙ, & la reffemblance des noms
» Αὔγαλοι & Αὐγάσιοι, auront fuggéré la leçon qu'a fuivie l'Abbré-
» viateur d'Etienne de Byfance, qui y aura été confirmé par
» le déplacement de cet article dans le Lexique d'Etienne.
» Je conclus donc qu'il faut laiffer fubfifter la leçon de Stra-

» bon, & réformer celle qui se trouve dans l'abrégé d'Etienne
» comme devant être plus naturellement soupçonnée d'alté-
» ration, &c. »

LIII. PTOLÉMÉE a commis beaucoup de fautes dans la
nomenclature des différentes Nations Scythes de l'Asie. On
pourra m'objecter qu'il ne nomme point le peuple dont je
parle, Aspasiaces, ou Aspasiens, mais Aspisiens οἱ Ἀσπίσιοι,
L. VI, *C.* XIV, *p.* 162. *edit. Mercat. Bas.* Ce mot est évidemment corrompu; il faut lire avec l'ancien interprète dont l'autorité est d'un grand poids, & qui avoit sous les yeux des
manuscrits que nous n'avons plus, Ἀσπασίοι : il avoit mis dans
sa traduction *Aspasii*, ce qui revient à la dénomination adoptée
par Polybe & par Strabon.

Ce dernier Ecrivain nous dit qu'Arsaces, poursuivi par Cal-
linicus, se réfugia chez les *Aspasiatres*, *L.* XI *p.* 354 : sans m'arrêter à une discussion chronologique sur l'expédition de ce Prince,
qui m'entraîneroit hors de mon sujet, j'observerai seulement
qu'il s'est glissé une faute dans le texte de Strabon sur le nom
du peuple dont il fait mention dans ce passage. J'ai prié M. de
Rochefort, si avantageusement connu dans la République des
Lettres par sa traduction d'Homère, & dont les soins obligeans
& éclairés m'ont été très-utiles, de consulter M. de Bréquigny sur
le passage dont je viens de parler : voici la réponse de ce savant
Académicien, que je ne puis m'empêcher de rapporter en entier ; ses observations font un ornement pour mon ouvrage.

« Voici le résultat de mes recherches sur le passage de Stra-
» bon, au sujet duquel M. le Baron de Sainte Croix vous a
» consulté. Ce passage se trouve dans le XI*e* livre de Strabon,
» *p.* 513 de l'édition de Paris 1620, qui est regardée comme
» la plus correcte de toutes. Il y est exactement tel que M. de
» Sainte Croix l'a lu dans son édition; mais dans celle dont
» je me sers, Casaubon remarque en marge, que les manuscrits
» varient sur un mot de ce passage, c'est le mot Ἀσπασιάτρας.

» Les autres éditions que je connois, (celles de 1549 & de
» 1707 (1) , offrent toutes deux ce même mot. L'ancienne verfion
» latine emploie le mot *Afpafiatras*; ainfi, le Traducteur avoit lu
» A'σπασιάτρας dans les manufcrits dont il s'étoit fervi : ce que
» j'obferve, parce que j'ai des preuves qu'il a traduit fur des
» manufcrits différens de ceux dont les Éditeurs fe font fervis.
» Je n'en dirai pas autant du Traducteur Italien Buonaccioli.
» Sa verfion jouit d'une grande confidération, (elle court peu
» de rifque de la perdre; car elle eft devenue fort rare.) Mais
» je pourrois prouver au befoin, qu'elle n'a été faite que fur
» l'ancienne traduction latine. Ainfi, il n'eft pas étonnant qu'on
» y life le mot *Afpafiatri*; & ce témoignage n'en fait qu'un feul
» & même avec celui de l'ancien Traducteur.
» Jufqu'ici tous les imprimés s'accordent fur cette leçon.
» Mais il y a des manufcrits qui, au rapport de Cafaubon, por-
» tent A'σπασιάτας, & d'autres A'σπασιάκας. J'ajouterai la leçon
» du manufcrit du Roi rapporté de l'Orient par M. l'Abbé
» Sevin, & que Cafaubon n'avoit pu connoître. Elle diffère
» peu des deux leçons que je viens de citer , fur-tout de la
» dernière : elle portent A'σπασσιάκας. C'eft la feule variante
» que ce manufcrit fourniffe fur le paffage en queftion; & c'eft
» principalement ce dont M. de Sainte Croix paroît vouloir
» être inftruit.
» Je dirai de plus cependant, que pour diftinguer la vraie
» leçon parmi celles que fourniffent les textes imprimés ou
» manufcrits de Strabon, on peut recourir aux paffages des
» autres Auteurs où fe trouve le nom du même peuple. J'en
» connois trois que les Critiques ont cités : Arrien, Etienne
» de Byfance, & Polybe.
» Mais il faut d'abord écarter Arrien ; car le peuple qu'il
» nomme A'σπάσιοι, eft un peuple de l'Inde, & celui dont
» parle Strabon fous le nom de A'σπασίακας, eft de la Nation
» des Maffagètes (2); ainfi, *Blanchardus* s'eft trompé quand il a
» cru que ces deux noms étoient le même. Au refte, je n'ai

---

(1) Celle de Bafle 1571, porte la même leçon.
(2) Les Maffagètes & les Afpafiaces n'avoient rien de commun entr'eux que le
nom de Scythes; c'étoient deux Nations très-différentes, l'Oxus les féparoit.

» pu retrouver le paſſage dans le ιv^e Livre d'Arrien (1), & je n'en
» parle que ſur la foi de Holſténius, (*in Steph. Byſant.*) Quant à
» Etienne de Byſance , il cite un peuple nommé Ἀπασιακαὶ , &
» c'eſt certainement le même dont il s'agit dans Strabon , car
» Etienne allègue pour autorité en cet endroit même , le xι^e
» livre de ce Géographe. De-là Caſaubon a conclu qu'il falloit lire
» Ἀπασιακὰς dans Strabon , d'après le texte d'Etienne.

» Mais Etienne cite auſſi ſur ce même mot l'autorité de Po-
» lybe. Or Polybe écrit juſqu'à trois fois dans la même page
» (*edit.* 1609, *p.* 619.) le nom du peuple dont il s'agit,
» Ἀσπασιάκαι , & non comme Etienne Ἀπασιακαί. Il y a donc
» toute apparence que la faute eſt dans Etienne , ou plutôt
» dans ſon Abbréviateur , qui n'eſt pas toujours fort exact ;
» il la faut donc corriger par la triple leçon de Polybe qu'E-
» tienne copioit : leçon d'ailleurs appuyée par un des manuſ-
» crits de Strabon que Caſaubon cite , & par la leçon du ma-
» nuſcrit du Roi que j'ai cité , qui n'en diffère que par la
» réduplication de la lettre σ.

» Ainſi , je crois qu'il faut regarder comme une faute dans
» les éditions de Strabon , le mot Ἀσπασιάτρας , & dans Etienne
» de Byſance le mot Ἀπασιακαὶ , & qu'il faut lire Ἀσπασιάκας ,
» ou peut - être comme dans le manuſcrit du Roi Ἀσπασ-
» σιάκας , &c. »

LIV. Ἑκκαιδεκάτη , κατὰ "τ μέλανα κόλπον. Ἑπτακαιδεκάτη ἐν τῇ
Σογδιανῇ , παρὰ Παροπανισώδαις , ou σάδαις comme on lit dans le
manuſcrit collationné par Gronovius, *Steph. in voc.* Ἀλεξάνδρεια
p. 61-62 *edit. Pinedo.* Il y a , je crois , une trânſpoſition dans
ce paſſage; il faut après κόλπον , mettre ἐν τῇ Σογδιανῇ : avec
ce léger changement , le texte d'Etienne de Byſance ne préſentera
plus une erreur groſſière.

____

(1) C'eſt le vingt-troiſième Chapitre , *p.* 315 *. edit. Raphel.* On y lit ἀσπίων, les
Aſpiens & non les Aſpaſiens ἀσπάσιοι

LV. Q u e l q u e s Savans ont voulu borner l'utilité qu'on peut retirer des Géographes Orientaux, aux détails qu'ils nous donnent fur l'Egypte, la Syrie & l'Arabie. Le Savant Abbé Renau--dot établit comme un principe certain que, pour la Géographie ancienne, les livres Arabes ou Perfans, ne peuvent prefque nous fournir aucun fecours, *Pref. des Relat. Arab. p.* XVII. M. d'Anville a prouvé le contraire par le fréquent ufage qu'il en a fait dans fes cartes. En comparant les Géographes Orientaux avec les Auteurs Grecs, on peut tirer de ces premiers un très-grand avantage, & fuppléer aux récits de ces derniers & même les éclaircir : la difcuffion dans laquelle je fuis entré fur le cours de l'Oxus & fur le lac Oxien, en eft, ce me femble, une preuve. Le favant Abbé, que je viens de citer, nous affure encore que les Ecrivains Orientaux n'ont aucune connoiffance des parties feptentrionales de l'Afie, & qu'il règne une très-grande incertitude dans tout ce qu'ils rapportent des régions fituées au-delà du Kharefme &,de la Tranfoxiane, *Not. fur les Relat. Arab. p.* 283 *& fuiv.* Les rélations Européennes nous fourniffent-elles des détails plus fatisfaifants? Quel vuide n'y auroit-il pas dans cette efpace compris entre le Paropamife des Anciens & le Jaxarte, fans les Géographes Orientaux? Le Kharefme, le Khoraffan, la Bukarie & toutes les Provinces fituées à l'Orient & au Midi de la mer Cafpienne, nous feroient prefque entièrement inconnues. M. l'Abbé Renaudot avoue lui-même l'utilité & le prix de ces détails. . . . . . , . « Les deux climats
» que Gravius a donné, font une des plus curieufes parties de
» la Géographie d'Abulféda, parce qu'ils contiennent des Villes
» inconnues aux anciens Géographes, dont on n'a aucune con-
» noiffance que par l'hiftoire Mahométane & par les rélations
» modernes. De plus, ces pays-là avoient été foumis aux Sul-
» tans Seljoukides, fous le troifième defquels, Sultan Gelaled-
» din Mélik-Schah, il y avoit eu de très-habiles Aftronomes,
» qui avoient fait par fon ordre des obfervations fort exactes,
» tant pour fixer le commencement de l'époque appellée *Gela-*

» *léenne*, que pour la mesure de la terre. Les Princes Tartares
» avoient conservé la même curiosité : & ainsi il y avoit du
» temps d'Abulféda , qui mourut l'an de Jésus-Christ 1345 ,
» un grand nombre de tables assez exactes, par lesquels il pou-
» voit régler les positions des Villes dont il parloit. » *Pref. des
Relat. Arab. p.* XIII - XIV. Il faut avouer cependant que les
positions données par l'Eldrisi & par Abulféda , sont souvent incertaines; mais en avons - nous de meilleures? Ce dernier Géographe ne nous cache point l'insuffisance des matériaux qu'il a été
obligé d'employer, il ajoute ensuite dans sa préface: « On ne
» doit pas entièrement négliger ce qu'on ne sauroit connoître
» parfaitement, parce qu'il vaut mieux ne savoir qu'une partie,
» que de tout ignorer. . . . . D'ailleurs les tables
de Nasir-Uddin & d'Ulug-Beg méritent une attention particulière ; M. l'Abbé Renaudot rend justice à l'exactitude de ces tables.
Si les Orientaux ont très-peu connu la Chine, doit-on par cette
seule raison proscrire & rejeter tout ce qu'ils rapportent sur le
reste de l'Asie? Tel est cependant en substance le raisonnement ,
telles sont les inductions du savant Traducteur des rélations Arabes.

LVI. STRABON loue l'entreprise de Posidonius qui vouloit
prouver, par le rapport des langues, que différentes Nations
avoient une même origine. Les Syriens, les Arméniens, & les
Arabes se ressembloient beaucoup par leur langage, leur manière
de vivre & leur figure , sur-tout dans les endroits où leurs pays
étoient limitrophes. La Mésopotamie avoit été peuplée par ces trois
Nations avec lesquelles ses habitans avoient une grande affinité.
Strab. Geogr. L. p. 28. Quelques lignes après on lit κỳ οἱ Ἀσσύριοι δὲ,
κỳ οἱ Ἀριαιοὶ, κỳ οἱ Ἀρμένιοι, que les Assyriens, les Arianiens &
les Arméniens ont beaucoup de ressemblance entr'eux & avec les
peuples (que Strabon vient de nommer d'après Posidonius,) κỳ
πρὸς τὅτὅς , κỳ αλλήλὅς : il me paroît évident que ces mots
κỳ οἱ Ἀρμένιοι ont été interpolés ; c'est pour cela que je n'ai
point fait mention des Arméniens dans mon ouvrage. Casaubon
met en marge dans cet endroit de Strabon, cette variante

manuscrit. Ἀραμμαῖοι. *in aliis deest.* Le manuscrit du Roi déja
cité, (le P. Montfaucon nous en a donné la collation du
1ᵉʳ Livre, dans le second volume de sa Bibliothèque des manuscrits,) ne porte aucune variante sur la leçon ordinaire, ce qui
n'empêche point qu'on ne doive la rejéter comme présentant
un sens contraire à la suite du texte de Strabon & à l'ordre
grammatical. πρὸς τούτους prouve, ce me semble, qu'il ne faut
point répéter οἱ Ἀρμένιοι; l'enclitique δὲ fait aisément sentir la
distinction que ce Géographe a voulu mettre entre ces peuples,
pour les rapprocher ensuite tous ensemble & les uns des autres
πρὸς ἀλλήλους. La leçon Ἀραμμαῖοι doit être encore rejetée; c'est
le nom, selon Strabon, que se donnoient eux-mêmes les Syriens
qui descendoient d'Aram, fils de Sem : le texte de l'Ecriture ne
les désigne que par ce nom. C'est celui d'un des trois Dialectes
de la langue Syriaque, le plus élégant de tous, & qui étoit en
usage à Edesse & dans la Syrie extérieure. *Vid. Joan. Wilhelm.*
Hilligeri summarium linguæ Arameæ, &c. Ce nom ne sauroit
donc convenir aux Arméniens; Joseph nous assure encore que
les Grecs donnoient le surnom d'Araméens aux Syriens, *Ant.*
L. 1, *C.* v; d'ailleurs la différence des deux leçons suffisoit pour
faire soupçonner quelque erreur dans ce passage du 1ᵉʳ Livre de
Strabon.

⁂

LVII. On ne sera point faché de trouver ici la description
que l'Auteur du Bagavadam fait du mont Mérou & de ses environs; il s'exprime en ces termes :

» A l'Est de Mérou, il existe une autre montagne nommée
» Mandaram; au Sud celle nommée Souvarisvam, à l'Ouest une
» autre nommée Coumoudam; & au Nord celle de Sroungam.
» Ces quatre montagnes sont dans une position si exacte, qu'à
» les voir il paroîtroit qu'on y avoit placé de grandes colonnes
» pour y construire une voûte. Leurs élevations sont à dix
» milles yôsliney. Il y a quatre arbres aux sommets de ces quatre
» montagnes, lesquels se nomment Soûdam, Cadapam, Alam,

&

» & Nâval, qui portent des fruits & des fleurs dans tous les
» temps, dont les rameaux paroiſſent avoir mille yôſſineys
» d'étendue.

» Dans le Mérou, il y a quatre étangs, étendus chacun à cent
» yôſſineys en quarré ; un rempli de lait, l'autre de beurré,
» le troiſième de taïr (lait caillé) & le dernier de ſuc de
» canne.

» Les quatre montagnes ont chacune un jardin de délices; ces
» jardins ſont nommés Nandam, Saytradam, Raypraſſidam & Sar-
» valôca - paütram. Celui qui mange le fruit de Soûdam (mangue)
» de la montagne de Mandoram, acquiert l'immortalité. Le jus de
» ces fruits courant comme un ruiſſeau, forme un fleuve & eſt
» nommé Roſſôdogam (courant de jus). Le jus des fruits de
» Nâval, qui eſt ſur la montagne Souvariſvam, produiſant de
» même un ruiſſeau nommé Jambou, a donné ſon nom à l'île
» Jambou qu'il arroſe.

» Les deux autres arbres produiſent de même deux autres
» rivières, qui arroſent le pays d'Ilavroudam.

» A l'Eſt, & à l'Oueſt de même de Mérou, il y a deux mon-
» tagnes nommées Gedâ - Coûdam & Pariatram, qui forment
» une chaîne en longueur de 18000 yôſſineys, du Nord au Sud.
» Les Dieux fréquentent ces montagnes où ils prennent leurs
» divertiſſemens.

» Au ſommet de Mérou, il y a une grande Ville de dix mille yôſ-
» ſineys en quarré. Cette Ville ſe nomme *Brahmapatnam* & eſt
» toute éclatante d'or. A l'entour de cette Ville, il y a huit autres
» Villes gouvernées par les Dieux des huit points Cardinaux de
» l'Univers. Un ruiſſeau nommé Brahmânda - Cadam, ſortant du
» haut du Mérou, arroſe la Ville de Brahma, ſort par les quatre
» portes de cette Ville, & forme quatre fleuves nommés Sada-
» lam, Sadaſſou, Patram, & Alaguey: Un de ces fleuves s'éle-
» vant en l'air, lave les pieds de Viſnou. L'autre, qui ſort du
» côté du Sud, arroſe le pays de Nichetam, Yemacoudam,
» Ymoſſalam, & ſe jette enſuite dans le pays de Baradam. C'eſt
» ce fleuve que Sivan prit ſur ſa tête, & delà il a été nommé
» Ganga-Taren ou Siven, (celui qui porte ſur ſa tête Ganga). »
L'ouvrage d'où je tire cette deſcription, a été écrit originai-

Rr

rement en Sanfcret & traduit enfuite en Tamoul. Maridas-
Poullé, Interprète en chef du Confeil de Pondichéry, l'a mis
en françois fur cette dernière traduction, & a dédié fon travail à M. Bertin, Miniftre & Secrétaire d'Etat. Le Traducteur
Indien a joint à fon ouvrage une carte qui nous préfente une idée
de la manière, vraiment fingulière, dont l'Auteur du Bagavadam
a conçu la fituation des différentes parties de la terre, au centre de
laquelle il place le mont Mérou & les montagnes qui y font an-
nexées; ces montagnes la partagent en deux portions égales. Le
cours des fleuves, les golfes, &c. font deffinés fur cette carte d'une
façon très-bizarre. Cofmas Indicopleuftès femble avoir adopté ce
fyftême fingulier, en expliquant la Géographie de l'Ecriture. Ce
Moine, qui écrivoit vers l'an 533 de Jéfus-Chrift, prétend auffi, avec
les Indiens, que le foleil fait fa révolution autour d'une grande
montagne, fituée au centre de la terre. *de Mundo L.* iv. *Vid.*
Tab. Ap. Montf. collect. patr. T. ii. M. de Guignes nous affure
avec raifon, dans un mémoire imprimé, mais qui n'a pas
encore paru, que la defcription du monde qu'on lit dans
le Bagavadam, *eft auffi obfcure que fabuleufe.* Ce favant refpectable s'attache principalement à difcuter la prétendue antiquité de ce livre Indien . . . . . « qui eft, felon l'Auteur, la
» fubftance des Védams, le premier & le plus excellent de tous
» les 18 Pouranams, ». . . . . Ceux qui l'entendent feront
» favorifés du Ciel . . *Bagavad, L.* xii, *p.* 226. On apperçoit
un très-grand rapport entre le nom de plufieurs Rois Indiens
dont il eft fait mention au cinquième livre de cet ouvrage, &
celui des Princes que nous favons avoir vécu quelque temps
après Alexandre; par exemple, entre le nom de *Sandragou-*
ten & celui de *Sandracotte* qui s'oppofa, l'an 303, aux entreprifes
de Seleucus Nicator. Ces rapports n'ont point échappé à la
fagacité de M. de Guignes, qui remarque très-bien que le Bagavadam parle des Turks, fous le nom de *Touloukers*, & des Maures,
fous celui de *Miletchers*. L'Interprète Indien ne donne pas une autre
fignification à ces mots, & fon témoignage ne fauroit être ici fuf-
pect. On peut donc conclure que la publication du Bagavadam, eft
poftérieure à l'an 975 de Jéfus-Chrift; temps où les Mahométans

pénétrèrent dans l'Inde. Les quatre Védams, qui ont été publiés, de l'aveu de l'Auteur du Bagavadam, à la même époque que les dix-huit Pouranams, ne peuvent de même être fort anciens. Plusieurs traditions Judaïques & Chrétiennes qu'il est facile de reconnoître dans le Bagavadam, ne sauroient être favorables à sa prétendue antiquité.

LVIII. L'Ezour-Védam, qu'il ne faut point confondre avec l'Esrou-Védam, suivant l'orthographe adoptée par le Traducteur Indien du Bagavadam, ou *Issourewedam*, suivant celle d'Abraham Roger, un des quatre Védams, n'est qu'un Commentaire de ces derniers livres, ou plutôt une explication de la doctrine qui y est renfermée. Cet ouvrage leur est donc postérieur. Nous en avons une traduction manuscrite, qui fait partie des manuscrits de la Bibliothèque du Roi : voyez ce que M. Anquetil, *Disc. Prelim. du Zend-a-Avesta p.* LXXXIII, *not.* a dit de ce livre Indien, dans lequel il est fait mention de la position du mont Mérou, au IIIe Chapitre du Ier Livre en ces termes. « Au milieu de la terre, est la plus grande de toutes les montagnes, qui s'appelle Mérou. C'est-là qu'est situé le pays appelé Zomboudipo, qui est le pays de l'Inde : au Midi & au Couchant de la montagne de Mérou, sont situés différens pays. En voici les noms, *Zombou, Pelokio ; Koucho, Chako, Krohonro, Pourkoro, Chalmouli.* Tous ces pays, ou toutes ces îles, sont également habités. Il y a plusieurs fleuves sur la terre. Les principaux sont *Brommora, Bodra, Ganga* ou le Gange ; ces trois fleuves prennent leur source dans le mont *Mérou,* & vont se décharger dans la mer. Le premier coule au Nord & le Gange au Midi. Il traverse à son embouchure & inonde quantité de bois. J'ai dit que le *Zomboudipo* ou l'Inde étoit situé au Midi de la montagne, &c. &c. » Ajoutons encore ce qu'on lit dans le VIe Chapitre du même Livre sur le mont Mérou. « Au milieu de la terre est une montagne d'une hauteur prodigieuse à qui on a donné le nom de *Mérou.* Aux quatre côtés de celle-ci s'élevent quatre autres mon-

» tagnes; favoir, les montagnes *Ketouman*, *Mallioban*, *Man-*
» *daro*, *Chuparchodo*. Il y a pareillement fur ces quatre mon-
» tagnes quatre arbres d'une grandeur prodigieufe; favoir, les
» arbres *Ambro*, *Kodanbo*, *Zombou*, *Niogrodo*. Au pied de
» la montagne *Mandaro* coule un fleuve qui, recevant dans fes
» eaux les fleuves qui tombent de l'arbre *Zombou*, en con-
» tracte l'odeur. Tout le pays qu'arrofe ce fleuve eft appelé
» *Zomboudipo*: voilà d'où il a tiré fon nom. »

LIX. Denys le Périegète dit qu'il y avoit, près du Gange, un
endroit confacré à Bacchus. *V.* 1152 *& feq.* Euftathe en con-
clud tout de fuite que c'eft Nifa ou Niffa, *Comm. p.* 138, *edit.*
Henr. Steph. Apollodore, *L.* iii, *C.* v, *p.* 162, *edit Thom.*
Gal. nous apprend que Bacchus, après avoir parcouru la Thrace
& toute l'Inde, & y avoir élevé des colonnes, revint à Thèbes.
On ne fauroit difconvenir que les Anciens n'aient fort varié fur
les voyages de Bacchus, & les monumens qu'il en laiffa. Philoftrate, Auteur fort médiocre, & qui ne mérite pas le cas qu'on
paroît faire quelquefois de fon autorité, nous affure que l'on
voyoit autrefois dans les Indes un Difque d'argent avec cette
infcription : Bacchus, fils de Jupiter et de Sémélé a Apollon Pythien, (des dépouilles) des Indiens ΑΠΟ ΙΝΔΩΝ. Cet
Ecrivain ajoute enfuite qu'au rapport des habitans de Nifa, Alexandre ne monta point fur le fommet du mont Méros, voifin de
cette Ville, pour y célébrer avec toute fon armée les Orgies comme
le rapportent les Hiftoriens d'Alexandre, (*Curt. L.* viii *C.* x.
Arr. L. v, *C.* ii.); mais que ce Prince fe contenta d'offrir
fes vœux & des facrifices à ce Dieu au pied de cette montagne. Philoftrate nous déclare que l'amour de la vérité l'engage
à contredire ces Hiftoriens. *Apoll. Tyan. vit. L.* ii, *C.* ix. Mais
c'eft plutôt l'amour des fables & du merveilleux qui l'a guidé dans
fon ouvrage, efpèce de roman hiftorique dans lequel il ne
montre ni goût ni difcernement.

LX. LE GÉOGRAPHE Turc s'explique fur les montagnes du Cachemir, en ces termes . . . . « Il n'y a que trois
» paſſages très-étroits pour pouvoir paſſer dans ce pays ; on
» appelle ces paſſages *Derbend.* Celui du Khoraſſan eſt
» très - difficile & étroit, les bêtes chargées n'y peuvent pas
» paſſer; on eſt obligé de faire tranſporter les marchandiſes ſur
» le dos des hommes qu'on loue pour cet effet; ce qu'ils font
» avec beaucoup de peine: le paſſage des Indes eſt de même
» que celui du Khoraſſan. Celui du Thibet eſt à la vérité un
» peu moins difficile que les autres ; mais, comme à la diſtance
» de quelques journées le terrein n'eſt couvert que d'herbes
» vénimeuſes, cela eſt cauſe que la cavalerie ni les caravanes
» ne peuvent pas y paſſer; c'eſt pourquoi ce paſſage n'eſt guère
» praticable ». *P.* 404 - 405. L'ouvrage dans lequel ſe trouve
ce détail, eſt proprement appelé *Dgihan-Numa*, c'eſt-à-dire,
deſcription du monde : voyez ce qui en eſt dit dans l'Hiſtoire de
l'Académie des Inſcriptions *Tom.* XXIII, *p.* 285. Cette Géographie Turque contient des choſes très-intéreſſantes, & qui ne
ſe trouvent point ailleurs. M. Armain, Interprète du Roi pour
les langues Orientales, a traduit en françois cet ouvrage Turc. Je
me ſuis ſervi de cette traduction qui ſe trouve à la Bibliothèque
du Roi & forme deux volumes *in-fol.* de 1971 pages.

. LXI. CE QU'ARRIEN dit du Nil, dans le VIe Chapitre de ſes
Indiques, n'eſt point tiré du Journal de Néarque, qui ne commence qu'au XXIe, mais de la Rélation de Mégaſthène, dont
cet Hiſtorien a fait l'extrait; ainſi, l'argument de Dodwel, quelque mauvais qu'il ſoit d'ailleurs, ne peut avoir ici aucune application. Cet argument ſeroit plutôt contre l'ouvrage même d'Arrien ſur l'expédition d'Alexandre, dans lequel cet Ecrivain rapporte que ce Prince s'étoit d'abord flatté d'avoir trouvé les ſources
du Nil dont il croyoit que l'Hydaſpe faiſoit partie ; mais qu'ayant

enfuite appris des Indiens que cette dernière rivière fe jetoit dans
l'Acéfines, & l'Acéfines dans l'Indus, qui alloit décharger fes eaux
dans l'Océan par deux embouchures, il revint de fon erreur,
& effaça dans la lettre qu'il écrivoit à Olympias, le récit de cette
prétendue découverte. *Arr. L.* VI, *C.* 1. M. Huet, *Diff.* XI,
Tom. II, *p.* 45, fupprime une partie de ce paffage pour autorifer
fon fyftême fur la prétendue communication qu'il fuppofe que les
Anciens ont admife depuis le règne d'Alexandre entre le Nil
& l'Indus. Cette erreur n'étoit qu'une opinion vulgaire rejetée
par les meilleurs Auteurs de l'Antiquité ; elle devoit peut-
être fon origine à l'extenfion donnée autrefois au nom d'Ethio-
pien. Hérodote parle des Ethiopiens de l'Afie *οἱ ἐκ τῆς Ἀσίης*,
qu'il range parmi les peuples qui formoient la dix-feptième
Satrapie; cet Hiftorien diftingue encore les Ethiopiens d'au-deffus de l'Egypte *ὑπὲρ Αἰγύπτȣ*, *L.* VII, *C.* 69, ceux de Lybie *οἱ δὲ
ἐκ τῆς Λιβύης*, des Ethiopiens de l'Orient *οἱ μὲν γὰρ ἀπ' ἠλίȣ
Αἰθίοπες*, *L.* VIII, *C.* 70, ou Indiens proprement dits, *L. id.
C.* 65. M. Huet invoque l'autorité d'une foule de Poëtes & d'E-
crivains du moyen âge, enfin jufqu'à celle du Rabbin Aben-
Ezra, qui place le Nil au-delà de la mer Rouge, *diff. cit. p.* 49.
Que prouve ce vain échaffaudage, finon que les Auteurs du
moyen âge étoient auffi mauvais Géographes que méchans Hiftoriens, & qu'il ne faut point chercher des détails exacts de
Géographie chez les Poëtes? D'ailleurs tous ces paffages mériteroient une difcuffion particulière dans laquelle je n'entrerai
point ici; peut-être ne difent-ils pas tout ce que M. Huet veut
bien leur prêter. Je me contenterai d'obferver qu'Aben-Ezra
appelle Ethiopiens, les Arabes qui étoient au Midi de Gé-
rara & qui font défignés par ce nom dans l'Ecriture, *Paralip.
L.* II, *C.* 14, ℣. 12-13 & 14; c'étoient fans doute les Homé-
rites qu'Etienne de Byfance nomme Ethiopiens. *In voc.*
Ὁμηρῖται. Ce Savant a oublié de parler de Malala, qui rapporte,
dans fa Chronique, une avanture très-galante d'Alexandre avec
Candace, Reine d'Ethiopie. *Malal. Chron. Hift. Byfant. edit.
Venet. Tom.* VIII, *p.* 82. Mais qui ne reconnoit dans ce
récit le mêlange des idées Orientales avec les traditions Grecques fur l'hiftoire du Conquérant Macédonien? Les peuples de

l'Orient donnent le nom d'Inde à l'Ethiopie qui comprend, selon Ebn-Alvardi, cette portion de l'Afrique oppofée à l'Iémen & au Kerman. Les Perfans appellent les habitans de cette région *Siah-Hindou*, les Indiens noirs. *Herbelot Bibl. Orient. p.* 448, *id. p.* 929. Les Orientaux donnoient auffi le nom d'Ethiopiens aux peuples qui habitoient l'intérieur de l'Inde & à ceux qui fe trouvoient à l'Orient de cette immenfe région. *Romani verò mercatores per Homeritarum terras ad interiores Indorum partes quæ Euzeliæ dicuntur, penetrabant : atquè indè in ulteriores Indorum Æthiopumquè regiones proficifcebantur. Simeon Epifc. Beth. Arfamenfis ex verf. Affemmani, Bibl. Orient. Tom.* 1 *, p.* 360.

LXII. ARRIEN nous affure, *L.* VI *, C.* XXI, *exped. Alex.* que les vents Etéfiens ne ceffoient de fouffler dans les parages des environs de l'Indus, depuis le commencement de l'hiver, au coucher de Pléyades que les Anciens plaçoient 44 jours après l'Equinoxe d'automne, *Plin. L.* II*, C.* XLVII, jufqu'à l'Equinoxe du printemps. Il ajoute enfuite que Néarque attendit le temps propre à la navigation, ὥραν τῆ παράπλϗ, pour mettre à la voile. Conféquemment là durée de la mouçon contraire eft prolongée d'environ deux mois. Cet Hiftorien paroît ici avoir fuivi des mémoires peu exacts ; mais il corrige enfuite fon erreur dans fes Indiques où il adopte la Rélation de Néarque.

Les Traducteurs Latins dans l'endroit où Arrien s'exprime en ces termes : ἀπὸ δὲ τϗ χειμῶνος τῆς ἀρχῆς, τὸ ἀπὸ πλειάδων δύτεως, ἕςτε ἐπὶ τροπὰς ἃς χειμῶνι ὁ ἥλιος ἐπιςρέφει. *Exped. Alex. L.* VI*, C.* XXI. Ces Traducteurs lui font commettre une faute groffière en rendant ainfi ce paffage, *fiquidem ab initio hyemis quæ fimul cum occafu pleiadum incipit, ad folftitium hybernum,* &c. Ils prennent ici l'Equinoxe du printemps pour le Solftice d'hiver, & par-là réduifent la faifon favorable aux Navigateurs à environ fix femaines. Mais dans la partie de la révolution que fait le foleil pendant l'hiver ἐν χειμῶνι, où parvient-il ? Eft-ce au Solftice ou à l'Equinoxe ? Arrien

diſtingue très-bien le temps qui précéde le Solſtice par le coucher des Pléyades, enſuite celui qui lui ſuccède *ἐν χειμῶνι* ;
enfin il marque très-exactement l'Equinoxe lui-même où le
ſoleil paſſe *ἐπιςρέφει* dans le ſigne du Bélier. Les mêmes Traducteurs ont encore cru que le mois de Boedromion dans lequel
Néarque appareilla, *Indic. C.* XXI, répondoit à celui d'Août :
cet Amiral auroit alors commencé ſon voyage dans la mouçon contraire ; ce qui ne ſauroit s'accorder avec le texte
d'Arrien. Ils ont ignoré l'ordre des mois de l'année Athénienne,
que le ſavant P. Corſini a très-bien expliqué & rétabli dans
ſes faſtes Attiques ; chef-d'œuvre d'érudition & de critique :
Boedromion eſt évidemment le mois de Septembre.

LXIII. Il seroit peut-être néceſſaire d'examiner ici la forme des
années employée par Diodore : mais cet objet demande une
diſcuſſion particulière dans laquelle j'entrerai quelque jour. Je
crois pouvoir démontrer que cet Hiſtorien ne s'eſt ſervi que
des années civiles d'Athènes ou Archontiques, auxquelles il a
adapté la liſte des premiers Magiſtrats de Rome, ſuivant les
Faſtes Conſulaires. Il eſt certain qu'à l'époque du règne d'A-
lexandre, les Conſuls n'entroient en charge qu'aux Ides d'Oc-
tobre : voyez l'excellent mémoire de M. de la Nauze ſur le
Calendrier Romain, *Acad. des Inſcr. Tom.* XXVI. L'année
Attique commençoit au contraire depuis la LXXXVIIᵉ Olympiade au mois d'Hécatombeon ; temps auquel les Archontes prenoient poſſeſſion de leur charge, *Vid. Corſini Faſt. Attic.
diſſ.* 12. Cette différence entre les années de Rome & celles
d'Athènes, doit avoir entraîné Diodore de Sicile dans beaucoup d'erreurs.

Obſervations

Observations sur Suidas.

LE LEXIQUE de Suidas est un abondant répertoire, dont le principal mérite est de nous avoir conservé des scholies & des explications grammaticales, très-utiles pour l'intelligence des Auteurs Grecs. Les faits historiques ne sont pas la partie la moins considérable de cet ouvrage, mais la plupart n'ont pas l'exactitude que l'on trouve dans ces sortes de receüils lorsqu'ils sont faits par des Critiques éclairés. Ce qui a multiplié les erreurs du Lexique de Suidas, ce sont sans doute les additions qui y ont été faites en différents temps : l'article d'Alexandre en fournit des preuves assez convaincantes.

Le commencement de cet article est un extrait d'Arrien, & principalement, comme l'a remarqué Kuster, des IVe & VIIe Livres de cet Historien : ces expressions οὕτω φησὶν Ἀρριανὸς, ne permettent point d'en douter. Suidas a ensuite rapporté quelques traits concernant le Héros Macédonien, qu'il a puisés dans l'ouvrage de Néarque dont il fait mention, & dans d'autres Ecrivains qui avoient parlé d'Alexandre.

La suite du même article depuis ces mots, ὅτι Ἀλέξανδρος jusqu'à ὁ αὐτὸς ὀκτακοσίοις, me paroît une addition postérieure à Suidas : la contradiction qu'on y apperçoit aisément avec ce qui précède, suffit seule pour le prouver. Ce Lexicographe avoit dit que Roxane étoit fille d'Oxyarte; on lit ici que cette femme avoit pour père Darius. L'aventure de Candace, Reine des Indes, avec Alexandre, qui est tirée de la Chronique de Malala, se trouve rapportée dans cette seconde addition ; l'Auteur paroît y avoir pris pour guides les Ecrivains du moyen âge.

Quelque Copiste, ou Editeur du Lexique de Suidas, ayant cru qu'il manquoit dans l'article d'Alexandre plusieurs détails sur l'histoire de ce Conquérant, aura, dans la suite, ajouté l'anecdote des huit cens prisonniers Grecs mutilés par ordre du Roi de Perse, dont parle Quinte - Curce. Le même Editeur aura

S f

enfin imaginé de terminer cet article, par les préſages ſiniſtres qu'on ſuppoſoit avoir annoncé la mort de ce Prince, & par le prétendu empoiſonnement du Héros Macédonien.

L'effet que produiſit la muſique de Timothéc ſur l'ame d'Alexandre, étoit trop ſingulier pour être oublié dans un répertoire tel que celui qui porte le nom de Suidas; auſſi ce fait s'y trouve-t il rapporté deux fois, *in voc.* Τιμόθεος, & Ὁφθιασμάτων, où il paroît placé aſſez naturellement. On ne ſauroit diſconvenir que ce même trait n'ait été ajouté à l'article d'Alexandre, après les autres détails qui le précèdent; ceux qui concernent les goûts particuliers & le caractère de ce Prince, ſont rapportés au commencement de cet article.

La dernière addition eſt celle d'un paſſage d'Athénée, dans lequel cet Auteur, après avoir parlé de la magnificence d'Alexandre, parle de la victoire que Conon remporta ſur les Lacédémoniens, du rétabliſſement des murs du Pirée par ce Général, & du feſtin qu'il donna enſuite au peuple d'Athènes. Quelque Copiſte ayant lu ce paſſage mutilé & où le nom de Conon ſe trouvoit effacé, n'aura fait de deux phraſes qu'une ſeule qui ſe rapporte alors toute entière à Alexandre. Ce fait aura enſuite été placé, comme eſſentiel à l'hiſtoire de ce Prince, dans ſon article, & comme très-honorable pour les Athéniens, dans l'article de ce peuple. Le ſavant Kuſter a très-bien remarqué l'origine de cette mépriſe; mais il n'a oſé décider ſi elle devoit être attribuée à Suidas ou à ſes Continuateurs, *ipſius ne Suidæ, an verò aliorum culpâ, haud facilè dixeris, not. p.* 71, *Tom.* 1. La queſtion ſe trouve réſolue par les obſervations que Kuſter a faites dans ſa préface, ſur les additions & les interpolations qui ſe ſont ſucceſſivement gliſſées dans le texte de Suidas : les anciens manuſcrits de cet Auteur étant bien moins amples que ceux qui ſont plus récents, démontrent la certitude de ces obſervations.

Eudémus, Helladius, Eugénius, Zoſime, &c. & les autres Ecrivains cités à la tête du Lexique de Suidas comme l'ayant mis en ordre, οἱ δὲ συνταξάμενοι τοῦτο, leſquels y ont vraiſemblablement inféré leurs ouvrages dont le titre eſt rapporté,

ces Ecrivains étoient de fimples grammairiens, & peuvent par conféquent avoir apporté beaucoup plus de foins à la partie qui les
intéreffoit davantage, & avoir négligé l'hiftoire qu'ils auront, peut-
être regardée comme étrangère à l'objet de Suidas. Cette dernière
partie a dû, felon toute apparence, fes principaux accroiffe-
mens aux Copiftes, Editeurs de ce Dictionnaire; ils auront tout
enrégiftré, afin d'augmenter cet ouvrage & conféquemment le
prix de leur travail : un femblable motif, fi funefte aux progrès
des connoiffances humaines, eft trop commun dans notre fiècle,
pour qu'on puiffe le révoquer en doute. Ces Copiftes ne fe font
point embarraffés de l'exactitude, ni d'indiquer les livres qu'ils ont
employés, en mutilant les paffages ; les accumuler étoit leur
unique but. Le favant M. Toup, qui nous a donné d'excellentes
obfervations fur le texte de Suidas, s'exprime à ce fujet en ces
termes . . . (Suidas) *Conftat enim, ut plurimum, ex Scholiis &*
veterum Scriptorum fragmentis, præclaris quidem iis, hinc
indè corrafis & convafatis, &c. *Præf. Tom. I, p. VI.*

On ne fauroit méconnoître le fréquent ufage que les Ecrivains
du moyen âge ont fait des ouvrages des Orientaux. Ce qui eft
dit de la naiffance de Roxane dans Suidas, à la fin de l'article
d'Alexandre, n'eft autre chofe qu'une tradition Orientale inférée
dans cet endroit, par quelque Copifte. Abulfarage rapporte
qu'Alexandre époufa la fille de Darius, appelée *Rawshanc.* . :
. . . . *filiam ejus nomine Rawshanc uxorem duxit. Hift.*
Dynaft. ex verf. Pocock. p. 59, dont le nom ne diffère que
par la prononciation de celui de Roxane, fille d'Oxyarte.

Plufieurs paffages des Ecrivains du moyen âge ne pourroient
avoir un fens raifonnable, & préfenteroient même des erreures groffières, fi on n'avoit point recours pour les expliquer aux ouvrages
des Orientaux. Je n'en citerai qu'un exemple qui a rapport au
fujet que je traite. Malala nous dit, dans fa Chronique, qu'A-
lexandre délivra le territoire des Romains du joug des Perfes
& des Affyriens, *Chron. L. VIII, p.* 81. *Ap. Script. Byz. ed.*
Ven. Tom. XXIII. Cet Auteur entend par *tout le pays des*
Romains, πᾶσαν τὴν γῆν τῶν Ρωμαίων, une partie de l'Afie ;
que le Héros Grec délivra en effet du joug des Perfes. Non-

feulement les Géographes Orientaux tels que Alouardi, donnoient le nom de *Roum* aux pays fitués en deça du canal de la
mer Noire, mais encore l'Auteur du *Maffahat Alardh* (l'étendue de la terre) & plufieurs autres Ecrivains Orientaux appellent
ainfi l'Afie Mineure, la Cilicie, la Syrie, &c. *Voy. Herb. Bibl.
Orient. p. 721.* Alexandre porte même, dans leurs ouvrages, le
furnom de *Roumi. Herb. id. p. 318.*

FIN DES NOTES.

DISSERTATION

SUR

L'ANNÉE DE LA NAISSANCE

D'ALEXANDRE,

Et sur les dernières époques de la Chronique de Paros.

PLUTARQUE rapporte qu'Alexandre naquit le six du mois Attique Hécatombœon, appelé Lous par les Macédoniens (1), le même jour que le Temple de Diane, à Ephèse, fut brûlé. Cet Historien ajoute que Philippe reçut, après la prise de Potidée, trois courriers. Le premier lui annonçoit la victoire remportée par Parménion sur les Illyriens; le second, qu'on lui avoit adjugé aux Jeux Olympiques le prix de la course des chevaux; enfin le troisième lui apprit la naissance d'Alexandre (2).

Le savant Ussérius a attaqué ces Synchronismes (3). Établissons en la certitude, & prouvons qu'après la prise de Potidée;

---

(1) Usserius, Annal. p. 144. & Dodwel, de Cyclis Græc. dissert. ix, Sect. 3 & 5; & dissert. iv, Sect. 150, prétendent que Plutarque se trompe, & que le mois Lous ne répondoit point alors au mois d'Hécatombœon,

mais au mois de Boedromion. Le P. Corsini a justifié cet Historien. *Vid.* Fast. Attic. Tom. 1, diss. iii, Sect. xxi, T. ii, diss. xiv, Sect. xxi.

(2) Plut. vit. Alex. p. 7-8.
(3) Annal. p. 144-145.

Philippe a pu apprendre presque en même temps la nouvelle de la victoire de Parménion, & celle du prix qu'il venoit de remporter aux jeux Olympiques.

Diodore de Sicile est l'Auteur qui paroît le plus favorable à l'opinion d'Ussérius. Cet Historien rapporte, sous l'Archontat de Céphisodote, la troisième année de la CV^e Olympiade ; que Philippe, après s'être emparé d'Amphipolis & de Pydna, fit alliance avec les Olynthiens, à qui il promit de donner Potidée. Cette Ville s'étant rendue à lui, il en chassa la garnison Athénienne (1), & livra Pydna à ses nouveaux alliés. Ce Prince s'avança ensuite dans la Thessalie jusqu'à Crénidas, qui fut considérablement augmenté, & prit le nom de son Restaurateur. Les mines d'or, voisines de cette Ville, furent exploitées par ses ordres. Philippe s'en servit pour faire frapper, à son coin, des monnoies, appelées Philippiques ; &, par ce moyen, il amassa, en peu de temps, beaucoup d'argent, qui fut employé à lever des troupes, & à corrompre les principaux Citoyens des Villes de la Grèce. Diodore finit le récit des faits que je viens de rapporter, en ces termes, *reprenons maintenant la suite des événemens* (2).

Ces expressions prouvent que Diodore a réuni, dans une même année, pour ne point interrompre le fil de sa narration, plusieurs événemens qui appartiennent aux années suivantes. Cette méthode ne sauroit se concilier avec l'exactitude chronologique, dont cet Historien semble faire profession, quoiqu'il la néglige fréquemment, & sur-tout

---

(1) Diod. Tom. 11, p. 88 ; dit φρερὰν. Demost. Philippe. 11, p. 46. ἀποικῦς. Le témoignage de cet Orateur est confirmé par celui de Thucydide, qui nous apprend que les Athéniens envoyèrent, la seconde année de la guerre du Péloponnèse, une colonie à Potidée, L. 11, n.° 70.

(2) Ἡμεῖς δὲ ἐπὶ τὰς συνεχεῖς πράξεις μεταβιβάσομεν τὸν λόγον. Diod. L. xvi, n.° 8.

dans le récit qu'il fait des différens événemens du règne de Philippe (1).

Peut-être trouverons-nous dans les Ouvrages de Demofthène quelques éclairciffemens fur l'ordre des faits, que Diodore n'a point confervé. L'illuftre Orateur montre les progrès de la puiffance du Roi de Macédoine, par fes entreprifes dont il expofe le commencement & les fuites aux yeux de fes Concitoyens, en ces termes : .... « Quelqu'un de vous penfe-t-il, » ô Athéniens ! Quelqu'un de vous confidère-t-il par quels » degrés Philippe, foible dans fon origine, eft devenu fi puiffant ? Il s'empare d'abord d'Amphipolis ; quelque temps après ; » de Pydna ; enfuite, de Potidée ; puis, de Méthone (2) ; & » enfin il entre dans la Theffalie. Et lorfqu'il a tout difpofé » fuivant fes volontés, dans Phères, dans Pagafe, dans Magnéfie, » il s'avance dans la Thrace. Là, quand il a fait & défait » les Rois, il tombe malade. A peine relevé de fa maladie, » il ne fe livre point à la molleffe, mais marche droit contre » les Olynthiens (3). »

Demofthène retrace ainfi, en peu de mots, les événemens qui fe font paffés durant l'efpace de dix ans, depuis la prife d'Amphipolis, fous Céphifodote, qui étoit Archonte à Athènes, comme je l'ai déja dit, la troifième année de la C Ve Olymp. jufqu'à la magiftrature de Callimaque ; la quatrième

---

(1) Je me propofe de difcuter cet objet dans une autre occafion.

(2) Τὸ πρῶτον Ἀμφίπολιν λαβὼν, μετὰ ταῦτα Πύδναν, πάλιν Ποτιδαίαν, Μεθώνην αὖθις, &c. Olynth. 1, ou plutôt 111, fuivant l'ordre indiqué par Denys d'Halicarnaffe, Epift. ad Amm. Tom. 11, edit. Sylb. p. 121, & à caufe des faits qui y font rap- portés. Cet Orateur laiffe appercevoir l'ordre des temps par différentes particules qu'il joint à chaque exploit de Philippe & dont il ne faut point oublier la force dans l'arrangement grammatical du paffage que je viens de citer.

(3) Olynth. fupr. cit. edit. Morel p. 5.

année de la CVII^e Olymp., qui eſt celle dans laquelle, ſelon Denys d'Halicarnaſſe (1), l'Orateur Athénien prononça la harangue où ſe trouve le paſſage que je viens de traduire. En liſant ce diſcours avec quelque attention, on s'apperçoit que les Olynthiens étoient déja vivement preſſés par les armes Macédoniennes : le témoignage de Philochore ne laiſſe aucun lieu d'en douter.

Les deux mille Peltaſtes & les trente Trirèmes envoyées d'Athènes aux ordres de Charès pour ſecourir les Habitans d'Olynthe, devinrent inutiles, ainſi que la diverſion que Charidème, Général des Athéniens, avoit faite dans la Thrace. Les Olynthiens furent vaincus dans trois différens combats, & ſe trouvèrent réduits à demander au peuple d'Athènes de nouveaux ſecours. Démoſthène prononça à cette occaſion les trois harangues connues ſous le nom d'Olynthiennes, & perſuada à ſes Concitoyens de faire partir un nouveau renfort, conſiſtant en deux mille Citoyens gens de pied, trois cens Cavaliers, & 17 galères. Charès prit encore le commandement de ces troupes, deſtinées à s'oppoſer aux entrepriſes de Philippe (2). Olynthe tomba malgré cela, par trahiſon, au pouvoir de ce Prince, l'année ſuivante, ſous l'Archonte Théophile (3).

Diodore ne parle de la guerre d'Olynthe que ſous cet Archonte, & réunit dans cette même année tous les faits qui y ont rapport, ſans cependant faire mention des ſecours que fournirent les Athéniens aux Habitans d'Olynthe, une des principales circonſtances de cette guerre. C'eſt ainſi que tantôt il tranſporte les événemens, tantôt il en omet d'eſſentiels;

---

(1) Epiſt. ad Amm. p. 121.
(2) Philochor. Ap. Dion. Halicarn. Epiſt. ad Amm. p. 122.

(3) Dion. Hal. Epiſt. ad Amm. p. 123, Plut. vit. Dec. Orat. Tom. 11, Oper. p. 845.

On

on ne fauroit donc adopter fa chronologie fans examen. Il
n'a pas été plus exaẞ dans le récit des premières entreprifes de
Philippe; il femble qu'il en convienne lui-même, comme nous
l'avons déjà obfervé. Démofthène fuit, au contraire, l'ordre
des faits, qu'il préfente d'une manière rapide, mais exacte, afin
que fes Auditeurs puiffent juger des progrès de la puiffance de
Philippe (1), qui commença les hoftilités contre les Athéniens
par la prife d'Amphipolis, fous l'Archontat de Céphifodote.

Cette Ville de la Thrace, fituée fur les bords du Strymon,
étoit fans doute, comme le remarque Ifocrate, plus néceffaire
aux rois de Macédoine qu'aux Athéniens (2). Ces Républicains
étoient cependant obftinés à recouvrer cette place qu'ils avoient
déja perdue quatre ou cinq fois, comme on doit l'inférer du
texte de l'Orateur (3) que je viens de citer. Le roi de Perfe &
la Grèce entière avoient reconnu la fouveraineté d'Athènes fur
Amphipolis (4), en échange de laquelle Philippe avoit promis
aux Athéniens de leur donner toute l'Eubée; propofition captieufe
de la part de Philippe, mais qui montre combien ces Républicains
eftimoient la poffeffion d'Amphipolis. Démofthène débute en
leur rappellant la prife de cette place, la première & la principale caufe de cette guerre.

Cet Orateur fait très-bien fentir la diftance qu'il y eut de
cet événement, μετὰ ταῦτα, à la réduction de Potidée. La prife
de cette place fut encore précédée des négociations de Philippe
avec les Olynthiens, qui fe prêtoient avec peine à fes vues infi-
dieufes (5). Ce Prince pour les attirer entièrement dans fon parti,

---

(1) Ulpian. Schol. ad Olynth. cit.
p. 5.
  (2) Orat. ad Philip. p. 162-163,
&c. edit. Bafil.
  (3) Orat. cit. p. 63-64.

(4) Demofth. Orat. de fall. Legat. ed.
Taylori, *in*-8.°, p. 169.
  (5) Demofth. Orat adverf. Philipp. π,
p. 46, de Cherfon. p. 62.

Tt

leur facrifia d'abord la poffeffion d'Athamonte, dont fes prédéceffeurs avoient été fort jaloux, puifque, felon Ariftide, il étoit
auparavant défendu aux Olynthiens de mettre le pied dans
le territoire de cette Ville (1).

Pydna fubit enfuite le joug de Philippe, & fut punie de fa
révolte; événement qui doit être rapporté fous l'Archontat
d'Agathocle, ou du moins aux derniers jours de la magiftrature
de Céphifodote, fon Prédéceffeur. On ne fauroit croire que la
prife de cette Ville ait été bientôt fuivie de celle de Potidée,
qui étoit fituée au milieu de l'Ifthme qui joignoit la prefqu'île
de Pallène, à la Chalcidice. Cet éloignement rendoit les
moyens, que les Athéniens pouvoient prendre pour fecourir
cette place, tardifs & difficiles; cependant Démofthène leur
reprochoit de n'y avoir pas jeté un puiffant fecours (3): il faut
donc que le fiège de Potidée ait été long, & la défenfe de fes
Habitans opiniâtre.

Ufférius n'eft donc point fondé à mettre deux ans d'intervalle entre la naiffance d'Alexandre & la prife de Potidée, qui
n'arriva que deux ou trois mois auparavant, & fut la dernière
conquête de Philippe dans l'année de la magiftrature d'Agathocle. C'eft pour cela que Plutarque rapporte cette prife comme
l'événement le plus remarquable qui ait précédé l'accouchement
d'Olympias. Cet Hiftorien ne dit point précifément que ce fut
immédiatement après la conquête de Potidée que Philippe reçut
la nouvelle de la naiffance d'Alexandre; fos expreffions femblent
au contraire prouver que ce Prince étoit déja maître de cette
Ville depuis quelque temps (4).

---

(1) Ariftid. Oper. ed. Jeb. T. 1, p. 478.
(2) Scylac. Péripl. p. 25.
(3) Orat. Demofth. Olynth. cit. p. 4.

(4) Ἄρτι Ποτίδαιαν ᾑρηκότι, p. 8, littéralement, *ayant pris un peu auparavant
Potidée.*

L'illuftre Chronologifte veut encore appuyer le récit de Diodore, de l'autorité de Démofthène dans fon difcours contre Leptinés. Cet Orateur y parle une feule fois de Pydna & de Potidée (1), en rappellant à fes Concitoyens la trahifon de ceux qui avoient livré ces places au monarque Macédonien. Il n'eft fait mention dans cette harangue, prononcée fous l'Archonte Calliftrate (2), d'aucune date, ni d'aucun événement qui puiffe fixer la prife de Potidée ; elle doit êtrë placée dans les derniers mois de la magiftrature d'Agathocle. L'expédition de Philippe dans la Theffalie, les mines de cette Province exploitées, l'augmentation que reçut Crénidas en prenant le nom de ce Prince, feront alors rapportées au temps d'Elpinés, qui étoit Archonte à Athènes l'année de la naiffance d'Alexandre.

Le fecond Synchronifme dont Plutarque fait mention, offre moins de difficultés. Diodore rapporte que trois Rois des Illyriens & des Péoniens s'étant révoltés contre Philippe, furent défaits & foumis (3). Cet Hiftorien met cet événement dans l'année d'Elpinés; Plutarque & Juftin le placent avant la naiffance d'Alexandre. La victoire que Parménion remporta fur ces Rois, eft donc un événement qui doit être arrivé dans les derniers jours de l'Archontat d'Agathocle, ou dans les premiers de celui d'Elpinés, fon Succeffeur?

Plutarque paroît n'avoir pas été auffi exact dans le troifième Synchronifme; il eft néceffaire de prendre les chofes de plus haut.

Les jeux Olympiques avoient été vraifemblablement établis,

---

(1) Orat. contr. Leptin. Demoft. Oper. edit. Morel, p. 290, & edit. Wolfii, p. 510.
(2) Dion. Halic. Epift. ad Amm. p. 121.

(3) Diod. L. xvi, n.° 22.
(4) Plut. vit. Alex. p. 8, Juftin L. xii, C. xvi.

dans leur origine , pour célébrer le retour de chaque Tetraé-
téride (1) ou révolution de quatre années lunaires, qui qua-
droient avec les années folaires ·, au moyen de deux mois
intercalaires. On doit préfumer que les Éléens adoptèrent dans
la fuite l'Octaétéride , inventée par Cléoftrate de Ténédos, &
attribuée ordinairement à Eudoxe de Gnide (2). Cette feconde
période paroît avoir été fort en ufage parmi les Grecs(3) , & elle
fert à expliquer comment les jeux Olympiques pouvoient autrefois
arriver alternativement au quarante-neuvième & au cinquantième mois (4). Dodwel a traité ce fujet avec beaucoup de
fagacité (5). Si ces conjectures offrent quelques difficultés,
très-bien apperçues par le Père Corfini , on ne fauroit les
attribuer qu'à l'extrême obfcurité de cette matière , & au défaut de monumens propres à l'éclaircir. Si toutefois l'on fuppofe, avec affez de vraifemblance , que la célébration des
jeux olympiques arrivoit alternativement après le quarante-
neuvième mois & après le cinquantième révolus, & qu'Elaphius,
mois embolimique de l'année Olympique, étoit placé à l'équinoxe
du printems ; fi nous admettons encore, avec le judicieux Père
Corfini, que les mois Parthenius & Apollonius n'appartenoient
pas à l'année Olympique , mais plutôt à celle de quelque peuple
voifin (7) d'Olympie : alors les difficultés qui naiffent de

(1) Cenforin. de die Natal. C. xviii,
c'eft pourquoi Pindare dit, Olymp. x,
que le temps & les Parques avoient pré-
fidé à l'inftitution des jeux Olympiques.

(2) Cenforin. C. xviii, fous la dénomination générale d'Eléens, j'entends
principalement les habitans de Pile.

(3) Cenforin. C. xviii, Plut. de Placit.
Philof. L. ii, C. xxxii, edit. Corfin.

(4) Schol. Pind. in Olymp. iii.

(5) De Cyclis Græc. diff. iv , Sect. 4,
fuivant le fyftême de ce favant Chronologifte , les mois Embolimiques étoient
dans la troifième année, la cinquième
& la huitième ; les quatre premières
années n'étoient donc compofées que
de 49 mois, & les quatre fuivantes en
avoient cinquante.

(5) Differt. Agonifticæ, diff. 1, Sect. v.

(7) Diff. fupr. cit. Sect. vi.

l'opinion de Dodwel, difparoîtront, du moins en partie : un ſujet auſſi obſcur ſera toujours très- difficile à éclaircir.

Tous les peuples de la Grèce, excepté les Lacédémoniens, paroiſſent avoir adopté le Cycle de Méton. Les Eléens ne furent pas les derniers qui le mirent en uſage. On peut aſſurer qu'à cette époque l'année Olympique commença à la Néoménie qui ſuivoit le Solſtice d'été, & que le premier mois de cette année répondoit à celui d'Hécatombœon, qui devint le premier mois de l'année Attique, après la LXXXVIIᵉ Olympiade ; temps auquel les Athéniens ne commencerent plus leur année civile au mois de Gamélion (1).

On ne peut douter que la célébration des jeux Olympiques n'arrivât dans la pleine lune : les expreſſions de Pindare ſur cet objet ne ſont point équivoques (2). Cette pleine lune ne pouvoit être du temps d'Alexandre (3), que celle qui ſuivoit la Néoménie d'après le Solſtice d'été. Le Scholiaſte de Pindare nous apprend que les jeux Olympiques commençoient le dixième du mois, & duroient juſqu'au ſeizième (4). Philippe ne put donc recevoir la nouvelle du prix qui lui avoit été adjugé, qu'environ douze jours après la naiſſance de ſon fils, arrivée le 6 du même mois.

Les expreſſions de Plutarque ne doivent point, ce me ſemble, être priſes à la lettre. Il a voulu ſans doute dirè par ces mots κατὰ τὴν αὐτὸν (5) χρόνον, que Philippe reçut les trois Couriers, dont j'ai dejà parlé, à peu près dans le même temps, ou vers ce temps, & non pas dans le même jour, comme le Traducteur

---

(1) *Vid.* Corſini. Faſt. Attic. diſſ. 11,   Olympiques fut fixée au 15 de Juillet.
(2) Pind. Olymp. 11, & Schol.   (4) Ad Olymp. 111. v. 13.
(3) On ſait que, ſous le gouvernement Romain, la célébration des Jeux   (5) *Fortè legendum* τῖτον.

latin l'a imaginé, ainsi que Justin (1), toujours inexact dans ses récits.

Quoi qu'il en soit de cette explication, il paroîtra toujours démontré que la célébration des jeux Olympiques, fixe irrévocablement (2) la naissance d'Alexandre au premier mois de la première année de la CVI^e Olymp. La Chronique d'Eusèbe, restituée sur un ancien manuscrit, met encore cet événement dans la même année (3).

Aulu-Gelle, après avoir dit que Philippe monta sur le Trône vers l'an 400 de la fondation de Rome, ajoute que ce fut dans ce temps que naquit Alexandre (4); manière de s'exprimer aussi vague qu'erronée. Ce Grammairien n'est ici qu'un copiste inexact de la Chronique de Cornélius-Népos (5), comme le prouve le texte de Solin, qui rapporte, d'après cet Ouvrage, la naissance du Conquérant de l'Asie, sous le Consulat de M. Fabius Ambustus, & de T. Quintius Capitolinus, l'an 399 de la fondation de Rome (6). Le temps où ces Consuls étoient en charge, répond à l'année de la Magistrature de Callistrate, suivant la manière de compter des fastes Capitolins, ou à celle de l'Archontat d'Elpinés, selon le calcul de Varron (7). Cornélius-Népos adaptant les fastes Attiques aux années de

---

(1) L. XII, C. XVI.

(2) Corsini Fast. Attic. Tom. IV, p. 22-24.

(3) *Vid.* Usser. Annal. p. 144.

(4) Aul. Gell. noct. Attic. L. XVII, C. XXI.

(5) Quoique Aulus-Gelle nous assure qu'il a extrait de différens Auteurs, tous les détails Chronologiques rapportés dans le Chapitre que nous avons cité, lesquels prennent depuis Solon jusqu'à la troisième guerre Punique, il paroît cependant que cet Auteur n'a fait que compiler, sans aucun soin, la Chronique de Cornélius-Népos qu'il cite seulement deux fois.

(6) *Alexander magnus . . . . . qui oritur (ut Nepos edidit) Marco Fabio Ambusto, T. Quinctio Capitolino, Consulibus, post Romam conditam anno trecentesimo nonagesimo nono. Solin. C. XLIII.*

(7) Le calcul de Varron fait remonter la fondation de Rome à la fin de la troisième année de la sixième Olympiade; &, suivant celui des fastes Capitolins, cette fondation ne peut être placée qu'à la quatrième année de la même Olymp.

Rome d'après le calcul des faftes Capitolins, a dû néceffairement rapprocher d'un an la naiffance d'Alexandre ; ce qui
ne fauroit former aucune difficulté contre le fentiment de Plutarque. Cet Hiftorien avoit fans doute tiré fon récit de quelque Auteur contemporain d'Alexandre , ou feulement poflé-
rieur de quelques années au règne de ce Prince (1); temps
auquel les Grecs n'employoient point dans leurs faftes les
différentes manières de compter les années de la fondation de
Rome.

Au lieu de rapprocher de l'Ere vulgaire la naiffance d'Alexandre , Diogène-Laërce & Juftin femblent au contraire l'en
éloigner. Le premier de ces Ecrivains rapporte que ce jeune
Prince étoit dans fa quinzième année, lorfqu'Ariftote fut
chargé de fon éducation , la feconde année de la CIX^e
Olympiade Pythodote étant Archonte (2). Alexandre feroit
alors né fous Agathocle, un an avant la célébration des jeux
Olympiques : mais il eft certain que ce Prince n'étoit, au
temps de la Magiftrature de Pythodote, que dans fa quatorzième
année.

Juftin n'eft pas plus exact quand il rapporte qu'Alexandre avoit
dix-huit ans, lorfqu'il accompagna fon Père dans l'expédition que
ce Prince fit dans le Cherfonnèfe, pendant le fiége de Byfance (3).
Cette Ville fut affiégée par Philippe dans l'Archontat de Théophrafte , la première année de la CX^e Olympiade, comme
le prouve la harangue de Démofthène , fur la lettre que Philippe écrivit alors aux Athéniens. Ce difcours, felon Denys
d'Halicarnaffe, fut prononcé cette même année (4). Alexandre

---

(1) Plutarque cite Hégéfias , fur le
Synchronifme de la naiffance d'Alexandre avec l'incendie du Temple de Diane
à Ephèfe.

(2) Diogen. Laërt. L. v. C. 1, Sect. 7.
(3) Juftin. L. ix. C. 1.
(4) Epift. ad Amm. p 124.

avoit alors feize ans révolus, comme l'obferve très-bien Plutarque (1). L'affertion de Juftin s'accorde avec le calcul de Diogène-Laërce, & les conféquences en font les mêmes; mais cet Abréviateur de Trogue-Pompée fe contredit dans la fuite, lorfqu'il avance qu'Alexandre monta fur le Trône à l'âge de vingt ans. Ce Prince ayant fuccédé à fon père dans la première année de la CXI^e Olympiade étoit donc né dans la première de la CVI^e.

On ne fauroit tirer aucune lumière du récit d'Elien; qui nous affure qu'Alexandre naquit le fix de Thargélion, & qu'il mourut le fix du même mois (2). Etoit-ce dans l'année de la Magiftrature d'Agathocle, ou fous celle d'Elpinés ? Le texte de cet Ecrivain nous laiffe, à cet égard, dans l'incertitude. D'ailleurs il eft certain que la mort du Conquérant de l'Afie arriva le vingt-huit de Thargélion & non le fix, comme le prétend Elien.

Après avoir difcuté tous les faits, qui peuvent fervir à déterminer le temps où Alexandre vint au monde, il me refte à examiner les époques 77 & 78 de la Chronique de Paros. Lydiat & Prideaux ont cru que l'Auteur de ce monument faifoit mention de la fondation de la Ville de Philippes dans la première de ces époques. Prideaux a inféré dans la feconde, fous l'Archontat de Calliftrate, la naiffance d'Alexandre. Ces reftitutions font-elles bien fûres? font-elles appuyées fur le témoignage des Anciens Hiftoriens, & conformes aux principes de la critique grammaticale (3)? Le Lecteur en jugera par ces obfervations, dans lef-

---

(1) Vit. Alex. p. 14.
(2) Ælian. Var. hift. L. 11, C. xxv.
(3) Je rapporterai le jugement qu'en a porté l'illuftre Marquis Mafféi dont l'autorité ne fauroit être recufée ; il s'exprime en ces termes : *Ma non fi può negare, che que, fupplementi, talvolta affai lunghi, non fieno per lo più arbitrarii, ed incerti, onde a più difpute, e controverfie dieder motivo.* Traduct. Ital. d'Antichi Scrittori. p. 133.

quelles

quelles je fais ufage de la collation que le favant Mafféi a faite de ces époques fur les originaux en 1736 : elle m'a été communiquée par M. Séguier, fon ami, le compagnon de fes travaux; Savant qui réunit une rare fagacité à une grande connoiffance des anciens monumens.

On lit, dans la 77ᵉ époque, que Timothée, après avoir vécu 90 ans, mourut, βιώσας ἔτη ⊡ΔΔΔΔ ἐτελέυτησεν ΕΤ. Le dernier mot, & les deux lettres qui le fuivent, né fe trouvoient plus fur les marbres au temps de la collation du Marquis de Mafféi; Selden y avoit cependant lu ces lettres : elles indiquent fuffifamment le mot ἔτη (1) qu'il falloit fuppléer avec les figles numériques, deftinés à marquer l'efpace de temps qui féparoit cet événement de l'époque où l'Auteur de cette Chronique écrivoit. Prideaux a fait, fans aucun fondement, du Τ une Ν, & a mis dans le texte ἐ Ἀθήνησι; conjecture qui n'eft autorifée par le témoignage d'aucun Ancien, & qui, au contraire, eft formellement contredite par Etienne de Byfance, lequel nous affure que ce Timothée, natif de Milet, fameux Muficien & Poëte Dythirambique, mourut en Macédoine (2). M. Chandler a cru également devoir effacer les lettres Ε Τ, & mettre immédiatement après le mot ἐτελέυτησεν, fon fupplément [ο δε Φιλιππος, &c.

Selden paroît avoir mieux fuppléé cette lacune, en la rempliffant par le commencement d'une autre époque, dans laquelle l'Auteur fembloit avoir parlé du règne de Philippe, & enfuite d'Artaxerxès. Malgré les difficultés que propofent Lydiat & Prideaux (3), difficultés que l'efprit de fyftême lèur

---

(1) Ces lettres Ε Τ font fouvent mifes dans les infcriptions pour fignifier le mot d'année. *Vid. Corfini* notæ Græc. p. 22.

(2) Ὀιάσκει δ'ἐν Μακεδονία, Steph. Byfant. In voc. Μίλητος.

(3) Lydiat redintegr. annotat. ad Chronic. p. 72. Prideaux not. hift. ad Chronic. p. 229.

a dictées (1), on ne sauroit effacer des marbres le mot ΑΡΤΟΞΕΡΞΗΣ, qui subsistoit encore en 1736, sans altération, pour y substituer des conjectures arbitraires. M. Chandler a conservé, avec raison, dans sa nouvelle édition de la Chronique de Paros, le nom d'Artaxerxès, & a admis les conjectures de Selden, sans cependant adopter la division qu'il fait de l'époque de 77. M. le Marquis Mafféi s'étant fait un devoir de rendre, dans sa traduction Italienne de la Chronique, les mots du texte, n'a point omis le nom d'Artaxerxès.

Lydiat & Prideaux (2) ont ensuite trouvé plus commode de changer le mot βασιλεύει en celui de βασιλεύς, & de remplir la lacune de façon qu'il ne s'agisse plus du règne de Philippe, mais de la Ville de ce nom : cependant on ne peut placer la fondation de cette Ville dans cette époque, sans renverser l'ordre Chronologique, tel que je l'ai établi, d'après celui que le texte de la troisième Olynthienne semble naturellement indiquer.

Les Rois des Illyriens & des Péoniens ayant conspiré contre Philippe, comme nous l'avons déja dit, furent défaits, selon Diodore de Sicile, sous l'Archonte Elpinés. Ils avoient, au rapport de cet Historien, pour confédérés les Thraces (3), qui firent une invasion dans les États du Monarque Macédonien. Ce fut sans doute alors qu'ils attaquèrent, suivant le témoignage d'Artémidore, la Ville de Crénidas, qui fut secourue par Philippe. Cette Ville de Macédoine porta, depuis cette époque, le nom de Philippe, son Défenseur & son Restaurateur (4).

Les conjectures des Savans Commentateurs de la Chronique

---

(1) *Voy.* les observat. de M. Fréret sur plusieurs époques de la Chronique de Paros, Acad. des Inscr. Tom. xxvi, p. 195 & suiv.
(2) Lydiat redintegr. annotat. p. 73.

Prideaux not. p. 229.
(3) Diod. L. xxvi, n.° 22.
(4) Artemidor. Ap. Steph. Byfant. in voc. Φίλιπποι.

de Paros, ne peuvent être adoptées qu'en mutilant ou effaçant les caractères tracés sur les marbres ; d'ailleurs elles ne s'accordent point avec le récit des anciens Hiftoriens. Lydiat a ofé inférer dans le texte de cette Chronique, à la place de ce qui y concernoit Artaxerxès, l'affaffinat d'Alexandre de Phères par fa femme (1). Le fupplément de Prideaux fait fimplement mention de la mort de ce Tyran, qui ne peut cependant être rapportée à cette époque, c'eft-à-dire, fous l'Archontat d'Agathocle.

Xénophon nous donne, dans le VIᵉ Livre des Helléniques, les détails du complot, formé contre la vie d'Alexandre de Phères & de fon exécution (2). Cet Hiftorien mourut, felon Stéficlides (3), la première année de la CVᵉ Olymp., fous l'Archonte Callidémide, c'eft-à-dire, environ trois ans avant la Magiftrature d'Agathocle. Conféquemment la mort d'Alexandre de Phères ne fauroit, fans choquer toute vraifemblance, être rapportée dans l'année de ce dernier Archonte, quoique Diodore l'y ait placée (4).

Tifiphonus fuccéda à Alexandre de Phères ; & ce nouveau Tyran paroiffoit jouir, depuis quelque temps, du fruit des crimes de fon Prédéceffeur, lorfque Xénophon écrivoit l'Hiftoire de la Grèce (5). Je crois donc qu'il faut mettre l'affaffinat d'Alexandre, fous l'Archonte Molon, la troifième année de la CIVᵉ

---

(1) Redintegr. annotat. p. 73.

(2) C. IV, Typ. foulis Tom. III, p. 280-283-284.

(3) Dans le catalogue des Archontes & des Vainqueurs aux jeux Olympiques, cité par Diogène-Laërce, L. II, C. VI, Sect. XI.

(4) Diod. L. XVI, n.º 14. Diodore avoit fans doute oublié qu'en rapportant fous Lyfiftrate (Archonte la quatrième année de la cent deuxième Olym-

piade,) le commencement de la tyrannie d'Alexandre de Phères, il en avoit fixé la durée à onze ans, L. XV, n.º 61. Conféquemment ce tyran a dû mourir fous Euchariftus, la feconde année de la cent cinquième Olympiade ; ou au plus tard, fous Céphifodote prédécef- feur d'Agathocle.

(5) Xenoph. Hellen. L. VI, édit. cit. Tom. III, p. 184.

V v 2

Olymp. , immédiatement après l'année dans laquelle se donna la célèbre bataille de Mantinée , Chariclidès étant Archonte à Athènes.

Plutarque n'est pas moins favorable que Xénophon à l'opinion que je crois devoir soutenir. Cet Historien nous dit qu'après la mort de Pélopidas , (arrivée pendant la Magistrature de Timocrate , la première année de la CIV^e Olympiade) , les Thessaliens se révoltèrent contre Alexandre de Phères , vengèrent la mort du Héros Thébain , & délivrèrent les Phthiotes & les Magnètes (1) du joug d'Alexandre, qui, peu de temps après, ὀλίγον ὕϛερον, fut tué par sa femme (2). Ce récit sembleroit encore reculer d'une année la mort de ce Tyran. Mais Xénophon nous apprend qu'Epaminondas reçut avant que de commencer la campagne , qui se termina par la bataille de Mantinée , des troupes auxiliaires, tant de la part d'Alexandre de Phères, que de celle de ses Adversaires (3). Ce Tyran n'étoit donc point encore mort; il étoit alors occupé à repousser les attaques des Thessaliens. Ce fait paroît fixer incontestablement l'assassinat d'Alexandre à l'année suivante; ainsi, cette mort précéda d'environ cinq ans le temps auquel il a plu à Lydiat & à Prideaux de la rapporter.

Cès Savans finissent en remplissant la 78e époque par la victoire qué Dion remporta sur les Généraux du jeune Denys de Syracuse. Mais Diodore, dont ils réclament si souvent l'autorité,

---

(1) Plutarque joint à ces deux peuples, les Achéens : mais ce mot n'est qu'un surnom que prenoit en général la Nation des Phthiotes , Ἀχαιοὶ δ᾽ ἐκαλοῦντο οἱ Φθιῶται πάντες. Strab. L. ix, p. 298. Scylax dit seulement que les Achéens étoient un peuple Phthiote , εἰσὶ δ᾽Ἀχαιοὶ, Φθιῶται ἔθνος. Peripl. p. 23. *Sunt Achæi gens Phthiotarum ;* & non point, *est in Achæis gens Pthiotarum* , comme l'a traduit Vossius.

(2) Plut. vit. Pelopid. Tom. 11 , p. 239-240.

(3) Παρά τε Ἀλεξάνδρου , ὴ τῶν ἐναντίων αὐτῶ. Hellen. L. vii, C. v, T. iv, ed. cit. p. 142.

leur eft ici peu favorable : cet Hiftorien rapporte cette victoire fous l'Archontat d'Elpinés, & non point fous celui d'Agathocle fon prédéceffeur (1). Ajoutons enfin que cette époque devient d'une exceffive longueur par ces différens fupplémens qui paroif-fent contenir un plus grand nombre de mots que la lacune qu'on trouve fur les marbres ne femble pouvoir en admettre. Je reviens à la divifion que Selden a faite de cette même époque.

Il eft très-probable non-feulement qu'on voyoit autrefois fur le marbre deux époques différentes, mais encore que les lignes 88, 89, 90, en formoient trois; les dates & le nom des Archontes des deux premières étoient effacés. Lydiat, Paulmier & Prideaux, trompés par la reffemblance du nom de Céphifodore (2), Archonte à Athènes, la troifième année de la CIII^e Olympiade, avec celui de Céphifodote (3), Archonte dans la même Ville, la troifième année de la CV^e Olympiade, & prédéceffeur d'A-gathocle, ont imaginé que, puifque le nom de ce dernier fe trouvoit à la fin de la 90e ligne des marbres, tout ce qui étoit après le nom de Céphifodore, dans la 88e ligne & jufqu'à la 91e, devoit ne faire qu'une même époque. Ces Savans n'ont point voulu faire attention au nom de Naufigènes, Archonte, la première année de la CIII^e Olympiade, lequel fe lit dans la 87e ligne. Ce nom indiquoit fuffifamment que celui de Céphi-fodore de la ligne précédente, n'étoit point le nom de l'Ar-chonte, qui avoit eu Agathocle pour fucceffeur. La différence de l'époque HIIII (104 ans), rapportée dans la 87e. ligne,

---

(1) L. XVI, n.° 15-15-17-18-19-20.
(2) ΚΗΦΙΣΟΔΩΡΟΥ. Lin. Marm. Oxon. 88. Leçon confirmée par le texte de Diodore de Sicile, L. xv. C. 76, par celui de Démofthène, adv. Onetor. ed. cit. p. 523, & par le témoignage de Denys d'Halicarnaffe, *Ifæus*, p. 105, edit. Sylburgii, ἐπὶ Κηφισοδώρου ἄρχοντος, Lin. 15-16.

(3) Diod. L. XVI, n.° 6, Dion. Halic. Dinarch. p. 115.

à celle de ⏛ΔΔΔΔIII 83 ans marquée à la 90ᵉ ligne, sembloit défigner que l'Auteur de la Chronique avoit voulu parler
de l'Archonte le plus voifin de la première de ces deux époques,
de laquelle Céphifodore n'étoit féparé que par l'Archontat de
Polyzèle, & non point d'un autre Archonte poftérieur de dix
ans à Naufigènes. Cette dernière difficulté a engagé Prideaux
à mettre dans la 76ᵉ époque les Sigles numériques ⏛ΔΔΔΔIIII,
au lieu de HII ans que l'ordre des temps devoit y faire placer.
Enfin ce Savant, fans confulter les marbres, a changé le nom
de Céphifodore en celui de Céphifodote (1). Entraînés par
leur fyftême ces favans Commentateurs de la Chronique, (Prideaux & Lydiat), ayant apperçus fur les marbres le nom des
Phocéens & celui de Delphes, n'ont point héfité de placer à la
76ᵉ époque le pillage du fameux Temple de cette Ville, quoique
Paufanias ait rapporté cet événement fous Agathocle (2), & Diodore fous Calliftrate (3). Cette fingulière chronologie eft le réfultat d'une foule de conjeûures arbitraires & de plufieurs hypo-
thèfes dénuées de toute vraifemblance. Elle peut être regardée
comme l'origine & la caufe des opinions que les Editeurs de la
Chronique de Paros ont adoptées : & même, fi je puis m'exprimer
ainfi, inférées dans les dernières époques de cette Chronique (4).

Selden & Paulmier n'ont point ofé fuppléer les grandes lacunes
des lignes 91, 92 des marbres. Lydiat a prétendu qu'il devoit

---

(1) Not. hift. p. 229.

(2) Paufanias nous dit que les Pho-
céens s'emparèrent de la ville de Del-
phes & des richeffes de fon Temple,
Héraclide étant Pryrane dans cette Ville,
& Agathocle, Archonte à Athènes,
Phoc. C. 11.

(3) L. XVI., n.º 23-24. &c.

(4) M. Fréret en a très bien développé
la caufe en ces termes . . . « Lydiat &
» Prideaux ayant fixé l'époque foixante-
» feizième à l'année 358, étoient obligés
» de rapporter à une feule & même
» époque tout ce qui précède l'Archon-
» tat d'Agathocle dans l'infcription ; c'eft-
» à-dire, la mort du muficien Timothée,
» le commencement de ce Roi de Macé-
» doine qu'on juge devoir être Philippe,
» père d'Alexandre, la mort d'Artaxerxès,
» & la victoire défignée par le mot
» ἐνίκησεν. Acad. des Infcr. Tom. XXVI,
» p. 197.

être queftion, dans la première de ces lignes, des conférences fecrètes que Philomèle, Général des Phocéens, eut avec Archidame, Roi de Sparte, pour rendre inutiles les decrets des Amphyctions, ou de la violence que fit ce Général à la Pythie, pour l'obliger de monter fur le trépied, & de rendre fes Oracles (1). Prideaux a placé, dans cette époque, la naiffance d'Alexandre; &, après le nom de l'Archonte Calliftrate, dont les fix premières lettres s'appercevoient encore en 1736, ce fecond Editeur de la Chronique a cru que l'Auteur y avoit parlé d'Ariftote. En admettant cette reftitution, Alexandre fera donc né fuivant cette Chronique la feconde année de la CVIᵉ Olympiade, pendant la Magiftrature de Calliftrate; ce qui eft abfolument contraire au récit de Plutarque. Cette conjecture de Prideaux, adoptée avec quelque changement par M. Chandler, n'eft d'ailleurs appuyée du témoignage formel d'aucun Ecrivain de l'Antiquité.

J'obferverai d'abord que l'Auteur de la Chronique de Paros ne marque jamais la naiffance d'aucun Prince, mais feulement l'époque de fa puiffance ou de fon règne. Ce n'eft donc point fuivre fa méthode que d'inférer dans fon ouvrage la naiffance du Conquérant de l'Afie. Il avoit fans doute parlé ou du commencement du règne de ce Prince, fous Pythodème, ou de fon paffage en Afie, fous Evænète, & fucceffivement de fes victoires & de fes conquêtes, dans la partie de fa Chronique qui n'eft point parvenue jufqu'à nous. Je crois que cet Auteur n'a point fait mention d'Alexandre dans l'endroit de la Chronique dont il s'agit, mais plutôt de Démofthène qui commença fous l'Archontat de Calliftrate à fe diftinguer dans le barreau & à monter à la tribune où il prononça, contre Androtion, fon premier difcours;

---

(1) Redintegr. ad Chron. p. 73.

époque mémorable dans l'histoire des Lettres, & qui devoit tenir une place distinguée dans les fastes d'un peuple tel que celui d'Athènes, chez qui le talent de la parole fut toujours en grand honneur, & entraîna, dans toutes les occasions, ses suffrages.

L'Auteur de la Chronique aura vraisemblablement parlé de cet événement, en ces termes. . . . ΑΦΟΤΑΓΩΝΔΗΜΟΣΘΕ-ΝΟΥΣΠΡΩΤΟΣΕΓΕΝΕΤΟ (1). . . . . Ils ressemblent à ceux qui sont employés dans cet ouvrage (2); ce sont les expressions dont se sert Denys d'Halicarnasse, qui n'oublie ni la date ni le nom de la première harangue par laquelle le premier des Orateurs commença à se faire connoître (3). Tout ce qui tient à l'histoire du progrès des Lettres, ou qui peut intéresser leur gloire, les prix remportés par les Poëtes, soit tragiques ou comiques, soit dithyrambiques ou élégiaques; les Musiciens célèbres, leur naissance, l'époque de leur célébrité; enfin l'invention des Nomes lyriques & aulétiques; l'origine de la Tragédie, ou de la Comédie, l'introduction des Chœurs; les Philosophes illustres, tels qu'Anaxagore & Socrate, la mort de ce dernier, &c. ces différens objets trouvent leur place dans cette Chronique. Le nom de Démosthène & les premiers succès de ce grand Orateur en auroient-ils été exclus ? Peut-être l'Auteur de cet ouvrage avoit-il ensuite fait mention de Platon qui, de retour pour la dernière fois de Sicile, jouissoit alors d'une grande réputation. Aristote étoit dans ce temps à son Ecole, & il n'en sortit qu'à la mort de cet illustre Philosophe, sept ou huit ans après (4). Il paroît vraisemblable que la Chronique de Paros aura plutôt parlé de Platon que de

---

(1) ἀφ' ἃ ἀγὼν 'Δημοσθένης πρῶτος ἐγένετο.

(2) δίκη . . ἐγένετο. Ep. 3. &c. Le mot ἀγὼν & ses dérivés sont souvent employés par l'Auteur de cette Chronique dans différentes acceptions, dont plusieurs peuvent être regardées comme très-analo-gues au sens que je donne à ce mot.

(3) δημοσίους τε λόγους ἄρξατο γράφειν ἐπὶ Καλλισράτου ἄρχοντος . . . ᾗ ἴσιν ἀυτὸς πρῶτος τῶν ἐν δικαστηρίῳ κατασκευασθέντων ἀγώνων ὁ κατὰ Ἀνδροτίωνα. Epist. ad Amm. p. 120.

(4) Dion. Halic. Ep. ad Amm.

son

fon Difciple qui n'étoit pas fort connu, à cette époque, hors de l'enceinte de l'Académie.

Le fupplément que je propofe d'inférer dans la 79ᵉ époque, c'eft-à-dire, la 81ᵉ, fuivant Selden, doit être placé à la fin de la 90ᵉ ligne des marbres. Le mot ἐγένετο dont Selden n'avoit trouvé que les quatre dernières lettres, & MM. Mafféi & Séguier que les deux dernières, commencera la 91ᵉ ligne. Ce fupplément ne contient que vingt-cinq lettres, non compris celles de cette dernière ligne. Celui de Prideaux en a trente-une, qui paroif-fent difficiles à placer dans cette lacune (1). Il faudroit fans doute avoir, fous les yeux, les marbres fur lefquels eft gravée cette précieufe Infcription, pour pouvoir combiner avec précifion l'emplacement de chaque lettre. Mon éloignement me prive de ce moyen de vérifier mes conjectures.

Mais, dira-t-on, un événement auffi peu important que ce-lui des premiers fuccès de Démofthène, peut-il trouver fa place dans le texte de la Chronique de Paros? Voilà, ce me femble, la plus forte objection, contre mes conjectures, fur laquelle on puiffe infifter; elle m'a été faite par M. l'Abbé Barthé-lemy fi célèbre par la découverte des alphabets de Palmyre & de Phénicie (2), & mérite conféquemment, de ma part, une férieufe attention. Fouillons dans les faftes de la Grèce ou du moins dans les ouvrages qui les répréfentent en quelque forte, pour trouver une réponfe fatisfaifante à cette objection. La

---

(1) M. Chandler, dernier Editeur de la Chronique, a bien fenti le défaut du fupplément de Prideaux. C'eft pour ce-la qu'en l'adoptant, pour le fond, il a cru néceffaire de l'abréger. Ce Savant fupplée ainfi cette lacune, Lin. 90-91 [. '. . Αφ ου Αλιξανδρος ο Φιλιππυ εγι]νητο, Mait-taire, fon Prédéceffeur, n'y a fait aucun changement; il s'eft contenté de copier,

dans fon édition, Selden & Prideaux, en corrigeant les fautes typographiques.
(2) J'avois foumis mes obfervations à l'examen de ce Savant refpectable; fon fuffrage m'a déterminé à publier à la fuite de l'ouvrage fur les Hiftoriens d'A-lexandre, cette Differtation qui en de-vient une partie néceffaire.

Chronique d'Eusèbe doit être regardée comme une compilation ou seulement comme un extrait des anciennes Chroniques. Si le fait que je veux mettre à la place de la naissance d'Alexandre s'y trouve consigné, ne sera-t-il pas permis de supposer qu'il peut avoir été gravé sur les marbres de Paros. Suppléer ce qui manque dans les monuments que le temps a mutilés, par ceux du même genre qui sont parvenus jusqu'à nous, n'est-ce pas une régle admise par les meilleurs Critiques? Eusèbe rapporte la première époque de la célébrité de Démosthène à la première année de la CV^e Olympiade ; elle ést distinguée d'une seconde époque où ce grand Orateur parvint au comble de sa gloire, après sa harangue pour Ctésiphon. Le même Ecrivain fixe cette seconde époque à la deuxième année de la CVIII^e Olympiade. S. Jérôme fait très-bien sentir, dans sa traduction de la Chronique d'Eusèbe, la différence de ces deux époques; la première est désignée par ces mots : *Demosthenes Orator agnoscitur* ; & la seconde par ces expressions remarquables : *Demosthenes Orator omnium ore celebratur* (1). L'Auteur de la Chronique Paschale, autrement appelée les fastes Siciliens, n'a point négligé de parler de ces deux faits; il fait mention de l'un à la seconde année de la CVIII^e Olympiade, & de l'autre à la première de la CX^e Olympiade (2); Isidore met le premier de ces événemens avant le règne de Darius Codoman (3).

Ces témoignagnes constatent que les premiers succès de Démosthène étoient rapportés dans toutes les Annales de la Grèce ; mais ils ne leur assignent point la même époque que celle de mon supplément. Il est facile de s'appercevoir que les Chroniqueurs

---

(1) Euseb. Chron. p. 136-137. edit. Scalig.
(2) Chron. Pasc. ed. du Cange, p. 169.
(3) *Artaxerxes , qui & Ochus , re-* gnat annis **xxvi.** *Demosthenes Orator primus agnoscitur.* Isid. Chron. oper. p. 384.

du moyen âge compiloient fans aucun difcernement les ouvrages, qui tomboient entre leurs mains, & claffoient enfuite les faits d'une manière arbitraire, fans s'embarraffer de l'exactitude chronologique. On feroit tenté de croire qu'Eusèbe n'a point fuivi d'autre méthode : l'exemple fuivant peut autorifer ce foupçon. Cet Ecrivain met dans la troifième année de la CXI^e Olympiade, qui étoit la 3e du règne d'Alexandre, divers exploits de ce Prince, tels que la défaite des Thraces, la prife de Thèbes, le combat du Granique & la réduction des Sardes (1); événemens arrivés avant ce temps & dans différentes années.

L'expédition contre les Thraces doit être rapportée fous l'Archonte Pythodème, la première année de la CXI^e Olympiade, quelques mois après l'avénement d'Alexandre à la Couronne. Arrien nous affure que ce jeune Héros partit pour cette guerre au commencement du printemps (2). La prife de Thèbes eft fixée à l'année fuivànte, ainfi que le combat du Granique qui fut donné à la fin de la Magiftrature d'Evænète. Sardes tomba au pouvoir du Vainqueur peu de jours après (3). Cette conquête peut encore trouver fa place dans l'année de cet Archonte, ou être rapportée au premier mois de l'Archontat de Nicocrate, fon fucceffeur, la 4e année de la CXI^e Olympiade. Ces anachronifmes ne fauroient cependant détruire l'authenticité des faits confignés dans l'ouvrage d'Eusèbe, fur-tout lorfqu'ils fe trouvent confirmés par le récit des anciens Hiftoriens de la Grèce.

Enfin fi mes conjectures ne peuvent être admifes, celles de Lydiat & de Prideaux doivent-elles l'être davantage ? Ces Savans, comme le remarque M. Fréret, ont totalement défiguré les

---

(1) *Alexander adverfum Illyrios & Thraces feliciter dimicans, fubverfis Thebis, in Perfas arma corripuit, & apud Granicum flumen regiis ducibus oppreffis urbem Sardis capit.* Chron. L. II, p. 137.
(2) Arrian. L. 1, C. 1.
(3) Arr. L 1, C. XVII.

dernières époques de la Chronique, fous prétexte de les reſti-
tuer (1). Peut-on après cela oppoſer leurs conjectures au témoignage des Anciens, & regarder leurs ſupplémens comme faiſant
partie de cette Chronique & devant avoir la même autorité? Si
la célébrité de l'ouvrage de Prideaux forme encore un pré-
jugé contre mes obſervations, finiſſons en rapportant le jugement qu'en a porté le ſavant M. Fréret. . . . . « L'ouvrage de
» Prideaux ſur la Chronique de Paros, dit le judicieux Acadé-
» micien, a une célébrité que l'examen détruira, pour peu
» qu'il ſoit fait avec attention. Preſque toutes les reſtitutions
» heureuſes ſont l'ouvrage de Selden & de Palmérius. Lorſque
» Prideaux a voulu s'étendre, ce qu'il fait principalement ſur
» les premières époques, preſque tout ce qu'il dit eſt étranger
» à la Chronique; il n'en explique ni n'en développe même
» pas les difficultés; il raſſemble ce qui ſe trouve par-tout dans
» des livres communs, & il n'a fait autre choſe que verſer ſes
» collections dans ſes notes. Mais, comme je l'ai obſervé en com-
» mençant, il étoit alors fort jeune, ſon eſprit n'étoit pas encore
» formé, & on auroit tort de juger du mérite des ouvrages
» qu'il a compoſés dans un âge plus avancé, par ſon Commen-
» taire ſur la Chronique de Paros (2). »

---

(1) Obſerv. ſur pluſieur époques de la Chronique de Paros, Acad. des Inſcr. Tom. XXVI, p. 195.

(2) Obſerv. cit. Acad. des Inſcr. Tom. XXVI, p. 199.

F I N.

TABLE
DES NOTES.[*]

	Pages du Texte.	Notes ou Renvois.
I. CONJECTURE *sur un passage de Denys d'Halicarnasse*, page 267.	9.	1.
II. *Remarques sur une lacune du texte d'Arrien*, pages 267, 268.	26.	4.
III. *Parallèle d'Alexandre & de César, tiré d'Appien*, pages 268, 269.	30.	5.
IV. *Remarques sur un passage de Quinte-Curce*, page 269.	37.	5.
V. *Observations sur une Eclipse de Lune, rapportée par cet Historien*, pages 269, 270.	37.	7.
VI. *De l'autorité des Ecrivains du moyen âge*, page 270.	38.	2.
VII. *Des traditions des Orientaux, concèrnant Alexandre*, page 271.	42.	7.
VIII. *Correction d'un passage de la traduction latine de Diodore de Sicile*, page 271.	52.	1.
IX. *Correction d'un passage de Polybe*, page 272.	57.	3.
X. *Restitution d'un fragment du même Auteur*, page 272.	59.	1.
XI. *Correction d'un passage de Scylax*, page 272.	63.	3.
XII. *Sentiment de M. de Bougainville sur un Synchronisme de la prise de Tyr*, page 273.	64.	2.

* Des changemens, arrivés pendant l'impression de cet Ouvrage, ont occasionné, dans les renvois marqués par des chiffres-romains, quelques fautes; cette Table servira à les corriger & à indiquer, en même temps, les matières traitées dans chacune des Notes, ou Éclaircissemens Historiques, Géographiques, &c.

	Pages du Texte.	Notes ou Renvois.
XIII. *Réflexions sur un passage de Joseph,* pages 273, 274.	68	5.
XIV. *De la route de Cyrène à Ammon,* &c. pages 274, 275, 276.	76.	2.
XV. *Observations sur le chemin de la grande Oase à Ammon, & sur l'intérieur de l'Afrique,* pages 276, 277, 278.	76.	4.
XVI. *De la route de Parætonium à Ammon,* pages 278, 279.	76.	5.
XVII. *Des productions du pays d'Ammon,* pages 279, 280.	77.	2.
XVIII. *Remarques sur la destruction des Murs de Babylone,* page 280.	83.	6.
XIX. *Du génie des Scythes,* page 280.	88.	2.
XX. *Traduction d'un passage de Strabon, concernant le voyage de Bacchus aux Indes,* pages 280, 281.	91.	3.
XXI. *Observations sur un passage d'Euripide, dans lequel il est fait mention des voyages de Bacchus,* page 281.	91.	4.
XXII. *Contradiction de Diodore sur le terme des expéditions d'Alexandre,* page 282.	95.	3.
XXIII. *Erreur de Pausanias sur les monumens des victoires d'Alexandre,* page 282.	96.	3.
XXIV. *Correction d'un passage de Diodore,* page 283.	103.	3.
XXV. *Evaluation des stathmes ou mansions,* pages 283, 284, 285.	105.	3.
XXVI. *Remarques sur un passage de la vie d'Aristote, par Ammonius,* page 285, 286.	110.	2.
XXVII. *Observations sur l'époque de la mort d'Aristote,* page 286.	110.	3.
XXVIII. *Réfutation de l'opinion de M. le Comte de Caylus, concernant les ruines du Palais de Persépolis,* pages 286, 287.	125.	8.

	Pages du texte.	Notes ou Renvois.
XXIX. *Description des ruines de cet ancien Palais, tirée du Géographe Turc,* pages 287, 288.	127.	3.
XXX. *Nom des Amazones, dans la langue des Scythes,* page 288.	129.	2.
XXXI. *Réfutation de l'opinion de M. de la Condamine, sur l'existence des Amazones,* pages 288, 289.	129.	4.
XXXII. *Traditions des Parses, concernant Alexandre & explication d'un passage de Polybe,* pages 289, 290.	144.	2.
XXXIII. *De l'Epitaphe du tombeau de Cyrus, & correction d'un passage d'Arrien,* pages 290, 291.	146.	8.
XXXIV. *Contradictions des Historiens Grecs, sur la Religion des anciens Perses,* pages 291, 292.	148.	4.
XXXV. *De la Navigation de l'Euphrate,* pages 292, 293.	154.	2.
XXXVI. *Conjecture sur un passage de Quinte-Curce,* pages 293, 294.	154.	4.
XXXVII. *Remarques sur la division de l'Empire d'Alexandre,* page 294.	162.	2.
XXXVIII. *Sentimens d'Hérodote & de Xénophon, sur la division des Satrapies,* pages 294, 295.	166.	1.
XXXIX. *Observations sur la leçon d'un passage d'Arrien,* pages 295, 296.	177.	3.
XL. *Estime, par stades, du chemin que faisoit un vaisseau chez les Anciens,* page 296.	182.	4.
XLI. *De la valeur du stade, employé par Agathémère,* page 296.	182.	5.
XLII. *De l'opinion de l'Auteur du livre de Mundo, concernant la mer Caspienne,* pages 296, 297.	186.	13.
XLIII. *Des Fleuves connus dans l'antiquité, sous le nom d'Araxe,* pages 297, 298.	189.	2.

	Pages du Texte.	Notes ou Renvois.

XLIV. *Remarques fur un fragment d'Arté-midore,* page 298. — 189. — 5.

XLV. *Explication d'un vers du Poëme fur les Argononautes, attribué à Orphée, concernant la communication du Lycus & de l'Araxe,* page 298. — 190. — 1.

XLVI. *Correction de deux paſſages du Scholiaſte d'Apollonius de Rhodes, & Remarques fur les ouvrages de Timoſthène.* p. 299. — 190. — 2.

XLVII. *Deſcription du lac Arall, tiré du Géographe Turc,* page 300. — 194. — 4.

XLVIII. *Obſervations fur l'opinion de M. de Buffon, concernant la communication de la mer Caſpienne & du lac Arall,* pages 300, 301. — 196. — 6.

XLIX. *Remarques fur l'étymologie du nom des Moſſynœciens,* page 302. — 199. — 5.

L. *De la poſition du pays des Moſches,* page 303. — 200. — 2.

LI. *De la diſtance de Sinope à Amiſus,* page 303. — 200. — 5.

LII. *Correction d'un paſſage de Strabon,* pages 304, 305, 306, 307. — 201. — 1.

LIII. *Paſſages de Strabon, de Ptolémée & d'Etienne de Byſance, corrigés,* pages 307, 308, 309. — 208. — 5.

LIV. *Reſtitution d'un paſſage d'Etienne de Byſance,* page 309. — 216. — 1.

LV. *Obſervations fur les Géographes Orientaux.* pages 310, 311. — 218. — 2.

LVI. *Remarques fur une interpolation du texte de Strabon,* pages 311, 312. — 221. — 5.

LVII. *Deſcription du Mont-Mérou & de ſes environs, tirée du Bagavadam, & Obſervations fur ce Livre Indien,* pages 312, 313, 314, 315. — 241. — 1.

LVIII. *Fragmens*

	Pages du Texte.	Notes ou Renvois.
LVIII. *Fragmens de l'Ezour-Vedam, concernant le Mont-Mérou,* pages 315, 316.	242.	3.
LIX. *Des monumens de l'expédition de Bacchus, dans l'Inde, selon Philostrate,* p. 316.	243.	5.
LX. *Description des montagnes du Cachemir, tirée du Géographe Turc,* page 317.	248.	3.
LXI. *De la prétendue opinion des Anciens sur la communication du Nil & de l'Indus,* pages 318, 319.	255.	1.
LXII. *Observations sur deux passages d'Arrien, concernant les vents Alisés, ou Mouçons,* pages 319, 320,	261.	2.
LXIII. *De la forme des années employées par Diodore de Sicile,* page 320.	264.	1.
Observations sur Suidas, pages 321, 322, 323 & 324.	39.	2.

TABLE GÉNÉRALE.

	Pages.
Epitre Dédicatoire,	j.
Préface,	iij.
Introduction,	I.
Première Section,	7.
Des Sources dans lesquelles les Historiens d'Alexandre ont puisé leurs récits, & du degré d'autorité qui est dû à chacun de ces Ecrivains.	
Deuxième Section,	43.
Examen du récit des Historiens d'Alexandre, sur les expéditions militaires de ce Prince,	
Troisième Section,	107.
Examen du récit des Historiens d'Alexandre, sur les actions particulières de ce Prince.	

	Pages.
Quatrième Section,	169.
Examen des détails Géographiques, rapportés par les Historiens d'Alexandre.	
Notes ou éclaircissemens Historiques, Géographiques & Philologiques,	265.
Dissertation sur l'année de la Naissance d'Alexandre & sur les dernières époques de la Chronique de Paros,	325.
Table des Notes;	349.

E R R A T A.

PAGE 25, *note* 1, *ligne* 5, permettoit; *lisez*, promettoit.

Page 28, *ligne* 9, pourroit; *lisez*, pourroient.

Page 62, *ligne* 20, Olymplade; *lisez*, Olympiade.

Page 73, *ligne* 8, 400 stades; *lisez*, 40 stades.

Page 76, *ligne* 19, Parœtorium; *lisez*, Parætonium.

Page 77, *ligne* 1, avec ses troupes; *effacez* ces mots.

Page 95, *ligne* 2, se Fastes; *lisez*, ses Fastes.

Page 104, *ligne* 15, Mœandre; *lisez*, Mæandre.

Page 111, *lignes* 10, 11, acquerront par-là une grande réputation; *lisez*, seront par-là en grande réputation.

Page 119, *ligne* 8, nom Harmatien; *lisez*, nome Harmatien.

Page 127, *ligne* 15, où elle trouvoit; *lisez*, où elle se trouvoit.

Page 136, *ligne* 10, trompées; *lisez*, trompés.

Page 152, *note* 4, *ligne* 12, ce Prince en passoit Italie; *lisez*, ce Prince passoit en Italie.

Page 159, *ligne* 17, èn opposé; *lisez*, opposé.

Page 169, *ligne* 2, matétiaux; *lisez*, matériaux.

Page 178, *lignes*, 23, 25, au Copiste; *lisez*, aux Copistes.

Page 191, *ligne* 22, le sentiment erroné de ces Historiens; *lisez*, l'opinion erronnée qu'avoient adoptée ces Historiens.

Page 195, *lignes* 17, 18, ce Géographe cette latitude; *lisez*, ce Géographe met cette latitude.

Page 251, *note* 2, *ligne* 6, nee; lisez, nec: not. 3, at; lisez, et.

Page 271, *ligne* 19, Dynastes; *lisez*, Dynasties.

Page 272, *note* xi, *ligne* 5, ἀπέχει; *lisez*, ἀπέχει.

Page 340, *ligne* 10, Phithiotes; *lisez*, Phthiotes.

Page 343, *note* 1, *ligne* 1, Redintegr. ad Chron. *lisez*, Redintegr. Annot. ad Chron.

APPROBATION.

J'AI LU, par Ordre de Monseigneur le Garde des Sceaux, un Manuscrit, intitulé : *Examen critique des anciens Historiens d'Alexandre-le-Grand*, par *M. le Baron de Sainte-Croix*. Cet Ouvrage, qui a été couronné par l'Académie des Inscriptions & Belles-Lettres, en 1772, & auquel, depuis cette époque, l'Auteur a fait des Additions considérables, réunit à une vaste érudition une critique judicieuse. Il mérite d'autant plus de paroître au grand jour, que ce sujet n'avoit point encore été traité & manquoit à notre Littérature. A Paris, ce deux Avril 1775.

Signé, B O U C H A U D,

De l'Académie des Inscriptions & Belles-Lettres, & Professeur Royal.

PRIVILÉGE DU ROI.

LOUIS, par la grace de Dieu, Roi de France & de Navarre, à nos amés & féaux Conseillers, les Gens tenans nos Cours de Parlement, Maîtres des Requêtes ordinaires de notre Hôtel, Grand-Conseil, Prévôt de Paris, Baillifs, Sénéchaux, leurs Lieutenans Civils, & autres, nos Justiciers qu'il appartiendra : SALUT. Notre amé le sieur DESSAIN le jeune, Libraire, Nous a fait exposer qu'il desireroit faire imprimer & donner au Public, un Livre, intitulé : *Examen critique des anciens Historiens d'Alexandre-le-Grand*, par M. le Baron DE SAINTE-CROIX, s'il Nous plaisoit lui accorder nos Lettres de Privilége pour ce nécessaires. A CES CAUSES, voulant favorablement traiter l'Exposant, nous lui avons permis & permettons, par ces Présentes, de faire imprimer ledit ouvrage autant de fois que bon lui semblera, & de le vendre, & faire vendre & débiter par-tout notre Royaume, pendant le temps de *six années* consécutives, à compter du jour de la date des Présentes. Faisons défenses à tous Imprimeurs, Libraires & autres personnes, de quelque qualité & condition qu'elles soient, d'en introduire d'impression étrangere dans aucun lieu de notre obéissance : comme aussi d'imprimer, ou faire imprimer, vendre, faire vendre, débiter, ni contrefaire ledit ouvrage, ni d'en faire aucuns extraits sous quelque prétexte que ce puisse être, sans la permission expresse & par écrit dudit Exposant, ou de ceux qui auront droit de lui, à peine de confiscation des Exemplaires contrefaits, de trois mille livres d'amende contre chacun des contrevenans, dont un tiers à Nous; un tiers à l'Hôtel-Dieu de Paris, & l'autre tiers audit Expofant, ou à celui qui aura droit de lui, & de tous dépens, dommages & intérêts; A LA CHARGE que ces Préfentes feront enrégiftrées tout au long fur le Regiftre de la Communauté des Imprimeurs & Libraires de Paris, dans trois mois de la date d'icelles; que l'impreffion dudit ouvrage fera faite dans notre Royaume & non ailleurs, en beau papier & beaux caractères, conformément aux Réglemens de la Librairie, & notamment à celui du dix Avril mil fept cent vingt-cinq, à peine de déchéance du préfent Privilége; qu'avant de l'expofer en vente, le manufcrit qui aura fervi de copie à l'impreffion dudit ouvrage, fera remis dans le même état où l'approbation y aura été donnée, ès mains de notre très-cher & féal Chevalier, Garde des Sceaux de France le fieur HUE DE MIROMESNIL; qu'il en fera enfuite remis deux Exemplaires dans notre Bibliothèque publique, un dans celle de notre Château du Louvre, un dans celle de notre très-cher & féal Chevalier Chancelier de France le fieur de MAUPEOU, & un dans celle dudit fieur HUE DE MIROMENIL, le tout à peine de nullité des Préfentes : DU CONTENU defquelles vous MANDONS & enjoignons de faire jouir ledit Expofant, & fes ayans-caufes, pleinement & paifiblement, fans fouffrir qu'il leur foit fait aucun trouble ou empêchement. VOULONS que la copie des Préfentes, qui fera imprimée tout au long, au commencement ou à la fin dudit ouvrage, foit tenue pour duement fignifiée, & qu'aux copies collationnees par l'un de nos amés féaux Confeillers, Secrétaires, foi foit ajoutée comme à l'original. COMMANDONS au premier notre Huiffier ou Sergent fur ce requis, de faire pour l'exécution d'icelles, tous actes requis & néceffaires, fans demander autre permiffion, & nonobftant clameur de haro, Chartre Normande, & Lettres à ce contraires : CAR tel eft notre plaifir. DONNÉ à Paris, le dix-neuvième jour du mois de Juillet, l'an de grace mil fept cent foixante-quinze, & de notre Règne le deuxième. Par le Roi en fon Confeil. *Signé,* LE BEGUE.

Regiftré fur le Regiftre XX de la Chambre Royale & Syndicale des Libraires & Imprimeurs de Paris, n.° *297, fol.* 10, *conformément au Réglement de* 1723. *A Paris, ce* 5 *Septembre* 1775.

Signé, SAILLANT, Syndic.

De l'Imprimerie de la Veuve HERISSANT, Imprimeur du Cabinet du Roi; 1775.

www.ingramcontent.com/pod-product-compliance
Lightning Source LLC
LaVergne TN
LVHW021219170726
843501LV00003B/577